WHAT DRIVES GROWTH IN A BUSINESS
ESTABLISHING A TRILOGY OF SKY, EARTH AND HUMANITY

企业增长从哪里来

从企业天地人三维生命体说起

陈湛匀 ◎ 著

企业管理出版社
ENTERPRISE MANAGEMENT PUBLISHING HOUSE

图书在版编目（CIP）数据

企业增长从哪里来：从企业天地人三维生命体说起/陈湛匀著. — 北京：企业管理出版社，2024.4

ISBN 978-7-5164-3048-4

Ⅰ.①企… Ⅱ.①陈… Ⅲ.①企业管理 Ⅳ.① F272

中国国家版本馆 CIP 数据核字（2024）第 068702 号

书　　名：	企业增长从哪里来——从企业天地人三维生命体说起
书　　号：	ISBN 978-7-5164-3048-4
作　　者：	陈湛匀
策划编辑：	赵喜勤
责任编辑：	赵喜勤
出版发行：	企业管理出版社
经　　销：	新华书店
地　　址：	北京市海淀区紫竹院南路 17 号　　邮编：100048
网　　址：	http://www.emph.cn　　电子信箱：zhaoxq13@163.com
电　　话：	编辑部（010）68420309　　发行部（010）68701816
印　　刷：	北京联兴盛业印刷股份有限公司
版　　次：	2024 年 4 月第 1 版
印　　次：	2024 年 4 月第 1 次印刷
开　　本：	710mm×1000mm　　1/16
印　　张：	23.75 印张
字　　数：	371 千字
定　　价：	78.00 元

版权所有　翻印必究·印装有误　负责调换

前　言

企业增长是企业经营管理中的突出痛点，当下面临着需求不足等问题，这使得企业增长变得更加关键和困难。因此，我们需要深入思考：企业增长从哪里来，如何有效应对这些挑战，如何突破困境，如何在市场竞争激烈和客户需求不断变化的情况下找到企业持续增长的路径。

笔者思考提炼了两个关键突破点。

一是以客户为中心。通用电气公司创始人杰克·韦尔奇认为："持续增长很大程度上取决于公司所谓的'终身客户'。它不仅仅是一句口号、一个程序，甚至于整个进程，它是一种理念、工具和技术的结合，用于创造近乎依赖的客户忠诚度。"[①] 这里的关键在于以"外部+内部"视角来发现和审视客户需求，进而实现企业持续增长，以立于不败之地。

二是遵循规律顺势而为。戴维·阿克在他的《品牌战略组合》一书中写道："遵循了规则，公司就有了竞争和成功的机会；摒弃了规则，不论自己的产品质量如何优异，不论计划完成得多么圆满，公司都会举步维艰。"的确如此，万事万物皆有规律，企业持续增长也一样，要懂得如何发现规律、顺应规律、依存规律，才能更好地驱使企业应对变化。

基于此，笔者从上述两个突破点切入，花了大量的精力和时间研究企业的增长问题，探索企业增长从哪里来。本书共分八章，层层论证，引导读者深入主题，带来启迪和思考。希望通过这样的努力，能够给读者提供有价值的信息和见解，帮助大家更好地应对企业增长的挑战。

为了让读者能清晰地了解本书的主要特点，下面从多个维度进行简要阐述。

[①] 杰克·韦尔奇（Jack Welch），苏茜·韦尔奇（Suzy Welch）.商业的本质［M］.蒋宗强，译.北京：中信出版集团出版，2016.

一、前沿性

本书提出了"企业天地人三维生命体"（小宇宙）理念，努力做出了如下一些尝试。

1. 企业天地人三维生命体：小宇宙

为什么称之为"企业天地人三维生命体"？这是从对"天人合一"的天道、地道、人道（在此称之为"大宇宙"）的思索中形成的。笔者把企业看成一个生命体，由天维、地维、人维构成，发现企业增长的背后有规律可循，所以在此对应称之为"小宇宙"。

2. 小宇宙的等腰三角形结构原理：揭示企业增长的底层逻辑

如果说企业有生命力支撑其增长，那它背后一定有一套底层逻辑，可以不断地适应变化来生成创新求变的方法。因此，笔者也结合了道家智慧，提出小宇宙的等腰三角形结构原理，形成了一个符合企业持续增长发展逻辑的方法论。大宇宙与小宇宙对应逻辑如图1所示。

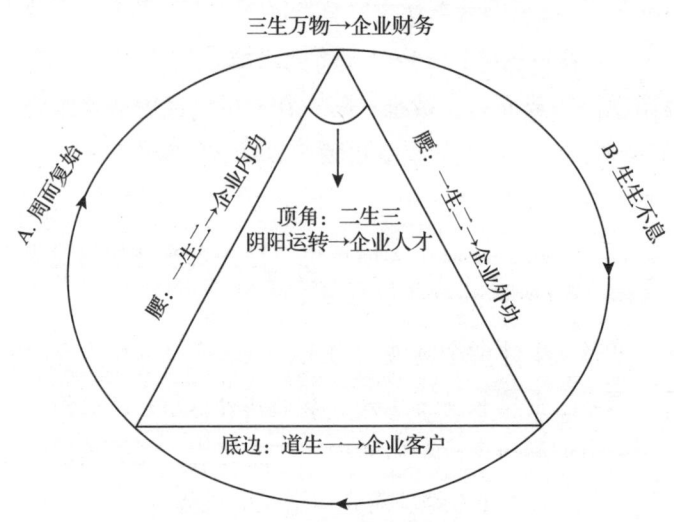

图1 大宇宙与小宇宙对应逻辑

3. 小宇宙的价值金字塔能级结构原理：揭示企业的5个发展能级

"能级"一词是物理学中的概念，表示在各个轨道上运动的电子的能量值。如果把能级延伸到企业增长问题上，可以从企业天地人三维生命体衍生出三角形状的金字塔型能级结构，从梯度递增的能级变化关系，可进一步串联起关于企业增长来源的依据。笔者把企业增长分为 5 个发展能级，对应层层递增的 5 个能级模块，如图 2 所示。

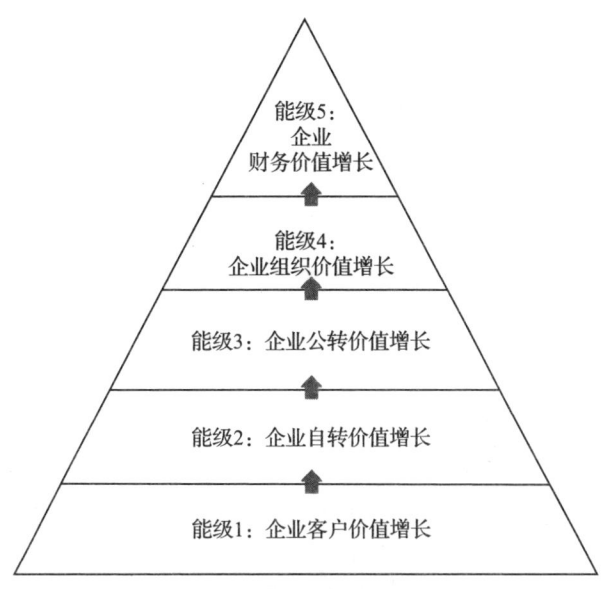

图 2　企业天地人三维生命体的 5 个发展能级

4. 小宇宙如何适应环境变化：3 个转化

为什么有时候人们总是无法突破困境？很大一部分原因是拿着旧导航图去开辟新的路。企业增长同样如此，在看清底层逻辑的本质后，要顺势而为，掌握应对转化的方法。企业天地人三维生命体不断重构经营体系，如同进化论一般，在遗传、变异和选择中适应着环境变化，也通过 3 个转化路径来驱动增长：①产品过剩时代，从经营产品转化为经营客户。②数字化/智能化时代，从经营市场转化为经营数据。③企业抱团取暖时代，从经营企业转化为经营生态。

二、创新性

笔者在探寻企业创新增长的方式上，努力做出了如下尝试。

1. 企业增长的路径之一

在遵循规律并不断深化的基础上，企业才有可能实现持续增长并保持竞争优势。因此，笔者从"遵天道"角度思考，探索出企业增长的4条路径（如图3所示）。

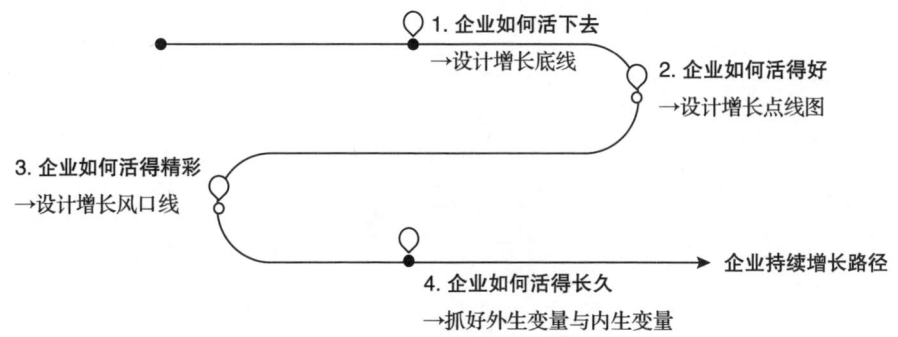

图3　企业增长的4条路径

2. 企业增长的路径之二

企业还要进一步提高效益与价值，实现持续增长。笔者从"行天规"角度思考，探索出促进企业收入与利润双增长的7个密码：①转化以客户为中心的企业设计价值；②发现价值卖点；③设计客户价值（客户增加价值、客户感知价值和客户让渡价值）；④提升企业定位（聚焦化、垂直化和一致化）；⑤用好产品金字塔模式；⑥筛选破坏性创新增长业务；⑦动态构建企业护城河。

3. 企业增长的路径之三

为了帮助企业更好地服务客户并发掘客户的长期价值，实现持续的业务增长和发展，笔者从"顺天为"角度出发，提出了转化客户的两大步骤：一是设计目标客户，其中三大关键是聚焦首选高端客户、聚焦大客户与聚焦老客户；二是设计黏性客户，路径为流量客户→精准客户→规模客户→盈利客户→黏性客户，并动态地做好高流动客户的迁移路径。

4. 如何实施破坏性创新：同向/逆向价值主张延伸＋四种驱动方式

在研究驱动企业增长的创新思路时，本书引用了"颠覆式创新之父"克莱顿·克里斯坦森教授的一些理论，笔者提出了如下思路。

（1）延续性技术创新与破坏性技术创新：衍生同向/逆向的价值主张延伸。同向价值主张延伸，抓客户核心痛点，顺势而为提供极致体验；逆向价值主张延伸，在成熟市场靠差异化脱颖而出。

（2）科技泥流假设：客户黏性与技术创新结合的四种驱动方式。①风口驱动：技术创新强，客户黏性高。②浪口驱动：技术创新强，客户黏性低。③品牌驱动：技术创新弱，客户黏性高。④市场份额驱动：技术创新弱，客户黏性低。

5. 用人生三大智慧应对价值投资：从不等边三角形转向等边三角形

如何实现企业价值与客户价值最大化，以驱动企业增长？

本杰明·格雷厄姆最早提出了"市场先生、内在价值、安全边际"等理论。笔者用人生三大智慧（选择、定力、博弈）来应对，如图4所示。

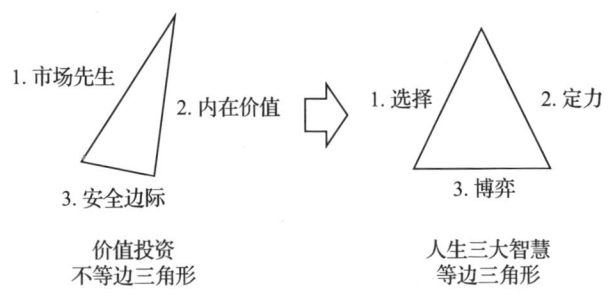

图4　价值投资与人生三大智慧的对应关系

6. 人体的头腰腿脚与企业价值壁垒

人体是完整的有机系统，本书借助人体部位生动阐述企业的价值壁垒如何帮助企业腾飞，如图5所示。

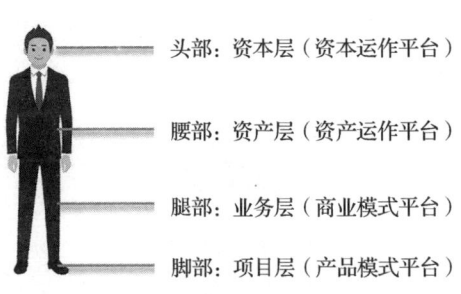

图5　人体部位与企业价值壁垒增长

7. 人的5个成长阶段与企业融资创新

本书借助人的5个成长阶段，对应阐述企业在生命周期的5个阶段的融资需求演变，如图6所示。

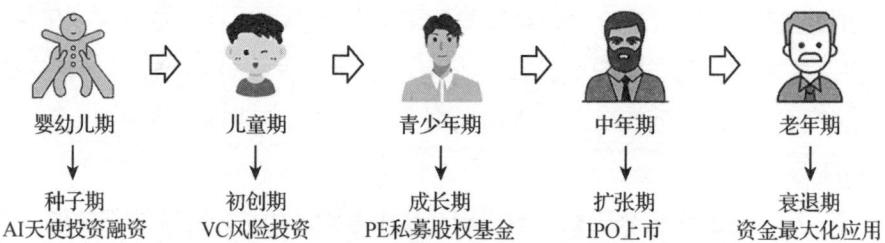

图6 人的5个成长阶段与企业5个阶段的融资需求演变

8. 五步运转与企业用人价值增长创新

本书用"发电+充电+储电+运营+闭环"的形式，比喻企业用人价值增长创新的五步运转，如图7所示。

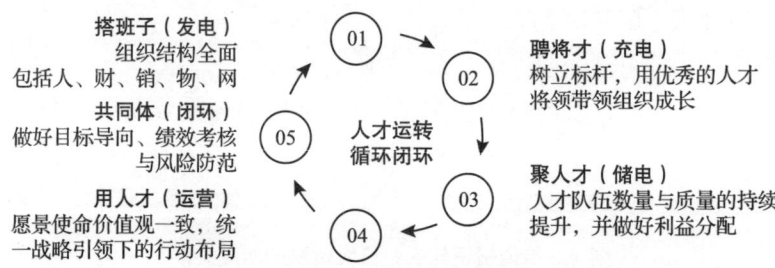

图7 企业用人价值增长创新的五步运转

9. 解析成功的商业模式：S2B2C创新增长方式

本书详细分析市场上成功的商业模式，比如S2B2C商业模式，它是通过整合S端供应链和B端渠道商，共同深化对C端的服务。

百果园的S2B2C模式如图8所示。

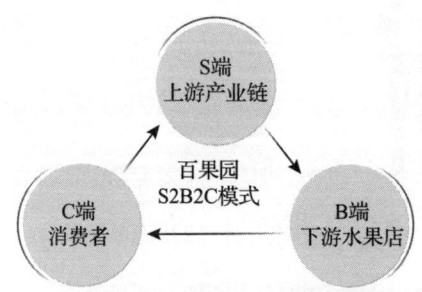

百果园定义自身为一个整合平台
统一赋能合作伙伴与输出优质服务给消费者

图8 百果园S2B2C模式示意图

杨国福麻辣烫的 S2B2C 模式如图 9 所示。

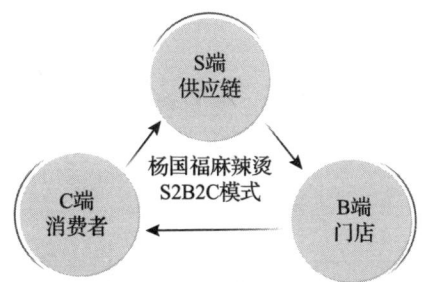

杨国福麻辣烫采取第三方管理人员负责门店开拓管理、用股权激励方式转化核心人员，共同做大企业

图 9　杨国福麻辣烫 S2B2C 模式示意图

10. 解析生态价值增长模式：CVC 模式

在探寻加快企业价值流转与提升企业创造效率的路径时，本书解析了 CVC 模式，并提出横向扩张、垂直深耕和圈层外延模式，如图 10 和图 11 所示。

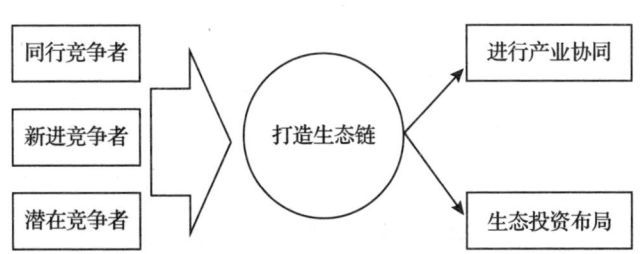

图 10　CVC 模式示意图

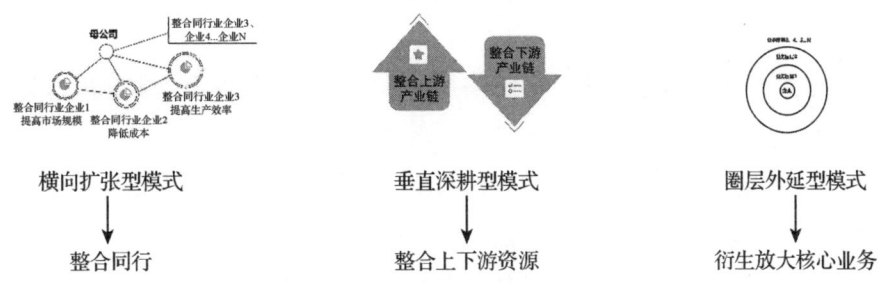

图 11　做 CVC 模式的三种方式

11. 初创期企业的资本运营之术：上屋抽梯、围魏救赵、无中生有

起步阶段的企业如何应对困境？本书生动地运用了上屋抽梯、围魏救赵、

7

无中生有的典故来类比分析：上屋抽梯→进入新领域，看自身能力是否匹配；围魏救赵→迂回战术，绕开强大对手；无中生有→人无我有，人有我优，创造商机。

12. 成长期企业的资本运营之术：借刀杀人、以逸待劳、擒贼擒王

取得了一定成效的成长型企业如何应对困境？本书巧妙地运用了借刀杀人、以逸待劳、擒贼擒王的典故来类比分析：借刀杀人→抓住消费者的核心需求，变通服务；以逸待劳→掌控现金流周转，助力稳定经营；擒贼擒王→品牌高端化，错位竞争。

13. 成熟期企业的资本运营之术：远交近攻、假道伐虢、树上开花、李代桃僵

寻求第二增长曲线的成熟型企业如何应对困境？本书形象地运用了远交近攻、假道伐虢、树上开花、李代桃僵的典故来类比分析：远交近攻→并购后整合企业文化；假道伐虢→进行借壳上市；树上开花→生态整合，实现联合联盟的共赢发展；李代桃僵→企业价值最大化。

14. 衰退期企业的资本运营之术：金蝉脱壳、借尸还魂

衰退期或濒临倒闭的企业如何应对困境？本书诙谐地用了金蝉脱壳、借尸还魂的典故来类比分析：金蝉脱壳→进行资产重组；借尸还魂→用逆向思维整合资源。

15. 五脏六腑与企业避免财务"死海效应"的创新

本书用五脏六腑的辨证论治，比拟企业如何避免企业财务"死海效应"。

（1）心与小肠的特征，通过舌头来判断人体健康→分析以客户为中心与筛选有效客户，避免企业财务"死海效应"。

（2）肝与胆的特征，通过眼睛来判断人体健康→分析企业现金流与负债率，避免企业财务"死海效应"。

（3）脾与胃的特征，通过口唇来判断人体健康→分析企业的业务流与固定成本，避免企业财务"死海效应"。

（4）肺与大肠的特征，通过鼻子来判断人体健康→分析企业的财务组织与财务风险，避免企业财务"死海效应"。

（5）肾与膀胱的特征，通过头发来判断人体健康→分析企业的财务决策支持与人员管控，避免企业财务"死海效应"。

（6）上焦对应心肺，中焦对应脾胃，下焦对应肝肾的特征，通过"三焦"通达来判断人体健康→企业的一切反馈在财务上。

三、实操性

在实操性方面，本书解析了诸多成功的商业思维与模式，以帮助大家优化企业经营模式并实现增长目标。

1. 如何运用好破坏性创新技术：三种策略

（1）延续性创新策略：不断提高性能和可靠性，获取市场份额。

（2）低端市场破坏性创新策略：在低端市场中满足消费需求，打开局面。

（3）新市场破坏性创新策略：以非对称竞争开拓新市场。

2. 如何运用非对称竞争方式：三种博弈转化

（1）一般博弈→优势与劣势转化。

（2）竞争博弈→机会与威胁转化。

（3）生死博弈→主动与被动转化。

3. 如何进行企业管理：五大核心

本书提出刚柔并济的管理模式（五大核心）：制度管人→流程管事→系统管企→机制管身→文化管心。

4. 如何制定品牌战略："定位+4P"，抢占用户心智

品牌战略对企业增长的重要性不言而喻，但有的人容易把品牌战略与公司战略搞混。本书结合案例阐述成功的企业如何从"定位+4P"入手制定品牌战略。

定位→让客户知道我是谁，区隔于竞争对手。

4P→定价（Price）、产品（Product）、渠道（Place）和推广（Promotion）。

还要明确企业的强大并不只体现在规模上，还体现在品牌在潜在用户心智中的地位，部分做法如下。

（1）发掘用户心智的空位，来建立品牌优势。

（2）用一个关键词占据潜在客户的心智。

（3）找准与目标人群的契合点，培育他们成为"铁杆粉丝"。

5. 如何用好6个"O"：实现公司裂变

人才是企业的第一生产力，如何通过用好关键人才来实现公司裂变？本

书通俗易懂地列出了6个"O",分析公司裂变的海陆空联合作战打法。

(1) 形成逐步组建6个"O"的思维,如图12所示。

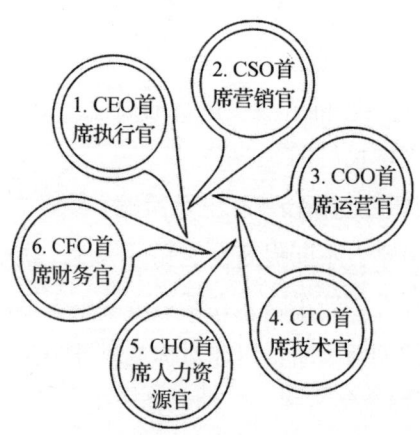

图12 关键人才的6个"O"

(2) 运用销售的海陆空联合作战打法,如图13所示。

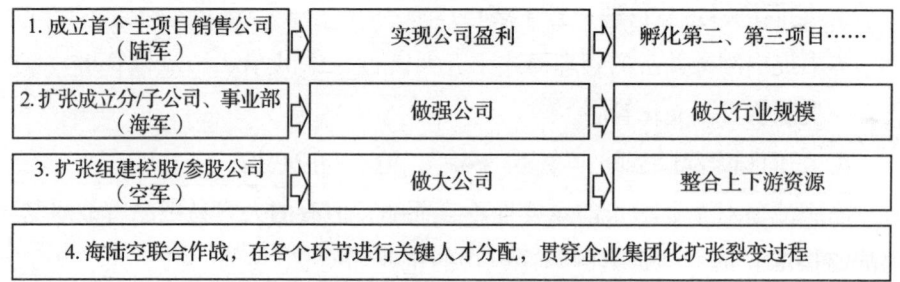

图13 实现公司裂变的海陆空联合作战打法

6. 股权激励的作战武器：三种武器

人才是企业的灵魂,而企业持续增长的必备武器之一就是股权激励：①不同场景适用的激励武器,包括期权激励、持股平台激励、增值权激励、延期支付等；②不同类型的公司适用的激励武器,包括餐饮/贸易等公司分红+干股,高科技企业的期权转实股等；③不同发展阶段的公司适用的激励武器,包括初创期用在职分红股,成长期用期权、虚拟股权,成熟期用实股,衰退期用现金激励和内部创投孵化模式等。

7. 如何实施股权激励方案：5个步骤

明确股权激励方式很重要，更重要的是高效执行。本书总结了实施股权激励方案的5个步骤，如图14所示。

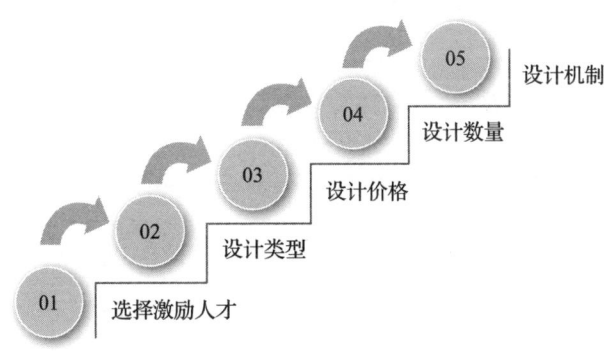

图14　实施股权激励方案的5个步骤

（1）选择激励人才：不是无偿赠予。

（2）设计类型：股权激励不能一下子全给，可设定一个等待期来考察激励对象。

（3）设计价格：一是根据公司的发展阶段来定价格；二是根据员工的收入水平来定价格，但股价又不能过低。

（4）设计数量：要循序渐进地把股权分出去。

（5）设计机制：定好周期来考核员工的达标情况，再转成实股。

8. 如何执行科学全面预算管理："八要"原则+五步闭环流程

不少企业因忽视全面预算管理，而导致企业发展后劲不足。因此，作者提出了执行科学全面预算管理的"八要"原则：一要理解什么是全面；二要"一把手"带动全员参与；三要收集好行业或历史数据作为参考；四要区分好计划与预算；五要化繁为简；六要以终为始来执行；七要做好分解预算管理；八要各部门都做好费用预算编制。

图15　执行科学全面预算管理的五步闭环流程

有思路也要有打法，本书也提出了执行科学全面预算管理的五步闭环流程，如图15所示。

四、实用案例

为了更加清晰地呈现不同领域的企业的成败得失,本书列举了大量的实用案例,使读者能更加直观地观察与思考,节选部分案例如下。

1. 如何进行生态投资——腾讯公司

从三个角度分析腾讯产业森林的生态投资方法。

(1)经营思维角度:互联网思维+"强绑定"模式(我掏钱、你来做、利润一起分)。

(2)战略定位角度:不是一家游戏公司、社交公司,而是一家投资公司、科技公司。

(3)投资划分角度:驱动型投资、补充型投资、探索型投资、财务型投资。

2. 如何设计好企业增长底线——健身企业 Gym-Pact

分析了健身企业 Gym-Pact 设计增长底线的两个差异化打法。

(1)不开店(洽谈健身房价格+设备使用权)→开发健身 App(进行建设监督)。

(2)签自律健身合约→履约,一分钱不花地健身;不履约健身,罚款。

3. 如何用数字化转型驱动增长——SHEIN(希音)

通过时尚品牌 SHEIN 的案例,阐述了其如何通过数字化转型实现高速增长。

(1)用数字化运营,打通了流量与供应链的运营模式。

(2)用数字化方式,抓取市场数据,打破了服饰行业"上新快、款式多、性价比高"的不可能三角。

(3)用数字化系统,打通设计、采购、生产、品控、库存、出货与销售的全链路,提高了整体效率。

4. 如何进行客户定位——伊斯卡公司

解析专门生产刀具的伊斯卡公司是如何锁定客户,进而壮大发展的。

(1)锁定高端客户→锁定世界 500 强企业。

(2)深耕细分领域,服务客户→专注金属切削刀具细分领域,24 小时响应。

(3)为客户提供全生命周期价值→全渠道管控刀片的品质、物流、仓管等。

5. 如何形成聚焦战略——快手

分析快手是如何通过3个步骤来形成聚焦战略的。

（1）分析自身的市场状况→用金牛图分析法（明星类、金牛类、问题类、瘦狗类）。

（2）评估细分市场→用行业集中度分析（散点市场、块状市场、团状市场）。

（3）目标市场的选取→市场专业化策略、产品专业化策略等。

6. 如何聚焦拳头产品——苹果公司

分析苹果公司如何通过聚焦拳头产品来取得竞争优势。

（1）结束产品型号过多的情况→比如当时麦金塔计算机型号过多，内部人也分不清。

（2）推崇简约→用一支笔在屏幕上写字的设计理念是多余的（iPhone触摸屏设计来源）。

（3）选出颠覆性创新的拳头产品→iPhone用互联网连接了手机与电脑的功能。

7. 如何通过并购做大规模、优势互补——极兔速递并购百世快递

用载驳船的特征比喻极兔速递并购百世快递的案例，分析它们是如何扩张发展的。

（1）母船+子船组合→快递体量合并，快速成为快递行业巨头。

（2）母船远洋运输+子船江河运输→进一步拓展拼多多、淘宝/天猫等业务。

8. 如何实施虚拟股激励——华为公司

结合华为的虚拟股与TUP案例，阐述如何正确理解虚拟股的分红权、增值权，以及实施虚拟股激励。

（1）激励对象：分23级来定薪酬，取得虚拟股要达到15级。

（2）进入机制与退出机制：人在股在，人走股留，不影响股权池。

（3）虚拟股：高分红+高增发+低股价，绑住人才。

9. 门店裂变的股权激励模式——太二酸菜鱼

引用太二酸菜鱼的"721"合伙人股权激励模式，分析如何实现门店快速

裂变。

（1）"7"：总部全额投资，不参与具体经营，分70%的门店利润。

（2）"2"：店长不出钱，负责门店经营，完成指标后分20%的门店利润，表现优异可转注册股。

（3）"1"：师徒制，老店长分新店10%的分红。

五、通俗新颖性

为了让读者深入理解书中新颖的知识内容，笔者大量运用比拟手法，努力使表达生动形象、一眼出彩，化深奥为浅显，将繁杂的理论知识通俗化地表现出来。

1. 用不同的枪移动打靶的特征比喻企业战略解码增长

移动打靶时，除了需要观察目标的运动轨迹和速度之外，还要选择合适的武器来瞄准、跟踪和击中目标，由此对照分析企业战略解码增长的模块内容。

（1）选择用狙击枪移动打靶，就像企业战略解码增长需要有预见能力。

（2）选择用榴弹枪移动打靶，就像企业战略解码增长需要有整合能力。

（3）选择用激光枪移动打靶，就像企业战略解码增长需要有创新能力。

2. 用动物特征比喻打造产品

由动物的特征赋予了它们各种生存技能，联想到企业打造产品等模块的内容，如图16所示。

雄鹰→换羽重生	企业→舍九取一选定拳头产品
豹子→盯紧猎物、速度之王 皮毛斑点与存放猎物	企业→追求专精特新
鳄鱼→适应水陆生存	企业→提供有温度的服务
鲸鱼→下潜觅食避险	企业→品牌领先和认知创新
企鹅→皮毛脂肪取暖＋群体取暖	企业→产品客体资源差异化 主体认知图谱差异化

图16 用动物特征比喻企业打造产品

3. 用现代化武器特征比喻企业打造竞争优势的成长策略

用一系列的现代化先进武器的特征，比喻企业打造竞争优势的成长策略，如图 17 所示。

🪖 坦克	低成本领先策略
侦察机 + 火箭炮 侦察机 + 战斗机	低端客户群差异化 高端客户群差异化
射程导弹 跟踪导弹	区域目标集中策略 客户目标集中策略
三栖特种兵	资源导向策略
无人机	价值创新策略

图 17　用现代化先进武器的特征比喻企业打造竞争优势的成长策略

4. 用婚恋生子路径比喻看清产品思维、资本思维的经营思路

用人们婚恋生子的路径特征，比喻企业的产品思维、资本思维等。

（1）先婚后恋生子路径→产品思维→ 6+6=12 的加法叠加挣钱模式。

（2）先恋后婚生子路径→资本思维→ 6^6=46656 的次方倍增值钱模式。

5. 由伴侣相爱、建家、成长的过程联想到企业如何发现价值、创造价值与放大价值

用伴侣相识相爱、组建家庭、培养自身/孩子的过程，比喻企业发现价值、创造价值与放大价值的过程。

（1）伴侣相识相爱→发现价值→发现成长空间 + 配置资源。

（2）组建家庭→创造价值→破坏性创新技术 + 项目孵化 + 生态合作。

（3）培养自身/孩子→放大价值→让自身值钱 + 并购上市/做大市值。

6. 由大学培育学生的方式联想到企业如何打造标准化的人才生产线

用大学培育学生的方式，生动地比喻企业打造标准化的人才生产线，以源源不断输送人才，如图 18 所示。

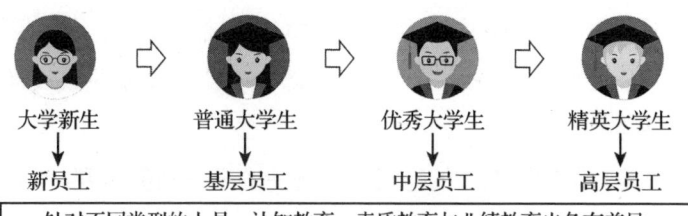

图 18　大学培育学生的方式比喻企业人才生产线

7. 由五条鱼与水质联想到如何进行身心灵修炼

书中用了身体之鱼、修心之鱼、灵魂之鱼、财富之鱼和智慧之鱼，比喻从身心修行到生命觉醒，进而开悟，获得美好未来与财富的成长过程，如图19所示。

- 1. 身体之鱼→水质是血液→改变传统的观念与不良的习惯
- 2. 修心之鱼→水质是认知与福报→提高认知与福报变现回馈
- 3. 灵魂之鱼→水质是心智与思维认知→解决心智与思维认知的问题
- 4. 财富之鱼→水质是意与法→用意与法感知更高的境界
- 5. 智慧之鱼→水质是自我成长，生命觉醒→开悟生命的价值

图19　五条鱼与水质比喻身心灵修炼

8. 由足球球员的角色定位联想到企业如何进行绩效管理

书中用足球赛中各类型球员的角色定位，比喻企业绩效管理运作的机制，如图20所示。

- 1. 门将→高管。设计一张绩效考核表（KPI、GS、KCI）与签订目标责任书
- 2. 前卫→业务开展方法。老员工与新员工、领导与下属之间合力开展业务
- 3. 后卫→追踪反馈体系。制定计划、执行、检查、处理的循环过程
- 4. 前锋→奖惩行为挂钩。企业要明确"电网"制度，奖惩分明

图20　以足球球员定位比喻企业绩效管理运作的机制

9. 由车道规划、交通的关键组成部分联想到企业如何进行股权设计

书中用了车道规划、交通的关键组成部分，比喻企业股权设计的四个角色，如图21所示。

10. 以骨骼、骨髓和血液的特征类比企业的三张财务报表

书中以人体的骨骼、骨髓和血液的特征类比企业的三张财务报表，如图22所示。

前 言

交通的四大组成部分
1. 加油站（续航的枢纽点）
2. 汽车（加满油后行驶）
3. 道路网（四通八达便捷行驶）
4. 交通信号（有效指引直行或转弯）

股权设计的四个角色
1. 创始人（控制权）
2. 联合创始人（话语权）
3. 核心员工（预留期权池）
4. 投资者（资本优先权）

图21　用交通四大组成部分比喻企业股权设计的四个角色

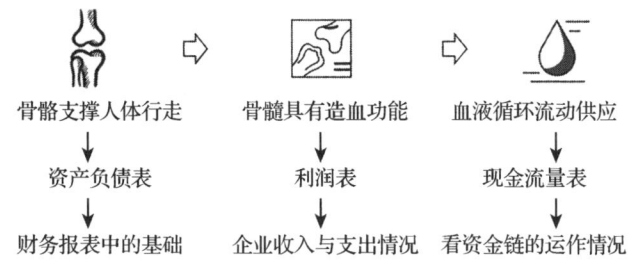

图22　以骨骼、骨髓和血液的特征类比企业的三张财务报表

本专著中的大部分内容，是笔者在近年来受邀参加的研讨会上演讲过的，并得到了众多媒体的认可和报道，经过三年多的打磨，得以让作品趋于成熟。这本书，主要面向企业的董事长、总裁、总经理、高管、投资人等精英人士，想给企业家们指出一些实用的企业经营方法，希望大家在企业经营中少走弯路，找到正确的方向和方法。笔者要感谢那些提供珍贵数据资料的朋友们，是他们的支持让本书有了更全面的信息和更准确的数据。要感谢古能坚花费许多精力帮忙整理和打字，没有他的帮助，这本书的内容不会这么全面细致。还要感谢企业管理出版社赵喜勤编辑及其同仁，是他们的努力让这本书得以出版。由于笔者能力有限，书中可能存在一些不准确或不恰当的地方，恳请读者给予指正和批评，谢谢您的理解和支持。

希望这本书能成为企业家们的良师益友，帮助他们颠覆传统认知，层层升维看全局，为他们提供有益的启发。愿每一位企业家都能发挥自己的优势，走好自己的路，让企业在经营和管理上取得更大的成功。

陈湛匀

2024年1月16日

目 录

第一章 企业天地人三维生命体的顶层设计和运行逻辑 ……………… 1
第一节 企业天地人三维生命体（小宇宙）是什么 ……………… 1
第二节 企业天地人三维生命体（小宇宙）与天人合一（大宇宙）的共通之处 ……………… 8
第三节 企业天地人三维生命体（小宇宙）价值增长体系 ……………… 13

第二章 企业天地人三维生命体：企业客户价值增长 ……………… 17
第一节 企业增长从哪里来（遵天道） ……………… 17
第二节 破解企业收入与利润双增长的密码（行天规） ……………… 31
第三节 企业增长路径（顺天为） ……………… 43

第三章 企业天地人三维生命体：企业自转价值增长 ……………… 53
第一节 企业如何以产品促进增长（"一生二"：看得见与看不见） ……………… 53
第二节 企业如何以技术创新促进增长（"一生二"：看得见与看不见） ……………… 67
第三节 企业如何在竞争中增长（"一生二"：对立与统一） ……………… 78
第四节 企业如何在进攻、反攻与防守中增长（"一生二"：主动与被动） ……………… 85
第五节 企业如何打造内核增长（"一生二"：柔与刚） ……………… 97

第四章 企业天地人三维生命体：企业公转价值增长 ……………… 105
第一节 企业如何建立高维认知（"一生二"：有与无） ……………… 105
第二节 企业如何以战略促进增长（"一生二"：生与死） ……………… 124

第三节　如何打造高增长商业模式（"一生二"：强与弱）⋯⋯ 133

第四节　如何通过品牌战略促进增长

（"一生二"：看得见与看不见）⋯⋯⋯⋯⋯⋯⋯⋯⋯ 142

第五章　企业天地人三维生命体：企业资本运营"道与术"价值增长⋯⋯ 150

第一节　资本运营思维与价值之"道"

（"一生二"：有形与无形）⋯⋯⋯⋯⋯⋯⋯⋯⋯⋯ 150

第二节　资本运营融资之"术"（"一生二"：强与弱）⋯⋯ 164

第三节　资本运营策略之"术"（"一生二"：好与坏）⋯⋯ 172

第六章　企业天地人三维生命体：企业资本运营实操

创效价值增长⋯⋯⋯⋯⋯⋯⋯⋯⋯⋯⋯⋯⋯⋯⋯⋯⋯⋯⋯ 186

第一节　如何走好资本运营的价值路径（"一生二"：强与弱） 186

第二节　如何达到资本运营的价值最大化（"一生二"：优与劣）⋯⋯ 194

第三节　如何用CVC模式创效增长（"一生二"：创新与传统）⋯⋯ 234

第七章　企业天地人三维生命体：企业组织价值增长⋯⋯⋯⋯⋯ 248

第一节　企业以人才价值促进增长

（"二生三"：选人、用人、聚人）⋯⋯⋯⋯⋯⋯⋯⋯ 249

第二节　企业以绩效管理促进增长

（"二生三"：目标、过程、结果）⋯⋯⋯⋯⋯⋯⋯⋯ 265

第三节　企业以股权设计促进增长

（"二生三"：体制、机制与实操）⋯⋯⋯⋯⋯⋯⋯⋯ 276

第四节　企业以股权激励促进增长（"二生三"：

吸引、稳定、激励人才）⋯⋯⋯⋯⋯⋯⋯⋯⋯⋯⋯⋯ 287

第五节　企业人才身心灵修炼促进增长

（"二生三"：认知、觉醒、成长）⋯⋯⋯⋯⋯⋯⋯⋯ 297

第八章　企业天地人三维生命体：企业财务价值增长······304

　第一节　企业三大财务报表促进价值增长

　　　　　（"三生万物"：规模 × 收益 × 效率）······304

　第二节　企业全面预算管理促进价值增长

　　　　　（"三生万物"：认知 × 编制 × 执行）······309

　第三节　避开企业财务陷阱促进价值增长

　　　　　（"三生万物"：现状 × 未来 × 价值）······319

　第四节　企业通过降本增效促进价值增长

　　　　　（"三生万物"：目标 × 外部 × 内部）······337

参考文献······348

第一章

企业天地人三维生命体的顶层设计和运行逻辑

【本章导读】

希腊神话中，西西弗斯因为触犯了诸神，被惩罚将巨石推上陡峭的山顶，但每当他临近山顶时，巨石又会滚落下去，西西弗斯就这样永无止境地做着辛苦事，直至生命消耗殆尽。我们在观察与研究商业世界的时候，发现当下有些企业就像西西弗斯一样，盲目做生意，尽管他们使尽浑身解数，却还是在"内卷"洪流当中陷入增长瓶颈，甚至以破产告终。实际上，企业的发展问题，本质上还是增长问题。

基于此，笔者经过反复研究，创造性地提出了"企业天地人三维生命体"概念，以阐述企业增长的秘诀。本章将从其底层逻辑层层展开分析。

第一节 企业天地人三维生命体（小宇宙）是什么

企业增长从哪里来？有些企业仍采取"人有多大胆，地有多大产"的增长方式，但是往往后劲不足。加之近年来各种不确定性因素的影响，如经济因素、行业变革等，有些企业在应对市场波动时很被动。那企业家们该如何应对市场的种种动态变化呢？

笔者研究发现，企业其实跟人一样，可以把企业看成一个生命体，在此把这个生命体称为"企业天地人三维生命体"，同时给它起了个名字——"小宇宙"（后文会详细解释）。那么，这个小宇宙如何才能活下去，而且活得好、活得精彩、活得长久？这需要从本质上挖掘企业增长来源，以及从第一性原理找对正确的发展方向。

一、构造体系：天维、地维、人维

要回答"企业增长从哪里来"这个问题，先要理解企业天地人三维生命体（小宇宙）。我们先从该生命体的前缀说起，即天维、地维和人维。

如图1-1所示，企业天地人三维生命体（小宇宙）的第一个构成部分，负责解决客户与财务的问题，在此称为"天维"。这是因为企业要根据客户需求，为他们提供全生命周期的极致服务，以此支撑企业增长。此外，看企业天地人三维生命体（小宇宙）的活力是否旺盛，还要解决好财务问题，因为企业的一切经营发展与价值创造都体现在财务上。

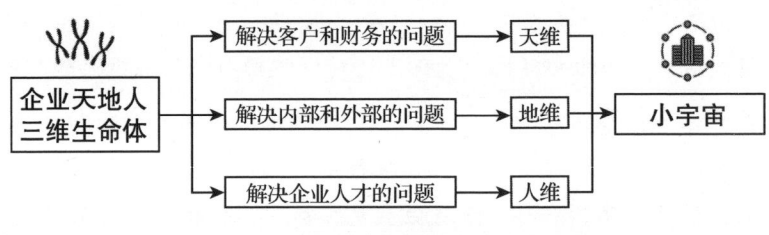

图1-1 企业天地人三维生命体（小宇宙）

企业天地人三维生命体（小宇宙）的第二个构成部分，负责解决企业内部与外部的问题，在此称为"地维"。这是因为客户和财务数据等，都不是凭空从天上掉下来的！这就涉及如何修炼好企业内功与外功，进而保持并增强企业的生命力。

企业天地人三维生命体（小宇宙）的第三个构成部分，负责解决企业人才的问题，在此称为"人维"。因为没有人才，企业将一事无成。这就涉及企业怎么孵化人才、激活人才和创造人才来实现目标，不断提升企业生命力。

如果没有上述企业天地人三维生命体（小宇宙）的构成内容，那企业就很难充满活力地发展下去了。

二、底层逻辑：等腰三角形结构原理

明确企业天地人三维生命体的天维、地维、人维后，下面我们结合中国古代的道家智慧，着重分析形成"生命体"的底层逻辑。

"道生一，一生二，二生三，三生万物"出自《道德经》，这几句极度精炼的话，是中国古代哲学家老子的著名论述，后人也对此提出各式各样的解释。

第一章　企业天地人三维生命体的顶层设计和运行逻辑

笔者站在企业增长的角度，结合等腰三角形结构，提出了企业天地人三维生命体（小宇宙）的等腰三角形结构原理。

如图1-2所示，内部三角结构+外部三点连接成圆，构成了企业天地人三维生命体（小宇宙）的等腰三角形结构原理。下面逐步分析该原理的底层逻辑。

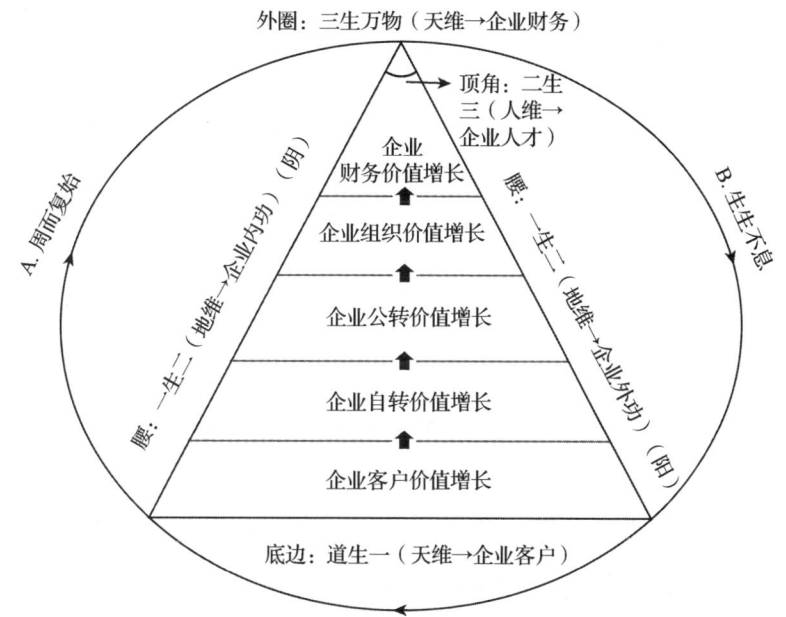

图1-2　企业天地人三维生命体（小宇宙）的等腰三角形结构原理总框架图

1."道生一"：三角结构的底边，代表企业客户价值增长

如图1-2所示，我们把"道生一"放在三角结构的底边，代表天维的企业客户，同时它处于三角形结构的第一层，形成了企业客户价值增长。

何为"道生一"？若用一棵大树来比喻，树干就是"一"，因为树要通过树干来输送营养，才能生长得枝繁叶茂。

在企业天地人三维生命体（小宇宙）当中，"一"就是客户，这表示企业增长来自客户，客户是企业发展壮大的基础。例如企业只需要真正找到一个种子客户，这个种子客户就能够影响到他的社交圈，运用客户裂变模式，可以从一裂变到二、二裂变到四，如此类推下去。

2. "一生二"：三角形结构的两腰，左腰代表企业内功，右腰代表企业外功

如图 1-2 所示，把"一生二"放在三角形结构的两腰（代表阴阳），左腰代表地维的企业内功，它处于三角结构的第二层，形成了企业自转价值增长；右腰代表地维的企业外功，它处于三角结构的第三层，形成了企业公转价值增长。

"一生二"包含阴阳，"万物负阴而抱阳，冲气以为和"，就是说万事万物的两种相互作用的力量，构成了一个动态的平衡过程。这里的"冲"，就像冲茶一样，在茶叶与沸水的交融下，茶色、茶香才得以表现出来。就企业来讲，做好企业内功与企业外功，才能让企业更稳定地增长。

企业内功指解决企业内部问题来带动增长，这部分属于客户不容易看见的模块，因此可以看成阴；企业外功指解决企业外部问题来促进增长，能够让客户看见，因此可以看成阳。阴阳结合起来，就是企业内功与外功相互配合，会促进企业增长。

3. "二生三"：三角形结构的顶角，代表企业组织价值增长

如图 1-2 所示，把"二生三"放在三角形结构的顶角，代表人维的企业人才，同时它处于三角形结构的第四层，形成了企业组织价值增长。

两腰的长短变化能够让顶角产生无数种角度，就像阴阳两种力量相互作用，能产生无数种可能的结果。

企业内功与外功做得好与不好，归根结底都是"人"在起作用。要做好企业组织价值增长，关键在于人才的驱动力。例如，企业的产品推出市场，一段时间后市场会反馈经营的效果，企业据此决定是否继续经营下去。还可以通过人才去发掘商机或创新迭代，助力企业增长。

4. "三生万物"：围绕三角形结构的外圈，代表企业财务价值增长

如图 1-2 所示，把"三生万物"放在三角形结构的外圈，代表天维的企业财务，同时它处于三角形结构的顶层，形成了企业财务价值增长。

外圈遵"道"而行，遵循小"道"的从 0 到 1 就是从无到有，遵循大"道"的从 1 到 3 就是"三生万物"。也就是说，"道生万物而归于道"，如同"春生、夏长、秋收、冬藏"般不断流转，从图 1-2 中 A 的周而复始到 B 的生生不息形成一个闭环。

企业天地人三维生命体（小宇宙）在遵循上述规律和顺应环境中演变而来，以企业财务价值增长体现出来。企业财务方面做得好，就如同小宇宙在外圈周而复始运转一般，呈现出一派生机勃勃的景象。

三、底层逻辑：价值金字塔结构原理

从图1-3中大家会发现企业天地人三维生命体（小宇宙）的5个价值增长能级是按梯度递增的形式排列的。如果进一步将之串联起来，那就能够更清晰地解析企业发展活力的缘由了。因此，这里进一步提出企业天地人三维生命体（小宇宙）的价值金字塔结构原理。下面将逐步分析该原理的底层逻辑。

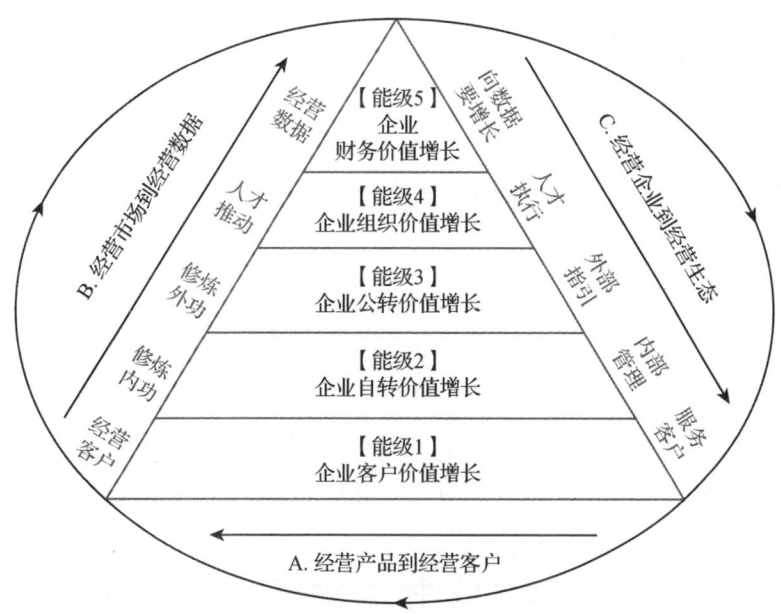

图1-3 企业天地人三维生命体（小宇宙）价值金字塔结构原理总框架图

1. 价值金字塔结构原理的内部能级层次分析

首先，企业天地人三维生命体（小宇宙）价值金字塔结构原理，内部形成了5个梯度递增的能级关系，做好这5个能级递增的模块内容，是企业竞争力长久不衰的有力保证。下面从下至上分析能级梯度的逻辑关系。

（1）能级1：企业客户价值增长。如图1-3所示，之所以把企业客户

价值增长放在能级1层面，原因在于：客户在哪里，企业就在哪里，自然也可以带来增长。丘吉尔说过："这不是终点，甚至不是终点的起点，但可能是起点的终点。"这句话运用到企业增长问题上，笔者认为客户是企业收入与利润增长的坚实支撑，以客户为中心，即所谓的起点、终点。因此，企业需要在这一层当中做好客户定位、客户分类等，开发他们的长期价值，才能真正地为企业带来增长。如果没有企业客户价值增长作为基础，就好比地球失去了太阳的能量，会发生一系列问题，影响到后续的企业自转价值增长、企业公转价值增长、企业组织价值增长与企业财务价值增长。

（2）能级2：企业自转价值增长。如图1-3所示，之所以把企业自转价值增长放在能级2层面，原因在于：确定以客户为中心之后，企业就要快速地从内部着手，做可以促进增长的事情。笔者把这部分内容称为企业修炼内功，可理解为以"制度管人、流程管事、文化管心、机制管身、系统管企"为方向去进行内部管理。如果连内部管理都没做好，那怎么来吸引和服务好客户呢？这就像地球自转速度太快就会忽冷忽热，速度太慢就会出现极寒极热，没法在昼夜更替下更好地吸收太阳能量，自然也就没法生万物。

同样，企业也可以通过外部竞争者之间的竞争倒逼内部管理优化，促进企业自转价值增长。这里可以借助迈克尔·波特（Michael Porter）在20世纪80年代初提出的五力模型来放大竞争的视野，包括对供应商、客户、同行竞争者、潜在新进者、潜在替代者的竞争策略，通过不同的组合拳来观察竞争导向如何打造优势，为企业带来增长。

唯物辩证法认为万事万物的产生、发展和灭亡，都是内因和外因共同作用的结果。在这一能级模块中，确定了内因是根本之后，可以更好地沿着外因模块来塑造下一步的企业公转价值增长。

（3）能级3：企业公转价值增长。如图1-3所示，之所以把企业公转价值增长放在能级3层面，原因在于：内外兼修才能更好地促进企业增长。因此，企业还要修炼外功。如果认知与思维创新没突破、战略方向没做好、资本价值没做对、商业模式没做大、品牌模式没做强等，这些企业公转价值增长模块都会制约企业的发展。正如地球围绕太阳公转产生了四季更替，如果公转方向不对或者停止了运转，地球就很可能会冲向太阳而导致灰飞烟灭。

此外，本书后面会专门列出两章讲资本运营。不同阶段的企业会有不同的发展模式，比如从产品买卖模式升级到长效运营模式，再升维到资本运营模式，以及继续推进到生态价值模式来成长发展。

实际上，做好企业公转价值增长，能反馈到企业自转价值增长和企业客户价值增长。而各种价值增长都需要人来执行与达成目标，所以就有了下一层需要思考的问题：如何促进企业组织价值增长。

（4）能级4：企业组织价值增长。如图1-3所示，之所以把企业组织价值增长放在能级4层面，原因在于：人才作为企业协同共生的内生驱动力，是构建具有战斗力的组织形态的中流砥柱，无论塑造哪方面的价值，都需要用到人才，人才是企业发展的第一推动力。

如果企业组织价值增长没做好，那么前面的企业客户价值增长、企业自转价值增长、企业公转价值增长也就无法做好。这就好像地球本身的自转或围绕太阳的公转偏离了均衡状态，那地球就没法适宜人类生存，甚至地球也会趋于灭亡。

企业通过人才实现经营目标的过程中，还需要贯彻长期价值主义与资本向善等理念，从而使企业更高效地配置资源，实现跨越式发展等。企业到了这一层，需要进一步从经营市场转向经营数据了，所以需要继续推进到下一步的企业财务价值增长。

（5）能级5：企业财务价值增长。如图1-3所示，之所以把企业财务价值增长放在能级5层面，原因在于：企业财务价值增长可以体现出前面所搭建的一系列价值增长的成果、成绩等。这就如同月球本身不发光，但能反射太阳光。同时，月球相当于地球的保护卫士，帮助地球抵御陨石撞击等风险。

我们一般认知的生产要素有劳动、土地、资本和技术等，还有一个生产要素是数据。第一次工业革命后进入蒸汽时代，第二次工业革命后进入电气时代，现在则是进入了数字化与智能化的信息时代，数据正成为推动经济增长的第五要素。

所以数字资产越发成为企业的关键资源要素。企业要从数据当中挖掘与连接商业机会，向数据要增长，即要积极进行数字化转型，在数字化"蓝海"中打造自身的数字资产运营能力，打造好算力、算法等新的核心能力，以取得长期价值增长。

2. 价值金字塔结构原理的外圈循环分析

如图 1-3 所示，构成完整的价值金字塔结构原理还有一个循环的外圈。那它是如何实现循环运转的呢？关键在于做好三个转化路径。

（1）外圈循环 A：从经营产品转化为经营客户。企业天地人三维生命体（小宇宙）从经营产品转向经营客户，就把握住了如何在新的市场竞争环境下为企业带来源源不断的增长。

（2）外圈循环 B：从经营市场转化为经营数据。企业天地人三维生命体（小宇宙）要继续从经营市场过渡到经营数据。因为在数字化、智能化时代，企业开始转向精细化经营，数据成为企业壮大发展的新动力引擎。

（3）外圈循环 C：从经营企业转化为经营生态。企业天地人三维生命体（小宇宙）要从经营企业过渡到经营生态。企业要从单打独斗到抱团取暖，在战略层、组织层、业务层等维度下经营生态，才能够更好地实现企业价值最大化。

第二节　企业天地人三维生命体（小宇宙）与天人合一（大宇宙）的共通之处

企业天地人三维生命体（小宇宙）有发展规律吗？当然有！那就是商业的市场运作规律，企业违背规律做事是致命的。进一步研究企业天地人三维生命体（小宇宙）的时候，我们发现"天人合一"（指天道、地道、人道三者合一）与企业天地人三维生命体（小宇宙）的天维、地维、人维相对应，竟有奇妙的共通之处。

一、宏观分析：天道、地道、人道与天维、地维、人维的对应关系

如图 1-4 所示，大宇宙的天道、地道、人道与小宇宙的天维、地维、人维一一对应，下面从宏观层面分析其对应的关系。

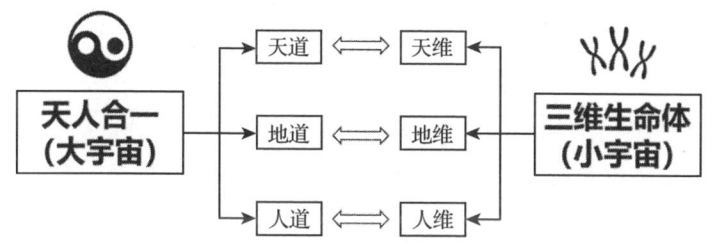

图1-4 大宇宙与小宇宙的对应关系1

细细品味"天人合一"的"道"(天道、地道、人道),会发现构成大宇宙的运行规律,有一个浑然天成的东西,是先于天地存在的,它看不见、摸不着,混沌一片,但它周而复始地运行着。要用语言来形容它就显得苍白了,所以权且把这个不知名的东西称为"道","道"广大无边。"道"要顺应自然规律,故本书把"天人合一"简称为"大宇宙"。

相应的,企业天地人三维生命体(小宇宙)也可看成一个三维空间,天维对应着天道、地维对应着地道、人维对应着人道,它是一切企业最简单的存在规律。企业要遵循发展的规律才能更好地成长。因此,本书把企业天地人三维生命体简称为"小宇宙"。

二、中观分析:揭秘大宇宙与小宇宙始万物、生万物、成万物的规律

如图1-5所示,因为万物有生命周期,这里继续将天道、地道、人道与天维、地维、人维的对应关系,延伸到它们是如何始万物、生万物、成万物的层面,进行中观分析。

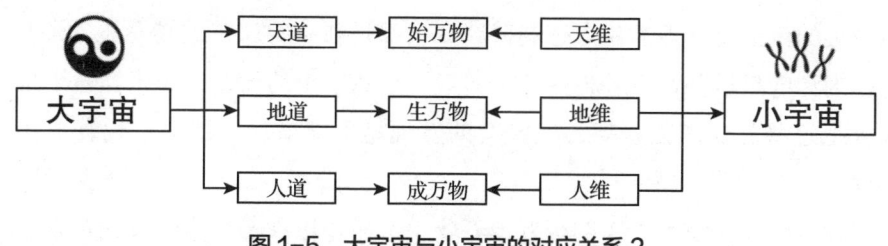

图1-5 大宇宙与小宇宙的对应关系2

1. 大宇宙与小宇宙的始万物:万物开端

天之道在于始万物。这是因为大宇宙的第一个组成部分是天道。天道讲

阴阳，月亮为阴，太阳为阳，日月造就了昼夜与四季，二者交替轮回，形成一个阴阳闭环系统，为万物生长提供了能量与安全的环境。

小宇宙的第一个组成部分是天维，由客户与财务组成。经营好客户能为企业带来良好的财务数据，经营好财务反过来也能更好地指引企业服务客户，二者相互协调能为企业增长提供更好的环境。

2. 大宇宙与小宇宙的生万物：万物生长

地之道在于生万物。这是因为大宇宙的第二个组成部分是地道。地道讲柔刚，柔为水，水融于万物又化于自然；刚为地，水与泥土的合成孕育了各种各样的生命体。

小宇宙的第二个组成部分是地维，由企业内功与企业外功组合而成，内外双修，互相融合，可更好地服务客户，为企业稳定增长带来有力的支撑。

3. 大宇宙与小宇宙的成万物：创造万物

人之道在于成万物。这是因为大宇宙的第三个组成部分是人道。人有仁义，也有思想、有智慧，是认知天与地的衔接体，造就与发现了种种奇迹。

小宇宙的第三个组成部分是人维，由人才组成，打造好企业的人才高地，可以创造性地引领企业增长。

以上大宇宙与小宇宙的对应关系，定义为天道/天维→始万物、地道/地维→生万物、人道/人维→成万物，蕴含着万物运行的规律。

三、微观分析：企业天地人三维生命体（小宇宙）的价值增长体系

如果从火星上看地球，你会发现地球是那么渺小孤独；而站在地球上凝望遥远的星空时，不禁让人感慨芸芸众生都是独立的存在，似乎都与天上某一颗闪烁的星星存在着某种内在的对应。浩瀚宇宙的奥秘充满未知，于是很多人把这些看成虚的状态，但人类的发现是不断增加的，于是就有了实的体现。

虚实结合有助于持续剖析万事万物。下面将用虚实结合的方式对企业天地人三维生命体（小宇宙）的价值增长体系进行微观分析。

1. 企业客户价值增长是什么

如图1-6所示，企业小宇宙的天维对应客户，就像大宇宙的天道对应太

阳。客户在哪里，企业就在哪里，客户是解决企业增长问题的根源所在。

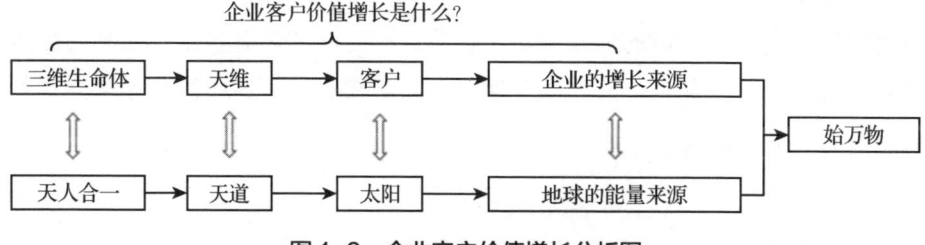

图1-6　企业客户价值增长分析图

具体对应到大宇宙，客户就如同太阳散发的光与热，是万物生长的能量供应（包括地球），孕育出动物、植物与山川大海等。二者对应起来都是"始万物"的体现。

因此，这部分命名为企业客户价值增长。

2. 企业自转价值增长是什么

如图1-7所示，企业小宇宙的地维代表企业内功，解决企业内部体系的问题，就像大宇宙的地道对应的地球自转。企业没修炼好内功，没法服务好客户，自然无法增长。

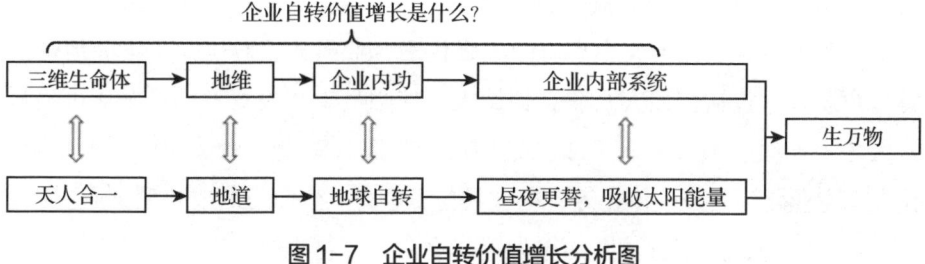

图1-7　企业自转价值增长分析图

企业有产品生产与服务系统（设计、研发、采购、生产、库存等）、市场与营销系统（定价、营销、交易等）、线上线下流量融合系统、KPI/GS/KCI系统、运营系统、流程系统、行政系统、人力资源系统、后勤系统（配送、售后等）、文化系统等，各个系统要协调运转。具体对应到大宇宙，如果地球自转速度过快或过慢，甚至停滞，将导致昼夜更替失衡，就没法更均衡地吸收太阳能量，动植物就无法生存与生长了。二者对应起来都是"生万物"的体现。

因此，这部分命名为企业自转价值增长。

3. 企业公转价值增长是什么

如图1-8所示，企业小宇宙的地维代表企业外功，主要解决企业外部体系的问题，就像大宇宙的地球公转。企业修炼外功的内容包括：认知与思维创新、战略方向、资本价值、商业模式、品牌模式等。这些综合起来会影响到企业的成长、壮大、衰退，以及寻找第二增长曲线等。

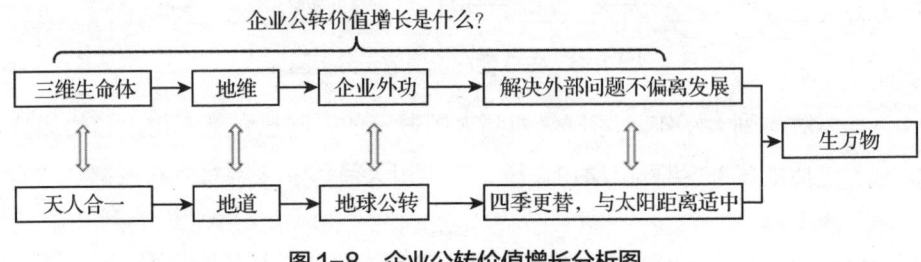

图1-8　企业公转价值增长分析图

具体对应到大宇宙，地球围绕太阳公转的轨道接近圆形，公转一年后与太阳的距离依然适中，吸收到均衡的能量，产生四季更替，塑造了"春生、夏长、秋收、冬藏"的景象。二者对应起来都是"生万物"的体现。

因此，这部分命名为企业公转价值增长。

4. 企业组织价值增长是什么

如图1-9所示，企业小宇宙的人维代表企业人才，对应大宇宙的地球人类。企业人才包括创始人、联合创始人、核心员工和投资者等。企业可通过做人才生产线、绩效管理、股权架构设计与股权激励，以及构建企业平台，让员工专业化、客户一体化等，构建具备竞争力、生命力的成长型企业。

具体对应到大宇宙，人类作为碳基生命、万物之灵，在超越凡夫俗子的局限的过程中，推动自身进步，不断地往发达文明的方向发展。二者对应起来都是"成万物"的体现。

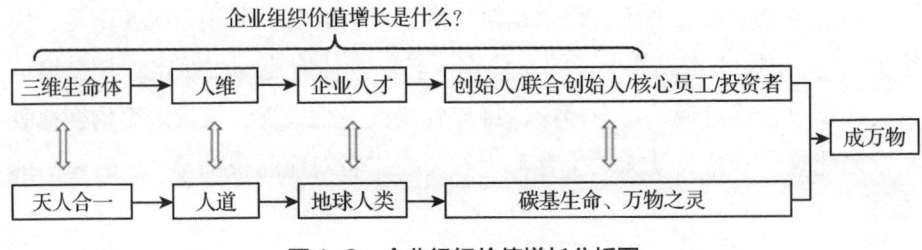

图1-9　企业组织价值增长分析图

因此，这部分命名为企业组织价值增长。

5. 企业财务价值增长是什么

如图1-10所示，企业小宇宙的天维代表财务，对应大宇宙的天道月亮。财务数据是企业经营状况最直观的体现，可以透过数据看清企业的经营现状与未来。

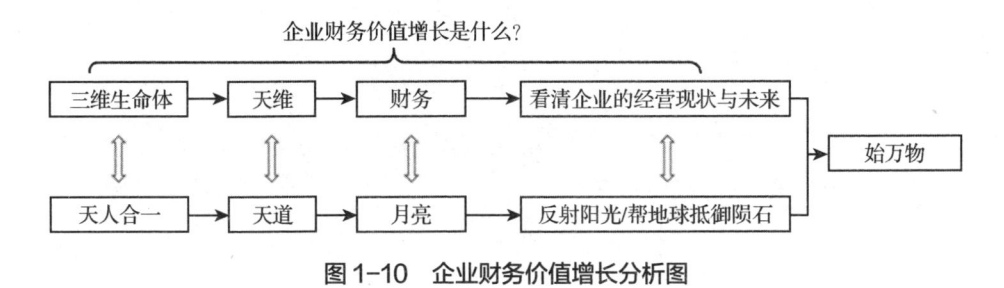

```
                    企业财务价值增长是什么？
   ┌─────────┐   ┌──────┐   ┌──────┐   ┌──────────────────┐
   │ 三维生命体│──→│ 天维 │──→│ 财务 │──→│看清企业的经营现状与未来│
   └─────────┘   └──────┘   └──────┘   └──────────────────┘      ┌──────┐
       ⇅             ⇅          ⇅                                │ 始万物│
   ┌─────────┐   ┌──────┐   ┌──────┐   ┌──────────────────┐      └──────┘
   │ 天人合一 │──→│ 天道 │──→│ 月亮 │──→│反射阳光/帮地球抵御陨石│
   └─────────┘   └──────┘   └──────┘   └──────────────────┘
```

图1-10　企业财务价值增长分析图

具体对应到大宇宙，如同月球能反射太阳光，财务也能帮助企业抵御风险，来塑造企业生态。二者对应起来都是"始万物"的体现。

因此，这部分命名为企业财务价值增长。

第三节　企业天地人三维生命体（小宇宙）价值增长体系

前两节分析了企业天地人三维生命体（小宇宙）的结构模块与底层逻辑等。本节着重分析小宇宙的5个价值体系是如何实现增长的。

一、增长体系1：企业客户价值增长

企业增长要以客户为中心，持续创造价值。大家都知道企业的收入与利润来自客户，但为什么很多企业还是无法持续增长？原因主要有三方面：①没有明确客户群体，盲目认为所有人都能成为企业的客户，将资源分散消耗，推动复购能力差。②没有抢占用户心智，品牌运营习惯喊口号，投了人力物力却没有形成强势的品牌效应，导致客户选购产品时不会第一个想到该品牌。③没有重塑价值，在产品、服务同质化的情况下，企业没有重塑差异化的价值，创新乏力，难以吸引客户转化为增长。克服了这些问题，实现企业客户价值增长就不是难事了。

二、增长体系2：企业自转价值增长

从企业自转价值增长层面分析，要实现企业增长，一是要科学地制定企业的年度增量目标。企业CEO和各部门要清楚关乎业绩增长来源的关键问题，如图1-11所示。例如，不能把生产中心简单理解为"花钱"的部门，而是要用数字化工具赋能部门运作或者提高供应商效率等，降低成本也是一种提高业绩增长的方式。

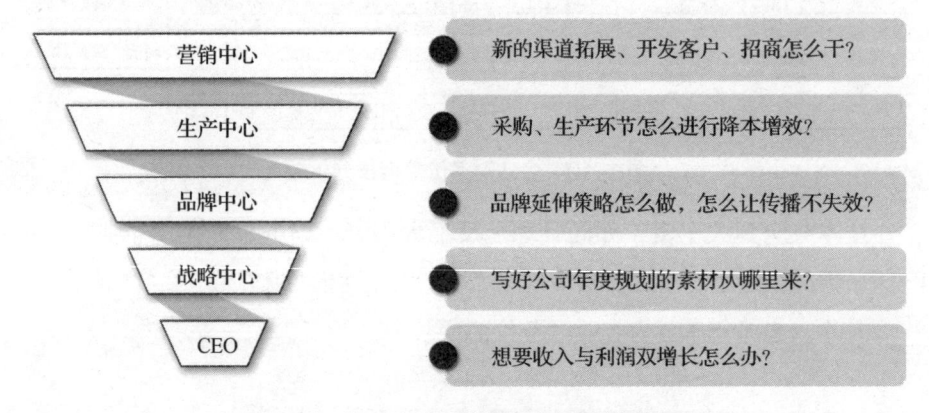

营销中心 —— 新的渠道拓展、开发客户、招商怎么干？
生产中心 —— 采购、生产环节怎么进行降本增效？
品牌中心 —— 品牌延伸策略怎么做，怎么让传播不失效？
战略中心 —— 写好公司年度规划的素材从哪里来？
CEO —— 想要收入与利润双增长怎么办？

图1-11 关乎企业业绩增长来源的关键问题

二要做好每年的年度增量目标。那这些目标又是如何来的呢？如图1-12所示，主要来源于五个方面。①经验判断：老板、领导层的经验判断。②研发投入：产品或技术研发所投入资源的布局与考核。③团队建设：营销团队建设，对业务开展实际情况的布局与考核。④供应优化：供应链优化，对企业降本增效的布局与考核。⑤管理效率：对提高生产流程、生产制造、员工技能等的效率的布局与考核。

三、增长体系3：企业公转价值增长

从企业公转价值增长层面分析，要实现企业增长，一要提高增长战略定力，以确定发展方向为前提。

二要积极寻找第二增长曲线。无论是高新技术企业、专精特新中小企业，还是独角兽企业、隐形冠军企业、制造业单项冠军企业，发展到一定阶段，肯定会遇到市场增长的"天花板"。那么，这部分企业要如何突破呢？

第一章 企业天地人三维生命体的顶层设计和运行逻辑

图1-12 企业年度增量目标从何而来

如图1-13所示，企业要打破原有局限，时刻保持深耕行业的动力，从行业中发现新的细分领域赛道，越细分越好，然后延展，寻找差异化的新机会，最后研究出具体的打法、业务，进而快速精准发掘新的潜在客群，以取得新的增长突破。

图1-13 企业如何寻找第二增长曲线

四、增长体系4：企业组织价值增长

当下时代，劳动力红利逐步变成人才红利，企业的发展一定要在人才方面下功夫。根据企业人才成长的特点，本书将企业人才划分为以下三类：栋梁式成长人才、自主式成长人才、被动式成长人才。

处于金字塔底部的是被动式成长人才，这部分人才喜欢听指示干活，缺乏积极性。处于金字塔中部的是自主式成长人才，这部分人刚跳出"为老板打工"的思维局限，能够自主积极地工作，希望获得更好的晋升空间等。处于金字塔顶部的是栋梁式成长人才，这部分人才会为公司着想，自带主人翁

15

精神和心态，去为公司创效。

五、增长体系5：企业财务价值增长

笔者认为可以从六大关键指标来分析企业的整体增长情况：①净利率，反映企业是否稳定增长，是否有明确的增长方向；②周转率，反映企业运营资金的周转情况是否正常；③权益乘数，反映企业净资产所能驾驭的负债能力；④主营业务增长率，反映企业主营业务是否能保持适当的增速增长；⑤投资回报率，反映企业的投入产出是否合理；⑥主动离职率，反映组织内部的管理水平。

净利率、周转率与权益乘数，可以连在一起分析。杜邦分析法中净资产收益率（ROE）＝销售净利率×资金周转率×权益乘数。保持ROE稳定，可以帮助企业做出利益最大化的决策。

主营业务增长率和投资回报率也可以连在一起分析，反映企业的资源投入是否过于分散而导致投入产出没取得预期效果。

此外，主动离职率也是一个值得特别关注的指标，人才的优胜劣汰可以自上而下，也可以自下而上，这样会多一个方式来反映企业管理的实际效果。

综合来讲，本章概括地从企业天地人三维生命体（小宇宙）的构造与底层逻辑等角度分析了企业增长从哪里来的问题。一个企业贯通了客户价值增长、企业自转价值增长、企业公转价值增长、企业组织价值增长与企业财务价值增长，向上是层层升维看全局，向下是反过来不断深化定行动，这是衡量企业是否往确定的方向发展前行、能否在激烈的市场竞争中脱颖而出的重要指标，也是衡量该企业是否有能力发展成具有长期竞争力的企业的指标。

第二章

企业天地人三维生命体：
企业客户价值增长

【本章导读】

万事万物都有规律，就经营企业来说，违背规律行事可能会带来无可挽回的损失。所以，本章第一节从遵天道（顺应规律）的视角分析以客户为中心的增长路径，是如何驱动企业活下去、活得好、活得精彩与活得长久的。

万事万物都有它所属的位置，要遵循序位法则，正如马路上若没有红绿灯指引，一旦车子和行人乱走一通就会造成混乱。因此，本章第二节在以客户为中心的基础上，分析破解企业收入与利润双增长的密码。

企业如果想当然地把各年龄段的人都当成自己的客户，结果可能得不偿失。因此，本章第三节针对如何运营好客户，分别阐述了如何进行客户定位，如何摸清与确定企业的目标客户，以及如何进行客户分类、识别黏度客户等。

第一节　企业增长从哪里来（遵天道）

所谓遵天道，就是要遵循万事万物的发展规律。本节将从遵天道开始，探讨企业增长从哪里来。俗话说，路通财通，本节将通过一条通向增长的路径，来分析如何实现企业活下去、活得好、活得精彩与活得长久。

一、企业如何活下去：设计好增长底线（以船舶抛锚比喻）

企业要活下去，首先要考虑活下去的方式，然后才有后续的发展环节。如图2-1所示，企业天地人三维生命体的天维对应客户，解决好客户问题是实现企业客户价值增长的核心。具体来说，企业经营要真正地以客户为中心，才能良性地驱动增长。这里讨论的是企业增长路径问题,重点在于如何层层递进地经营好客户。笔者认为客户是企业增长的来源,所以企业第一步要考虑如何活下去,要设计好增长底线。

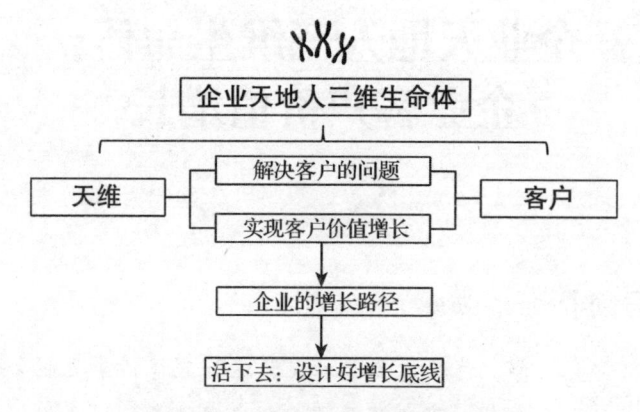

图 2-1 企业增长从哪里来逻辑分析 1

下面用船舶抛锚停泊比喻企业设计增长底线。

船舶在航行过程中,会不断消耗能源和物资,这时候可以选择靠岸补给,以保障长线航行。如图 2-2 所示,船舶靠岸时,需要根据锚地的地形、水流、风向等因素来抛锚,尤其要注意避开礁石。而船舶抛锚的方式有很多种,例如船首抛锚,就有抛单锚和抛双锚两种,船舶抛单锚时活动范围较大,但不能抵御特别大的风浪,而抛双锚能适应风浪大和地形狭小的区域。此外,还有船尾抛锚、舷侧抛锚、首尾抛锚等,通过这一系列措施来确保船舶稳定靠岸,补充航行物资、躲避风浪等,才能更好地开启下一次的长线航行。

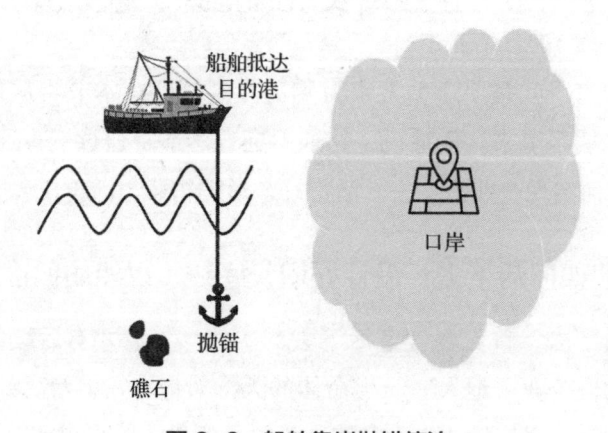

图 2-2 船舶靠岸抛锚停泊

第二章 企业天地人三维生命体：企业客户价值增长

对应到企业天地人三维生命体，企业设计增长底线就好像船舶靠岸，要选择熟悉的区域和适合的抛锚方式靠岸。企业可以先从熟悉的生意中找到一部分熟悉的客户，瞄准他们的痛点提供一系列具备差异化价值的产品。

其次，船舶要保证锚牢牢抓住海底作为支撑地，同时要避免锚抓到礁石。同样的，企业要选择最忠实的顾客和最有优势的领域作为支撑地，这包括通过不断迭代的技术壁垒、强大的商业模式与品牌之间的价值整合等，来降低企业发展过程中的试错成本。

最后，船舶靠岸后，要依靠交易与完美交付来建立客户资源，让客户口碑相传，才能源源不断地获得利润。戴维·阿克说："不要盲目地标新立异，不要仅仅为了战胜竞争对手便进行改进，还需考虑同时可为客户带来实质性的好处。"[1] 所以，企业要注重客户的口碑价值，企业增长的源泉是客户，良好的口碑相传可以带动客户复购与转介绍。另外，船舶到达不同的地方，有不同的贸易方式，企业要着重考虑业务开展的有效性。

【案例链接：健身企业 Gym-Pact 如何设计增长底线】

国外健身企业 Gym-Pact，就通过巧妙设计企业增长底线解决了自身活下去的难题。

首先，Gym-Pact 在进入健身行业的时候，考虑到要活下来，如果还是用传统的开店、开卡等方式，可能很难取得竞争优势。所以 Gym-Pact 采取了一种创新方式：不搭建自身的实体健身房，而是与各大健身房合作，来取得价格优惠＋健身设备使用权，在此基础上，Gym-Pact 用移动健康 App 来做用户的健身监督。

其次，Gym-Pact 服务的客户就是那些平时没动力坚持健身的群体，运营模式是与客户签订一份自律健身合约，客户能履行承诺定期到健身房健身，则可以一分钱不花地健身；但若没如约健身，就要因当次的违约行为领罚单了。

上述模式看似很不错，关键是 Gym-Pact 怎么获取利润？实际上，Gym-Pact 定位于"自律健身"这个领域，用免费的方式来驱动那部分认为健身门

---

[1] 戴维·阿克（David A. Aaker）. 品牌组合战略［M］. 周晓萱，译. 北京：机械工业出版社，2020.

槛高的人群来健身，以那部分没坚持健身的客户的"罚款"，作为企业的利润来源之一。大家还可以进一步理解为，免费健身是一种吸引流量的方式，留住与积累了客户之后，还可以继续开发服务并带给他们价值，以此来进一步获得利润增长。

二、企业如何活得好：设计好增长点线图（以航线图比喻）

如图 2-3 所示，这里讨论的企业增长路径问题，指的是如何层层递进地经营好客户。第一步要确认客户是企业增长的来源，第二步考虑如何活得好的问题，即设计好增长点线图。

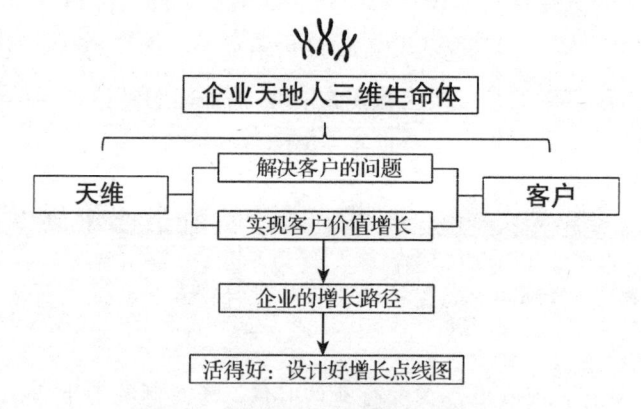

图 2-3　企业增长从哪里来逻辑分析 2

下面用航线图比喻企业设计好增长点线图。

船舶不能漫无目的地航行，通过把各个坐标点连成航线，可以有效规避风险，让航行更安全。如图 2-4 所示，船舶从坐标点 A 到了坐标点 B，形成了航线 1；从坐标点 B 到了坐标点 C，形成了航线 2。以此类推，形成了纵横交错的航线，而船舶的高效、安全航行，则需要航行图做指引。船舶要到达每一个坐标点也要遵循规律航行。

如果企业只有一个增长点，可能难以支撑它的拓展。因此，企业要考虑如何发掘与运营好多个新的增长点，以夯实企业成长的根基。如图 2-5 所示，企业要发展多个新的增长点，可以选择扩展到新的区域、新的客群和新的推广，这期间还要不断获取用户需求，从经营产品转化到经营用户，把点连成线，做出清晰、明确、可操作的增长方案，发展出各个价值增长点。

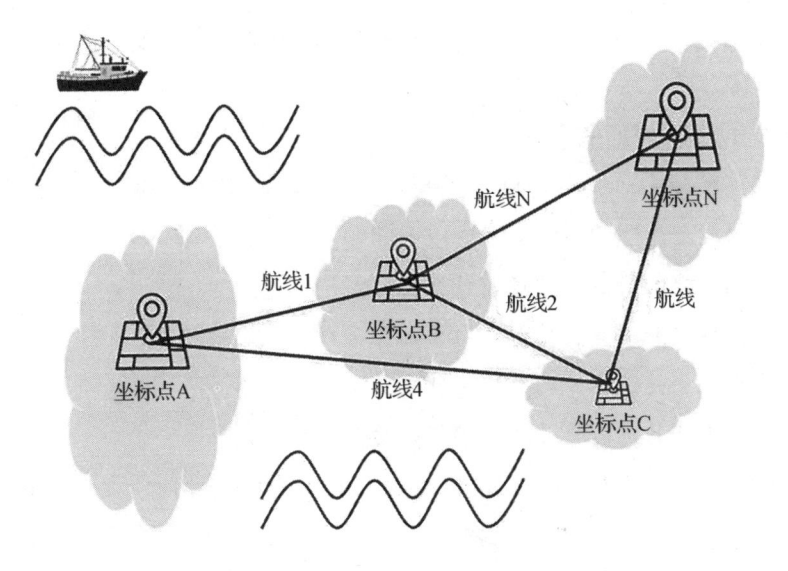

图 2-4　坐标点与航线所构成的航线图

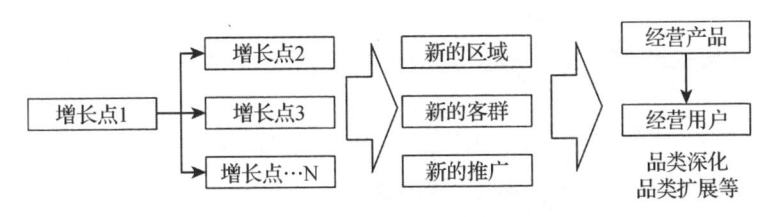

图 2-5　企业经营多个增长点的思路

正如拉姆·查兰在其与诺埃尔·蒂奇合著的《良性增长：盈利性增长的底层逻辑》一书中写道："企业家的职责正在于此，风平浪静时，追求最高效率的运营模式，风高浪急时，寻求新的有效航线和推动力，实现企业的有价值的增长，是企业家的天职，是评判商业领袖成败的标准。对于企业来说，实现价值增长才能更好地应对一切市场变化。"[①]

具体该如何通过新的区域、新的客群和新的推广来获取增长呢？

1. 如何做好新的区域

企业可以到达的每一个坐标点，就如同航行发现的每一个新地方。也就是说，企业要活得好，就要善于发现多个新的市场增长点来支撑企业发展。

---

① 拉姆·查兰（Ram Charan），诺埃尔·蒂奇（Noel M.Tichy）. 良性增长：盈利性增长的底层逻辑 [M]. 邹怡, 译. 北京：机械工业出版社, 2018.

正如拉姆·查兰所说："通过确定并满足变化所带来的新需求,扩大你的业务活动的范围。"[①]

2. 如何服务好新的客群

船舶在航行中,发现的每一个地方的居民相当于企业的新客户。对企业来说,在寻找新客群的时候可考虑以下问题。

- 关键客户的行业集中度有什么变化?
- 服务这些关键客户的竞争对手的业务或企业有哪些?
- 服务这些关键客户的需求有什么变化?
- 服务这些关键客户的生产销售行为有什么变化?

同时,在服务新的客群的销售过程中,要找到关键角色促进转化成交。而促进关键角色成交有三个步骤:①挖掘客户痛点,关键要让客户感知和真心认识到这个痛点。②促使关键角色迫不及待地去解决这个痛点,而我方正好有匹配的解决方案给客户。③要彻底打消客户的顾虑,让成交落实。

【案例链接:好特卖(HotMaxx)的关键角色转化成交】

近年来,线下实体店品牌好特卖(HotMaxx)异军突起。下面来看看它是如何找到关键角色的需求来转化成交的。

如图2-6所示,第一步,好特卖找到的转化成交的关键角色是一批追求低价、高性价比的客户群,这部分客户的痛点是不会轻易进行非理性消费,而好特卖的品牌定位是"品质、低价、环保",向消费者传播的理念是让人们在一定程度上回归理性消费,即消费可以精打细算、经济实惠。

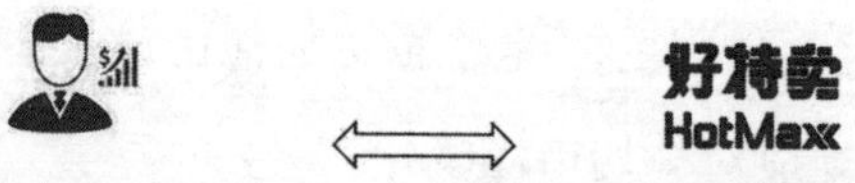

转化关键人物 成交的三步骤	好特卖 转化成交步骤
1. 找到的转化成交的关键角色	1. 追求低价、高性价比的客户群
2. 促使关键人物成交	2. 提供临期的大牌货,"薅羊毛"
3. 打消客户的风险	3. 临期产品是"大牌折扣",而不是尾货

图2-6 好特卖转化关键角色成交的三步骤

---

① 拉姆·查兰(Ram Charan),诺埃尔·蒂奇(Noel M.Tichy). 良性增长:盈利性增长的底层逻辑[M].邹怡,译.北京:机械工业出版社,2018.

第二步，好特卖促使这部分消费者来消费的做法是，在入货渠道找到临期的大牌货，选择进货价更低的产品让利给消费者，让消费者享受"薅羊毛"的快感，以此来打动消费者去购买。

第三步，好特卖打消客户对临期产品的顾虑的做法是，强调这部分临期产品是"大牌折扣"而不是尾货，并在过程中把控好产品质量。同时也将店面开在人流量大的地方，如购物中心、地铁口等，方便消费者去购买。

3. 如何做好新的推广

船舶要综合考虑天气、海洋与物资补给等情况来确定航线。对应到企业来说，就是要做好新的推广。新的推广可以体现为天、地、人三网合一的全渠道营销体系，具体如下。

天网，关键词是快速传播，比如用短视频＋直播的方式来输出有价值、好玩又新颖的内容，以产品独特的附加价值吸引并留住用户。

地网，关键词是铺开渠道，不管是线上还是线下，企业要利用有温度的服务去转化成交，注重长期主义，不能让客户产生落差感。

人网，关键词是服务，企业要维护好老客户，可以设计一套奖励机制满足客户物质需求或者精神爽点等，让老客户主动地去分享，裂变更多的客户。同时，人网中的"人"还包括营销人员自己，要做到销售三角理论所提倡的"三个相信"：相信自己的产品和服务、相信自己的企业、相信自己的销售能力。而这就好比三角形的三条边，合起来就是稳定的三角形。

基于对新的区域、新的客群和新的推广的分析，企业还要进一步地从经营产品转向经营客户。通过这种方式，才能从点到线，再变成图，形成以客户为中心的增长方式。即企业可以从品类深化、品类扩展等入手来发掘或刷新客户的核心诉求点，并持续地维护好客户，将其作为企业的利润增长支撑点。

【案例链接：Boss直聘如何设计企业增长点线图】

招聘行业的龙头包括前程无忧、猎聘、智联招聘等，那么Boss直聘是如何设计企业增长点线图，在这个竞争激烈的行业中突围而出的呢？主要方法见表2-1。

表 2-1　传统招聘平台与 Boss 直聘对比

项目	传统的招聘产品	Boss 直聘
模式	人找信息：求职者免费投简历，招聘者出钱收简历 + 电话联系面试	信息找人：智能算法匹配求职职位，然后绕过 HR 来跟企业老板洽谈
区域	以"卖简历"的方式服务于某些区域	集中在经济发达的地区
客群	C 端：低频刚需的客户（用完即弃） B 端：有需求的大型企业	C 端：20~39 岁之间的客户 B 端：中小企业
经营	注重经营产品	注重经营用户

（1）Boss 直聘如何从点到线？一些传统的网络招聘企业的模式是"求职者免费投简历，招聘者出钱收简历 + 电话联系面试"，特点是人找信息、着重经营产品本身。这种模式可能是通过"卖简历"的方式服务于某些区域。所面向的客群是低频刚需的 C 端用户，即找到工作后就流失掉这个用户了，或者有需求的大型企业，服务一批流失一批，导致其缺乏可持续增长的动力。

而 Boss 直聘的做法与竞争对手不同。

新的区域打法：Boss 直聘的服务区域集中在经济发达的地区，如北京、上海、广州、深圳等，这些地方的互联网行业发展快，同时也是高校、名校的聚集地。

新的客群打法：Boss 直聘将 C 端用户精准定位于 20~39 岁的大学生、职场新人、白领、蓝领，以及互联网公司的老板们等，并根据这些用户的需求，提供了丰富的岗位选择、岗位信息、岗位沟通以及反馈等功能。Boss 直聘服务的这些群体，平台会适当地推送合适的岗位信息给他们，所以当 C 端用户找到工作的时候，只是让自己暂时关闭推荐功能，甚至很多求职者在找到工作后，还会在平台上观察新的工作机会。通过这种方式，Boss 直聘不是做一次性生意，而是尽可能地降低了用户流失率。此外，很重要的一点是 Boss 直聘的 B 端用户大部分是中小企业，解决中小企业的招聘痛点也是其增长来源之一。

与竞争对手相比，Boss 直聘的着重点是从经营产品到经营用户。Boss 直聘深耕于直聘模式，它的品类深化做法是用智能算法帮助求职者做职位匹配，然后求职者可以绕过 HR 直接跟企业老板洽谈，这种创新的经营用户的方式颠覆了传统思维，变成了信息找人，大大节省了求职者和企业的成本，积累了大部分有需求的求职者用户，也为企业带来了可观的利润。

（2）Boss直聘如何从线到图？Boss直聘通过新的区域、新的客户以及深化品类等方式，不断扩大其用户规模和改善用户体验。后续Boss直聘于2021年6月在纳斯达克证券交易所上市、于2022年12月在香港联合交易所（以下简称港交所）上市，通过上市进入资本市场，也进一步促进其发展。

三、企业如何活得精彩：设计好增长风口线（以灯塔比喻）

这里讨论的企业增长路径问题，指的是如何层层递进地经营好客户。客户是企业增长的来源，第三步要考虑如何"活得精彩"的问题，即要设计好增长风口线，如图2-7所示。

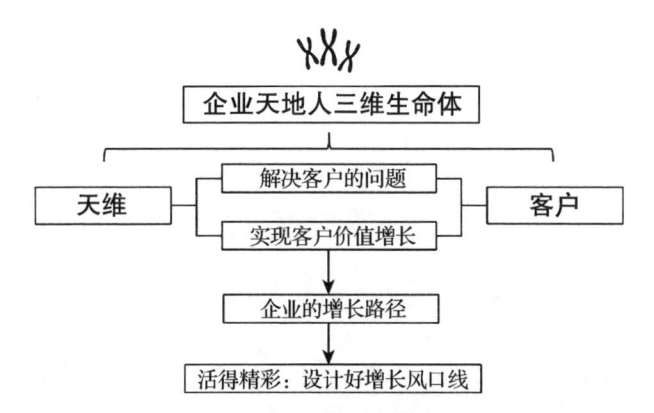

图2-7 企业增长从哪里来逻辑分析3

下面用灯塔指引船舶比喻企业如何设计增长风口线。

灯塔对于航行的船舶来说具有重要的导航作用，同时遇有险情时可以引导船舶转危为安。如图2-8所示，船舶航行时为了避免迷失方向和遭遇远洋风暴，要及时发现航行中的灯塔，看见了灯塔A之后，船舶就可以快速到达港口，继续航行时还有灯塔B、灯塔N等作为其下一个风向标。船舶航行中寻找到灯塔的时候，可能会利用望远镜精准观察远处、提前预知暴风雨、加快航速驶出危险区域等，这就像企业增长风口线的公式：企业增长风口线＝细分领域风口＋破坏性创新＋市场响应速度。

（1）细分领域风口：船舶航行中，要及时地看到灯塔，找到前进方向，就如同企业的发展要精准锁定与深耕某个具备发展潜力的细分领域。

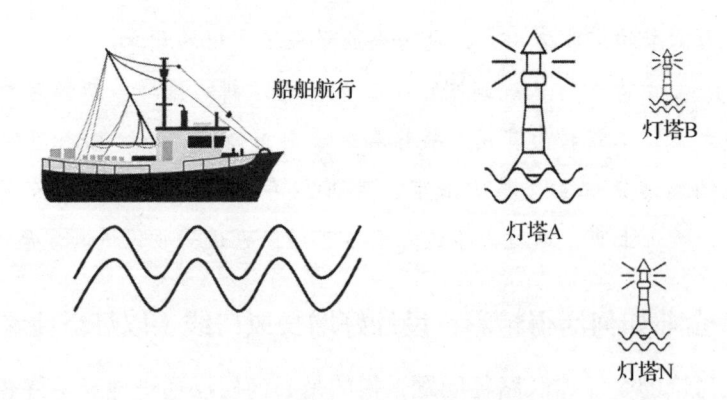

图 2-8　船舶航行灯塔图

（2）破坏性创新：船舶航行中，要关注天气情况，提前预知暴风雨，才可以让自身更安全地在海面上航行，就如同企业要积极地用破坏性创新来让自身更具备优势地发展下去。

（3）市场响应速度：船舶航行在某些海面上可能会遇到危险，就要加快航速驶出危险区域，就如同企业发现自身目前所处的环境可能影响未来发展，或者有另一个市场更值得自身发展，就要加快速度跟上市场的发展步伐。

【案例链接：李宁如何设计企业增长风口线】

李宁品牌以前的客户定位是"70后""80后"人群，后来他们转型锁定"90后"人群，但这部分"90后"却感受不到品牌宣传的归属感，甚至让本来的"70后""80后"客户觉得它抛弃了老客户，造成面向新老用户都没有取得预期的效果。基于这些转型的经验，后来李宁品牌重新找回了自身成功的发展方向。下面从企业利润风口线的角度，来看看它是如何做到的。

首先，在选择细分领域风口上，李宁品牌选择了国潮品牌这个路径。过去的李宁品牌，是一个专业运动装备品牌，在引入彰显个性的国潮风格后，逐步塑造了自身的形象标签，逆袭成为深受欢迎的国潮品牌。这正如《HR+数字化：人力资源管理认知升级与系统创新》一书中所写："这就如同埃森哲所说的'懂我经济'，更多从消费者视角出发，试图以全新方式与消费者互动，分析消费者需求以提供个性化产品和服务，赢得消费者的信任。"[①]

[①] 马海刚.HR+数字化：人力资源管理认知升级与系统创新［M］.北京：中国人民大学出版社，2022.

其次，在破坏性创新上，李宁品牌的产品还融入了减震、耐磨、防滑、抗菌等具备科技感的创新元素，不断地打磨好产品。这也是获得客户欢迎的方式之一。

最后，在市场响应速度上，基于国潮的品牌调性，李宁品牌把服务人群迅速且精准地定位于"95后"和"00后"，快速响应了他们的需求，再结合体育赛事、明星代言等宣传方式，也大大提高了品牌认知度，取得了良性的发展。

四、企业如何活得长久：抓好外生变量与内生变量（以日月星辰与指南针、雷达比喻）

如图2-9所示，客户是企业增长的来源，第四步要考虑如何活得长久的问题，要抓好外生变量与内生变量。

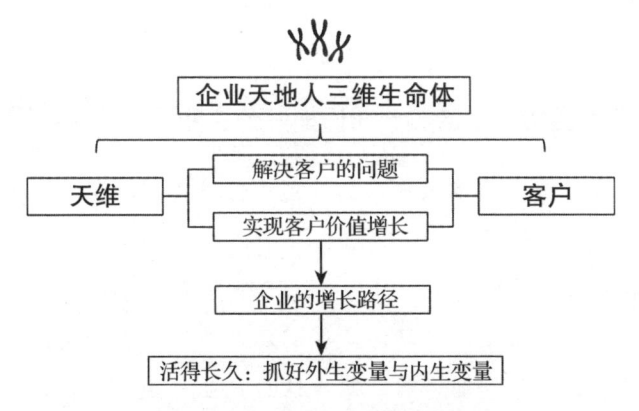

图2-9 企业增长从哪里来逻辑分析4

下面用日月星辰与指南针、雷达比喻企业如何抓好外生变量与内生变量。

船舶航行过程中非常重要的一点就是辨别方向，不然就有可能偏离航线。如图2-10所示，船舶需要借助日月星辰、指南针、雷达等，保持正确的航线。

（1）企业借助外生变量促进发展，就像船舶观测日月星辰来确定航行方向。企业要创造利润，常规的思路是从外生变量中判断发展机会，如经济周期红利和产业周期红利等。

（2）企业也可以通过做好内部可控的内生变量模块来促进增长，就像随着技术的进步，航海家利用指南针或雷达代替日月星辰，精准地判定航行方向。

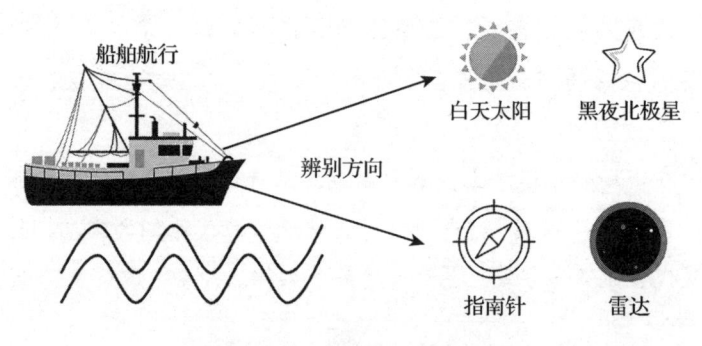

图 2-10　船舶辨别方向的方式

《中小微企业基业长青之道》一书中写道:"做企业我们需要造钟,而不是报时。钟造好了,还怕时间不准么。"[①] 企业怎么造钟?企业依托自身发展能力、资源、人力等条件,既可以通过技术创新带来破坏性创新产品,也可以通过模式创新带来新兴市场,或者通过创新内部经营管理等方式提高客户黏性,获取更多的盈利。

【案例链接:宁德时代如何抓好外生变量与内生变量】

宁德时代自上市以来市值一路飙升到千亿级别,成了不折不扣的新能源产业大鳄,具体表现如下。

首先,在外生变量中,宁德时代抓住了新能源汽车赛道的产业周期红利。解决全球变暖、能源紧缺、环境污染等问题是当下人类的共识,宁德时代积极响应了碳达峰、碳中和的号召。基于这种产业与政策环境的支持,其业务形成"一体两翼"格局,即以动力电池系统为基础+锂电池材料和储能延伸,夯实了发展基础。

其次,在内生变量中,宁德时代抓住了新能源汽车充电和续航技术的破坏性创新红利。其瞄准了锂电池储能技术,用新的技术流路线,逐步解决环保、安全、续航等难题,再匹配上庞大的市场运用场景,成就了其新能源领域的霸主地位。

同时,宁德时代的技术创新还体现在充电和续航模式中。充电模式是主流的电动汽车续航解决方案,这部分企业会延续性地采取大力研发电池技术、

---

① 孙卫东,宋卫.中小微企业基业长青之道:基于企业全生命周期管理视角[M].南京:东南大学出版社,2018.

补充充电桩等方式维系优势。宁德时代针对充电模式，没有单纯以维持性创新发展，还推行了"电池银行"模式，发布了"乐行换电"的服务品牌，专门为不同车型的新能源车提供标准化的换电服务，这也是他们积极推行的应对竞争对手的创新举措。

以上宁德时代抓好外生变量和内生变量的种种做法，都为其带来了很大的增长，值得大家借鉴与思考。

【实操指引：如何打通企业活下去、活得好、活得精彩与活得长久的增长路径】

如果把上面分析的企业活下去、活得好、活得精彩与活得长久的模块内容串联起来，可以形成一条可持续的增长路径，并引申出具体实操思路，见表2-2。

表2-2 驱动增长的路径实操思路

步骤	要点
1. 战略引流	动态调整战略方向，找到行业战略咽喉点并占据之
2. 精简业务	产品、业务舍九取一，把实现增长目标放在有胜算的业务上
3. 降本增效	管理要降低成本、执行要即时到位
4. 创新驱动	重新组合迭代也是创新，不断试错与调整
5. 挖深企业护城河	积极寻找第二增长曲线、用好企业的无形资产、提高客户的转换成本、提高成本优势、增强客户的网络效应等
6. 速度快与裂变多	业务响应市场的速度要快、客户裂变的数量要多
7. 差异化价值创新	技术、产品、服务、营销、渠道等方面塑造差异化价值，赢得竞争优势

【案例链接：比亚迪的战略引流、挖深护城河、降本增效、创新驱动】

2021年，比亚迪新能源汽车的全球销量为59万辆，全球排行第二，不足特斯拉的2/3。到了2022年，比亚迪新能源汽车的全球销量超过180万辆，成功占据全球新能源车销量榜首。单从新能源汽车业务来看，比亚迪收入了2801亿元。比亚迪还有电池、光伏、代加工等业务，2022年其全年收入4241亿元，一举成为国内最赚钱的新能源汽车厂商之一。那么，比亚迪何以取得如此高增长的成绩？

1. 比亚迪打通增长路径之一：动态地做战略引流

比亚迪寻找增长的方式之一是其战略规划随着市场的发展而迅速调整。

从创立至今,比亚迪做了四次战略调整:第一次战略规划,从镍镉电池转到镍氢电池,再发展到锂电池;第二次战略规划,做手机零部件代加工;第三次战略规划,进军新能源汽车;第四次战略规划,创新发展储能业务。

2. 比亚迪打通增长路径之二:挖深护城河

比亚迪寻找增长的方式之二是其在电池业务发展迅猛的时候,就在积极地探索与挖深护城河,寻找第二增长曲线。比亚迪从1995年做手机电池起家,业务发展得风生水起,到2002年成功在港交所上市。比亚迪创始人在原业务发展迅猛的时候,就开始布局造新能源车,作为第二增长曲线。比亚迪并非贸然进军新能源汽车领域,而是在决定造车的前几年,就做了"三纵三横"技术路线的战略规划,如2-11所示。

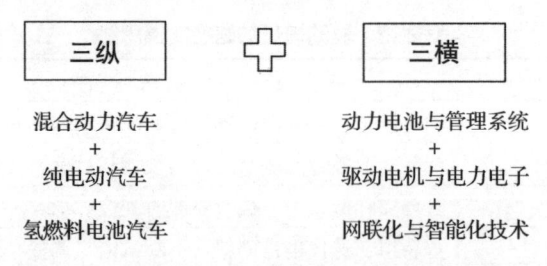

```
      三纵            +            三横

   混合动力汽车                动力电池与管理系统
       +                            +
    纯电动汽车                驱动电机与电力电子
       +                            +
  氢燃料电池汽车              网联化与智能化技术
```

图2-11 比亚迪"三纵三横"技术路线的战略规划

同时,比亚迪在进入第二增长曲线的时候,并不是一开始就推出电动汽车,而是先推出部分性价比高的混合动力汽车获取企业发展的资金,在此基础上不断研发、积累电动汽车的技术。

3. 比亚迪打通增长路径之三:内部高效管理实现降本增效

比亚迪寻找增长的方式之三是其内部组织以高绩效为导向,执行力强,以此推动降本增效。比亚迪的管理模式叫"无复印式组织管理",即创始人王传福一个人统领旗下20多个业务部,业务部负责人直接向王传福高效汇报,提高响应外部市场需求与内部沟通协调的效率。此外,比亚迪非常重视人才,对于D级以上的管理人员,采取360度评估法,王传福是技术出身的管理者,他会亲自评审管理者的能力是否匹配公司的发展。

4. 比亚迪打通增长路径之四:可复制式的创新驱动

比亚迪寻找增长的方式之四是不断地创新,驱动自身成长。例如比亚迪的创新技术有DM-i技术、刀片电池、e平台3.0等,在2019年新能源汽车补贴下滑的阶段,凭借这些技术,比亚迪成功推出深受市场欢迎的车型。又如比亚迪思想理念的创新,其追求创新的底层逻辑是以拆解、重整、跃迁为核心,进行可复制式的创新驱动。

第二节　破解企业收入与利润双增长的密码(行天规)

对于企业而言,所谓行天规,就是要按照规律和谐有序地运行。本节将层层深入地破解企业收入与利润双增长的 7 个密码,分析如何为企业带来更多效益与价值。

一、企业双增长靠什么:客户还是市场份额?

如图 2-12 所示,企业天地人三维生命体的天维对应客户,解决好客户的问题是实现企业客户价值提升的核心。具体来说,企业经营要真正地以客户为中心,才能良性地驱动增长。企业要实现双增长,方法之一是突出从以市场份额为中心转化为以客户为中心的企业设计价值。

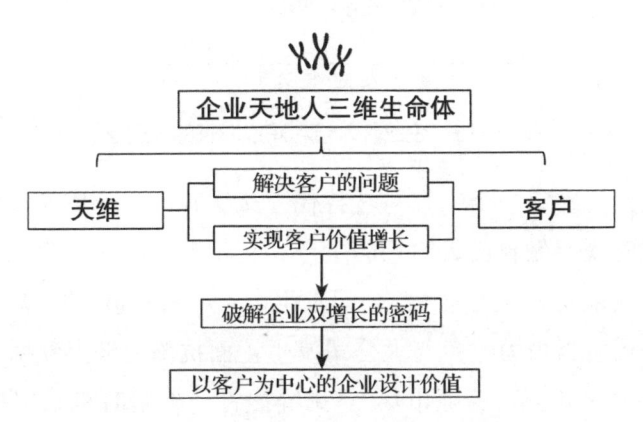

图 2-12　企业收入与利润双增长的密码 1

过去企业做生意的逻辑是不断地争取市场占有率,做到行业老大。但在产品过剩时代,叠加经济大环境的影响,企业仅依靠"市场占有率 = 利润点"的传统方式"迎难而上",显然是很难的。正如《企业价值链管理》一书写道:"那些只为股东自己赚钱,而不为顾客创造价值的企业的日子必将会越来越难过;那些忽视顾客价值而只重视老板利益的企业,也是老板价值被忽视的结果。"①

所以，企业采取以客户为中心的价值模式后，其核心是不断创造客户、创造客户价值，提供超过客户预期的价值。这样才能为企业带来超凡的盈利能力。

二、企业如何实现双增长：发现价值卖点

企业采取以客户为中心的价值模式后，市场份额是不是就不重要了？并非如此！企业在哪里，客户就在哪里，企业双增长也就在哪里。企业要实现双增长，方法之二是力出一孔地发现价值卖点，如图2-13所示。

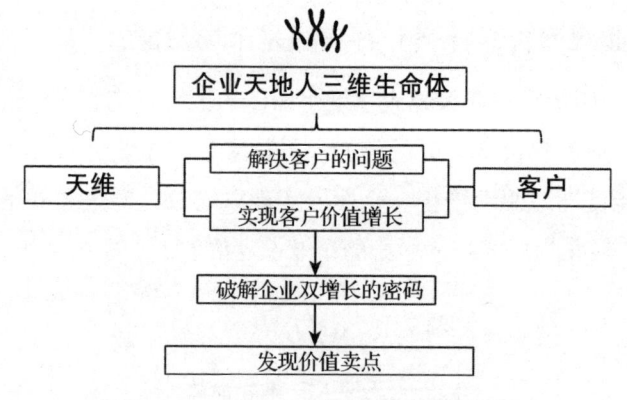

图2-13　企业收入与利润双增长的密码2

企业该如何确定一个不容易被替代，又能胜出的价值卖点呢？这就需要企业定位时既要做自己最熟悉的生意，又要善于从细分领域中找到别人没做过的卖点来发展。正如《小公司求生术》一书写道："尤其对于小公司来说，小公司应当极力避免与大公司发生正面抗衡，努力发掘大公司不注意或忽略的利基市场（缝隙市场），见缝插针，不失时机地实施利基营销战术。"②

具体来说，发掘价值卖点的具体公式如下：

价值卖点 = 自身的优势 + 竞争对手劣势 + 客户需求 + 市场空隙

---

① 傅雄，金桂生.企业价值链管理：制造型企业如何创造期望的效率、质量、成本与价值[M].杭州：浙江工商大学出版社，2020.
② 赵涛，赵彦锋.小公司求生术[M].南昌：江西美术出版社，2020.

【案例链接：泡泡玛特是如何发掘价值卖点的】

价值卖点公式的第一项是找出自身的优势点，对应到泡泡玛特则体现在：泡泡玛特将故事、情感等价值注入玩具，提供给消费者（如图2-14所示）。例如泡泡玛特的第一款自有IP叫Molly，其形象是湖绿色眼睛、金黄色卷发和傲娇嘟嘴的小表情。有的消费者看到它，就觉得有种"蒙娜丽莎的微笑"的感觉，能带给自己不同的情绪变化。这就是玩具传递给消费者的一种情感体验。实际上，要找出自身的优势，可从内部发现与列举公司的产品、服务、品牌等方面的所有优势，从中选出最有价值与发展潜力的一个优势，再进行后续的聚焦发展。

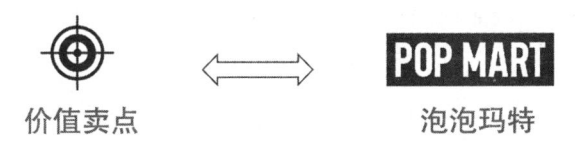

价值卖点　　　　　　　　泡泡玛特

1. 自身的优势点　　　　1. 将故事、情感等价值注入玩具，提供给消费者

2. 竞争对手的劣势点　　2. 单纯作为一款玩具售卖，吸引力消退

图2-14　泡泡玛特的价值卖点表现1

价值卖点公式的第二项是找出竞争对手的劣势点，对应到泡泡玛特则体现在：从外部找到市场上的现有竞争对手和潜在竞争对手等，洞悉这些公司的发展劣势，提炼出一套克服劣势的方案，从而增强自身的优势。例如，有的玩具品牌单纯做一款玩具，孩子玩了一阵子吸引力消退后就没有后续了。基于此，泡泡玛特着力赋予玩具情感元素，继而将其转化为自身的优势。

价值卖点公式的第三项是找出客户需求点，对应到泡泡玛特则体现在：其敏锐地发现潮流玩具受新生代消费者喜爱，于是抓住机会满足客户需求。

价值卖点公式的第四项是找出市场空隙点，对应到泡泡玛特则体现在：泡泡玛特的盲盒营销方式，很受年轻群体的欢迎（如图2-15所示）。盲盒单盒价格在29~99元，泡泡玛特有很多IP形象的玩具，同一个卡通IP，也有多种款式，很多消费者为了抽到自己心仪的那个款式就会重复购买，这为企业带来了可观的利润。后续泡泡玛特做出的快速反应还有开展IP授权业务，旗下Molly、Pucky、Dimoo等知名潮流卡通IP与德芙、芬达、娃哈哈等行业领军品牌进行合作，也取得了不错的成绩。

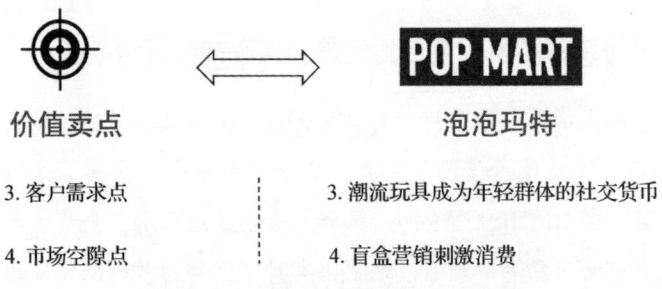

价值卖点　⇔　POP MART 泡泡玛特

3. 客户需求点　　　3. 潮流玩具成为年轻群体的社交货币

4. 市场空隙点　　　4. 盲盒营销刺激消费

图 2-15　泡泡玛特的价值卖点表现 2

三、企业如何既实现双增长又让利：吸引客户

找到了市场空隙点，企业还要回到如何用产品和服务吸引客户上。笔者认为实现企业双增长的方法之三，是通过协调客户增加价值（CVA）、客户感知价值（CPV）和客户让渡价值（TCV）之间的关系来设计客户价值，将这部分有需求的客户变为企业所服务的客户（如图 2-16 所示）。

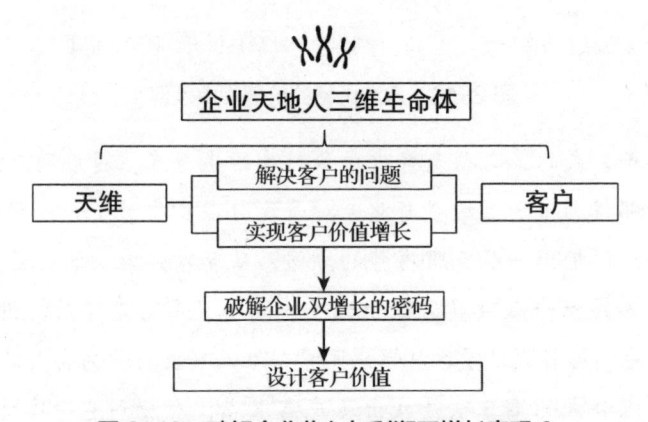

图 2-16　破解企业收入与利润双增长密码 3

【理论链接：客户价值模型图】

引用沃顿商学院教授唐纳德·E·塞克斯顿的客户价值模型图（如图 2-17 所示），假定某产品的市场定价为 10000 元，处于图中 A 位置；变动成本 2000 元，处于图中 B 位置；成交价格（售价）5000 元，处于图中 C 位置。获取这几个数值后，就可以计算出客户增加价值（CVA）、客户感知价值（CPV）和客户让渡价值（TCV）。

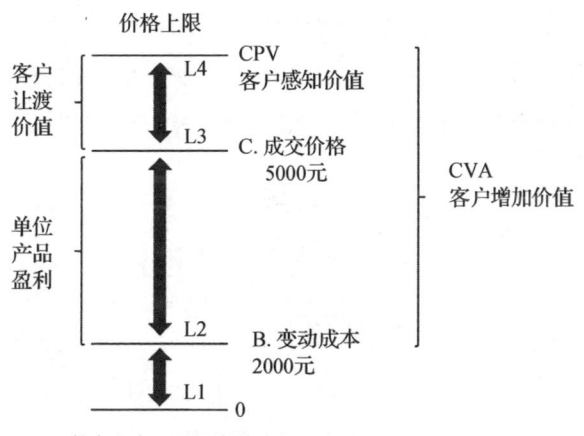

第二章 企业天地人三维生命体：企业客户价值增长

```
                    价格上限
         ┌      ┬─── L4      CPV
         │      │             客户感知价值
     客户 │      │
     让渡 │      ┴─── L3      C. 成交价格
     价值 │                    5000元              ┐
         ┤                                        │
         │                                        │ CVA
     单位 ┤                                        │ 客户增加价值
     产品 │                                        │
     盈利 │                                        │
         │      ┬─── L2      B. 变动成本          │
         │      │             2000元              ┘
         │      │
         └      ┴─── L1 ─── 0

         A. 某产品市场价格定价为：10000元
```

图2-17 客户价值模型

（1）客户增加价值（CVA）：指企业溢价出来的利润空间，即市场定价－变动成本。前面所说的市场定价为10000元，企业的变动成本为2000元，所以客户增加价值（CVA）就是10000-2000=8000元。

（2）客户感知价值（CPV）：指客户由心底里感知到的企业所提供的产品值多少钱。这就要看客户是否认同产品市场价值为10000元。

（3）客户让渡价值：指客户增加价值（CVA）减去变动成本的差额。前面计算出客户增加价值（CVA）是8000元，也假定了产品成交价格（售价）为5000元，那么客户让渡价值则是8000-5000=3000元。

如何让客户感知到企业所提供的产品物超所值，让客户产生良好的感知价值，愿意购买和使用产品，促进企业的双增长呢？可以在"性价比"与"质价比"之间找准一个基点，让客户充分感受到企业提供产品的真心诚意。正如诺埃尔·凯普所说："这当中企业还必须满足关键客户高层面的关系需求，尽管很多高层面的关系需求在本质上都关乎功能价值和/或经济价值，但也有一些与心理价值直接相关。"[1]

四、企业双增长的定位是什么：聚焦客户需求

前面几个实现企业双增长的密码让企业成功地吸引了一批客户，但是有

---

[1] 诺埃尔·凯普, 郑毓煌, 张坚. 关键客户管理：大客户营销圣经[M]. 郭武文, 译. 北京：机械工业出版社, 2021.

些客户也不一定留得住，比如"喜新厌旧"的客户，可能隔壁有好的产品，他们很容易就转到那边去了。笔者认为实现企业双增长的方法之四是深化企业定位，即让企业定位不断聚焦化、垂直化和一致化（如图2-18所示）。

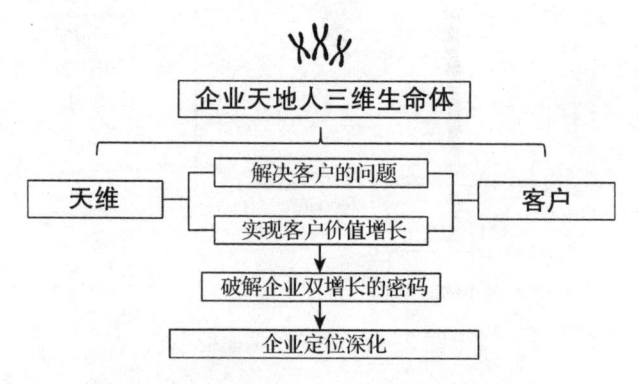

图2-18 破解企业收入与利润双增长密码4

同时，实现企业定位聚焦化、垂直化和一致化的过程中，要深入地与客户沟通、链接，了解他们的需求，从"利用他转变到利他"，通过持续深化一个价值点，与之产生长期的价值链接，为企业带来利润。企业要通过这个深耕挖井的方法，不断发掘客户价值，努力做到无可替代，并争取成为客户的首选，从而在市场竞争中占据主动地位。

【案例链接：慕思寝具如何深化企业定位】

说起慕思寝具，大家的第一反应可能是一个沧桑的老人叼着一根烟斗的洋品牌。慕思寝具在行业当中的聚焦化、垂直化、一致化也做得相当不错，具体做法如图2-19所示。

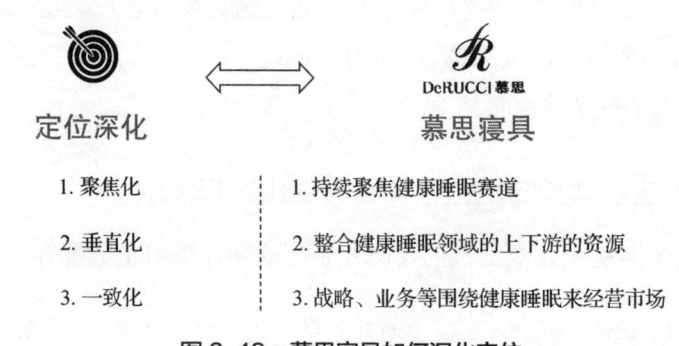

定位深化	慕思寝具
1. 聚焦化	1. 持续聚焦健康睡眠赛道
2. 垂直化	2. 整合健康睡眠领域的上下游的资源
3. 一致化	3. 战略、业务等围绕健康睡眠来经营市场

图2-19 慕思寝具如何深化定位

（1）定位聚焦化。"好钢要用在刀刃上"，企业的资源是有限的，把资源聚焦于某一个有潜力的细分领域当中，这样更容易打造出高质量的产品或服务，进而一步步扩大市场份额。

慕思寝具的定位聚焦化，表现在其持续聚焦健康睡眠这一赛道。慕思寝具成立于2004年，当时很多这类企业是可以利用劳动力优势做代加工赚取利润的，但慕思寝具考虑得更加深远，它另辟蹊径地选择专注于健康睡眠这一细分领域，并且把健康睡眠作为价值卖点来深耕，大力发展其产品力和服务力，逐步把品牌做好，在产业化升级的趋势下，取得了竞争优势。

同时，慕思寝具的定位聚焦化做法还表现在往智能制造方向转型，其后端的生产制造能力强，2021年慕思寝具床垫产销量为150万张左右。慕思寝具通过与IBM、西门子等公司合作，共同打造后端智造生产线和信息化系统，帮助自身从制造转型为智造，也为消费者提供个性化定制服务，从而为消费者的健康睡眠赋予了更多的想象空间。

（2）定位垂直化。就是指企业发展的主旋律是在一个领域的上下游垂直化深耕，掌控好关键资源和渠道等，整合资源，在一个点上做精、做细、做极致，创造多元价值。

慕思寝具的定位垂直化，表现在其以资源整合者的角色，把自身打造成一个平台，创新整合了上下游的一系列资源，如材质资源、制造资源、优秀设计师资源等，在健康睡眠这个点上，做精、做透、做深。例如慕思寝具的人工智能床垫，不仅提供给消费者一个睡眠的场所，还运用了AI技术，赋予床垫高科技的健康属性，如收集消费者的睡眠数据，以更好地帮助消费者调节床垫软硬度、减少翻身次数等，提高睡眠质量。

（3）定位一致化。就是指企业的战略、目标、营销等，从计划到执行要方向一致、行动一致，这就要做好高层管理者与基层执行者等的协调一致工作，来统一服务好客户。

慕思寝具的定位一致化体现在各个方面。其从各个方面一致围绕高端的私人定制健康睡眠来经营市场，例如战略方向选择了高端路线，围绕中产阶层这类有需求的客户提供服务；在广告营销方面，线上线下都以沧桑老人的形象来作为品牌的符号，增强其高端形象；在文化方面，也推出了"全球健康睡眠文化之旅""睡眠指数白皮书"等活动来传递企业的价值。

五、企业如何建立竞争壁垒并实现双增长：保障优势

企业深化定位，把极致的产品推到市场，当然是希望能够吸引越来越多的客户使用。但我们知道有些产品属于引流产品，其背后还有真正为企业带来丰厚利润的产品。笔者认为企业实现双增长的做法之五是运用产品金字塔模式来保障企业的市场竞争力，增强竞争优势，如图 2-20 所示。

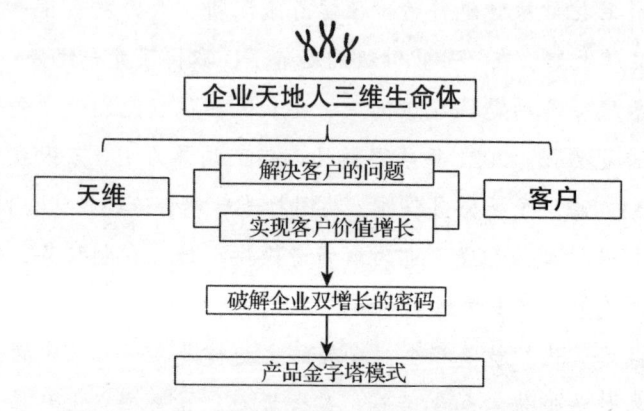

图 2-20　企业收入与利润双增长的密码 5

从产品金字塔模式的全貌来看（如图 2-21 所示），企业的高端产品在塔顶上，其高额的利润也来源于此。为了更好地保护这个得之不易的利润点，企业就需要在塔基部分，积极地发展这行业的入局门槛，比如将低价或免费的产品推给客户使用，建立竞争对手进入的壁垒。

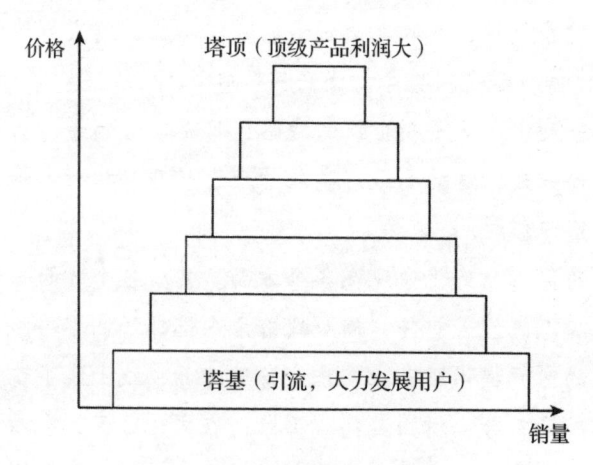

图 2-21　产品金字塔模式

第二章 企业天地人三维生命体：企业客户价值增长

【案例链接：高德地图的产品金字塔模式】

产品金字塔模式的第一层是塔基，主要作用是引流。高德地图在塔基部分，提供了一个免费的地图导航功能给用户，同时在产品打磨上深耕细作，例如它是国内首个推出明星语音导航的厂商，林志玲、郭德纲、周星驰等明星的语音导航大受欢迎。此外，高德地图后续推出的"公交导航""三维导航"等功能，都为其积累了非常多的用户，提高了品牌声誉。正因这些优势，其他想做导航软件的公司就没那么容易了。高德地图的塔基引流了大部分用户使用软件，然后通过用这部分庞大的流量来做广告、提供第三方服务等获取利润。

产品金字塔的塔顶层面是企业利润大的产品。高德地图在塔顶部分，选择与全国各地的交通管理部门合作来保障其导航的准确度（如图 2-22 所示）。其中一个非常大的盈利点就是与车企合作，重点是硬件上的研发投入（地图导航系统技术选择外包等方式），因此合作的车企需要支付一笔地图导航系统一定期限的使用权费用，这给高德地图带来了高额的利润。

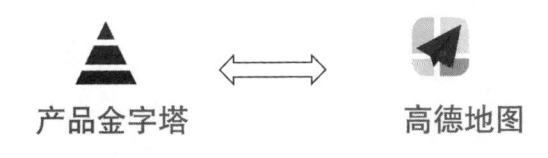

产品金字塔　　　　　　高德地图

1. 塔基层面：发展引流用户　　　1. 塔基：提供各种免费导航功能，获取流量、广告收入、第三方服务费等利润

2. 塔顶层面：利润大的产品　　　2. 塔顶：与交通管理部门、车企合作等，收取客户使用其地图导航系统的一定期限的使用权费用

图 2-22　高德地图的产品金字塔模式

六、企业如何实现长期双增长：保持创新增长

企业的某些项目可能已经面向市场很长时间了，客户对此就会产生审美疲劳。如何更好地保持企业价值增长？笔者认为实现企业双增长的做法之六是进一步通过筛选破坏性创新增长业务，不断地留住客户、开拓客户，为企业带来双增长，如图 2-23 所示。

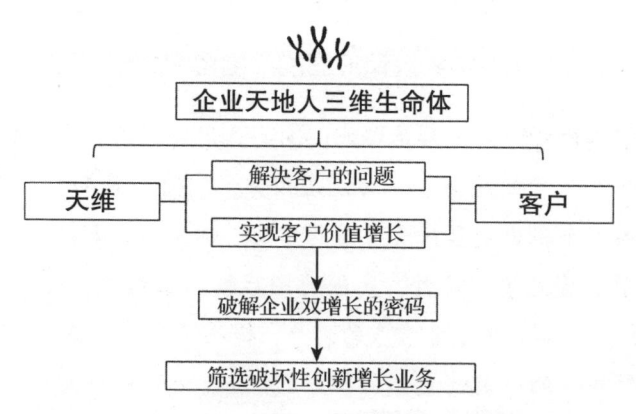

图 2-23　破解企业收入与利润双增长的密码 6

【理论链接：克莱顿·克里斯坦森的创新要求与机构能力匹配概念】

本书引用克莱顿·克里斯坦森的创新要求与机构能力匹配的概念，来说明开展破坏性创新增长业务的关键点，如图 2-24 所示。

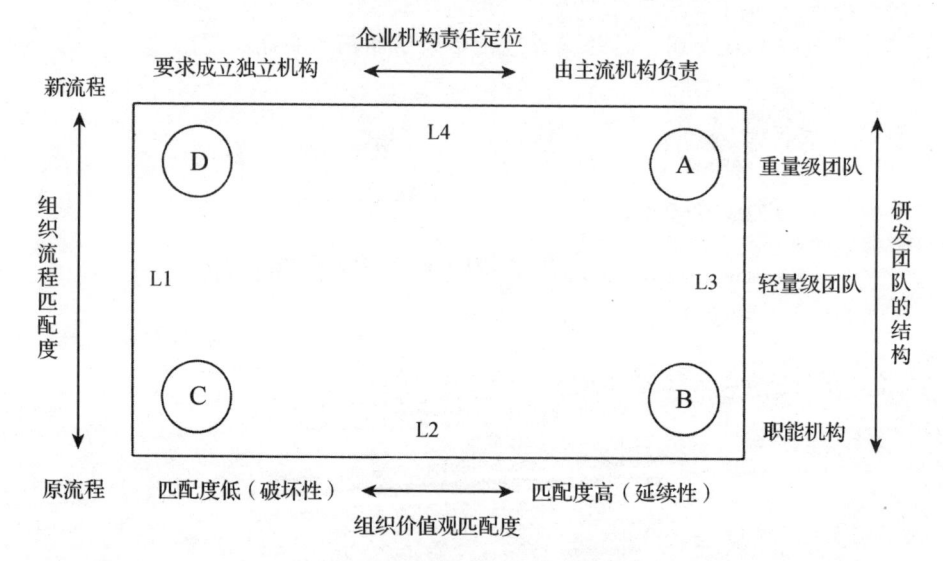

图 2-24　创新要求与企业能力匹配[1]

图中 L1 是组织流程匹配度，表示用原流程还是新流程开拓业务。L2 是

---

[1] 克莱顿·克里斯坦森（Clayton M. Christensen），迈克尔·雷纳（Michael E.Raynor）. 创新者的解答[M]. 林伟，李瑜偲，郑欢，译. 北京：中信出版集团，2010.

组织价值观匹配度，表示这项业务是延续性创新业务还是破坏性创新业务。L3是研发团队结构，表示是用重量级团队开发还是用轻量级团队开发。L4是企业机构责任定位，表示该项目是否成立独立的机构来执行。

企业的增长业务就表现在如图2-24所示的格局当中，分成A、B、C、D四类业务。

A业务：企业在已有人才中组建重量级团队，在新流程的加持下，开发延续性创新的新增长业务。

B业务：企业在已有人才中组建轻量级团队，通过原流程，开发延续性创新的新增长业务。

C业务：企业重新成立独立机构，组建轻量级团队，通过原流程，开发破坏性创新的新增长业务。

D业务：企业重新成立独立机构，组建重量级团队，通过新流程，开发破坏性创新的新增长业务。

有些传统大企业的新增长业务会比较偏向A业务和B业务，即在传统业务当中发展壮大，船大难掉头，开展的仍然是延续性创新业务，惯性地促进发展。有些企业则是A、B、C、D四种业务并举发展，尤其是筛选破坏性创新增长业务，进而取得不错的成绩。

【案例链接：字节跳动如何筛选破坏性创新增长业务】

字节跳动公司在发展过程中基于不同的资源、流程与价值观，开发出很多深受市场欢迎的产品，例如它旗下有抖音、今日头条、飞书、西瓜视频、火山小视频等产品。下面选择5款产品来说明具体情况。为了能形象地说明原理，这里简化了克莱顿·克里斯坦森的概念图，用来分析字节跳动公司的某些业务发展情况，如图2-25所示。

A业务：A代表今日头条。这是字节跳动公司最开始通过重量级的团队和下重功夫的新流程，所推出的图文新闻推送类App。这款App区别于当时的其他同类产品，它把智能推送算法技术做得很好，并且还打出看新闻赚钱的营销玩法，积累了一大批用户，获得了很不错的成绩。

B业务：B代表飞书。这是字节跳动公司通过轻量级的团队和拥有开发经验的原流程，在延续性创新的基础上所推出的办公协作App。这使字节跳

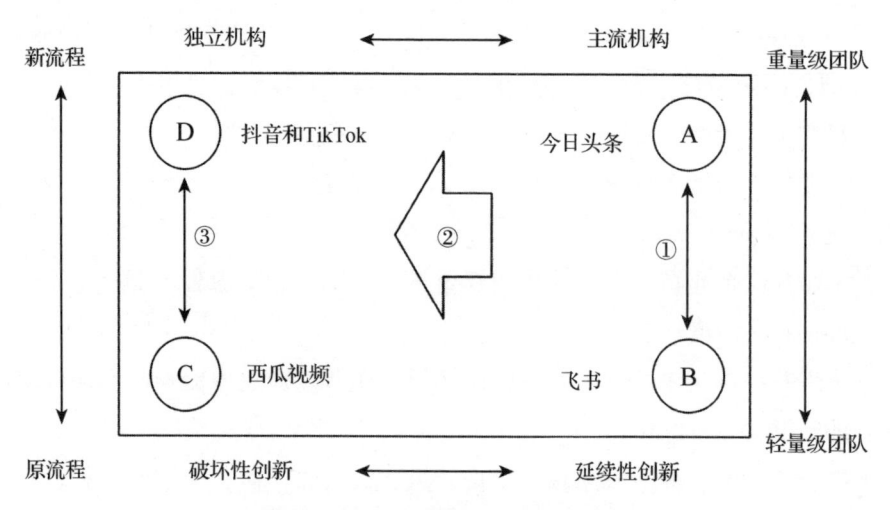

图 2-25　字节跳动公司的增长业务

动公司的业务从新闻类延展到办公类，既拓宽了企业的业务范围，又没有偏离发展轨道。

C 业务：C 代表西瓜视频。字节跳动公司的业务从图文类发展到视频类，通过独立机构，用轻量级的团队，在原流程的经验指导下，开发破坏性创新业务。西瓜视频 App 以横屏的方式面向用户，用户聚焦于一、二线城市的女性用户，也是深受市场欢迎的。

D 业务：D 代表抖音和 TikTok。抖音和 TikTok 是用重量级团队在新流程下开发出来的短视频 App，区别于主流市场长时间的视频产品，具备破坏性创新，后续又不断地优化其算法等，取得了成功。

此外，字节跳动的业务是从 A、B 产品发展到 C、D 产品，即从图文类的产品发展到短视频类产品。这种业务的转化就是其筛选破坏性创新增长业务的打法，也使其不断探索未来发展的可能性。

七、企业如何保持双增长：建立护城河

企业破解了以上环环相扣的双增长密码后，很重要的一点就是考虑怎么保持已建立的增长点优势。如果没保护好增长点，那企业的"城池"可能会随时崩塌。笔者认为企业实现双增长的做法之七是动态地构建起企业护城河（如图 2-26 所示），避免长期维系的双增长优势丧失殆尽。企业如何通过构建护城河来保护好增长点？通过企业战略控制点来建立竞争优势。

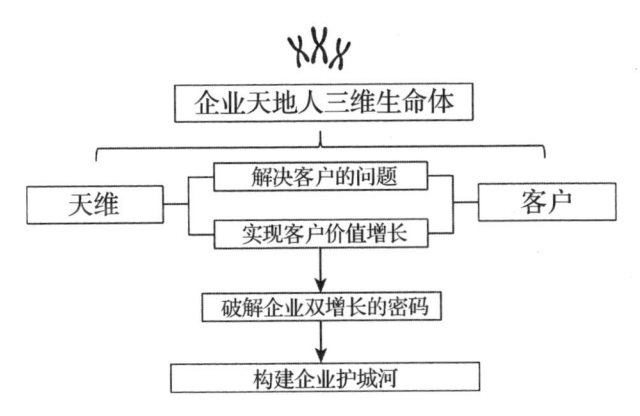

图 2-26　破解企业收入与利润双增长的密码 7

如图 2-27 所示，战略控制点可划分为高、中、低三个类别。实际上，企业不容易同时掌握多个战略控制点，战略控制点具备长期的持续性，企业往往需要专精于其中一个战略控制点或者层层深入地往高指数的方向发展，才能更好地在不同的竞争维度上胜过竞争对手，带来长期的核心竞争力。

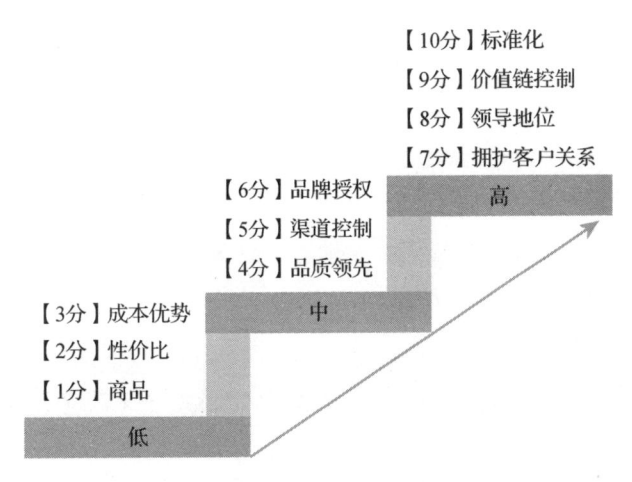

【10分】标准化
【9分】价值链控制
【8分】领导地位
【7分】拥护客户关系
【6分】品牌授权
【5分】渠道控制
【4分】品质领先
【3分】成本优势
【2分】性价比
【1分】商品

图 2-27　企业战略控制点类别

第三节　企业增长路径（顺天为）

企业要实现增长，要从顺天为着手，即顺应万事万物的规律方可长久运转。因此，企业在以客户为中心的定位下破解了双增长的密码之后，就要具

43

体分析如何真正运用企业资源来转化客户，促进企业增长。其中的关键路径如下。

一、设计目标客户路径：以终为始

企业天地人三维生命体的天维对应客户，解决好客户的问题是实现企业客户价值提升的核心。具体来说，笔者认为企业要设计好目标客户路径，做好客户定位，如图2-28所示。

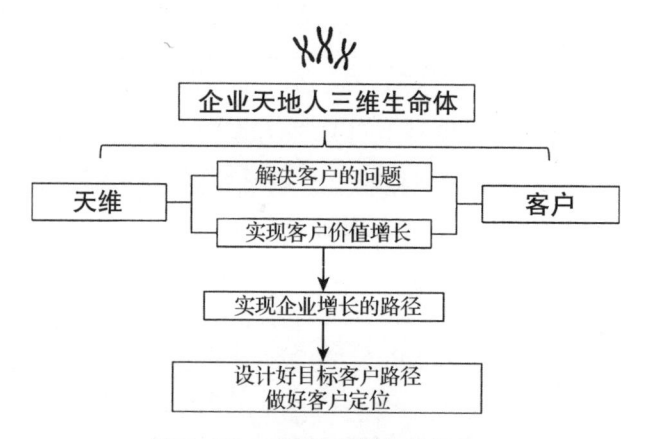

图2-28 实现企业增长的链条1

进一步分析，在发掘促进企业实现增长的目标客户时，要将视角从经营产品转变到经营客户上，思考如何做到以全生命周期价值、终身价值等作为核心。前提条件之一就是要以终为始地服务好客户。

1. 怎么以终为始地服务好客户

首先要做好客户定位。

（1）企业在做客户定位的时候，可以从定价入手来思考，进而明确自身是走高端客户路线还是低端客户路线。

如何做客户定位呢？笔者认为要"能高则高"地去定位高端客户。这就像人们使用打车软件一样，会选择拼车、快车、专车、商务车、豪华车等车型，不同车型的价格和服务体验差距很明显。选择低端便宜的车型，可能面临不准时到达、车内环境不好等问题，因此客户下次有可能不会首选这种车型。而选择高端的车型，虽然价格高，但获得的价值是省时、舒心，让用户内心认为值得，所以下一次可能还会继续选择这种车型。

第二章　企业天地人三维生命体：企业客户价值增长

（2）企业要做好客户定位，可以借用销售漏斗管理，把客户精准地筛选出来并做好服务准备。

如图2-29所示，销售漏斗就螺旋向下筛选出客户的流程。销售漏斗之上，要从众多的流量客户中筛选出潜在客户，然后流入漏斗中，从潜在客户发展到意向客户；接着在漏斗之中进一步旋转，最后通过检查机制和潜在机会检索来与客户进行谈判，达成交易。

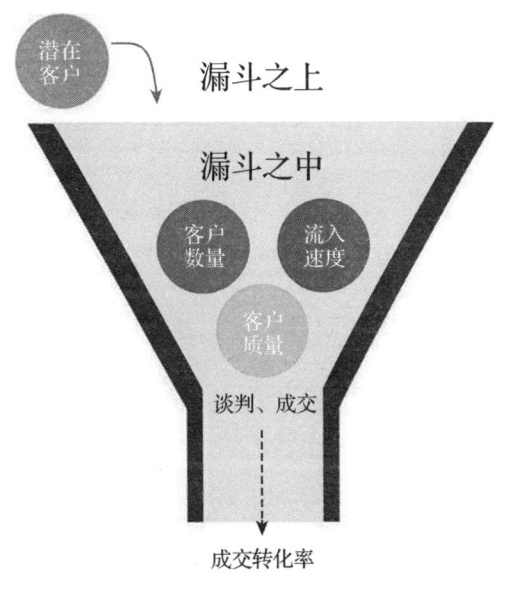

图2-29　销售漏斗模拟图

企业在销售漏斗之中，一要做好检查机制，关注流入漏斗的客户数量是否充足或者超负荷；还要关注企业跟进客户的速度，客户流量大但跟进慢，会导致资源浪费，对企业来说得不偿失。二要做好潜在机会检索，关注客户的质量，要有针对性地面向目标客户提供服务，避免错失增长机会。

2. 怎么做好客户定位

诺埃尔·凯普曾说过："与一个行业中的某家企业做生意可能会失去与这个行业中其他企业做生意的机会——企业必须认真决策哪个客户是最适合自己的关键客户。"[①]在这方面企业要做好以下三点。

---

① 诺埃尔·凯普（Noel Capon），郑毓煌，张坚.关键客户管理：大客户营销圣经［M］.郭武文，译.北京：机械工业出版社，2021.

45

一是要聚焦首选高端客户。服务客户不在于数量多少,更重要的是精准聚焦于高端客户。企业在开发客户和服务客户的整个过程中,要不断地把产品/服务的价值做深做透,才能发掘更高的价值。

二是要聚焦大客户。"二八定律"反映的是20%的客户创造80%的企业利润,从"二八定律"中迭代升级,将20%的客户再进行细分,这时候客户就演变成20%×20%=4%,利润则是80%×80%=64%,经营4%的客户能为企业带来64%的利润。再从中细分,客户就是20%×20%×20%=0.8%,而利润则是80%×80%×80%=51.2%,四舍五入后就是1%决定51%,即1个大客户,有可能给企业带来一半的利润。

三是要聚焦老客户。企业还要注重聚焦经营老客户,以利他之心为用户提供终身价值,以此建立竞争优势,即打造让用户尖叫的产品,用心服务,与用户做一辈子的生意。

【案例链接:伊斯卡公司如何经营客户】

以色列的伊斯卡公司专门生产刀具,目前已发展成一家大型的创新型跨国公司,其刀具产品的业务涉及航空航天、汽车、模具、机床、轴承等行业。2006年,其被沃伦·巴菲特的公司所收购。伊斯卡公司为何能够取得如此优势?这要从伊斯卡公司的客户定位开始分析,如图2-30所示。

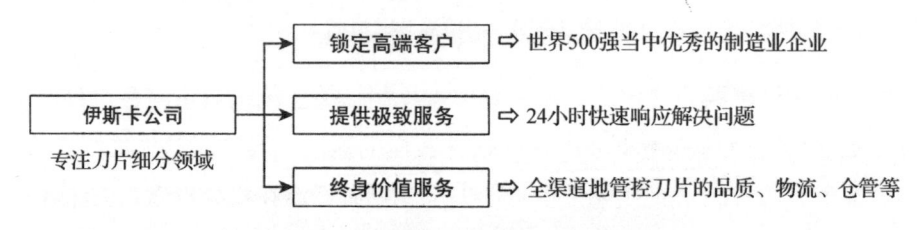

图2-30 伊斯卡公司取得竞争优势的策略

一是伊斯卡公司锁定高端客户。其从一开始就锁定世界500强企业当中优秀的制造业企业。其所服务的这类世界500强企业客户属于高端客户,他们的生产基地分布在全球诸多地方,对于刀具的精度、准确度等要求非常严苛。因此,他们对于价格并不敏感,只要伊斯卡公司能够保证稳定的效能,他们基本是愿意持续付费的。

二是伊斯卡公司在细分领域中竭尽全力服务好这部分高端客户。其专注于金属切削刀具这个细分领域，除了为客户提供优质的创新产品之外，还有非常重要的一点就是24小时快速响应。如果客户发现机床的刀片出现问题，伊斯卡公司可以实现全球范围24小时内随时为他们解决问题。

三是伊斯卡公司为这部分高端客户提供了全生命周期价值与终身价值服务。伊斯卡公司之所以能够24小时响应客户的需求，是因为他们做了一款智能柜子，全渠道管控这些刀片的品质、物流、仓管等。当客户发现产品出现问题时，只需要动动手指就能把那部分出现问题的刀片解决了。因此，这部分高端客户非常愿意一直使用伊斯卡公司的产品，如果离开了伊斯卡公司，反倒是一定程度上掐断了自身完善的生产体系。同时，伊斯卡公司在经营高端客户的时候，也在不断地将之转化为大客户、老客户来持续促进企业增长。

二、设计黏性客户路径：转化客户

做好客户定位后，就要一步步服务好他们。正如诺埃尔·凯普所说："企业越来越多地希望对关键客户进行分级——每个等级的客户都有资格在一定程度上获得某种类型的资源。"[1] 关于如何更好地设计企业增长的关键路径，笔者认为还要设计好黏性客户路径，做好客户分类，如图2-31所示。

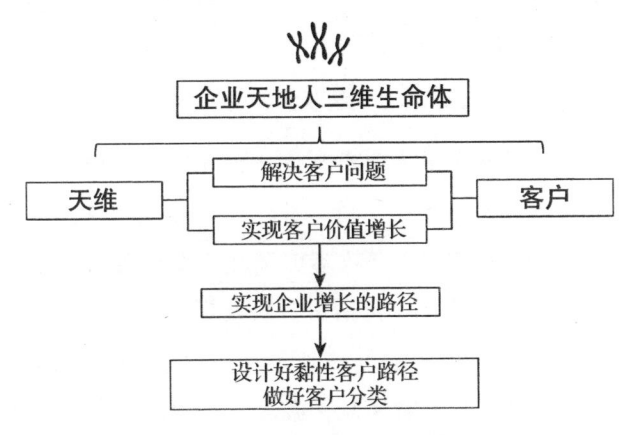

图2-31 实现企业增长的链条2

---

[1] 诺埃尔·凯普（Noel Capon），郑毓煌，张坚.关键客户管理：大客户营销圣经[M].郭武文，译.北京：机械工业出版社，2021.

1. 客户分类实操1：如何聚焦核心客户和开发价值

客户不在于多，而在于精，企业要不断聚焦一个个核心客户，来转化、开发他们的长期价值，才能更好地为企业带来利润。

【案例链接：蔚来汽车如何转化各种类型的客户】

流量客户分析。城市交通路线纵横，出租车可以随叫随到，便是它的优势。蔚来汽车吸引客流的方式之一是进驻购物中心，吸引人流到店内喝咖啡、看书、聊天、遛娃、试驾等，与购物中心的定位契合，这也大大增加了其曝光度（如图 2-32 所示）。同时，出租车可以在高速路上快速驰骋，但车子行走的里程受限，路程太长的话需要加油续航，这就像企业要不断地补充自己的能量，来吸引大量的客户，才能让自身运行起来。没有客户，企业就无法生存，企业要积极从流量客户中做好目标用户群体定点分类，为下一步的客户筛选打好基础。

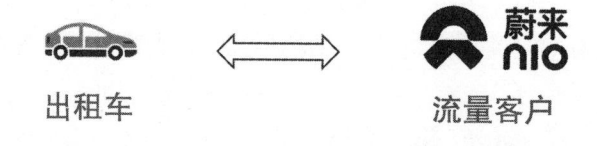

图 2-32　蔚来汽车如何获取引流客户（与出租车对比）

精准客户分析。有人会坐出租车到达地铁站搭乘地铁，因为地铁站点是固定的，地铁是精准的点对点的交通工具，能够避免塞车，可以快速准时到达另一个转接站。蔚来汽车获取精准客户的方式与此类似，表现为其与用户建立关系时并不是一上来就让用户购买，而是通过蔚来 App，打造专属的社区文化来留住这部分用户（如图 2-33 所示）。用户在这里可以第一时间看到最新资讯、选择不同区域的社群交流，甚至看到蔚来汽车创始人直接回复用户的反馈等，从而获得价值感和归属感。

规模客户分析。有时候我们还需要从地铁转到火车，才能到达下一个转接站，火车到达另一个站点所需时间长、载客人数也多。蔚来汽车获取规模客户的方式与此相似：通过其会员体系中的蔚来积分和蔚来值进一步留住用

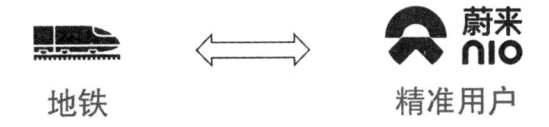

第二章 企业天地人三维生命体：企业客户价值增长

地铁　⇄　精准用户

精准的点对点的交通工具，能够避免塞车　｜　打造专属的社区文化来留住这部分用户

图 2-33　蔚来汽车如何获取精准客户（与地铁对比）

户和裂变用户，购买了蔚来汽车的车主可用蔚来积分兑换钱和商城中的各类商品等；而获得更多的蔚来值则是车主身份的象征，可以为他们带来更大的话语权，如社区规则的表决权、职务的选举权、大型活动的参与资格等（如图 2-34 所示）。实践中，企业要不断扩大规模，就要在核心业务中将精准客户发展壮大，形成企业的规模客户。通过深挖客户的痛点需求和价值创新为其提供独一无二的产品／服务，把市场规模做得足够大。

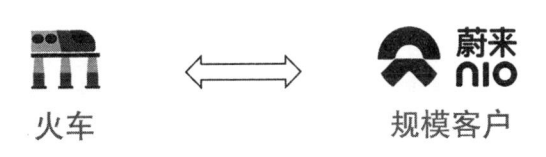

火车　⇄　规模客户

火车到达另一个站点时间长、容纳人数也多　｜　会员体系的蔚来积分/蔚来值进一步留存用户和裂变用户

图 2-34　蔚来汽车如何获取规模客户（与火车对比）

盈利客户分析。飞机飞行过程中要穿过高山大海才能到达下个站点，出行前要进行一系列的安全检查、要走合理的路线、要时刻关注天气等来排除风险。这对应到蔚来汽车获取盈利客户的方式，表现在蔚来汽车不断地为车主提供让其尖叫的极致服务，线上打造社交文化，线下设置 NIO House（蔚来中心）强化用户的体验感（如图 2-35 所示），还举行车主活动、"大咖"演讲等活动，让这部分高净值人群内心受到感动，逐渐变成盈利客户。企业从规模客户中筛选转化盈利客户的时候，要区别于竞争对手，不断地提升自身的服务能力，为客户提供优质的产品／服务，才能更好地促动企业长久发展。

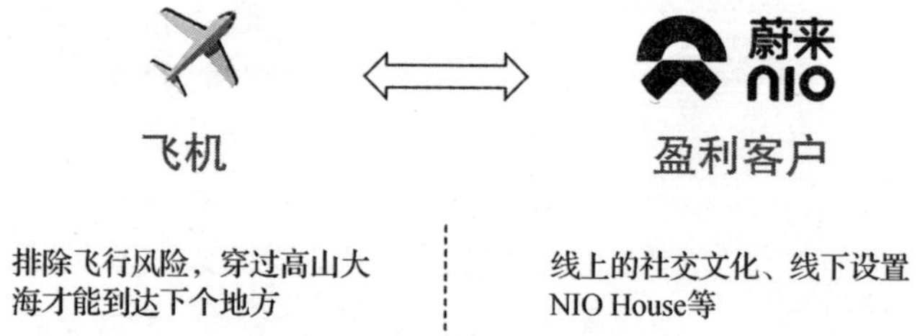

企业增长从哪里来　从企业天地人三维生命体说起

图2-35　蔚来汽车如何获取盈利客户（与飞机对比）

飞机 ⇔ 盈利客户

排除飞行风险，穿过高山大海才能到达下个地方 ｜ 线上的社交文化、线下设置NIO House等

黏性客户分析。为了解决行程中"最后一公里"的难题，我们常选择自行车来代步。这对应到蔚来汽车获取黏性客户的方式上，表现在蔚来汽车为车主提供超预期服务（如图2-36所示），比如在路上出事故时第一时间帮助客户、需要给车子充电时立马有专员服务、专员上门取车一键保养车子等，这些细腻的服务都让顾客感到极度满意，也让他们愿意一直使用蔚来汽车的产品与服务。

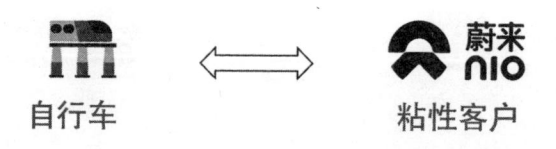

自行车 ⇔ 粘性客户

解决最后一公里难题，欣赏沿途风景 ｜ 为车主提供超预期服务，专员服务事故、充电、保养等

图2-36　蔚来汽车如何获取黏性客户（与自行车对比）

对待黏性客户，企业要像骑自行车调速一样，慢下来，为客户提供量身定制的服务；同时，就像我们在骑自行车时可以欣赏沿途的风景一样，企业也需要细心地洞察不同客户的个性需求，为这部分客户提供终身价值，提供超乎想象的体验感。久而久之，其依赖感、期待值等也会越来越高，让其离不开企业的产品或服务。

2. 客户分类实操2：成功销售的转化流程

（1）宏观上用PPVVC原则指引销售过程。如图2-37所示，销售过程中可以用到PPVVC原则。PPVVC原则旨在通过层层深化来转化成结果。缺了某一步，可能就没法带来长期价值。例如，Value价值，这一点要求的是项目合作不是实现单方面的短期价值，进一步来说就是，销售员应该用利他之心来进行销售，而不是单方面地为自己带来短期利益就草草了事。坚持以利他之心做销售，最终会带来长期的价值。

成功销售公式 =P×P×V×V×C	
P：Pain 痛点	客户的痛点是什么？延伸到痒点、爽点，发现客户真实需求
P：Power 权力	找到能与之合作的关键人物，即能影响最终合作的人物
V：Vision 设想	我方所提供的解决方案是否能够区隔于竞争对手，提供差异化服务
V：Value 价值	项目合作是否带给双方价值，而非单方面的短期价值
C：Control 掌控	对整个项目合作的流程掌控程度如何，是否会失控而导致失败

图 2-37 成功销售的 PPVVC 原则

（2）微观上用 S1-S6 全流程销售。有了客户分类和 PPVVC 原则指引后，关键要做好 S1-S6 大客户全流程销售（如图 2-38 所示），像飞轮一样高速良性运转，为企业带来收入与利润。

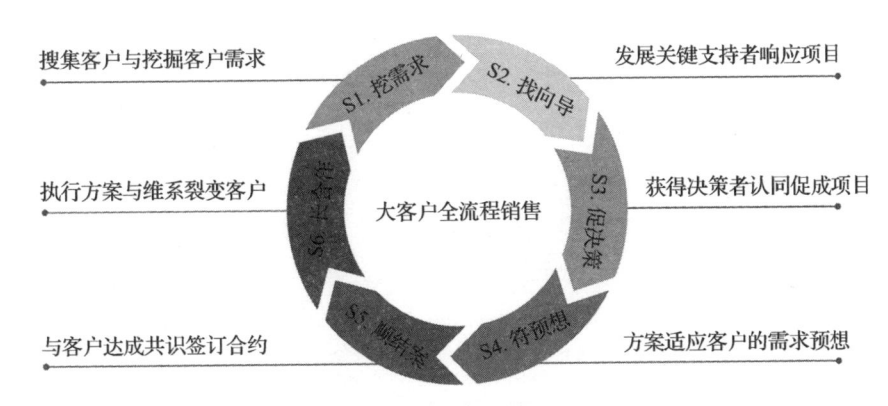

图 2-38 大客户全流程销售的 S1-S6 流程

S1 代表挖需求，要搜集到有价值的潜在客户，并深挖到他们的需求痛点，以此来评估是否有销售机会。

S2 代表找向导，这一步要找到可以进一步帮助我们开展销售活动的关键支持者，在知己知彼的情况下，找到合适时机让其将我们引荐给真正的决策者。

S3 代表促决策，这一步表示真正能够让项目成交的人是高层的决策者，只有获取决策者的认可，才能继续顺利促成项目实施。这正如诺埃尔·凯普所说："在为关键客户创造价值、满足核心需求的同时，企业还必须满足关键客户高层面的关系需求。"[1]

S4 代表符预想，有了决策者的认可后，销售人员就要提供一个有差异化价值的方案给客户，让其感受到价值所在。

S5 代表顺结案，与客户达成共识并签订合约，开始严格执行项目的落地方案。

S6 代表长合作，这部分销售活动并非做一次性销售，而是在不断地维系与裂变中促成长期合作。

---

[1] 诺埃尔·凯普（Noel Capon），郑毓煌，张坚.关键客户管理：大客户营销圣经［M］.郭武文，译.北京：机械工业出版社，2021.

第三章

企业天地人三维生命体：
企业自转价值增长

【本章导读】

本章分析企业要修炼好内功，才能更好地服务客户。驱动企业增长的内功模块包括五大部分，本章也分五节来论述。

第一节生动形象地运用动物比喻分析产品是如何驱动企业增长的，希望能够让大家一想到某些动物就能明了企业该如何做好产品。

第二节重点以技术创新为核心，从延续性创新与破坏性创新等概念，延伸出一系列的策略方法来驱动企业增长。

第三节以企业非对称竞争为核心点，分析三种竞争博弈如何转化为企业增长。

第四节以营销策略为核心，用了九种现代化武器来比喻企业如何采取优势进攻、反攻与防守的成长策略来获取增长。

第五节把制度管人、流程管事、系统管企归为增长硬核，把机制管身、文化管心归为增长软核，分析企业管理五大内核如何转化为增长契机。

第一节 企业如何以产品促进增长
（"一生二"：看得见与看不见）

打造产品与技术创新的关系表现为，产品是客户看得见的部分，技术是客户看不见的部分。本节先从产品说起，回答企业如何打造产品。

一、企业打造拳头产品还是多元产品（以雄鹰比喻）

天道、地道和人道形成了天人合一（大宇宙），地道的"一生二"中，

企业增长从哪里来　从企业天地人三维生命体说起

"一"代表太阳，"二"代表水与泥土，意思是在太阳赋予的能量之下，水融于土孕育出各种生命体。这正如地球自转，产生了昼夜更替，使其能够更加均衡地吸收太阳能量，以利于万物生长，因此被赋予了"生万物"的意义。

在企业天地人三维生命体（小宇宙）中，地维的"一生二"中"一"代表客户，"二"代表企业内功和外功，意思是内外双修才能更好地服务客户及驱动企业增长。这里讨论的企业内功指的是企业打造产品的能力。笔者认为，越是追求或接触外部的东西，反而离"一"越远，因为"一"是本质和核心。所以，企业打造产品时，要考虑是选择做拳头产品还是做多元产品。笔者认为从"一"出发，就是企业从客户需求出发聚焦拳头产品。

具体来说，产品的核心不是花里胡哨的宣传、包装等，而是聚焦拳头产品来满足客户的真实需求。企业的产品，只有卖到客户手里才能转化为企业增长。在产品思维指导下，很多企业可能会因为近期某一款产品卖不动就转头推出另一款新产品等，浪费了企业资源却没得到好的经营回报，反而陷入"价格战"等恶性循环。这正如拉姆·查兰曾说："自内向外型企业中，他们只关注自身的产品，试图寻找提高产品销量的途径。如果无法找到提高销量的办法，他们转而寻找并销售其他看上去需求较大的产品。这种类型的企业与他们的员工已被自身的过去与经验所束缚。他们自内向外地审视所处的环境，大多数时候他们会发现他们所处的行业与所具备的核心竞争力前景有限。"[1]

【案例链接：以雄鹰特征比喻企业如何打造拳头产品】

雄鹰不惑，换羽重生。当它们曾经借以翱翔的羽翼变成累赘时，它们就亲自将其扯断，重归蓝天。雄鹰敢于革自己的命，有舍才有得，这就是鹰的生存法则。企业做产品也要如同雄鹰一般，要断舍离，聚焦拳头产品。

如图3-1所示，雄鹰在大概40岁的时候，羽毛会变成累赘、喙变得又长又弯、爪子也会老化，会影响到它接下来的生存。这就像苹果公司在1997年的时候濒临破产，领导层重新邀请乔布斯回归苹果公司，乔布斯发现当时的苹果公司产品线是混乱的，比如当时的麦金塔计算机型号过多，让消费者产生选择困惑，甚至连内部人也没法一下子分清。

---

[1] 拉姆·查兰（Ram Charan），诺埃尔·蒂奇（Noel M.Tichy）．良性增长：盈利性增长的底层逻辑[M]．邹怡，译．北京：机械工业出版社，2019．

第三章 企业天地人三维生命体：企业自转价值增长

雄鹰
1. 到了40岁羽毛变累赘、喙会变得又长又弯、爪子会老化
2. 需要换羽毛、换喙、换爪
3. 蜕变重生，能再活30年

苹果公司
1. 苹果产品线混乱，有的产品型号多，让人记不清
2. 砍掉N多款产品（如Newton掌上电脑）
3. 聚焦iPhone拳头产品，掀起行业变革

图3-1　以雄鹰对比分析苹果公司如何聚焦拳头产品

雄鹰要经历换羽、换喙、换爪的艰难过程，苹果公司亦是如此。乔布斯回归后做的第一件事就是砍掉N多款产品。那时乔布斯还砍掉了苹果公司非常看中的Newton掌上电脑项目。此外，乔布斯推崇简约，认为上帝已经给了我们十根手指，再用一支笔在Newton掌上电脑屏幕上写字的设计理念是不必要的。这也是后来iPhone触摸屏设计理念的来源之一。

乔布斯所传递的产品理念就是：不做什么比做什么更重要。也就是说，企业在没取得竞争优势的时候，分心做多个产品以求"大而全"，反而容易出现漏洞，而且消费者也记不住太多的品牌或型号，企业还可能会投入大量资源补漏洞而错失发展良机。

雄鹰蜕变重生后，一切成熟了还能够翱翔天空30年。这就像苹果公司的乔布斯选定了iPhone这一款颠覆性创新的产品作为拳头产品，iPhone利用互联网连接了手机与电脑的功能，掀起了手机行业的变革，也让苹果公司重新起飞，奠定了苹果公司在移动互联网时代的帝国根基。

因此，在选择做拳头产品还是多元产品这个问题上，企业与其花10倍的精力同时做N款产品，不如聚焦所有精力打造出一款超越100分的产品。企业选择拳头产品时，要深刻地记住断舍离，舍九取一，聚焦能够代表企业的核心实力、品牌理念的拳头产品，争当细分领域的领先者，才能更好地在市场中占据一席之地。

【案例延伸：苹果公司的成功之道】

苹果公司曾多次被评为全球市值第一的公司，早在2021年时其市值就突破了3万亿美元，截至2023年9月28日，收盘市值约2.67万亿美元。如此

高的市值是什么概念呢？假如把市值看成国家的 GDP，单苹果公司一家的市值就超过了一些欧洲发达国家的 GDP 了。很多人也知道，苹果公司曾跌落低谷，但发展至今依然是一家极具高成长价值的企业。下面从多维视角分析其成功因素。

（1）苹果公司始终用极致的创新产品来引领风潮（产品是公司战略落地的载体）。苹果公司在 1976—1985 年，先后推出了 Apple I 电脑、Apple II 电脑和 Macintosh 电脑等，从一块微处理器发展成一台可以面向用户使用的电脑，苹果公司以引领行业标准的态势发展着。但到了 1990 年前后，随着微软公司等竞争对手的加入以及内部管理不善等原因，苹果公司的股价下跌，陷入了低谷。1997 年苹果公司重新邀请乔布斯回到苹果公司担任 CEO，经历了一段时间的重组和改革后，苹果公司继续开启了创新引领潮流之路，例如 2001 年推出了 iPod，引领了数字音乐革命；2007 年推出了 iPhone，引领了手机＋移动互联网潮流；后续也推出新的 iPhone、iPad、MacBook 等产品，逐步形成苹果的产品生态链。苹果公司舍九取一，用创新的拳头产品打开了局面，并逐步成为行业领导者之一。

（2）苹果公司采取高效的收购战略来整合知识产权和关键人才。表 3-1 列举了苹果公司的部分收购企业及产生的价值。

表 3-1 苹果公司的部分收购企业及价值

收购的企业	产生的价值
1. 收购瑞萨芯片	为 iPhone 手机设计液晶显示芯片
2. 收购应用软件开发商 Siri	将 Siri 整合到 iPhone 中，并最终成为其 iOS 移动系统的一部分
3. 收购语言识别软件公司 Novauris	进一步完善 Siri 的个人数字助理服务
4. 收购流行耳机产商 Beats	获得它旗下的流媒体音乐订阅服务和耳机生产线服务
5. 收购 Emagic	融入 Mac 版 Logic Studio 专业音乐软件当中
6. 收购 Nothing Real	高端数字特效软件制造商，应用到苹果的特效软件 Shake 中
7. 收购移动广告公司 Quattro	帮助苹果公司打造自己的广告服务
8. 收购移动芯片制造商 Intrinsity	开发运行速度更快、能耗更低的处理器
9. 收购导航软件制造商 Placebase	苹果公司开发自己的地图服务

从表 3-1 可以看出，苹果公司收购战略的核心是在面向客户需求与市场变化的基础上，通过收购各个有一定实力的企业，来增强苹果公司旗下核心产品/服务的技术创新能力或者完善配套服务等，以此来提高自身的核心竞争力。

（3）苹果公司坚持走"硬件+服务"双轮驱动的高端化路线。苹果公司的业务主要面向的是高端客户群体。在硬件业务上，以 iPhone 为本，拓展其他如 Mac/iPad 等产品。服务业务方面，"Apple TV+""Apple Fitness+"等，也逐渐成为核心的收入点。此外，苹果公司也十分注重精细化的供应链管理，以减少对供应商的依赖。例如引入京东作为屏幕的供应商，来减轻对三星等供应商的依赖，也提高了产业链的议价能力。

【延伸链接：如何设计产品的生态链】

上述案例分析了苹果公司如何一步步形成自身的产品生态链，由此笔者也继续分析如何设计公司的产品生态链。实操思路如图 3-2 所示。

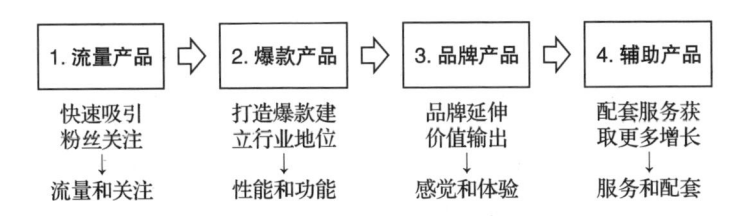

1. 流量产品	⇒	2. 爆款产品	⇒	3. 品牌产品	⇒	4. 辅助产品
快速吸引粉丝关注		打造爆款建立行业地位		品牌延伸价值输出		配套服务获取更多增长
↓		↓		↓		↓
流量和关注		性能和功能		感觉和体验		服务和配套

图 3-2 设计好公司的产品生态链

设计产品生态链的第一步是用流量产品来切入市场。流量产品是为了吸引大量客户，用价格让利和使用满意度等方式来获取客户青睐。流量产品一般不以盈利为目的，可以保本或略亏，为的是打下客户群基础。

设计生态产品链的第二步是用爆款产品来奠定行业地位。爆款产品的特征之一是高频刚需。爆款产品要用性能和功能等价值进一步满足精准客户的需求，并且让客户能够复购与转介绍，进而带来可持续的盈利。

设计生态产品链的第三步是用品牌产品做品牌延伸与价值输出。品牌产品具有自主知识产权+高附加值，特征之一是竞争对手不容易复制。这也是企业自身的顶端产品，可以进一步地建立起自身的护城河。

设计生态产品链的第四步是做好辅助产品打配合。一方面要完善自身的产品生态链,另一方面要求辅助产品的使用价值与企业其他产品有关联,能够增加增长点。

【案例链接:亚马逊公司如何设计产品生态链】

亚马逊公司设计产品生态链的思路如图3-3所示。

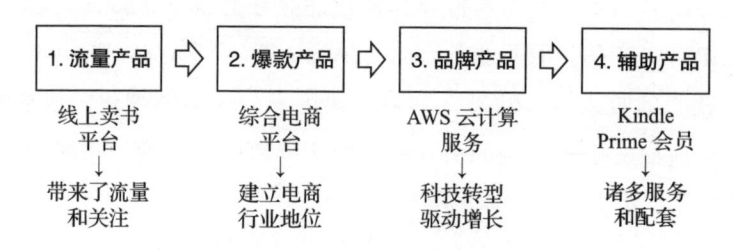

```
1.流量产品  →  2.爆款产品  →  3.品牌产品  →  4.辅助产品
线上卖书      综合电商       AWS云计算      Kindle
平台          平台           服务           Prime会员
↓            ↓             ↓             ↓
带来了流量    建立电商       科技转型       诸多服务
和关注        行业地位       驱动增长       和配套
```

图3-3 亚马逊公司的产品链

第一步:打造网上书店,成为流量产品。该产品定位是"成为地球上最大的书店"。亚马逊创立于1994年,以销售图书起家,但当时要卖好图书,一般从收藏价值、新旧和价格等方面入手。而亚马逊通过线上卖书的差异化打法突围,成功吸引了大量消费者到亚马逊的线上平台买书。

第二步:打造综合电商平台,成为爆款产品。亚马逊凭借前面的流量产品,成功吸引了很多平台的消费者,然后开始全方位拓展其产品范围,比如进军电子产品、服饰、食品等多个领域,又通过从自营升级到纳入第三方卖家、搭建强大的全球物流体系等方式,成功发展为具有竞争力的"一站式"综合电商平台。

第三步:打造AWS云计算服务,成为品牌产品。亚马逊并没有安于现状"吃老本"。通过电商平台打响了知名度之后,亚马逊还积极进行科技转型,推出了AWS云计算服务,凭借亚马逊的声誉及这款产品的强大功能,吸引了越来越多的人使用,并形成了规模扩张效应,使这款服务成为亚马逊重要的利润增长极之一。

第四步:打造Kindle电子书、Prime会员等,作为辅助产品。图书领域是亚马逊的老本行,为了进一步强化其领头羊的地位,亚马逊推出了Kindle电子书等创新产品,进一步提升了销售图书业务的优势,而且它也通过软件补贴等方式,在电子书市场取得了先发优势。

二、企业如何打造极致产品（以豹子比喻）

在聚焦拳头产品之后，就要考虑如何单点破局，把产品做到极致，朝着成为行业细分领域第一的目标进发。作者认为做产品还要考虑好选择专精特新的路线还是多杂浅平的路线。下面从打造产品的专精特新路线来分析如何打造极致产品。

【案例链接：以豹子特征对比分析得物的专精特新】

豹子四肢矫健，享有"奔跑速度之王"的美誉，有极强的适应性、专注力与毅力，捕猎时往往凭借自身独特的能力一击即中。企业聚焦好拳头产品之后，也要如同豹子一般，在产品上追求专精特新。因为只有这样，才能把产品/服务做到极致，才能从专精特新"小巨人"做到行业独角兽。

如图3-4所示，豹子的"专"是捕猎前会先设定最佳路线，再凭借身体优势，快速奔跑出击。得物App的"专"也像豹子一样，体现在其没有走淘宝、京东的全品类电商路线，而是选择从潮鞋市场这个细分领域切入电商平台，后续拓展到不同的潮流产品。具体来说，企业追求"专"，就是做核心业务要专心、专业，定位好企业所从事的细分领域，明确并坚持自身的主攻市场。

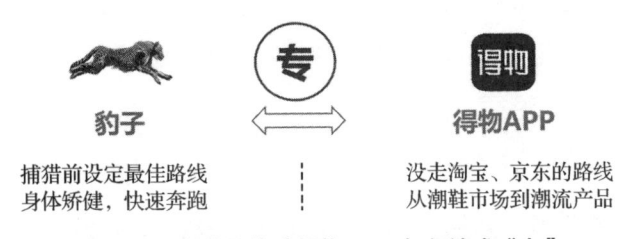

豹子	专	得物APP
捕猎前设定最佳路线 身体矫健，快速奔跑		没走淘宝、京东的路线 从潮鞋市场到潮流产品

图3-4 以豹子比喻得物App如何追求"专"

如图3-5所示，豹子的"精"体现在其奔跑的过程中，眼睛紧紧盯猎物，头脑保持清醒平衡的状态。得物App的"精"也是像豹子一样，表现为其以精细化管理业务来服务客户。例如得物App的电商业务，精细化到同时满足客户（享最低价）与商家（能卖出去）的需求。具体来说，得物App的商品有一套商品竞价机制，即多个商家上架一款商品，它不会把同款商品全都放出来，而是优先显示价最低的那款，让消费者始终享受到最优惠的价格。所以，企业在经营业务的时候要追求精细化，着眼于长期价值，把控好过程中的投入，以取得竞争优势。

豹子 ⇔ 精 ⇔ 得物APP
眼睛紧紧盯猎物
头脑保持清醒平衡

让客户购物享有最低价又能让商家的商品卖出去，保障双方权益

图3-5 以豹子比喻得物App如何追求"精"

如图3-6所示，豹子的"特"体现在其皮毛和斑点是一层天然的保护，可以潜伏在树林里，寻找猎物。而得物App的"特"跟豹子一样，表现为其走先鉴定后发货的创新网购流程，即消费者下单的产品要经过质检、拍照、鉴别、防伪、复查等多道鉴别查验工序（以保障用户购物体验），才能到达消费者手里，这也巧妙传播了"得物=潮流正品"的理念。得物App通过这种做法，获得消费者的认可与好感。

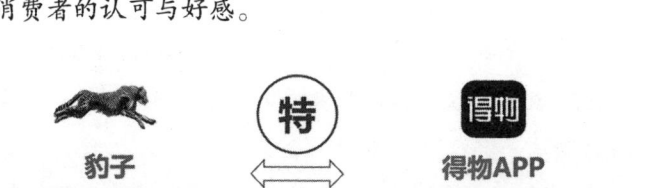

豹子 ⇔ 特 ⇔ 得物APP
皮毛和斑点是一层天然保护色，能潜伏与寻找猎物

先鉴定后发货的网购流程传播了"得物=潮流正品"的观念

图3-6 以豹子比喻得物App如何追求"特"

如图3-7所示，豹子的"新"体现在它会将捕到的猎物存放到树上而不被其他肉食者发现，以保证自身长期有食物补充。得物App的"新"跟豹子一样，表现在其不断加强潮流社区建设和提升产品服务体验，不断为自身品牌打造竞争力优势。企业的创新能力能够帮助企业保持竞争优势，不断改善，为企业发展带来质的飞跃。

豹子 ⇔ 新 ⇔ 得物APP
猎物存放到树上而不被发现，保证长久有食物补充

不断丰富潮流社区建设和产品服务体验

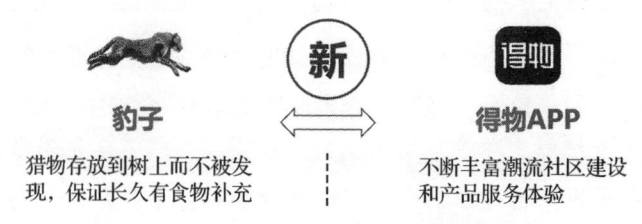

图3-7 以豹子比喻得物App如何追求"新"

三、如何提升产品体验感（以鳄鱼比喻）

得其一，万事毕。对企业来说，打造出极致产品之后，关键的一点就是聚焦到用户的体验感上，吸引用户一直使用自己的产品。正如《企业价值链管理》一书中写道："企业失去的顾客有60%是因为对服务质量不满意，每1个投诉的顾客背后，都有平均20个同样不满但没有投诉的顾客，而他们会把自己的不满告诉起码8个与自己熟悉的人，吸引顾客再次光临的因素中，首先是服务质量的好坏，其次是产品本身品质的优劣，最后才是价格。"[①]

笔者认为要在产品中融入有温度的服务，以此来更好地吸引客户长期使用企业的产品。什么是有温度的服务？例如有三种床垫：第一种材质很好，摸起来绝对是高品质；第二种床垫设计得特别好，视觉感很棒，可让生活增添几分色彩；第三种床垫还有特别的功能，它能带给用户健康。由此可见，床垫不单单是用来睡觉的，它还可以带来视觉感受和健康体验，这就赋予了产品有温度的服务体验属性。

【案例链接：以鳄鱼特征对比分析迪士尼如何提升产品体验感】

鳄鱼是一种水陆两栖的爬行动物，而且力量霸道，往往能在潜伏中一瞬间猛扑上去捕到猎物。下面将鳄鱼的特征代入迪士尼的案例，来看看企业如何给客户带来有温度的服务体验。

如图3-8所示，鳄鱼的首要特征是能够自我调节，适应水里和陆地生活，这就像迪士尼度假村停车场的服务员与客人打招呼，既遵守礼仪规范又会真情流露，不会千篇一律地机械打招呼。对应到企业，就是要时刻以客户需求为导向，客户买的是体验感，通过打造有温度的产品和服务，让客户细水长流地感受到企业提供的极致的服务体验，并且离不开它。

鳄鱼的第二个特征是它有三套眼睑，在水里也能清晰地盯紧猎物，这就像迪士尼度假村停车场的服务员在看到游客即将到来时，会根据车牌号识别出游客是从哪个城市过来的，从而相应地结合游客居住城市的特征做出反应，

---

① 傅雄，金桂生.企业价值链管理：制造型企业如何创造期望的效率、质量、成本与价值[M].杭州：浙江工商大学出版社，2020.

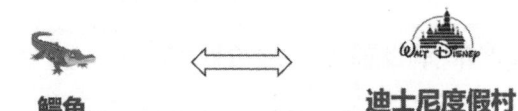

鳄鱼
1. 自我调节行走于水里和陆地
2. 鳄鱼有三套眼睑,在水中也能保持眼睛清晰盯紧猎物

迪士尼度假村
1. 停车场服务员打招呼,即遵守礼仪规范又真情流露
2. 会看车牌号、车造型等判断招呼方式,让游客感受到他们的热情服务

图 3-8　以鳄鱼对比分析迪士尼如何提供有温度的服务体验

或根据车子的外观做出反应,如车子是否贴上可爱的卡通图案、车子颜色等,让游客在到达迪士尼的第一步就感受到了他们的热情服务。其实迪士尼服务员与客人打招呼的这些细微的特点,也可以应用于其他企业。也就是说,产品也可以将人的感受、体验等情感附加值传递给消费者,以此来提高产品核心竞争力。

四、企业如何打造产品竞争壁垒(以鲸鱼比喻)

实践中,市场上的产品众多,你的产品体验感好,其他创新型企业一样可以做到。这时就要考虑如何让更多的客户继续使用企业不断迭代的产品。笔者认为首先要进一步打造产品竞争壁垒来促进增长,方法是继续垂直深耕,深入到产品认知创新与品牌领先等维度。

【案例链接:以鲸鱼特征对比分析 vivo 手机如何打造产品竞争壁垒】

鲸鱼体型大,形似鱼,生活在广阔的海洋里,为了生存它能够下潜到很深的海底捕猎和躲避风险,以让自己更好地生存下去。下面我们结合鲸鱼的特征与 vivo 手机的案例,来阐述企业如何打造产品竞争壁垒。

如图 3-9 所示,鲸鱼依靠自身强大的肺部功能,吸收大量的空气,从而能够潜入海底游动、觅食、避险等。鲸鱼在下潜到 500 米的时候,就等同于 vivo 手机以音乐手机出道,确定了以"年轻时尚"品牌定位推出市场,来进行错位竞争。

鲸鱼下潜到 1000 米的时候,就等同于 vivo 手机的第二步,它并没有选择另辟蹊径,而是在"年轻时尚"这个方向,聚焦于手机影像功能这个长赛道做下去。因为 vivo 手机团队,洞悉到影像功能是最为打动消费者的功

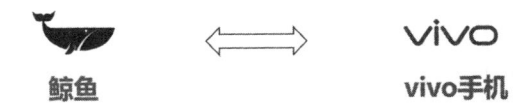

第三章 企业天地人三维生命体：企业自转价值增长

```
      🐋           ⟷          VIVO
     鲸鱼                      vivo手机

1. 下潜500米：游动/觅食/避险  │ 1. 推出音乐手机，品牌定位年轻时尚
2. 下潜1000米：游动/觅食/避险 │ 2. 在年轻时尚方向，聚焦手机影像功能
3. 下潜2000米：游动/觅食/避险 │ 3. 深入到芯片1镜头模组等提升影像功能
```

图3-9 以鲸鱼特征对比认知创新和品牌领先

能之一，所以 vivo 团队在夜景拍摄、手持防抖、零延时抓拍等功能的研发上，不断更新与突破。其实 vivo 手机的这两点，可以看作其在品牌领先当中的两个深耕打法，极大地满足了消费者的差异化需求，由此带来了企业增长。

鲸鱼继续下潜到 2000 米的时候，就等同于 vivo 手机的第三步，深入芯片、镜头模组等模块。因为 vivo 手机的研发团队意识到要做好手机的影像功能，还要借助芯片来优化数据和算力，以及在镜头模组研发合作上，更好地处理好手机光线问题等。这种种做法，都体现出 vivo 始终围绕自身定位，不断地进行认知领先，以此带动增长。

根据 Counterpoint Research 公布的 2022 年中国智能手机市场销量报告，vivo 手机 2022 年的中国市场份额是 19.2%，排在第一位，后面的则是苹果、OPPO、荣耀、小米、华为等。由此可看出，vivo 手机通过上述品牌领先和认知创新的打法，确实打造了产品竞争壁垒。

五、如何打造产品客体资源差异化（以单只企鹅比喻）

企业做产品时，还要考虑怎么不被竞争对手复制。这就需要通过打造产品资源差异化来提高竞争优势。笔者认为要善于从产品客体资源差异化当中提炼竞争优势，驱动企业增长。

【案例链接：以单只企鹅御寒的特征来比喻英特尔公司的产品客体资源差异化】

企鹅就像一个特殊的保温瓶一样，能在冰天雪地中生存。其过人之处在于它特殊的脂肪与羽毛。下面我们用单只企鹅御寒的特征来比喻分析英特尔公司，就很好理解什么是产品客体资源差异化了。

如图 3-10 所示，企鹅的第一个特征是它们依靠很厚的皮下脂肪来抵御严寒，这就像英特尔公司的第一个优势——半导体技术强，行业门槛高。为什么英特尔公司的半导体技术能引领行业呢？这要追溯到其创始人戈登·摩尔。在个人计算机的萌芽阶段，戈登·摩尔用自身所研究的摩尔定律洞察到先机，并且几十年如一日地学习、研究，突破了半导体领域的种种技术难题，带领企业从一个储存器制造商成长为专攻 PC 核心部件 CPU 的公司，在这场影响世界的技术变革中成了胜利者。

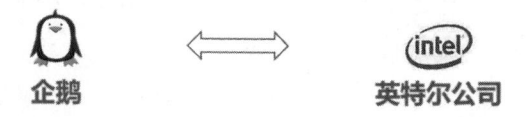

企鹅

1. 体内有很厚的脂肪御寒
2. 体外有厚实的羽毛御寒

英特尔公司

1. 对内：半导体技术强，行业门槛高
2. 对外：半导体技术产品市场覆盖面广

图 3-10 以企鹅比对英特尔公司的产品客体资源差异化

企鹅的第二个特征是利用体外厚实的羽毛来抵御寒冷，这就像英特尔公司的第二个优势——它的半导体技术产品市场覆盖面非常广阔。主要表现在英特尔公司创立至今，其技术资源扩散程度高，牢牢抓住了半导体技术的发展，在产业链中长期处于竞争优势的高地，引领行业增长。

【理论链接：企业资源观理论】

参考杰恩·巴尼在 1991 年发表的《企业资源与持续竞争优势》一文中提出的企业资源观理论，可以说企业的资源转化成差异化的竞争优势，能为企业带来持续的增长。如图 3-11 所示，根据企业客体资源的差异性，可将其划分为领导型资源、稀缺型资源、扩散型资源和改进型资源。四类资源中，企业关键要抓好领导型资源来驱动增长。英特尔公司就是用领导型资源来构建护城河，助力企业持续增长的。

稀缺性资源的资源扩散程度低，资源壁垒程度高，例如石油、天然气等不可再生能源属于此类资源。扩散型资源的资源扩散程度高，资源壁垒程度低，例如京东等电商平台就倚重此类资源。改进型资源的资源扩散程度低，资源壁垒程度也低，例如传统制造业企业就倚重此类资源。

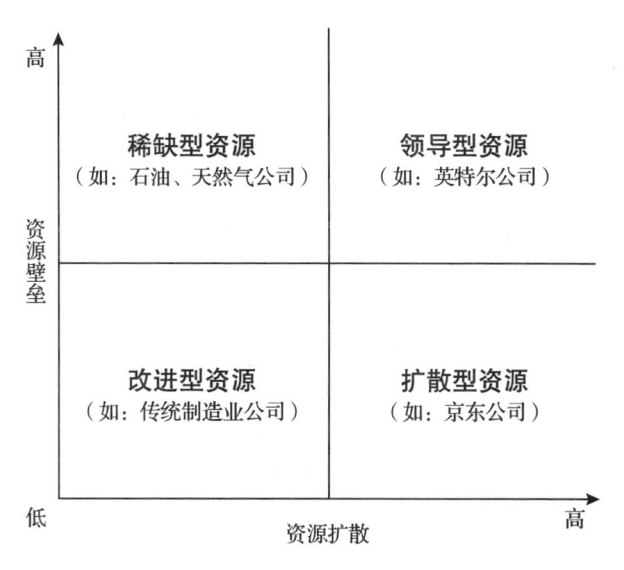

第三章　企业天地人三维生命体：企业自转价值增长

```
高
    │ 稀缺型资源          领导型资源
    │ （如：石油、天然气公司） （如：英特尔公司）
资源│
壁垒│
    │ 改进型资源          扩散型资源
    │ （如：传统制造业公司） （如：京东公司）
低  └──────────────────────→
         资源扩散           高
```

图 3-11　资源扩散与资源壁垒

六、如何打造产品主体认知图谱差异化（以群体企鹅比喻）

企业在做产品时，还可以在客户需求的基础上，通过要素重组来创新，打造主体认知图谱差异化，以此进一步增强竞争优势，促进企业持续增长。

【案例链接：以企鹅抱团取暖的特征来比喻无印良品的产品主体资源差异化】

企鹅常年生活在冰天雪地的南极，其独特的生存能力，还在于它们的群体生活方式。下面用企鹅抱团取暖的特征来比喻无印良品的价值定位与卖点（如图 3-12 所示），就很好理解什么是产品主体认知图谱差异化了。

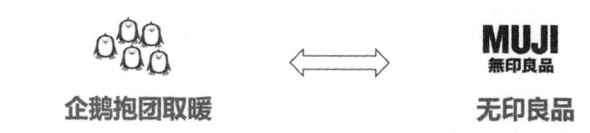

企鹅抱团取暖	无印良品
1. 保护处于中心的幼儿企鹅	1. 品牌认知图谱之价值定位要素
2. 里外企鹅移动交换避免热量流失	2. 品牌认知图谱之价值卖点要素

图 3-12　以企鹅比喻产品主体认知图谱差异化

在繁衍季节，企鹅抱团取暖的时候，会将幼小的企鹅放到中心位置，以防它们被其他猎物攻击。这就好比无印良品产品主体认知图谱的第一个组成要素是价值定位，并围绕这个定位来创新发展。企鹅抱团取暖的时候，另一个特征是里外的企鹅会不断交换位置，让群体所产生的热量不容易流失。这就好比无印良品产品主体认知图谱的第二个组成要素是价值卖点。这里所说的产品主体认知图谱差异化就是从认知上做创新的差异化，塑造一个核心价值定位，再逐步由多个卖点来组成一个产品主体认知图谱。具体分析如图3-13所示。

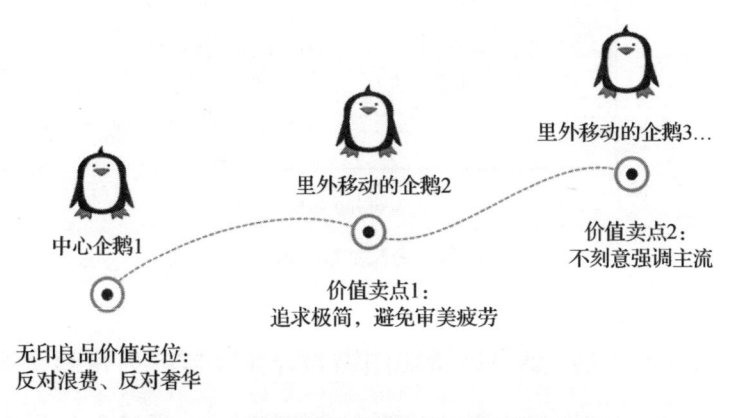

图3-13　无印良品的产品主体认知图谱差异化

中心企鹅1代表无印良品的价值定位，贯穿于企业发展的全过程。其实从品牌名称上可以看出无印良品差异化的核心价值定位。"无印"就是没有品牌的意思，"良品"就是好产品，强调的是一种反对浪费、反对奢华的生活哲学。

里外移动的企鹅2代表无印良品的价值卖点1：追求极简，避免审美疲劳。虽然有的实体店会单纯以低价促销作为卖点来卖货，但无印良品所打造的品牌，是由一系列卖点组成的，例如设计上的卖点是追求极简，避免审美疲劳等。

里外移动的企鹅3代表无印良品的价值卖点2：不刻意强调主流，而是让消费者感受到文化层面上赋予商品的真实价值。

第n只里外移动的企鹅代表无印良品的其他诸多卖点，这些卖点一起塑造了消费者对无印良品的品牌认知图谱，以此带动了企业增长。

此外，产品主体认知图谱差异化还可以从模式上创新，即把不同的要素重组起来，通过资源重构、价值重构创新。

第二节 企业如何以技术创新促进增长
（"一生二"：看得见与看不见）

在企业经营层面，"一生二"中的"一"代表客户，"二"代表产品与技术。客户看得见的是产品，看不见的是技术。本节从技术入手，探索企业如何以技术创新促进增长。

与产品相伴相生的就是技术，无论是产品还是无形的服务、平台等，背后都有技术创新在支撑其发展。因此，企业在修炼内功的时候，要着重做好技术创新。虽然技术创新有可能不会被客户直观看见，但技术做好了，能够切切实实地提高产品质量、形成核心竞争力，为企业带来增长动力。

一、如何理解技术创新促进增长：关键支撑

这里讨论的企业内功指的是企业以技术创新促进增长的能力。作者认为企业在做技术创新时，可以从区分好延续性技术创新和破坏性技术创新做起。

1. 延续性技术创新

延续性技术创新，是指企业新技术的开发是在现有客户和既定模式的基础上改良与更新的。

【案例链接：柯达公司的延续性技术创新】

图 3-14 展示了柯达公司选择对胶卷照相机做延续性技术创新，后来被数码相机所颠覆的历程。1889 年，柯达公司推出了第一台胶卷照相机，这款照相机相较于当时体积巨大又难操作的相机来说，具备体积小、易携带、够便宜等优势。柯达公司在这个阶段，让胶卷摄影大众化，成为当时主导胶卷市场的领头羊。

早在 1975 年，柯达公司的工程师就通过破坏性技术创新发明了第一款数码相机，这在当时还投入了巨额研发费用。但由于柯达公司当时在行业里已是一家成熟的企业，积累了很多客户，收入主要来源于胶卷照相机。柯达公司既要维持自身的发展速度，又要对股东收益负责，若转型做数码相机似乎就是"自己跟自己打架"，所以最终选择了继续专注于主流市场，即投入胶卷照相机做延续性技术创新，而放弃了数码相机市场。

企业增长从哪里来　从企业天地人三维生命体说起

```
柯达公司选择         胶卷摄影         为维持自身发        佳能、尼康、
放弃数码相机         大众化           展速度,选择        索尼等企业纷
市场                                 延续性技术          纷涌现
                                     创新路径
   ●                ●                 ●                 ●
───┼────────────────┼─────────────────┼─────────────────┼───▶
1975年          1889年           后续发展…         后续发展…
柯达公司的工程师发明了  柯达公司推出了    柯达公司          柯达公司
第一款数码相机      第一台胶卷照相机  成为行业领头羊    错过数码相机时代
```

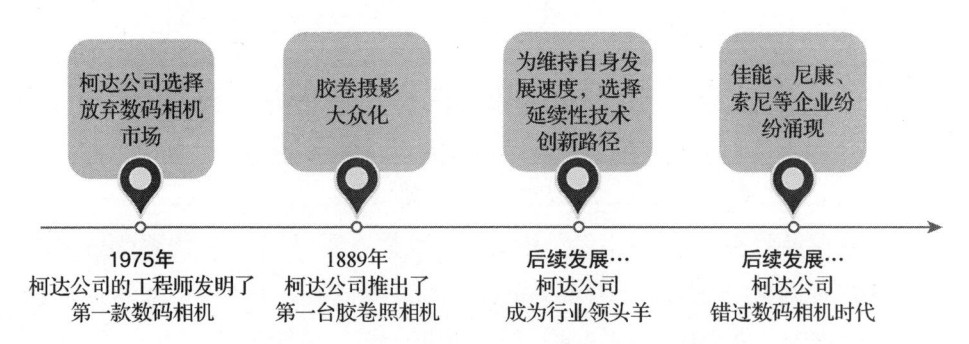

图 3-14　柯达公司的延续性技术创新发展路径

但柯达公司这么做,不代表其他企业也跟着放弃。后续发展起来的企业,如佳能、尼康、索尼等公司纷纷推出数码相机,打破了柯达的霸主地位,胶卷照相机也不再处于摄影的主流地位。也正因如此,柯达公司在数码相机的时代潮流下,终究没法延续自身的增长。

2. 破坏性技术创新

破坏性技术创新通常是专注于细分领域,以种种突破式的创新方式来颠覆竞争对手的一种创新路径。

【案例链接:腾讯公司的破坏性技术创新】

如图 3-15 所示,腾讯公司 1999 年推出 QQ,其一直是腾讯公司的核心业务。直到 2011 年,腾讯公司又推出了跟 QQ 功能有诸多重叠的微信。这让当时的很多人难以理解。但现在看来,微信的出现,确实是腾讯公司勇于用破坏性创新来颠覆自身的举措。

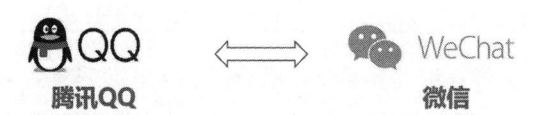

腾讯QQ	微信
1. 早在1999年推出QQ,是核心业务,积累了大量用户	1. 后来2011年推出微信,部分功能跟QQ重叠,被人称为阉割版QQ
2. 领导层发现QQ业务组织架构不完善,积累优势容易被人颠覆	2. 与其被人颠覆,不如自己颠覆自己,微信在移动支付、社交等领域打开新局面

图 3-15　腾讯公司 QQ 与微信之间的破坏性技术创新对比

早期腾讯公司的 QQ 业务组织架构不完善,导致各个部门之间沟通协作困难,难以快速跟上市场节奏。当时也有其他企业在做类似微信的 App,腾

讯公司的领导层认为如果只停留在 QQ 业务当中，若其他公司先推出这类产品，腾讯在社交领域的地位随时有可能被别人颠覆。这时候，腾讯公司选择了用微信来颠覆自家的产品。果不其然，腾讯推出微信之后，利用了原来所积累的用户优势，迅速地在移动支付、社交等领域打开了新局面。

还要强调的一点是，延续性技术创新和破坏性技术创新并不是对立的存在，成熟的企业可以从延续性创新过渡到破坏性创新。正如阿尔玛·毕海德在《新企业的起源与演进》一书中说："机会市场创造的机会。没有重大创新、缺少资本来源的企业家们无法捕捉有可能产生巨额利润的机会。"[1] 对于创新，企业要在"市场变迁"的不同情境下，主动响应并采取不同策略。

3. 技术创新的价值延伸

无论是延续性技术创新还是破坏性技术创新，都可以继续深挖，做价值延伸。价值延伸包括同向价值主张延伸和逆向价值主张延伸。

（1）同向价值主张延伸。同向价值主张延伸表现为抓住客户的核心痛点，顺势而为地带给客户极致的体验。例如健身软件 Keep，是一款提供"一站式"健身解决方案的应用软件，它在更新迭代的过程中，不断地做同向价值主张延伸，来满足消费者的种种需求，从而在健身行业中脱颖而出。

如图 3-16 所示，Keep 的第一个特征是针对目标用户的痛点，推出一款纯粹的线上健身软件。Keep 所做的第一点同向价值主张延伸体现在：考虑到很多人受限于时间、场地和费用等因素而无法健身，Keep 针对这些痛点，将健身与互联网结合，让有需求的人能随时随地小成本地进行健身活动。

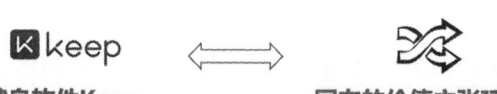

健身软件Keep	同向的价值主张延伸
1. 纯粹的线上健身软件	1. 面向健身"小白"，解决他们健身时间受限、场地受制和私教费用高的痛点
2. 优质的内容、用户运营	2. 提供循序渐进式的健身计划，又带有温暖的表扬与陪伴
3. 全方位生活场景的健身生态	3. 吃、穿、用、练产品矩阵，还有线下健身空间Keepland、智能硬件KeepKit等

图 3-16　Keep 的同向价值主张延伸

---

[1]　阿玛尔·毕海德（Amar Bhide）. 新企业的起源与演进 [M]. 魏如山，译. 北京：中国人民大学出版社，2004.

Keep 的第二个特征是从纯粹的健身软件延伸到优质的内容、用户运营。相应的，它所做的第二点同向价值主张延伸体现在：Keep 的目标受众之一是有健身意识的健身"小白"，所以其在内容与用户运营中，提供了很多"一看就懂"的优质健身课程，满足用户在不同场景下轻松健身的需求。比如 Keep 的一些课程，会用简单的几个动作形成一个几分钟的训练，然后再把训练循序渐进地形成一个健身计划。此外，Keep 的课程会给用户提供温暖的表扬与陪伴，如课程中每个动作快结束的时候，都会提示"再坚持 5 秒就好啦"，完成课程后，Keep 会提示"你真棒，已经完成全部动作啦"等。

Keep 的第三点特征是从优质的内容、用户运营延伸到全方位生活场景的健身生态。相应的，它所做的第三点同向价值主张延伸体现在：Keep 的健身生态涵盖了吃、穿、用、练的种种产品矩阵，也就是说，Keep 还不断延伸着更多的符合用户期待的增值服务，例如针对跑步、骑行、饮食等一系列符合用户诉求的智能训练计划等。近年来，Keep 在线上取得了不错的成绩，又继续将价值主张延伸到线下领域，例如推出了线下健身空间 Keepland、智能硬件 KeepKit 等，以此来支撑企业的持续增长。

（2）逆向价值主张延伸。逆向价值主张延伸，表现为能够在布局成熟的市场中挖掘出巨大潜力。下面用元气森林的案例分析如何做逆向价值主张延伸。

元气森林气泡水入市后要解决的第一个难题就是在产品口味上要与竞争对手形成差异。在饮料市场上，客户对可口可乐、百事可乐等产品的口味几乎形成一种固化了的"好喝又上瘾"的印象，后来者想取得竞争优势是相当不容易的。在这种局面下，元气森林气泡水做出了第一点逆向价值主张延伸，即在"好喝"的理念下，加上了"健康"元素。因为很多人觉得汽水不太健康，而元气森林气泡水就把零糖、零脂、零卡打造成一个卖点（如图 3-17 所示），满足了那些怕胖、怕热量、怕脂肪摄入的年轻群体。

元气森林气泡水面临的第二个难题就是与对手在渠道上竞争。因为市场上的新品牌容易遭到老品牌的渠道挤压，所以元气森林气泡水做出了第二个逆向价值主张延伸，即选择了移动互联网营销方式，来规避渠道的冲突。例如元气森林非常注重宣传，在抖音、小红书、微博等社交平台大力宣传，以达到突围而出的效果。

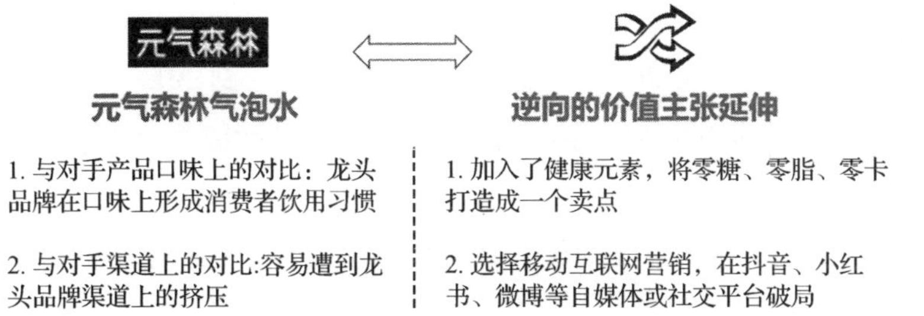

第三章　企业天地人三维生命体：企业自转价值增长

元气森林气泡水
1. 与对手产品口味上的对比：龙头品牌在口味上形成消费者饮用习惯
2. 与对手渠道上的对比：容易遭到龙头品牌渠道上的挤压

逆向的价值主张延伸
1. 加入了健康元素，将零糖、零脂、零卡打造成一个卖点
2. 选择移动互联网营销，在抖音、小红书、微博等自媒体或社交平台破局

图 3-17　元气森林气泡水的逆向价值主张延伸

二、如何加强技术创新促进增长：三大策略

笔者认为企业要继续加强技术创新促进增长，在竞争激烈的环境中站稳脚跟，打开企业发展的局面，就要学会利用破坏性创新技术的三大策略：延续性创新策略、低端市场破坏性创新策略和新市场破坏性创新策略。

1. 延续性创新策略

如图 3-18 所示，第一个策略是 L1 线所代表的延续性创新策略，其横轴是时间，纵轴是产品性能，下面以微软系统作为案例进行分析。

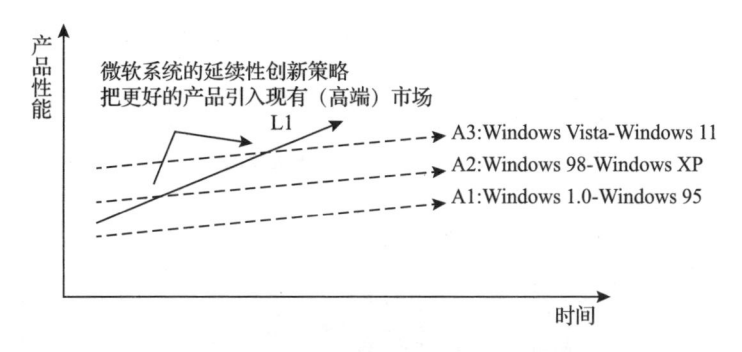

微软系统的延续性创新策略
把更好的产品引入现有（高端）市场
L1
A3:Windows Vista-Windows 11
A2:Windows 98-Windows XP
A1:Windows 1.0-Windows 95

图 3-18　微软延续性创新策略解析图

微软从 1985 年推出 Windows1.0 版本到 1995 年推出 Windows 95 系统，时间为 10 年，这阶段纵轴所开发出来的多媒体、界面、操作等性能都让人耳目一新。这属于图 3-18 中的 A1 线。

微软从 1998 年推出 Windows 98 升级到 2001 年的 Windows XP，时间为 3 年，相较上一阶段更新换代速度大幅度加快了，性能上也把很多软件整合到系统中，比如媒体播放器 Windows Media Player、通信软件 Windows Messenger

等，更好地满足了人们的使用需求。这属于图 3-18 中的 A2 线。

微软从 2006 年发布了 Windows Vista 逐渐升级到 2011 年的 Windows11 系统技术等，时间为 5 年，其间一系列跟上需求的功能都应运而生。属于图 3-18 中的 A3 线。

A1、A2、A3 这三条虚线是不断递升的，代表企业的战略选择，侧重性能和可靠性。微软操作系统就是基于技术革新来改善每一代的操作系统，带给客户更好的功能、更快的速度等，以此来获取市场份额。综合起来就是图 3-18 中的 L1 线，走延续性创新的路径。

2. 低端市场破坏性创新策略

如图 3-19 所示，第二个策略是 L2 线所代表的低端市场破坏性创新策略，下面以特斯拉和五菱宏光的电动汽车作为案例进行分析。

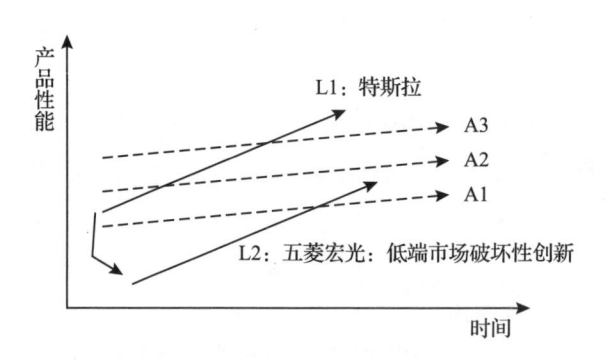

图 3-19 低端市场破坏性创新策略

电动汽车品牌特斯拉和五菱宏光对比，特斯拉是行业的龙头高端品牌，大大领先于后进者五菱宏光，特斯拉的发展可以说是采用了延续性创新路径，即图 3-19 中的 L1 线。而五菱宏光要想在电动汽车领域打开局面，就需要通过另一种破坏性创新的打法来布局市场。五菱宏光的做法是推出了一款 Mini EV，通过把成本、里程等降到最低的合理区间，以一个很低的价格满足了短途用户的出行需求，从而在低端市场满足了消费需求。同样是电动汽车，五菱宏光的这种电动车虽然性能远不及特斯拉，但同样打开了一片市场，这就是图 3-19 中的 L2 线，即低端市场破坏性创新发展路径。

【延伸链接：产品性能"不够好"与"过于好"的整合/转化】

企业产品性能也存在一个"不够好"和"过于好"的对比，企业要考虑如何有效地整合或转化。这里我们引用克莱顿·克里斯坦森的"交互式"和"模块化"两个产品架构概念。交互型产品架构表示性能和稳定性更好，模块化产品架构更加偏向便捷、速度和低价等。交互型产品架构下生产的产品性能始终要强于模块化产品架构下生产的产品。

如图3-20所示，中间的L1线表示刚好能满足客户的性能需求。

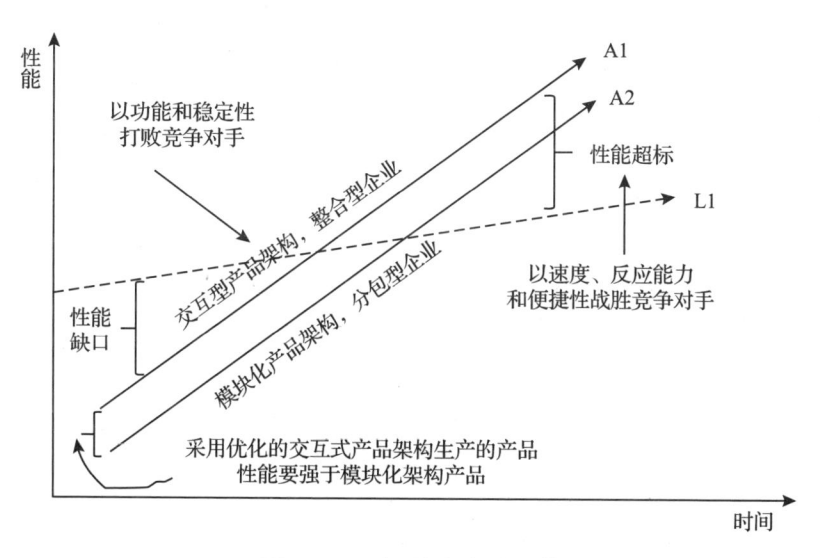

图3-20 产品架构与集成[①]

L1线以上的部分，属于性能超标部分，企业提供的产品性能已经溢出，是在过度服务客户，客户不需要花更多的钱换取更高的性能了。此时若企业继续侧重于交互型产品架构，可能适得其反，而应该更加侧重于模块化产品架构，从更便捷、更快速等维度深化产品创新。

L1线以下的部分，则属于性能缺口部分，可以理解为产品性能还没能满足用户需求。企业在发展交互型产品架构的时候，要推出技术不断创新的产品才能战胜竞争对手，尤其是具备知识产权、专利技术的产品，让竞争对手

---

① 克莱顿·克里斯坦森（Clayton M. Christensen），迈克尔·雷纳（Michael E.Raynor）.创新者的解答［M］.林伟，李瑜偲，郑欢，译.北京：中信出版集团，2020.

没法轻易复制。因此，企业要根据客户真实需求或潜在需求在不同阶段进行转化，灵活选用交互型与模块化两种产品架构。

此外，我们还可以看到A1线始终高于A2线，表示交互式产品架构下生产的产品性能要强于模块化产品架构下生产的产品，例如特斯拉电动汽车在行业中定位为高端品牌，其续航、材料等性能要优于中低端的同类汽车。L1线以下性能缺口的部分，表示企业在这一阶段采取交互式产品架构将产品推出市场，能不断迎合高端客户的需求，为企业带来增长。特斯拉在这一阶段，不断地发展纯电驱动、无人驾驶等新能源技术，使其成为电动汽车行业的霸主。而虚线L1以上的部分，则是性能超标部分，说明市场潮流已经从交互型产品架构转变到模块化产品架构，企业要在模块化产品架构下进行破坏性创新，才能不断引领市场。2022年1月30日，马斯克在社交平台上表示，特斯拉在未来会开放自动驾驶系统授权等专利技术给各大厂商。这反映了特斯拉不是永远在一条产品架构路径上行走，而是会因时而变地适应未来的趋势发展。其余具备竞争力的电动汽车企业突破同类新能源技术可能需要很长时间，但若攻克了这些技术，或许就成了标准化的产品架构。

因此，企业要掌握好交互式和模块化两种产品架构的转化、整合过程，不断驱动自身在不同时期采取不同的战略决策，让企业稳稳地走在创新引领的路径上。

3. 新市场破坏性创新策略

如图3-21所示，第三个策略是N所代表的新市场破坏性创新策略，下面以美图秀秀作为案例进行分析。

采用这一策略的企业把原有价值网络的客户引导到新的价值网络当中，其客户需求驱动的市场也得到了重新定义。图中的3条虚线代表基于不同的性能衡量标准来发展：B1虚线往左下方发展，表示在新的价值网络当中，因没法满足客户需求而难以打开新市场局面；B2、B3虚线往右上方发展，更加接近右上角的价值网络，表示这部分也有创新引领递升发展，但投入的成本相对更高，迫切希望快速把新价值网络过渡到左上角的价值网络当中，取得更大的发展。但值得注意的是，B2、B3虚线的竞争有可能会陷入"价格战"等恶性循环而错失机遇。

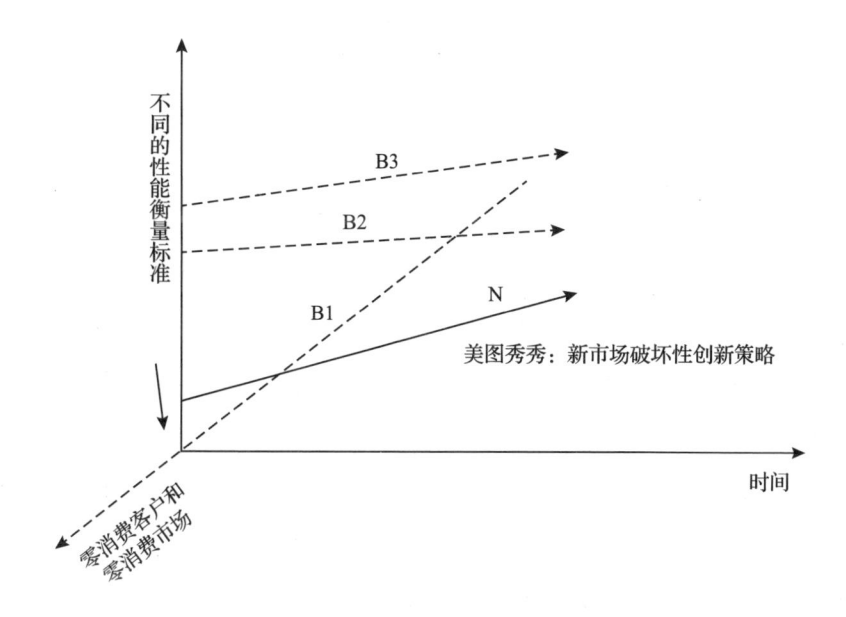

第三章　企业天地人三维生命体：企业自转价值增长

图 3-21　新市场破坏性创新策略

例如市场上的主流专业修图软件是 Photoshop，想要做出一款可以颠覆 Photoshop 的软件，继续跟它拼性能是很难胜出的。虽然人们修图大多只能选择用 Photoshop 软件，但并不是每一个人都能专业地使用它。后来美图秀秀出现了，它代表了新的价值网络中的新市场破坏性创新实线 N，由于美图秀秀洞悉到有一批人不能专业地使用专业修图软件，可以把这些用户引导到新的价值网络当中，即通过推出"傻瓜式"作图等功能，让人们掌握更简单、快速的修图操作方法，并不断创新其产品使用方法，极大地满足这部分群体的需求，从而突破了 B1 线、B2 线、B3 线的局限，并和 B1 线呈相反方向发展，开拓了零消费客户和零消费市场。

图 3-22 整合了企业创新的三种策略方法，从延续性创新策略、低端市场破坏性创新策略，发展到新市场破坏性创新策略。以上三种策略方法给大家的启示是，无论是在不同的价值网络中，还是采取不同的策略，企业都要把破坏性创新的思维融入企业的战略、流程、管理等方面，让业务适应这种破坏性创新的环境，从而发掘出创新增长的路径，积极求变，引领企业发展。

图中文字：

产品性能

延续性创新策略
把更好的产品引入现有（高端）市场

L1
→ A3
→ A2
→ A1

不同的性能衡量标准

低端市场破坏性创新
以低成本业务模式为被"过度服务"
的客户解决问题

L2

时间

B3

B2

B1　　N

新市场破坏性创新策略
打破零消费

时间

零消费客户和零消费市场

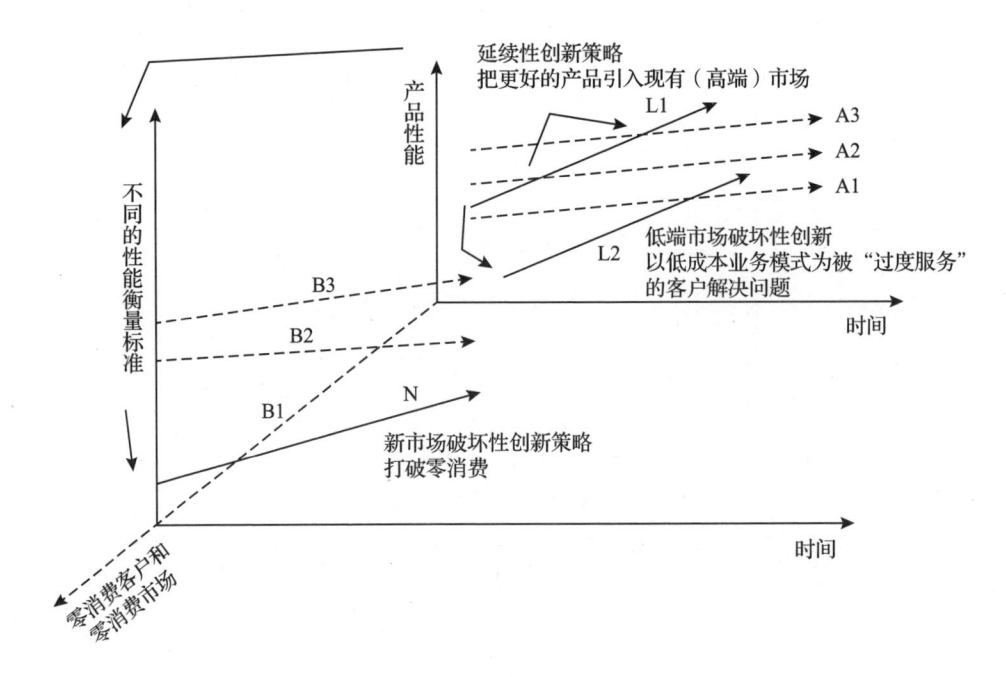

图 3-22　技术创新的三种策略方法[①]

三、如何促进技术创新带动增长：四个驱动

破坏性创新是企业实现创新增长的关键路径，是构建企业竞争力和创造增长点的重要来源。破坏性创新如果能够协调好技术创新与客户黏性之间的关系，能为企业更好地发现机会窗口，就可以在构建商业壁垒的过程中增强自身的核心竞争力，并通过差异性与创新性，为企业带来持续的利润。

【案例链接：抖音的风口驱动】

抖音的技术创新强度和有效客户黏性都高，即技术创新非常有优势，也满足了客户需求。如图 3-23 所示，横轴为技术创新强度，纵轴为有效客户黏性，可以继续划分为 4 个模块，代表着企业不同的发展轨迹。企业发展破坏性技术创新的时候，离不开有效客户黏性的支持，二者同步协调，是企业创新发展的方式之一。抖音属于 A4 风口驱动。抖音的技术创新强度高表现为抖

[①] 克莱顿·克里斯坦森（Clayton M. Christensen），迈克尔·雷纳（Michael E.Raynor）. 创新者的解答 [M]. 李瑜偲，林伟，郑欢，译. 北京：中信出版集团，2020.

第三章 企业天地人三维生命体：企业自转价值增长

音团队十分重视技术创新研发与运用，抖音App以流量为突破口，重新定义了用户需求，以数据算法、智能推荐等作为技术创新，筛选出有价值、高效且精准的信息传递到用户终端，最终构建成千人千面的满足客户需求的产品。

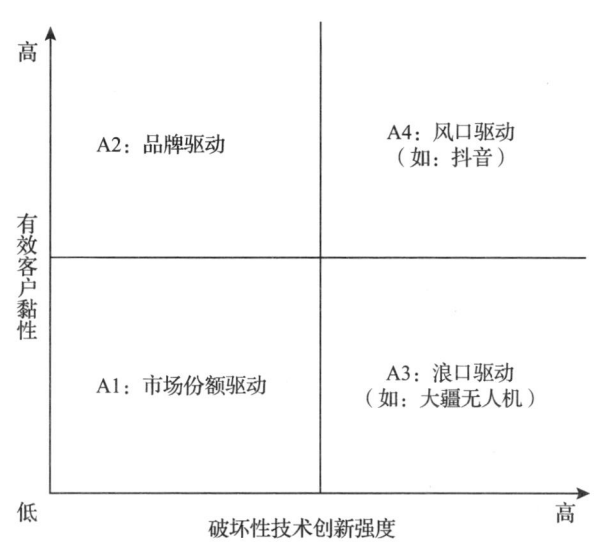

```
              高 ↑
                │
                │  A2：品牌驱动        A4：风口驱动
                │                     （如：抖音）
 有效客          │
 户黏性          │────────────────────────────
                │
                │  A1：市场份额驱动    A3：浪口驱动
                │                     （如：大疆无人机）
              低 └────────────────────────────→
                   破坏性技术创新强度         高
```

图3-23 抖音的客户黏性与技术创新的关系

抖音的有效客户黏性表现为，在破坏性技术创新的加持下，抖音用数据匹配与推送用户感兴趣的内容，让他们越看越"上头"。在新技术浪潮下，破坏性技术创新还需要从客户黏性的角度寻求破坏性立足点。值得一提的是，克莱顿·克里斯坦森教授在验证"科技泥流假设"的概念正确与否时，表示科技变革永远处于不断发展的过程中，企业要在泥流上求生，就必须保持在泥流之上移动，稍有停滞就会被湮灭在泥流之下，但这一假设在验证的过程中并非金规铁律。所以企业在推进科技变革的同时，还要讲究客户黏性。

实际上，抖音的成功因素之一是通过这种技术创新和客户黏性的协调驱动，把喜欢碎片化浏览视频的人群吸纳过来，成就了其行业地位。然后衍生了诸如抖音直播、抖音电商等业务，带动了企业增长。

【案例链接：大疆无人机的浪口驱动】

在图3-23中，A3模块代表浪口驱动，大疆无人机就采用了这一策略。

77

其技术创新强度高，但有效客户黏性低，所以走产品面向有特定需求的人群服务的企业发展路径。

其实在民用无人机市场（分工业级无人机和消费级无人机）当中，行业趋势被许多企业察觉到了。像法国 Parrot 公司的无人机比大疆无人机推出得更早，它也是在努力做技术创新，如可以用手机或平板操控无人机飞行等，但它的弱势就是价格不太亲民。

大疆无人机在浪口驱动的发展路径中之所以能领先同行，成为行业内的头部品牌之一，原因之一就是它凭借着自身出众的产品技术创新与亲民的价格来实现企业增长。在技术创新上，大疆无人机在不断地优化续航、飞行距离、拍摄清晰度等功能。在客户黏性上，则是用亲民的价格，服务有需求的特定客户，如航拍爱好者、用于农业灌溉的用户等，通过降维打击竞争对手来凝聚自身的用户。

此外，图 3-23 中的 A2 模块代表品牌驱动，技术创新强度低但有效客户黏性高；A1 模块代表市场份额驱动，创新强度和有效客户黏性都低。

第三节　企业如何在竞争中增长
（"一生二"：对立与统一）

一棵茂盛的树，它需要向上而生吸收阳光，也要向下扎根吸收水分，才能成长起来。如果浇灌太多水，甚至是浇灌热水，那就会适得其反。就像企业如果正处于优势，稍不注意也容易转化成劣势；相反，暂时处于劣势也可能转化为优势。

企业竞争中的"一生二"表现为："一"代表客户，"二"代表企业的发展存在着对立与统一的关系。本节专门以企业非对称竞争为核心，分析非对称竞争增长的一般博弈（优势与劣势转化）、残酷博弈（机会与威胁转化）和生死博弈（主动与被动转化）是如何为企业带来增长的。

一、如何在一般博弈竞争中增长：优势与劣势转化

笔者认为，企业在一般博弈竞争中，要通过转化好企业的优势与劣势来促进增长。

第三章 企业天地人三维生命体：企业自转价值增长

非对称竞争增长的一般博弈，意思是行业领导企业所建立优势地位，从优势1、优势2到优势N组成一条价值链，为了长期保持住这条价值链，所需要投入的资源也会越来越多，到了一定阶段，有可能会变成沉没成本。而新进企业凭借进入细分领域进行单点突破，把对手的优势转为劣势，对领导企业发起进攻。正如彼得·德鲁克在《创新与企业家精神》一书中提出过的"小生位"概念，强调企业的成功在于从小的生态领域中去取得相对优势而成功。[①]

【案例链接：抖音与优酷的一般博弈竞争】

抖音刚开始是一家新进企业，它的竞争对手是优酷。企业在初创阶段，往往会缺乏各种发展资源，如在创业初期张一鸣因为平台小、留不住员工，甚至欠电费等，但是他能凭自己的实力快速行进，在过程中找准坐标点，不断发展壮大。而那些领导企业在面对新进企业的冲击时，可能前期没有察觉，等新进企业逐步发展起来时，才发现自己错失了良机。抖音的一般博弈竞争大致包括三大步骤。

优酷的优势是用丰富的剧集资源来吸引用户，但劣势是剧集时间长，有的人没耐心全看完。而抖音在一般博弈竞争中的第一步是从时间维度上把优酷的这个优势点转化为劣势点，例如一部2小时的电影，抖音创作者将其剪辑成1~3分钟的精彩片段，适应了人们快节奏生活的场景（如图3-24所示）。对于企业来说，要善于发现竞争对手的诸多优势，聚焦最关键的一点将之转化为劣势，以此来找到市场空隙点，取得优势。

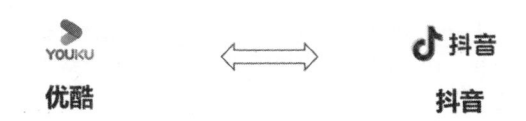

优酷
1. 剧集资源丰富但剧集时间长，有的人没耐心看完

抖音
1. 时间维度上转化优劣势，用短视频形式，适应人们快速生活节奏

图3-24 抖音在非对称竞争增长的一般博弈中的第一步

优酷的优质剧集受欢迎但制作周期长，口碑差的剧集更是不吸引人。基

---

① 彼得·德鲁克（Peter F. Drucker）.创新与企业家精神［M］.蔡文燕，译.北京：机械工业出版社，2007.

于此，抖音在一般博弈竞争中的第二步是基于大数据技术分析用户喜好，筛选推送用户感兴趣的内容（如图3-25所示）。经营企业，要避免走进别人的优势区域以硬碰硬，要发掘出自身的优势区域来发展，以先发制人的方式找准进攻的突破口。

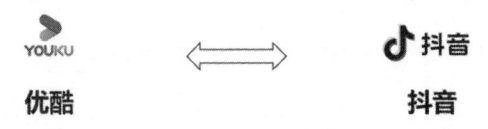

优酷　　　　　　　　　　　抖音

2. 优质剧集制作受欢迎但周期长，口碑差的剧集不吸引人看　｜　2. 用大数据技术分析用户喜好，筛选推送用户感兴趣的内容

图3-25　抖音在一般博弈竞争中的第二步

优酷的用户主要在其平台上看自己喜爱的剧集，不会过于强调创作，而且买会员免广告等营销手段，也引起了一部分人的抵触。基于此，抖音在一般博弈竞争中的第三步则是在发展过程中做劣势纠正，例如严格审核并拒绝那些色情、暴力等不良视频，鼓励创作者分享精彩生活等（如图3-26所示）。抖音就是通过对这些优势和劣势的转化，找出了可以让自己更好发展下去的市场空隙点，不断地追逐原有的领导企业。因此，企业要不断地找出并纠正自己的劣势点，通过改善、改良、剔除的方式来做加减法，塑造出别人难以模仿的、不可替代的优势。

优酷　　　　　　　　　　　抖音

3. 主要是看剧集，没有过于强调创作。而且买会员免广告等营销手段，部分用户有一定的抵触　｜　3. 除了刷短视频，还会严格审核色情、暴力擦边球等不良视频，鼓励创作者分享精彩生活

图3-26　抖音在非对称竞争增长的一般博弈中的第三步

二、如何在残酷博弈竞争中增长：机会与威胁转化

企业发展到一定阶段，可能形成惯性的发展路径。这时候，非对称竞争增长的一般博弈，可能就不适应这阶段企业的现状了。那就要更深层地进入下一步的残酷博弈竞争中。笔者认为企业在残酷博弈竞争中，要通过转化好

第三章　企业天地人三维生命体：企业自转价值增长

企业的机会点与威胁点来促进增长。

【案例链接：三国赤壁之战与苹果公司的残酷博弈竞争】

赤壁之战中曹操一方的机会点与威胁点的转化过程如下：曹操一方的机会点是有强大的步兵、骑兵以及充足的战船、粮草等资源；威胁点是战士不善水战，为了解决这个威胁点，曹操把所有船连成连环船，以便让自己的军队发挥出实力来。这相当于企业深耕某一行业多年，发现机会1、机会2、机会N等，然后做乘法组成一条价值链，不断地在原有基础上创新发展，以抵消潜在威胁。

对应到图3-27中苹果公司的机会点与威胁点：苹果公司在2001年就推出了最初的便携式多媒体播放器iPod，直接改变了人们听音乐的方式；后续将iPod不断地优化、创新、升级，衍生出iPod nano、iPod Classic、iPod mini等产品，这一些可作为苹果公司不断进行延续性创新的机会点。但苹果公司如果仅以iPod产品为主，可能会被行业中的竞争对手所赶超。实际上，有的公司惯性地用延续性创新把机会点串联起来发展，以谋求基业长青，而新进企业或敢于自我革新的企业，则可能会用破坏性技术创新来实现弯道超车。

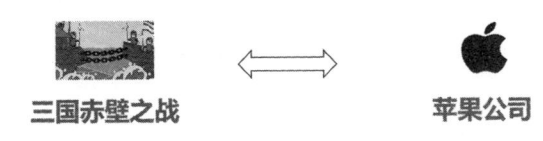

三国赤壁之战　⇔　苹果公司

1. 曹操一方：

·机会点：步兵、骑兵、战船、粮草足

·威胁点：不善水战

1. 苹果产品：

·机会点：iPod产品不断优化创新升级 iPod nano、iPod Classic、iPod mini

·威胁点：行业竞争对手在赶超

图3-27　赤壁之战对应苹果公司的残酷博弈竞争思路1

赤壁之战中周瑜一方的机会点与威胁点转化过程如下：周瑜一方的机会点是派老将黄盖诈降＋利用善水战和东南风的配合，演变成火烧连环船的结果，导致曹操大败。但周瑜一方还不具备足够的力量歼灭曹操，曹操回去休养生息，能再次积聚力量。这就像新进企业用破坏性技术创新来破局，冲击领导企业。

对应到图3-28中苹果公司的机会点与威胁点转化：乔布斯意识到智能手

机时代可能带来的威胁,是继续创新iPod,在现有市场中赢得增长还是采取其他创新方式?乔布斯选择了颠覆自身,投入资源研发另一款创新产品,这就是后来的iPhone手机。iPhone手机的创新之举打动了新的消费者,这可作为苹果公司突破性的机会点,因为如果苹果不抓住智能手机这个机会点,同样会面临破坏性技术创新的威胁,很可能会被后来者追赶上。

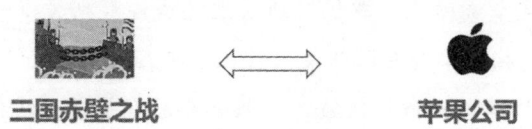

三国赤壁之战　⇔　**苹果公司**

2. 周瑜一方:

· 机会点:黄盖诈降,火烧连环船

· 威胁点:曹操休养生息,再次积累力量

2. 苹果产品:

· 机会点:投入资源,以iPhone手机作为支点,继续推出平台性的创新产品

· 威胁点:破坏性技术创新的颠覆

图3-28　赤壁之战对应苹果公司的残酷博弈竞争思路2

总的来说,在非对称竞争的残酷博弈中,企业要善于发现自己真正要走哪一条路,从中发现市场空隙点,以打破发展的局限,让自己更好地活下去。

三、如何在生死博弈竞争中增长:主动与被动转化

企业发展到决定生死的阶段时,必然要面临生死博弈竞争。这时候,笔者认为要通过主动或被动转化突围而出,促进增长。在这一过程中,如何避免平均成本定价陷阱是关键。

什么是平均成本定价陷阱?简而言之,就是破局企业可以在行业平均水平不对称的情况下,找到切入点突围而出。

【理论链接:平均成本定价陷阱】

如图3-29所示,企业陷入平均成本定价陷阱,可能会经历5个阶段。

阶段1:领导企业在行业内取得了一定的地位,有定价的先发优势,他们会通过各种方式经营,不断地获取流量客户来促进增长。

阶段2:领导企业为了带来更大的增长,会着重经营大客户来盈利。

阶段3:但大客户并非凭空产生的,这可能还需要领导企业从小客户中筛

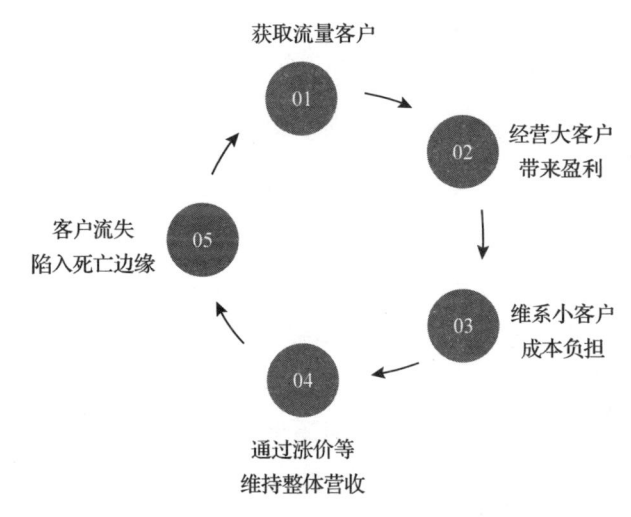

第三章　企业天地人三维生命体：企业自转价值增长

图 3-29　企业陷入平均成本定价陷阱的整体循环

选、发展，或者维持自己的大量客户来作为谈判的筹码。诺埃尔·凯普曾说道："当规模较大的潜在客户不愿意使用企业的新产品时，企业选择具有创新意识的小客户作为关键客户可能更为合适——小客户对新产品的采用可能成为企业开启大客户业务之门的钥匙。"[1] 因此，这就需要不断地花成本来维系这部分小客户。

阶段 4：到了这一阶段，可能有一部分客户转向其他同类产品，这些在行业内取得一定地位的企业就会通过涨价等方式来维持营收，以继续确保自身的行业地位。

阶段 5：客户愈发流失，领导企业通过涨价等竞争方式来推进业务就愈发行不通，甚至还有其他创新型的企业来与之竞争，这时候领导企业就慢慢陷入了死亡边缘。

实际上，具备一定规模的企业，其产品、营销等模块往往是按照行业平均水平去推进发展。但在他们没注意的情况下，可能会出现与行业平均值不对称的情况，这种不对称的情况就是创新型企业破局的切入点。而领导企业为了维持营收又不得不做出一部分短期行为，也容易陷入发展的窘境。因此，企业要注意避免陷入平均成本定价陷阱。

---

[1] 诺埃尔·凯普（Noel Capon），郑毓煌，张坚. 关键客户管理：大客户营销圣经 [M]. 郭武文，译. 北京：机械工业出版社，2021.

【案例链接：亚马逊与京东背后的平均成本定价陷阱】

下面通过亚马逊与京东的案例，进一步帮助大家理解平均成本定价陷阱。

亚马逊在进入中国市场前，在全球范围内建立了完善的物流体系，已拥有数量庞大的客户，亚马逊希望通过这种优势来打通中国市场。但亚马逊没有很好地将海量的中国消费者转化为增长，原因很多，例如当时他们的物流体系没有深入到二、三线城市。因为当时亚马逊没有布局好中国市场的物流体系，京东一下子抓住了这个破局点，在国内建立了强大的京东物流体系，专注服务国内下沉市场，于是京东开始逐步占据优势（如图3-30所示）。

亚马逊进入中国市场
1. 获取流量客户的实力：用自身建立的全球物流体系，入局中国市场

京东破局方式
1. 获取流量客户的实力：聚焦国内市场，建立强大的京东物流体系

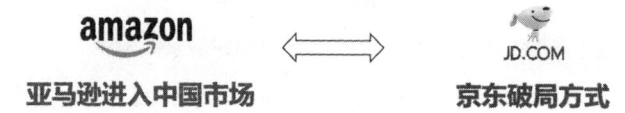

图3-30 亚马逊与京东获取流量客户背后的实力对比

亚马逊在这一阶段要想办法让更多优质的商家进驻平台，提供优质服务给消费者。亚马逊在经营客户（商家）的时候，有着严苛的投诉体系，而且严格监控刷订单、刷评价的行为，有时候恶意投诉容易不明不白地搞坏商家。此外，亚马逊把它原有的那套打法直接在中国进行复制，美式的网站设计、几乎不存在的营销活动，让中国消费者水土不服。

而京东要吸引其他电商平台的商家进驻自己的平台，它的做法是在保证质量的前提下（也许没有亚马逊那么严格），更加和谐地保障商家的利益。相对来说，京东还不断地惠利消费者，比如搞"618""双11"等促销活动，来维系大小客户，让他们真正地感受到京东平台的购物便捷性等（如图3-31所示）。

此外，亚马逊在遇到上述一些难题时没有很好地处理，不断地流失客户，久而久之，商家和消费者就慢慢转去了京东。实际上，当市场中出现了一个足以颠覆原有领导企业的竞争对手时，它可能会不断地蚕食掉原有领导企业的优质大客户，原有领导企业如果难以与之抗衡，可能会采取涨价等方式去维持营收。最后，随着新进企业愈发厉害，那部分领导企业的客户逐渐流失，

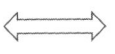

第三章 企业天地人三维生命体：企业自转价值增长

亚马逊进入中国市场 ⇄ **京东破局方式**

2. 经营客户的方式：吸引优质的商家进驻，有严苛的投诉体系保证质量。对于消费者来说几乎没有营销活动。 | 2. 经营客户的方式：保证质量的前提下，更加和谐地保障商家与消费者的权益。还有惠利消费者的各种营销活动。

图 3-31　亚马逊与京东经营客户的方式

又难以发展新的客户，就会慢慢在市场中陷入平均成本定价的恶性循环，走向死亡的边缘。

第四节　企业如何在进攻、反攻与防守中增长（"一生二"：主动与被动）

企业进攻、反攻与防守中的"一生二"表现为："一"代表客户，"二"代表生出了主动与被动的成长策略。本节以现代化武器来对比分析企业如何通过优势进攻、反攻与防守策略获得增长。

一、进攻策略

企业要在进攻、反攻与防守中获得增长，笔者认为首先要聚焦到主动型的成长策略，采取优势进攻型策略来促进增长。

如果把企业的竞争战略比作先进武器，用先进的武器来主动进攻敌方，往往能率先抢占主动权。下面借助五大类别的武器来对比分析企业的五大优势进攻策略。

1. 低成本进攻（以坦克对比）

下面借助坦克对比分析美国西南航空公司的低成本进攻策略。

如图 3-32 所示，坦克的第一个特征是可以作为掩体，能在保障安全的情况下不断推进。而西南航空降低成本的首要方法是在保障安全的前提下通过精细化管理，采取各种能省则省的方式，比如飞机上没有报纸、杂志、餐饮；各地机场没有转机业务、没有服务人员；飞机票全是电子票，登机时 20 人一组拿一个塑料登机牌，座位随便坐，先到先选好座位；一般飞机最低配置 6 个服务员，西南航空机上可以做到只有 2 个服务人员，以此降低成本。

低成本进攻

坦克 ←→ 美国西南航空公司 Southwest

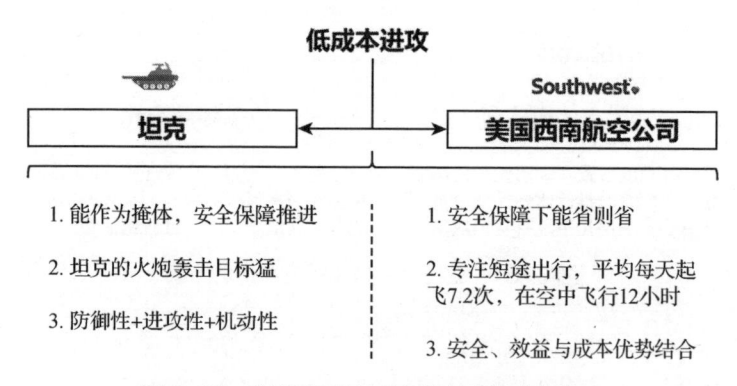

1. 能作为掩体，安全保障推进
2. 坦克的火炮轰击目标猛
3. 防御性+进攻性+机动性

1. 安全保障下能省则省
2. 专注短途出行，平均每天起飞7.2次，在空中飞行12小时
3. 安全、效益与成本优势结合

图 3-32 以坦克对比西南航空的低成本进攻

坦克的第二个特征是火炮轰击目标猛，就像西南航空降低成本的第二个方法，即采取规模化的低成本方式，它只用波音737系列机型，只有一种飞行员、零配件、机械师。此外，其专注于本土点对点的短途出行，其他航班可能飞1小时要等1小时托运行李，但西南航空不提供托运行李服务，可以做到飞1小时只停25分钟，一天下来飞机平均起飞7.2次，在空中飞行12小时，让航班更准点密集地执行任务，分摊了成本，也带来盈利。

坦克的第三个特征是综合性价比高，兼具防御性、进攻性、机动性，就像西南航空降低成本的第三个方法，即低成本盈利模式，就是把安全、效益与成本三者结合在一起建立竞争优势，在盈利的同时为客户创造了低价出行的价值。总的来说，西南航空的产品设计是把缺点和优点交织在一起，服务于那部分不在乎它的缺点的人群，即短途旅行、出差的人，取得了成功。

低成本进攻模块中除了上述案例提到的管理精细化低成本、规模化低成本、盈利模式低成本，还有劳动力低成本和原材料低成本等。

2. 差异化进攻（以侦察机＋火箭炮、侦察机＋战斗机对比）

（1）用侦察机＋火箭炮的特征来对比拼多多的低端差异化进攻。如图3-33所示，运用侦察机＋火箭炮组合的第一点是先派遣侦察机进行侦察并获取情报，拼多多也像派遣侦察机一样，先进行市场人群分析，侦察到的情报是要避开京东、天猫等强劲对手，进行错位竞争才能更好地破局。

侦察机＋火箭炮组合的第二点是动用火箭炮来进行猛烈攻击，火箭炮的特征是发射速度快、火力猛、覆盖面积大。拼多多也像动用了火箭炮一样，通过切入处于尾端的长尾人群，用拼团的消费形式，一下子就聚集了大量的低端客户群,以价格制胜的方式建立竞争优势,并取得盈利。

低端差异化进攻

侦察机+火箭炮 ←→ 拼多多

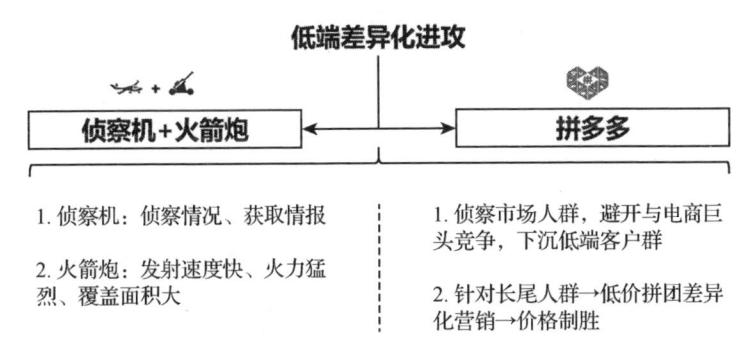

1. 侦察机:侦察情况、获取情报
2. 火箭炮:发射速度快、火力猛烈、覆盖面积大

1. 侦察市场人群,避开与电商巨头竞争,下沉低端客户群
2. 针对长尾人群→低价拼团差异化营销→价格制胜

图 3-33　以侦察机 + 火箭炮对比拼多多的低端差异化进攻

(2)用侦察机 + 战斗机的特征对比任天堂 Switch 的高端差异化进攻。如图 3-34 所示,侦察机 + 战斗机组合的第一点还是先派遣侦察机进行侦察并获取情报,这就像任天堂侦察到索尼 Play station、微软 Xbox 的游戏以电影级别的高画质与高质量游戏剧情为主,偏向游戏"发烧友",任天堂要在用户定位上做差异化,才能更好地取得竞争优势。

高端差异化进攻

侦察机+战斗机 ←→ 任天堂Switch

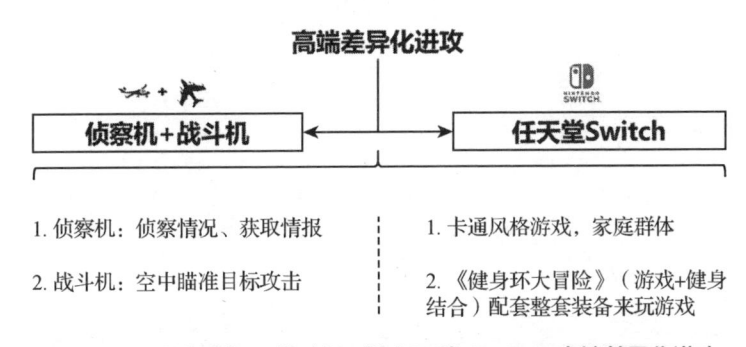

1. 侦察机:侦察情况、获取情报
2. 战斗机:空中瞄准目标攻击

1. 卡通风格游戏,家庭群体
2. 《健身环大冒险》(游戏+健身结合)配套整套装备来玩游戏

图 3-34　以侦察机 + 战斗机对比任天堂 Switch 高端差异化进攻

侦察机 + 战斗机组合的第二点则是用战斗机灵活地在空中瞄准火控设备来攻击目标,任天堂 Switch 也采取了精准定位目标的策略,其用一款有名的体感游戏《健身环大冒险》来分析它的用户群,瞄准的第一个对象是:做一款偏向卡通风格的游戏,适合家庭群体。

任天堂 Switch 用这架战斗机瞄准的第二个火力对象是:通过"游戏+健身"的方式与其他类型的游戏区隔开来,表现为它虽然是一款"打怪升级"的剧情游戏,但打怪的方式变成跑步、深蹲等健身动作,游戏还能帮助玩家测试心率、消耗热量等数据，来评估健身效果。

任天堂用这架战斗机瞄准攻击的第三个火力对象是：玩一款游戏要配套整套装备，玩《健身环大冒险》这款游戏需要购买游戏主机＋手柄＋健身环游戏，组合起来好几千元。《健身环大冒险》还吸引了不少游戏圈外的消费者入手 Switch 的一系列产品，为任天堂带来了增长。

综上所述，低端差异化进攻和高端差异化进攻就是企业面向定位不同的客户群，找到同行的各种优势点，通过错位竞争的方式来获得议价能力和建立壁垒等，争取打破竞争的格局，带来增长的机会。

3. 目标集中进攻（以跟踪导弹、射程导弹对比）

（1）以跟踪导弹的特征对比白小T的客户目标集中进攻。如图 3-35 所示，跟踪导弹的第一个特征是能够通过雷达、红外线设备等锁定目标，白小T也像跟踪导弹一样锁定了 30~50 岁的中年男性作为目标人群。白T恤衣服品类的细分领域，在男性服装市场中还没诞生头部品牌和独角兽企业，体量大、机会多，这为白小T提供了一个全新的发展赛道。

客户目标集中进攻

跟踪导弹	白小T
1. 锁定目标	1. 锁定白T恤品类（体量大、机会多、没有独角兽企业和头部品牌）
2. 跟踪目标	2. 满足需求：防污、防油、防水、抗皱、吸汗
3. 摧毁目标	3. 品牌轰炸：构建抖音直播矩阵

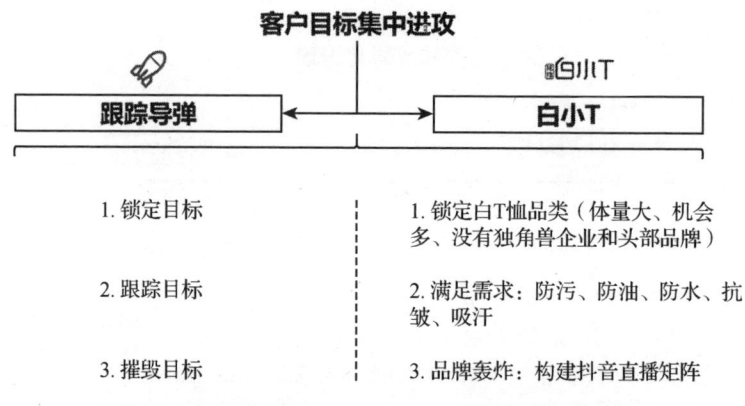

图 3-35　以跟踪导弹对比白小T区域目标集中进攻

跟踪导弹的第二个特征是通过通信装置把目标位置传达到导弹控制系统，然后跟踪目标，白小T也像跟踪导弹一样开始跟踪目标群体的需求，即白小T在不断地通过市场调研获知客户需求，然后用品质制胜策略来建立竞争优势。客户穿白色T恤有容易脏、材质不好、容易烂等痛点，白小T在面料与工艺上严格把控品质，具备了防污、防油、防水、抗皱、吸汗等有一定科技感的特点，兼具质感和实用性，价格也比较亲民，为客户打造了极致品质。

跟踪导弹的第三个特征是弹道可以不断地更新控制指令，以便快速飞行去摧毁目标，白小T同样像跟踪导弹一样去摧毁目标，即通过打造抖音直播矩阵的方式持续进行品牌宣传。白小T每天开播来进行品牌内容的塑造，把品牌的原料、工艺、产品测试、故事、情怀等传递出去，让更多的受众接触到品牌。

白小T通过这样一系列的举措，让自身在竞争中取得了发展先机，并且迅速"圈粉"无数，为企业带来了增长。

（2）以导弹射程特征对比区域目标集中进攻。如图3-36所示，导弹可以根据射程划分为四个类型：短程导弹（1000公里以下）、中程导弹（1000~3000公里）、远程导弹（3000~8000公里）和洲际导弹（8000公里以上）。这就像企业以区域目标集中为导向一步步打进细分市场，从城区区域扩展到城市区域、省份区域和海外区域等。正如杰克·韦尔奇（Jack Welch）曾说过："一些软弱的领导者为了避免得罪别人而采取了一种在公司里具有悠久历史的做法：平均分配有限的资金。如果你想要增长，不要像这样多面下注，而要集中力量办大事。"[1]

按射程划分的导弹
- 短程导弹
- 中程导弹
- 远程导弹
- 洲际导弹

区域目标集中进攻
- 城区区域
- 城市区域
- 省份区域
- 海外区域

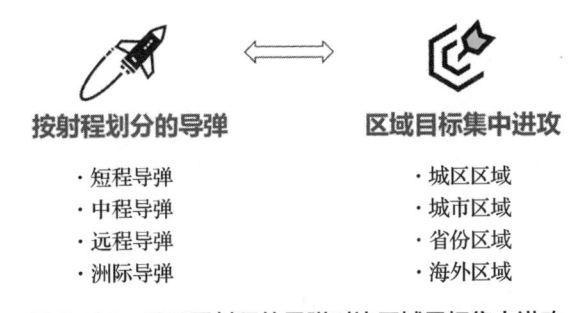

图3-36　用不同射程的导弹对比区域目标集中进攻

综上所述，目标集中进攻就是集中资源、效率服务目标群体和细分领域市场，来帮助企业建立竞争优势，让企业发展规模持续扩大，进而带来增长。

4. 资源导向进攻（以三栖特种兵对比）

下面用三栖特种兵的特征对比亚马逊的资源导向进攻。如图3-37所示，三栖特种兵就是能够适应海陆空行动的士兵，下面再划分出海军特种兵、陆

---

[1] 杰克·韦尔奇（Jack Welch），苏茜·韦尔奇（Suzy Welch).商业的本质[M].蒋宗强，译.北京：中信出版集团，2016.

军特种兵、空军特种兵。

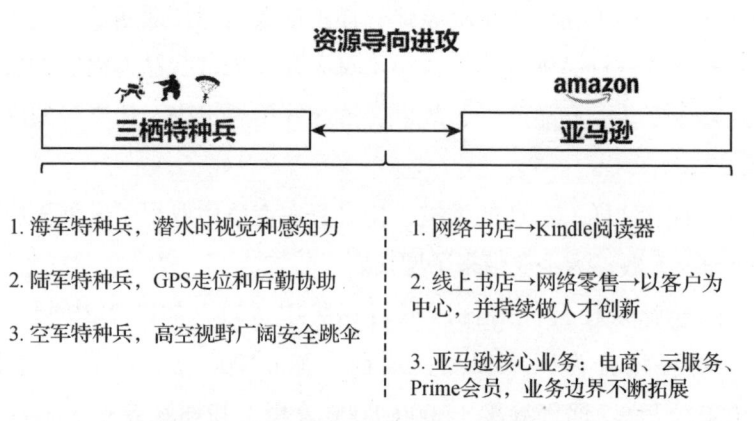

```
                    资源导向进攻
                         |
   ┌─────────────┐       |       ┌─────────────┐
   │  三栖特种兵  │ ←─────┼─────→ │   亚马逊    │
   └─────────────┘       |       └─────────────┘

1. 海军特种兵，潜水时视觉和感知力    1. 网络书店→Kindle阅读器

2. 陆军特种兵，GPS走位和后勤协助    2. 线上书店→网络零售→以客户为
                                     中心，并持续做人才创新
3. 空军特种兵，高空视野广阔安全跳伞
                                  3. 亚马逊核心业务：电商、云服务、
                                     Prime会员，业务边界不断拓展
```

图3-37 以三栖特种兵对比亚马逊资源导向进攻

（1）三栖特种兵的第一个特征是能够深潜到海里，凭借视觉和感知力，快速游到目标区域。亚马逊公司也像海军特种兵一样有非常强的感知力，它最初看到了网络的潜力，从做网络书店开始，然后不断地在行业中下沉，推出了Kindle电子阅读器，人们用Kindle电子阅读器的时候，又适时推出不伤眼水墨屏，还让读者感知到像真实翻书一样的翻页声音，进而沉浸在读书的乐趣中。Kindle深受市场欢迎，为亚马逊带来了业务增长。

（2）三栖特种兵的第二个特征是在陆地作战时借助GPS定位行动，亚马逊也像陆军特种兵一样有GPS定位指引，其经历了三次定位转变，第一次定位是成为地球上最大的书店。在线上书店业务做大之后，亚马逊第二次定位是成为最大的综合网络零售商，开始转向不断扩充网站的商品品类，向网络零售转型。亚马逊第三次定位是成为以客户为中心的企业，通过挖掘客户需求来推出创新的产品服务。

陆军特种兵还要有很多后勤人员来协助完成任务，亚马逊也有后勤人员协助，其通过保持一流的人才竞争力来驱动企业创新。比如亚马逊会通过大数据分析，看清客户可能想要的是什么，然后引导每一个部门、团队和员工，利用数据来助力他们去将创新想法落实。

（3）三栖特种兵的第三个特征是在高空执行作战任务时视野特别广阔，能在不同地方安全跳伞，到达指定区域。亚马逊也像空军特种兵一样，有开阔视野和跳伞行动，它除了做电商业务外，把资源用在核心业务上，还有云服务和 Prime 会员等，亚马逊不断地拓展自身的事业边界，让企业业务增长的飞轮有效运转起来。

5. 价值创新进攻（以无人机对比）

下面我们用无人机对比便利蜂便利店（以下简称便利蜂）的价值创新进攻。如图 3-38 所示，无人机的第一个特征是控制员可以通过远程操控执行各种飞行任务，便利蜂也是如此，它用系统去管理店铺，系统背后由大数据和 AI 来驱动店铺的一系列行为决策。

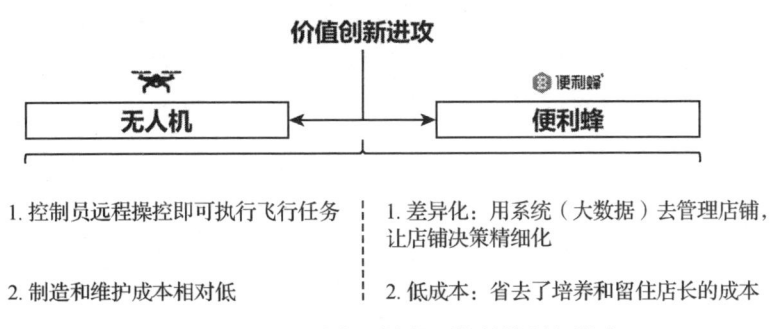

图 3-38 以无人机对比便利蜂价值创新进攻

无人机的第二个特征是制造和维护成本相对低。同样的，便利蜂因为有系统决策，店铺里不需要店长，可以把培育和留住店长的成本省掉，再省去其他日常管理等，可以大幅度地降低成本，从而促进便利蜂快速拓展，为企业带来盈利。

用好价值创新进攻策略，可以更好地在市场竞争中进行"占位"。"占位"是指企业有一定的价格指挥权，其中有两个关键需要思考：一是为了快速抢占用户而牺牲企业利润的"烧钱"行为，其实得不偿失；二是要从打"价格战"转变为打"价值战"，不应该通过压缩人才、设备等方式来压低成本去与对手比拼价格，而是要通过破坏性技术创新等方式把成本降下来，并用利他的行为取得优势。

综上所述，价值创新进攻就是企业将"差异化"和"低成本"组合起来进行破坏性技术创新，进而获取客户，取得竞争优势，为企业带来增长。

二、反攻策略

企业要通过进攻、反攻与防守获得增长，作者认为聚焦到主动型的成长策略后，还要采取优势反攻策略来促进增长。

在战场上找准时机后，还要选择不同武器进行反攻，以此来扭转战局。下面，通过两组现代化武器的组合，来对比分析企业如何采取优势反攻的成长战略来寻求突破和发展。

【理论链接：迈克尔·波特提出的五力模型竞争策略】

迈克尔·波特在20世纪80年代初提出了五力模型（如图3-39所示），这个模型放大了竞争的视野，帮助大家深入领会企业是通过怎样的竞争来创造客户价值的。企业的持续增长离不开客户，但有时候消费者并不知道自己想要什么，企业在以客户为导向来制定发展战略时，离不开与竞争者之间的角逐。将以客户为导向和同行竞争结合起来，有助于打造长期稳定的优势发展局面。

```
                潜在新进者
                    ↑
                    |
  供应商 ← 同行竞争者 → 客户
                    |
                    ↓
                潜在替代者
```

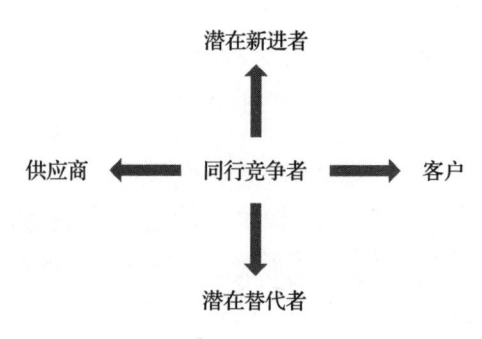

图3-39 迈克尔·波特五力模型

迈克尔·波特提出的五力模型，包括与供应商、客户、同行竞争者、潜在新进者、潜在替代者五个要素。同时，也可以透过不同竞争要素的组合来分析竞争导向如何打造竞争优势，为企业带来增长。

1. 市场利润要素组合反攻（以驱护舰+预警机+直升机对比）

在各种竞争要素中，对企业威胁最大的是同行竞争者。同行竞争者还可以与供应商、客户组成一组竞争要素，这一组竞争要素争的是市场钞票，争夺的焦点是市场利润。

下面用第一组反攻武器驱护舰+预警机+直升机的组合特征对比分析江小白的市场利润要素组合反攻。

如图3-40所示，第一组反攻武器组合中驱逐舰和护卫舰整合为驱护舰进

第三章　企业天地人三维生命体：企业自转价值增长

行作战，这就像江小白在面对供应商时，除了与他们合作外，背后还布局了自主进行高粱培育的工作，避免在原料环节上被"卡脖子"。实践中，企业要提高对供应商的议价能力，可以采取以下方式：①同时找到多家优秀的供应商筛选或者替换，避免让自身业务在某一关键节点上受到限制。②开发自主供应体系，让供应商知道企业本身就具备产品、技术、渠道等多方面的实力，从而感觉自身处于弱势地位。正如《精益供应链管理与运营》一书中所说："企业必须从自身的供应链组织、供应链绩效、生产运营、供应管理、物流管理等多方面推动供应链转型，努力提升自身的供应链成本优势竞争力。"[①]

驱护舰　⇔　江小白

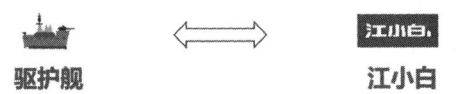

1. 驱逐舰+护卫舰整合成驱护舰　｜　1. 面对供应商：合作与自主进行高粱培育工作

图 3-40　以驱护舰对比江小白面对供应商

如图 3-41 所示，反攻武器组合中预警机在边境巡逻时并不会越过边界，这是为了避免爆发冲突，江小白也采取了这一策略，其在侦察同行竞争者的时候，通过定位年轻群体来切入白酒行业，避开了来自老牌白酒品牌的服务对象——中年群体的压力，从而得以在自己的细分市场中发展。实际上，企业要防止对手恶意竞争，恶意降价扰乱市场秩序等行为。企业之间可以通过收购、持股等方式合作共赢，建立长期的合作机制，一起把产业蛋糕做大，分享产业红利。

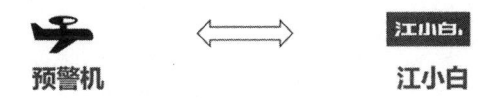

预警机　⇔　江小白

2. 预警机边境巡逻，避免冲突爆发　｜　2. 面对同行：定位年轻群体，错开老品牌客户

图 3-41　以预警机对比江小白面对同行

如图 3-42 所示，反攻武器组合中的直升机快速起飞和降落执行任务，这就像江小白面向客户时，通过线上品牌广告传播煽情短语，结合线下产品包

---

① 柳荣.精益供应链管理与运营：降本增效+绩效落地+战略优化+可持续竞争+盈利指南［M］.北京：人民邮电出版社，2020.

装上印的煽情短语，二者互相配合，触发了目标群体的情感，也塑造了品牌形象方面的竞争优势，为产品带来了溢价空间，也为企业带来了利润增长。实际上，面向对价格敏感的客户人群时，如果贸然提价，他们很可能会弃用，企业要着重为客户带来极致的服务，包括品质、品牌、售后服务等，以提升客户的忠诚度，提高企业的盈利能力。

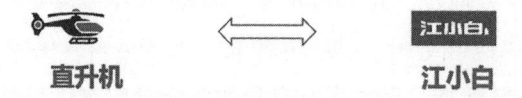

直升机 ⟷ 江小白

3. 直升机快速起飞和降落，执行任务　　3. 面对客户：煽情短语触动客户，带来溢价

图3-42　以直升机对比江小白面对客户

2. 市场份额要素组合反攻（以预警机＋潜艇＋电子干扰机对比）

第二组反攻武器预警机＋潜艇＋电子干扰机组合，是应对同行竞争者、潜在新进者、潜在替代者的有力武器。这一组竞争要素，争的是市场对手，争夺的焦点是市场份额。

下面用预警机＋潜艇＋电子干扰机组合的特征对比分析微软公司的市场份额要素组合反攻。

如图3-43所示，第二组反攻武器组合的第一个特征是预警机在边境巡逻，跟第一组一样，目的是避免爆发冲突，争取良性竞争、合作共赢。这就像微软公司在面对同行时，与其他公司建立了合作共赢关系，比如其与戴尔、惠普等计算机制造商合作，提供Windows操作系统预装在新计算机上。这种合作能够让微软扩大市场份额，又能够让合作企业获得可靠的操作系统供应。

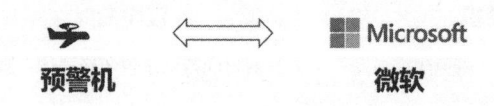

预警机 ⟷ Microsoft 微软

1. 边境巡逻，避免冲突　　1. 面对同行：与戴尔、惠普等计算机制造商合作

图3-43　以预警机对比微软公司面对同行

如图3-44所示，第二组反攻武器组合的第二个特征是需要一定的经济、技术实力才能造出来潜艇，潜艇可以隐藏在深海里，威慑敌方。这就像微软公司在面对潜在新进者的时候，凭借开发出Windows操作系统的核心技术，

并将其牢牢掌握在自己手里，打下了坚实的用户基础，使得用户和开发者都愈发偏向使用 Windows 操作系统。微软公司也是通过这一核心要素，提高了潜在新进者的进入壁垒，让他们主动放弃进入，自己则不断地通过价值创新来迭代发展。

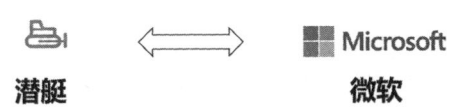

潜艇 ⇔ 微软

2. 具备实力造出来，隐秘在深海中、威慑敌方

2. 面对潜在新进者：Windows 操作系统在个人电脑市场上占据了主导地位

图 3-44　以潜艇对比微软公司面对潜在新进者

如图 3-45 所示，第二组反攻武器组合的第三个特征是，电子干扰机可以飞到不同的区域阻断敌方的通信或者获取信息等，帮助我方部队及时做出进攻或撤退的决策。这就像微软公司在面对潜在替代者的时候，敢于自我革新，用"移动为先、云为先"的战略，推出了云计算业务，还凭借开源的理念，开拓自身的第二增长曲线，从而突破了自身的增长天花板。

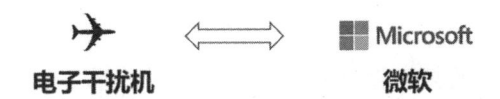

电子干扰机 ⇔ 微软

3. 阻断通信或获取信息，选择进攻还是撤退

3. 面对潜在替代者：自我革新，用云计算业务+开源理念，寻求第二增长曲线

图 3-45　以电子干扰机对比微软公司面对潜在替代者

三、防守策略

企业要通过进攻、反攻与防守策略获得增长，笔者认为聚焦到被动型的成长策略后，还要采取优势防守策略来促进增长。

战场上派遣部队在外作战的时候，还要选择加固防守的武器，来保护好大本营。下面通过两大现代化武器对比分析两大优势防守策略。

1. 高转换成本防守（以地雷对比）

如图 3-46 所示，地雷的第一个特征是如果部队在敌方必经之路铺设了地雷，就限制了敌方的进军路线，这就像企业在产品使用流程上铺设了地雷，所塑造出来的高转换成本。例如外科手术医生在掌握了某品牌的手术器械后，一般不会继续花时间去学习使用另一款替代产品，因为过往的习惯会形成路径依赖，贸然转换其他产品会产生操作流程、使用习惯等方面的高转换成本。

高转换成本防守

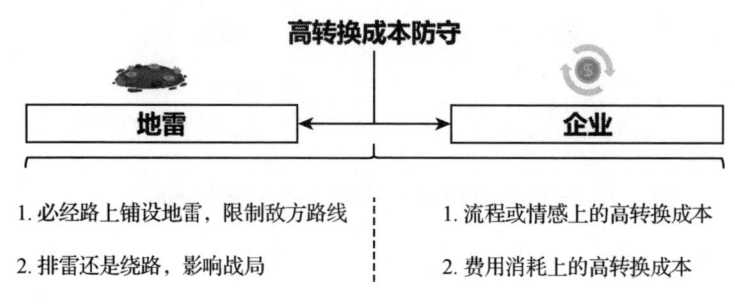

地雷 ←→ 企业

1. 必经路上铺设地雷，限制敌方路线
2. 排雷还是绕路，影响战局

1. 流程或情感上的高转换成本
2. 费用消耗上的高转换成本

图 3-46　以地雷对比成本防守

地雷的第二个特征是部队遇到地雷时，无论是选择排雷还是绕路，都会花费大量时间，影响战局，这就像企业在产品费用消耗上所塑造的高转换成本，长期使用某产品时，已经投入了不少资金进去，贸然弃用可能会让自己觉得得不偿失。

综上所述，企业的高转换成本就像是放置了地雷，部队不能轻易越过 A 点到达 B 点，这意味着客户在使用了企业的产品、服务时，花费了时间成本、学习成本、感知成本等，形成了一定的消费行为惯性。企业通过这样的高转换成本打造竞争壁垒，构建护城河，可以带动企业价值增长。

2. 网络品牌效应防守（以轰炸机对比）

如图 3-47 所示，轰炸机的第一个特征是接收到攻击指令后飞往目标区域，这就像 Facebook 刚开始只是切入校园市场，提供一些放置个人档案和与他人建立联系的应用，收获第一批用户。

轰炸机的第二个特征是开始进行大面积轰炸，正如 Facebook 在切入市场后也全面进攻，不断开通新功能。因为若不继续丰富功能，那么用户很快就会失去兴趣。因此，Facebook 在维护大量用户的基础上，不断优化和丰富功能，逐渐开发了照片、发文、直播等功能，这也让它逐渐成为一个用户量庞大的社交应用软件。其实，在移动互联网时代，技术的发展所带来的便捷性，能够让企业增长的速度更快。

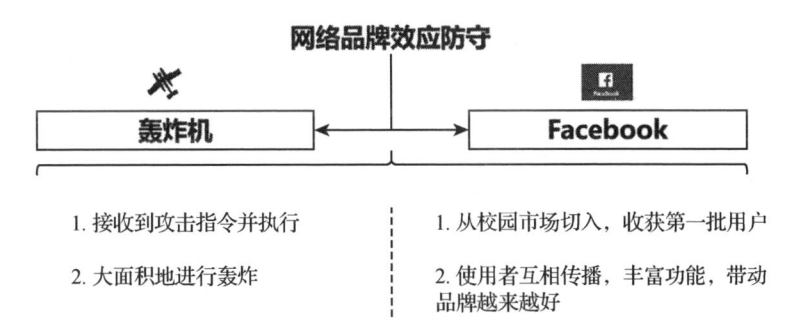

图 3-47　以轰炸机对比 Facebook 的网络品牌效应防守

综上所述，企业通过网络品牌效应防守，让更多的人从认识、认知到信任品牌，反而会促进品牌更好地发展下去，进一步取得竞争优势，获得企业的快速增长。

第五节　企业如何打造内核增长（"一生二"：柔与刚）

企业做好内部管理过程中的"一生二"表现为："一"代表客户，"二"代表生出了企业柔性与刚性的管理内核体系。刚性管理以规章制度为中心，强调组织权威和专业分工；柔性管理以感情为基础，强调员工的自我管理和自我实现。刚性管理和柔性管理并不是对立的，就像烈日和冷空气是水循环中的两个过程，二者相互对立又依存，缺少任何一个，都可能演变成极端天气。

因此，本节把制度管人、流程管事、系统管企归为增长硬核，因为其属于刚性模块；把机制管身、文化管心归为增长软核，因为其属于柔性模块。通过将一系列模块刚柔并济地串联起来，可使得企业更完善地发展。

一、制度管人（硬核）

下面从企业制定制度时所要遵循的"三做"原则（做什么）、"三不"原则（不做什么）和"三查"原则（检查自身）来分析制度管人的硬核（如图3-48所示）。

【"三做"原则】
- 以客户视角看待制度
- 剔除累赘，优化制度
- 按民主程序执行制度

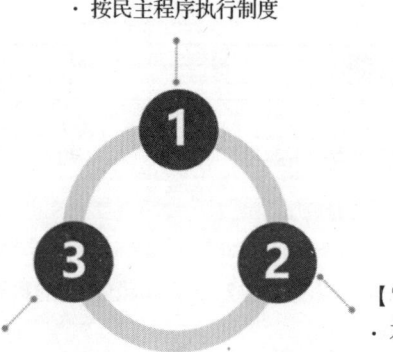

【"三查"原则】
- 查重大经常发生的事项
- 查事项隐含的风险点
- 查解决风险的方案

【"三不"原则】
- 不拿来主义
- 不繁文缛节
- 不说正确的废话

图 3-48　企业制定制度的"三做"原则、"三不"原则与"三查"原则

1. 什么是"三做"原则

（1）以客户视角制定制度。企业制定制度是为了提高效率，而不是平白无故地耗费成本，以及引起客户不满。

（2）剔除累赘，优化制度。企业在处理事情时，要把握核心事项，尽可能地简单化处理，不要人为地搬出制度使之复杂化。大道至简，快速帮助客户妥善解决问题才是根本。

（3）按照民主程序执行制度。制度不是简单的文件公示和表面文章，要及时自上而下地公示，启用民主程序来执行。

2. 什么是"三不"原则

（1）不拿来主义原则。企业要想办法让行之有效的制度真正融入企业当中，让制度适应企业，而不是照搬别人的经验。

（2）不繁文缛节原则。企业要避免制度规定的一系列条款、规定、程序等过于繁杂，因为这样反而会拉低运营效率。

（3）不说"正确的废话"原则。"正确的废话"需要剔除掉，要简明扼要地促进制度的良性执行。

3. 什么是"三查"原则

（1）检查重大且经常发生的事项，加强事前、事中、事后管理。

（2）检查这些事项隐含的风险点，以后要做好事前预防。

（3）查找解决这些风险点的方法与策略，利用布局执行程序来降低风险。

二、流程管事（硬核）

聚焦到流程管事的内核，企业可以通过刚性管理的内核增长方式来促进增长。

没有好的流程，公司人员可能就参差不齐。所以，员工入职后除了用制度来约束他们之外，还要用流程输入资源和输出价值，让员工各司其职地正确执行制度，为公司带来价值。而管理流程中的管理者，应该少些控制、指挥与教化，而多些信任、引导与激励。

如图3-49所示，整个企业流程的执行路径和方法，可以分为战略流程、人才流程与业务流程。

战略流程 ▶ 人才流程 ▶ 业务流程

管理层讨论　　　企业招人、用人、　　每个层面
调研来定　　　　留人、裁人　　　　的业务流程

图3-49　企业战略流程、人才流程与业务流程

（1）战略流程：由企业管理层通过讨论、调研等方式来决定，而不是一人独断。

（2）人才流程：即企业招人、用人、留人、裁人等流程，包括人员招聘流程、员工转正流程、员工离职流程、员工出差申请流程、员工考勤/出差统计汇总流程、员工岗位变动流程和员工培训流程等。

（3）业务流程：企业各个层面的业务流程，比如面向供应商的供应链体系流程、面向领导的财务预算流程、面向消费者的售后管理流程、面向产品的生产制造管控流程等，各个业务流程协调配合起来，才能让企业有条不紊地运行下去。

三、系统管企（硬核）

在变幻莫测的市场环境中，企业如何为高质量的发展蓄能，以不变应万变？有效举措之一就是让企业提质增效。下面用企业的十二大系统来说明如何推动企业有序运行。

从员工局部角度发挥员工价值的系统如图3-50所示。

1. 招聘系统　　2. 岗位系统　　3. 培训系统　　4. 绩效考核系统
让员工知道　　让员工知道　　让员工知道　　让员工知道
如何进来　　　做什么　　　　怎么做得好　　做不好会怎样

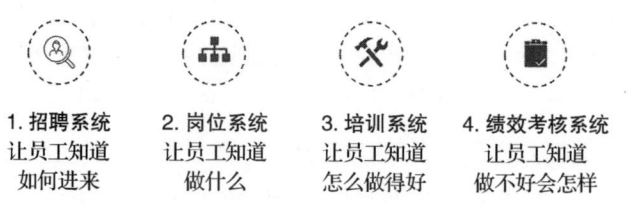

图3-50　招聘、岗位、培训、绩效考核系统

（1）招聘系统：让员工知道如何进来。用于补充岗位缺失人员，企业要做好这方面的招聘计划表，以保持员工合理的流动性。

（2）岗位系统：让员工知道做什么。用于指引员工做好本职工作，企业要制定好岗位分析表，以快速让员工明确自己的职责。

（3）培训系统：让员工知道怎么做好。通过培训帮助员工把工作做得更好，企业要制定培训计划表，定期培训员工，提升他们的认知水平。

（4）绩效考核系统：让员工知道做不好会怎样。用于帮助企业筛选优秀人才，一般用绩效考核表来评定员工的岗位职责要求，员工要承担被辞退的风险。

进一步促进员工发挥价值的系统如图3-51所示。

5. 奖惩系统　　6. 晋升系统　　7. 事业系统　　8. 市场与营销系统
让员工愿意　　让员工坚持　　让员工长期　　让员工更好地
做下去　　　　做下去　　　　做下去　　　　服务客户

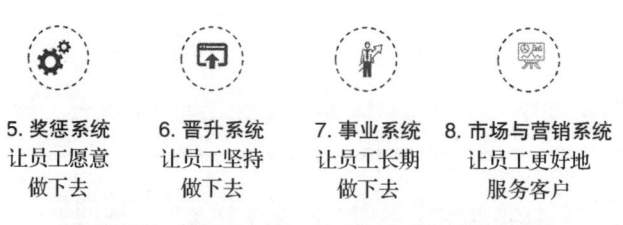

图3-51　奖惩、晋升、事业、市场与营销系统

（5）奖惩系统：让员工愿意做下去。员工超预期完成工作可获得公司的奖励，如业绩提成、股权激励等。企业要做好薪酬激励表等并保证贯彻执行。

（6）晋升系统：让员工坚持做下去。给予员工一个晋升成长的平台，让他们坚持干下去，企业要做好晋升通道表来赋能员工。

（7）事业系统：让员工长期做下去。员工在工作过程中可能调岗或升职，做更适合自身的工作。因此，企业要做好组织架构表，让员工明确自己未来的前景，让他们长期做下去。

（8）市场与营销系统：让员工更好地服务客户。企业通过市场运营与销售系统的协作来打造好客户生命周期。

从公司整体角度来看，维系企业整体性发展的系统如图3-52所示。

9.战略决策系统
让员工知道
企业发展路线

10.文化系统
让员工与企业
一条心

11.品牌系统
让员工主动宣传
公司品牌

12.资本运营系统
让员工知道资本
几何级发展红利

图3-52　战略决策、文化、品牌、资本运营系统

（9）战略决策系统：让员工知道企业发展路线。管理层的战略决策决定企业成为一家什么样的企业，企业管理层做出战略决策后要自上而下地带领员工坚定不移地走下去。

（10）文化系统：让员工与企业一条心。企业文化能引导员工从心底认可企业，心甘情愿地追随企业发展的步伐。

（11）品牌系统：让员工主动宣传公司品牌。只要员工认可公司的产品与品牌，他们就会积极主动地维护和宣传公司的品牌形象和口碑。

（12）资本运营系统：让员工知道资本红利。企业发展壮大到一定阶段就要着手上市等，企业要有资本思维，规划好资本市场赋能员工的路径。

运行以上十二大系统时要注意：系统流程不宜过于烦琐，流程是为了提高效率而不是约束；还要顾及领导者与员工之间的关系，形成融洽的氛围才能让流程更好地运行下去。同时，流程不是一成不变的，而是要不断地优化，好的经验可以吸收进去。

四、机制管身（软核）

笔者认为聚焦到机制管身的内核后，企业还可以通过柔性管理的内核增长方式来保持活力。正如杰克·韦尔奇所说："如果没有一个固定的落实机制，你的要求便无法落到实处，就像树林中的一棵树倒了，却无人听到。"[1]

下面分别从短期、中期、长期分析机制管身的三大机制设计,如图3-53所示。

短期机制分钱　→　中期机制分权　→　长期机制分股

薪酬方面的奖励机制设计　　员工职业生涯晋升空间机制设计　　合伙人机制设计

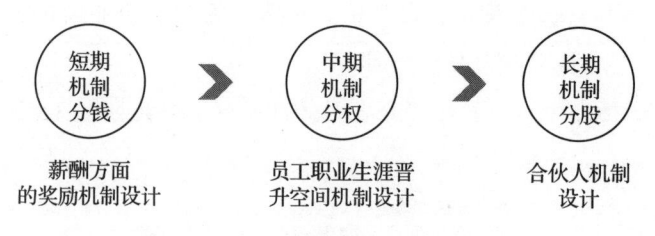

图3-53 机制管身的三大机制设计

(1)短期机制分钱:企业要设计好短期机制,重点在于懂得如何分钱。最重要的是薪酬方面的奖励机制设计,因为员工希望能赚取更多的薪酬,而企业薪酬制度的好坏,决定了人才是否大量流失、企业是否长久。

(2)中期机制分权:企业要设计好中期机制,重点在于懂得如何分权。企业要根据发展策略设计好员工职业晋升机制,例如企业更需要脑力工作者来为企业创造价值,就要给他们宽松的晋升空间。设计出一套良性循环的晋升机制,可以帮助企业留住人才、带动发展。

(3)长期机制分股:企业要设计好长期机制,重点在于懂得如何分股,即通过设计合伙人机制,让员工与企业共同成长。企业的内部员工或外部合作伙伴,都可以通过股权架构等方式纳入企业合伙人制度中,在早期就设计好进入与退出机制等,让各方共享企业成果。

五、文化管心(软核)

下面分析企业员工如何把做人、做事和企业的使命、愿景、价值观等相互融合来促进企业增长。

1. 如何让企业文化内化于心

企业要打造与裂变一支金牌团队,表层是从制度管人、流程管事做起,但要进一步深入地激活员工,就要更深层地让企业文化内化于员工之心。做

---

[1] 杰克·韦尔奇(Jack Welch),苏茜·韦尔奇(Suzy Welch).商业的本质[M].蒋宗强,译.北京:中信出版集团,2016.

事先做人,用企业文化驱动员工,让员工学会感恩、敬业,再达到做事的标准,一步步来完成企业大目标的阶段性目标。

让企业文化内化于心的三个关键在于,管理做人原则+管理做事原则+创始人使命、愿景、价值观的融合促进,如图3-54所示。

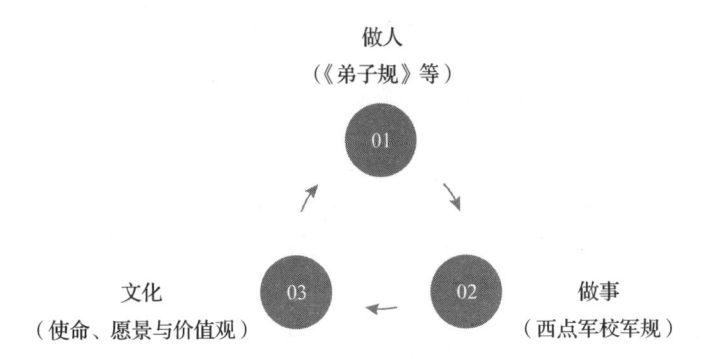

图 3-54 让企业文化内化于心的三个关键

企业如何管理做人原则?企业打造企业文化时可以参考我国古代典籍及传统文化中的做人原则,引导企业成员律人律己。

企业如何管理做事原则?企业可以借鉴西点军校的22条军规来提高团队执行力。

企业如何管理文化建设?除了与企业规章制度相协调外,企业创始人本身也有自己的一套使命、愿景与价值观,包括他们的初心,这些都要融入企业文化中。

2. 什么是企业的使命、愿景与价值观

使命、愿景与价值观是企业对外展示文化的直观表现之一,在此可以用航线、灯塔和罗盘来比喻其重要性。航线如同企业使命、灯塔如同企业愿景、罗盘如同企业核心价值观。

如图3-55所示,航行中首先要看航线,整个航程要沿着航线向前行进,企业使命就像航线一样,决定着企业发展的核心脉络。企业在实际运营当中要以使命来引领全局,带领企业始终沿着既定的路线走,而且要对社会创造价值。

航行中要注意的第二点是看灯塔,灯塔是一个具体实在且独立的坐标,这就像企业的愿景。企业要根据自身的愿景树立理想目标,用愿景指引自身实现这个目标,在实现目标的过程中确定企业的价值。

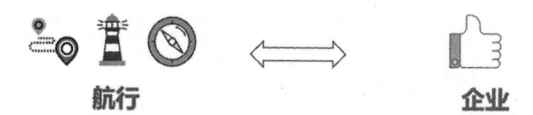

航行	企业
1. 航线：要沿着航线向前行进	1. 使命：沿着既定路线走，有利他色彩，对社会带来价值
2. 灯塔：具体实在且独立的坐标	2. 愿景：企业形成愿景，也为企业发展树立了价值目标
3. 罗盘：帮助校正航行方向	3. 价值观帮助企业认清和履行使命并实现愿景

图 3-55　以航线、灯塔与罗盘比拟企业使命、愿景与价值观

航行中要注意的第三点是看罗盘，罗盘可以校正航行方向，就像企业的价值观，帮助企业认清使命并努力实现愿景。正如《基于文化基因的企业演化研究》一书中写道："企业成长过程沉淀为企业意识，升华为企业价值观，继而决定企业认知方式、思维方式与行为方式。"[1]

---

[1] 田奋飞. 基于文化基因的企业演化研究 [M]. 北京：中国人民大学出版社，2018.

第四章

企业天地人三维生命体：
企业公转价值增长

【本章导读】

20世纪80年代，可口可乐占据了碳酸饮料市场35%的份额，但增长速度呈下滑趋势，面临增长天花板的问题。如果你是那时可口可乐公司的CEO，会怎么做呢？

惯性的思维可能是进一步挖掘市场潜力。但可口可乐已经是当时的行业老大，如果继续榨取市场份额，很可能陷入零和游戏。其实，转换思维，思路一下就打通了。

当时可口可乐花了大量的时间应对假想敌百事可乐，但转变思维，将它们的竞争对手确定为咖啡、牛奶、茶，甚至是水，相对应的战略、市场与营销等策略就大不相同了！认知决定思维，所以本章第一节要分析如何打造高维认知。

突破了思维局限，企业还要从战略层面审视自己的发展路径。所以本章第二节分析如何打造战略增长。

企业在确定战略方向对的前提下，还要不断地创新商业模式。所以本章第三节列举了丰富的案例来分析企业商业模式创新。

对于市场上同品类的产品，顾客拥有选择权，如何抢占顾客的心智，是企业区隔于对手的重要举措。所以本章第四节分析如何打造客户认可的品牌。

第一节　企业如何建立高维认知（"一生二"：有与无）

不同的人面对同一件事会产生不同层次的思考。抱怨者会说"都是你们的错"，行动派会说"可能是我还不够努力吧"，战术家会说"方法总比问题多"，战略家会说"选择很重要"，创造者则会说"人活着就是为了利他"。面对同样一件事，认知与思维层次的变化会影响结果。就像人们常说的"人不可能赚到认知范围以外的钱"。

这里的"一生二"表现为："一"代表客户，"二"代表生出了高维认知思维的"有与无"的关系，是否有高维认知，决定了企业增长能做到什么程度。

一、企业创新与认知竞争力：三层次

这里讨论的企业外功指的是企业建立高维认知的能力。笔者认为要从企业创新、认知与竞争三层次，包括从"我执"到"执我"、"无我"与"利他"、从认知深化与价值创新等多角度，来建立高维认知，从而创造价值，驱动企业增长。

1. 提高认知竞争力的第一层次：从"我执"到"执我"

王阳明诗曰："人人自有定盘针，万化根源总在心"。对"我执"的一个通俗理解就是我们在长期的惯性中形成的一个思维体系，执着于以自我为中心来应对世界。比如有些穷人充满执拗与偏见，思维僵化，导致其认知水平停留在低层，难以做出理智的决定、长远的决策，积贫积弱、恶性循环。

王阳明诗曰："却笑从前颠倒见，枝枝叶叶外头寻"。造成"我执"的原因是，有的人经历挫败后总将原因归咎于外部，却没有从自己身上、自己心里去找问题，结果就是缘木求鱼。实际上，每个人在世间相当于一个小小的能量体、生命体，破除"我执"，最重要的是看清自我，明白自己所知的只是万事万物中的沧海一粟，懂得越多才能接纳更广阔的东西。

从"我执"到"执我"，就是心智的成熟过程。阳明心学解构心智时讲究"静心"，强调"知止而后有定，定而后能静"，让自身的心智静下来，才有可能让人的本心从杂念中挣脱出来、破土而出、焕发生机。具体如何来做？我们继续借助阳明心学的核心价值观来理解，用一个字表达就是"信"，人无信则不立，人要以信字为戒，否则一旦碰到摩擦就很容易作鸟兽散；用一个词表达就是"致良知"，凭人心、良心做事，尊重事实，去纠正、反省和调整自身行为；用一句话表达就是"人人皆可成圣人"，财色名利等欲望，容易吞噬人的良知，生命的意义和人生的价值在于保持理性的认知，不断进步。

2. 提高认知竞争力的第二层次："无我"与"利他"

费孝通先生曾说："各美其美，美人之美，美美与共，天下大同。"人往"执我"层次发展的时候，就是在不断发展自身之美的基础上，用包容、理解、欣赏等方式，去融合他人之美，君子和而不同，才能达到天下大同的境界。

进一步理解这句话，第一层含义是"无我"，人类的生命十分脆弱，人应当求得"无我"的境界。人就像一个容器，只有清空自己，才能装更多的东西，人心也如此，欲望越小，胸怀越大，装的世界也就越大。第二层含义是"利他"，天下公理最大，自私又不讲理会被社会淘汰。多抱利他之心，行利他之事，反馈到自身便是利己，这背后是一种双赢、共赢的理念。在"无我"与"利他"的行为中，自己之美和别人之美才会融合在一起，实现理想中的大同之美。

此外，光提高认知还不够，还需要多读书、做一个终身学习型的人才。走出去体验、看看远方，在这个过程中通过学习与体验，把正面的东西积累沉淀下来，打破封锁自己思维的牢笼，不断地在提高自我认知的过程中创造价值。

3. 提高认知竞争力的第三层次：认知深化与价值创新

从企业增长的层面来分析，企业家通过各种方式深化认知，提升自己的认知境界以后，也有助于推动企业创新增长。

因为在变革的时代，创新不可能一蹴而就，而是一个认知深化与价值提升的过程。企业的认知竞争力越高，其创新能力的提升越趋向正轨，这二者的螺旋式上升为企业发展带来加速度，也会促使企业获取资源并将资源投入到破坏性增长上。

下面分析在竞争发展中，企业开辟破坏性创新业务时该如何权衡资源的投入和产出，其中体现了企业的认知带来的影响，如图4-1所示。在同行企业开展新业务时，判定其是竞争对手对自身的威胁还是一个机遇，很大程度上是由企业家的认知所决定的。这时往往会产生两种情况：一种情况是，有的企业在面临同行竞争时，认为其对自身业务产生威胁，他们会下意识地选择较为传统或盲目的方式，即用"低投入、灵活的计划"试错，用"高投入、僵化的计划"来迅速占据市场。这实际上是企业的认知体系出问题了，他们试图在这种单一化的竞争中取胜，反而深陷其中，导致投入与产出背道而驰，被后来者赶超。另一种情况是，企业在发掘破坏性创新业务的过程中，从"低投入、灵活的计划"慢慢进化到"高投入、灵活的计划"，一步步地从认知竞争发展到创新竞争，获取市场竞争优势。这个过程也是这部分企业领导层的认知与创新水平不断提高的过程，他们会在业务资源投入的过程中，找出一系列显性和隐性的竞争条件，用利他、共赢等思维，给行业带来进步，最终也能反馈至自身企业当中。

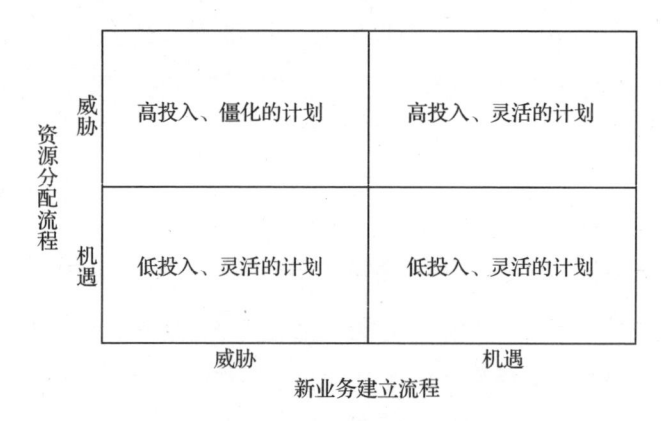

资源分配流程	威胁	高投入、僵化的计划	高投入、灵活的计划
	机遇	低投入、灵活的计划	低投入、灵活的计划
		威胁	机遇
		新业务建立流程	

图 4-1　企业如何获取资源并将资源投入到破坏性创新机遇上[①]

二、价值投资与人生三大智慧（以三角形对比）

史蒂芬·列维特说："由于成见往往会使我们拒绝很多可能性，只因他们看似不可能或者让人不舒心。"[②] 于人、于企业而言，背后的逻辑都是相通的。那该怎么从认知上来突破这种所谓的成见呢？笔者认为首先要正确认知市场先生、内在价值、安全边际的状态，然后借用人生三大智慧（选择、定力与博弈）平衡好与之对应的关系，才能更好地同步实现企业价值与客户价值最大化，以此驱动企业增长。

---

① 克莱顿·克里斯坦森（Clayton M. Christensen），迈克尔·雷纳（Michael E.Raynor）.创新者的解答［M］.林伟，李瑜偲，郑欢，译.北京：中信出版集团，2020.
② 史蒂芬·列维特，史蒂芬·都伯纳.用反常思维解决问题［M］.汤珑，译.北京：中信出版集团，2021.

第四章 企业天地人三维生命体：企业公转价值增长

下面用三角形来对比分析特斯拉的价值投资与三大智慧。价值投资的市场先生、内在价值、安全边际可看成一个不断延伸的不等边三角形，对应着人生三大智慧——选择、定力与博弈所构成的等边三角形。

1. 用选择应对市场先生（投资风险）

价值投资不等边三角形的第一条边是市场先生，这条边时长时短，容易受到诸多因素的影响，表示市场上的价格与价值通常变化不定，要警惕投资风险。对应的人生智慧等边三角形的第一条边是选择。人生是一个不断选择的过程，就像应对市场先生的喜好情绪，要看透这个选择背后的本质能否体现出企业的价值。

如何以选择来应对市场先生？例如特斯拉选择了高质量、高性能的电动汽车方向，并精准服务于高收入、高净值人群和社会名流等客户群（如图4-2所示）。其实特斯拉在初期研发电动汽车的时候，面临着研发、制造成本的压力，甚至一度要赔钱卖车来维持公司运营。但特斯拉顶住了压力，初期交付了一部分电动汽车给第一批购买的客户来维持公司生存。总的来说，特斯拉选择了正确的方向并开始为自身的客户群提供价值，这为它们后续的健康成长夯实了基础。

价值投资：不等边三角
1. 市场先生：时长时短，时而亢奋，时而低落，飘忽不定
2. 内在价值：在预期范围内对未来收益的估算
3. 安全边际：风险与收益的差价之间的合理预期控制

三大智慧：等边三角
1. 选择：特斯拉选择走电动汽车方向，精准地服务高净值人群
2. 定力：特斯拉始终定位高端纯电动汽车来塑造自身的品牌价值
3. 博弈：特斯拉开放技术专利，促进产业链发展

图4-2 特斯拉的价值投资增长链条

2. 用定力应对内在价值（预期收益）

价值投资不等边三角形的第二条边是内在价值，企业的内在价值这条边的长度，取决于企业的资产、负债、盈利、未来前景等因素的综合，即在预期范围内对未来收益的现值估算，考虑的是预期收益问题。

对应的人生智慧等边三角形的第二条边是定力，就是用时间的复利做正确的事。只有毫不动摇地坚持长期主义，在自己熟悉的领域中深耕细作，才会真正达到以客户为中心，不断提高企业的价值。

怎么用定力来应对内在价值？就像图 4-2 中特斯拉始终定位于高端的纯电动汽车来塑造自身的品牌价值。具体可分为三个阶段。

• 第一阶段：2008 年开始，特斯拉推出电动跑车 Roadster，这款车型量虽小，但价格昂贵，通过瞄准社会名流为特斯拉赚取了第一批收入并打响了品牌，解决了早期扩大生产规模的问题。

• 第二阶段：2012 年开始，特斯拉用前一阶段创下的口碑和收入，打造了另一款价格相对中高端、有一定产量的 Model S/X 车型来拓宽市场。

• 第三阶段：2016 年始，特斯拉推出性能更好、价格更低的电动汽车 Model 3，凭借一流的消费体验，迅速占领了市场的头部地位。

其实，特斯拉这三个阶段的发展，是以"环保+科技+设计感"的概念，迅速占领了高端客户的心智，再慢慢扩大产量，并通过一流的客户体验来打造客户价值，为企业带来增长。

3. 用博弈应对安全边际（安全保障）

价值投资不等边三角形的第三条边是安全边际，就是要追求共赢、利他。一起把蛋糕做大，才可能使安全边际越来越长，考虑的是如何做安全保障。

对应的人生智慧等边三角形的第三条边是博弈。博弈的方式可以是相互之间的价值交换，形成正和游戏的共赢局面。

怎么用博弈来应对安全边际？特斯拉的 CEO 马斯克在 2014 年公司还没有到量产阶段的时候就公布了要免费开放特斯拉的技术专利，只要是善意使用就不会受到诉讼。从这里可以看出马斯克的大局观，他通过这种开源理念，让更多的玩家加入并做大产业蛋糕，这种开放专利不但不会削弱自身，反而让特斯拉更好地在自由竞争市场当中脱颖而出，成为龙头。

【延伸链接：特斯拉上海超级工厂的生产制造管控流程】

下面列举特斯拉上海超级工厂的生产制造管控流程，从建厂、资金来源、建设充电桩、产品升级与成本管理等模块（如图 4-3 所示），看看它是如何快速落地执行的。

第四章 企业天地人三维生命体：企业公转价值增长

1	2	3	4	5
建厂	资金来源	建设充电桩	产品升级	成本管理
从建厂到支付，2019年落实速度非常之快	股东+银行实缴11.44亿元借款187.5亿元	大量铺开在一线城市的发达地区附近	产品新增功能提升用户的体验	压价电池筛选供应商

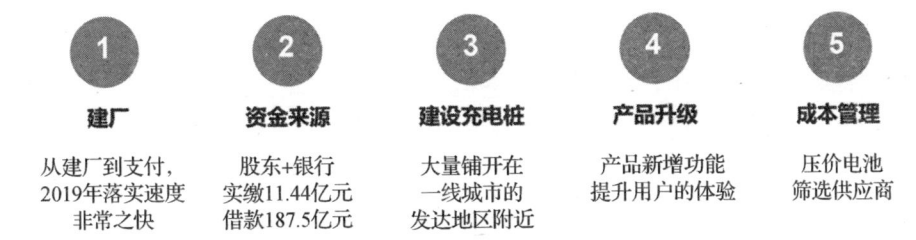

图 4-3 特斯拉建设上海超级工厂的路径方式

（1）建厂（土地、人力等）：特斯拉上海超级工厂在 2019 年 1 月开始破土动工，同年 9 月工厂主体已建设完成且全面验收通过，10 月开始拿到生产资质生产 Model3，12 月开始试点生产并向员工车主交付。我们发现特斯拉从建厂到交付，其中涉及的资质、土地、人力等一系列前期准备工作的落实速度非常之快。

（2）资金来源：特斯拉上海超级工厂规模非常大，占地 86 万平方米，这就需要有足够的资金支撑。特斯拉的资金来源一方面是股东，另一方面是银行。特斯拉是国内第一家外商独资整车制造企业，当时实缴 11.44 亿元，之后从 2019 年至 2020 年 5 月陆续向建设银行、农业银行、工商银行、浦发银行等借款 187.5 亿元，股东与银行的资金差额高达 16 倍多。特斯拉有这样庞大的资金支撑，一方面有来自政策的支持，另一方面也依仗其自身的实力和品牌效应。

（3）建设充电桩：纯电动车续航依赖各个站点的充电桩建设，特斯拉把充电桩掌握在自己手里，优先大量在一线城市的发达地区附近铺开。

（4）产品不断升级：特斯拉电动车通过不断地升级创新，如陆续更新了哨兵模式及新增游戏、软件等功能，极大提升了用户体验。

（5）成本管理：特斯拉对成本的管理措施也非常到位。比如特斯拉对电池等原材料有议价权，其自身有多个优质供应商可选择，而且也有收购与自研等动作，这种种行动都是为了避免核心材料"受制于人"。

特斯拉通过上述业务流程，大大提高了产量，特别亮眼的是特斯拉汽车产量破 300 万的时候，其上海超级工厂就占了 1/3。

4. 通过改善、纠正趋向于最优解

选择→市场先生；定力→内在价值；博弈→安全边际。

上述的应对方式，就如同不等边三角形逐步改善、纠正最终趋向于最优的等边三角形。

正如约翰·布罗克曼所说:"我们是在基于有限理性进行决策,而不是像全知全能的上帝塑造的那样具有无限理性。"[①] 这就要求人们在决策中寻求各种约束条件下的最优解。这也促使企业增强内生驱动力,避免落入成长的陷阱,看清新技术的成功机会、新市场的动向、新商业模式的演化等,然后保持一定的成长性去创造价值。

三、做强企业的底层逻辑:三要素+三转化

电影《教父》中有句台词:"半秒钟就看清事物本质的人,和一辈子都看不清的人,命运注定截然不同"。对企业来说,看清事物的本质就是看清底层逻辑,以便更好地适应和应对新的变化。作者认为要认清做强企业的底层逻辑,必须通过三要素(人才、生意与文化)加三转变(从经营产品到经营客户、从经营市场到经营数据、从经营企业到经营生态)来驱动企业增长。

1. 做强企业的底层逻辑:三要素

人才、生意与文化所组成的三角结构集合体,是做强企业的底层逻辑。

从生意的角度来看,生意是企业的核心,经营好生意才能换取收入与利润。经营好企业生意的部分思路见表4-1。

表4-1 企业经营生意的思路

1. 深耕细分领域	优先深耕自己擅长的领域,深挖客户需求,开拓市场
2. 创新商业模式	商业模式能够提供独特商业价值,契合公司发展特征与趋势
3. 战略的整体性规划	明确企业做什么与不做什么,并动态调控

从人才的角度来看:人才是企业的立足点,做生意需要人才,人才竞争优势推动了生意的发展。经营好企业人才的部分思路见表4-2。

表4-2 企业经营人才的思路

1. 构建企业管理体系	管理企业的过程、效率与结果;理顺企业的战略、文化、制度、流程、业务、风险
2. 做好企业绩效管理	比如绩效考核(KPI/KS/KCI)、360度评估反馈、金字塔型管理模式、企业管理平衡计分卡等

---

① 约翰·布罗克曼.思维:关于决策、问题解决与预测的新科学[M].李慧中,祝锦杰,译.浙江:浙江人民出版社,2018.

续表

3. 做好企业股权设计与股权激励	明确企业创始人、联合创始人、核心员工和投资者在股权设计的本质诉求；并在不同发展阶段确定使用哪种股权激励方式，如分红、干股、虚拟股转实股、期权转实股、期股转实股等

从文化的角度来看，文化是企业的灵魂，可以促进生意与人才的发展壮大。经营好企业文化的部分思路见表4-3。

表4-3 企业经营文化的思路

1. 使命、愿景、价值观	将使命、愿景与价值观内化到企业员工心中，让愿力和心力产生协同，激发大家的工作热情与创造力，让员工有归属感、认同感和成就感
2. 管理做人、做事的原则	用《弟子规》等经典来律人律己，用西点军校22条军规来提高团队执行力

2. 做强企业的底层逻辑：三转化

做强企业的三个转化路径，分别是从经营产品转化到经营客户、从经营市场转化到经营数据、从经营企业转化到经营生态。

做强企业的路径1：从经营产品转化到经营客户。产品过剩时代，局限在产品思维经营企业，难以做大做强。转化到经营客户，可以聚焦客户、提供极致服务与终身价值，进而取得竞争优势。

做强企业的路径2：从经营市场转化到经营数据。在数字时代，数据越发成为企业的关键资源要素，企业要从数据当中挖掘和连接商业机会，学会向数据要增长。

做强企业的路径3：从经营企业转化到经营生态。企业经营生态的表现是从单打独斗到抱团取暖。可以用互联思维、战略定位等经营生态，实现企业价值最大化。

【案例链接：腾讯公司如何经营生态】

腾讯公司发展至今，已然从最初的社交软件企业成长为业务体系庞大的生态型企业。那它是如何经营生态的呢？

（1）从经营思维的角度来看，腾讯主张用互联网思维经营。传统企业讲究的是控制，一般采用"强绑定"模式，通俗来说就是"我掏钱、你照做"，一切以我为主、服务于我，发展到一定阶段可能就会难以突破发展瓶颈。而腾讯的产业森林提倡互联，采用"弱绑定"模式，通俗来说就是"我掏钱、你来做，利润一起分"，而且腾讯还非常注重利他和共赢。

腾讯最初做的是即时通讯服务。为了让自身成长为一棵参天大树，它选择了用微信来颠覆自家的QQ产品，成就了庞大的微信流量入口。腾讯取得如此优势后，并没有封闭运营，而是把自身的流量共享给合作伙伴，与他们共同营造一片产业森林。例如，腾讯自身没有主营电商，但它是拼多多的大股东，微信的二级页面也链接了拼多多入口，通过这种方式，双向赋能，打开了行业发展的新局面。

（2）从业务布局的角度来看，腾讯表面是一家游戏公司、社交公司，实际上它更是一家投资公司、科技公司。

在投资方面，腾讯围绕自身的战略目标，投资遍及文娱传媒、消费零售、金融科技、企业服务等领域。例如文娱传媒是腾讯的主营业务之一，其投资除了在游戏方面为其带来大量的现金流，还在影视剧、视频、直播、音乐、动漫、小说等领域都有所布局，列举一部分投资布局，见表4-4。

表4-4　腾讯文娱传媒类的部分投资布局

公司	赛道
快手、"B站"	视频
知乎	文字
阅文集团	小说
猫眼娱乐	电影
拳头、Epic	游戏
斗鱼、虎牙	游戏直播

基于微信的社交优势，腾讯在消费零售方面的布局也非常广泛，列举一部分投资布局，见表4-5。

表4-5　腾讯消费零售类的部分投资布局

公司	赛道
京东、拼多多	电商
美团	本地生活

续表

公司	赛道
小红书	带货
海澜之家	服装品牌渠道
永辉超市	线下零售
万达商业管理	供应链

此外，腾讯在金融科技方面，利用云服务构建数字化生态场景等逐渐成为其新的增长极。例如腾讯的数字孪生技术在智慧交通的场景中，赋能了城市交通的管理、调度、应急等服务。同样，腾讯通过这样的科技定位，也反哺了自身的生态价值。下面列举腾讯的一部分投资布局，见表4-6。

表4-6　腾讯金融科技类的部分投资布局

公司	赛道
富途证券	投资、理财服务
众安保险	互联网保险
默马科技	人工智能
云鲸智能	扫地机器人
燧原科技	芯片

（3）从资本运营的角度来看，经营生态的投资方式有四种：驱动型投资、补充型投资、探索型投资、财务型投资。如图4-4所示，横轴表示投资目标，从战略性延伸到金融性；纵轴为公司业务关联，从紧凑延伸到宽松。

若按照这种方式来划分，腾讯产业森林的投资版图可汇总为表4-7。

表4-7　腾讯的生态投资

腾讯公司的生态投资	业务
驱动型投资	企业服务类的投资
补充型投资	文娱传媒、本地生活的投资
探索型投资	医疗健康类的投资
财务型投资	游戏领域的投资

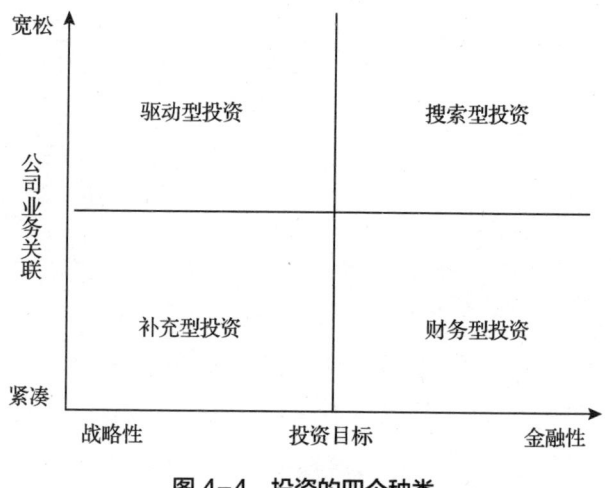

```
宽松 ┤
     │   驱动型投资      │   搜索型投资
公   │                   │
司   │                   │
业   ├───────────────────┼───────────────────
务   │                   │
关   │   补充型投资      │   财务型投资
联   │                   │
紧凑 ┤
     └──────────┬────────┴──────────┬────────
      战略性         投资目标        金融性
```

图4-4 投资的四个种类

例如腾讯的企业服务类投资，属于驱动型投资，这部分投资目标重战略性＋业务关联宽松，如一些云产品与云服务等，可以帮助企业实现数字化转型，这是腾讯的科技定位的表现之一。又如腾讯的医疗健康类投资，属于探索型投资，这部分投资目标重金融性＋业务关联宽松，腾讯凭借自身的流量优势，发力医疗健康领域的业务，并带来可观的收入。

四、数字经济与创新求变：创造新的生命力

随着时代的变化，数字经济也成为继农业经济、工业经济之后的主要经济形式。那么，数字经济又是如何驱动企业发展的呢？

作者认为要正确认知数字经济与创新求变，数字经济红利创造了无处不在的机遇，创新求变则是推动数字经济持续繁荣的源动力。数字经济的发展趋势是数字经济＋传统经济的升级转型过程，有利于产业整合，催生新业态、新模式。

其一，产业数字化转型发展，可以为传统产业注入强劲动力，激发企业发展潜力。而数字产业化升级发展，例如人工智能、区块链、云计算、大数据、物联网等技术创新，对于整合产业链、提升企业创新能力和竞争优势等起到赋能作用。

其二，数字化升级转型过程中，要充分发挥好数据要素的价值。当今是数字化与智能化的信息时代，数据正成为推动经济增长的第五要素。例如企

业可以通过收集和分析大量的真实数据,来了解潜在客户的需求和行为等,从而更准确地把握市场趋势和提供个性化的产品及服务。

其三,在产能过剩的背景下,通过数字经济+创新求变的商业模式设计,可能会使单纯的消费行为转化为一种能够创造价值的行为。

【案例链接:SHEIN 通过数字化转型实现高速增长】

有一家卖衣服的跨境电商企业,从2017年开始连续4年保持超过100%的增速,2022年营收超过200亿美元(净利润达到8亿美元),2023年突破300亿美元。目前,该公司融资20亿美元,估值达660亿美元,正积极谋求上市——这家企业就是独角兽企业SHEIN(希音)。其实,传统服饰企业的竞争已经高度"内卷"了,SHEIN是凭借什么实现高速增长的呢?其增长密码之一就是数字化转型。

(1)SHEIN用数字化转型赋能运营模式:SHEIN主要面向海外市场,它采取了B2C模式,消费者可以在SHEIN低价买到高质量的产品,商家在SHEIN能获取"一站式"的服务,包括品牌推广、物流配送、社交营销等。SHEIN的运营模式是一手把握流量,另一手把握供应链,并通过数字化布局来连接它们,从而快速打通价值链。

(2)SHEIN用数字化转型打通价值链的关键之一:SHEIN用数字化方式来进行产品设计与运维,快速实现增长。例如SHEIN会快速收集买手/设计师的数据,将其纳入素材设计库中,然后这些买手/设计师可以快速进行设计等工作。据悉,SHEIN每天能上新2000款产品,其量级大大超越了竞争对手。

在服装行业,有的人认为上新快、款式多、性价比高是不可能三角,但是SHEIN能够同时把这三者做起来,其中的诀窍之一就是在多个核心市场中,配置了大量的买手/设计师团队,他们的工作就是实时追踪时尚界的图样、颜色、价格等关键资料,积累数据,帮助SHEIN更快速、精准地预测下一波消费趋势。

SHEIN也会同步抓取各种消费数据,通过数字化的分析规划来推爆品等。此外,消费者在SHEIN平台上,还可以秀自己的时尚穿搭和进行社交互动等,这也抓住了女性用户爱分享的心理,获得了很多回头客。

（3）SHEIN用数字化转型打通价值链的关键之二：SHEIN用数字化方式来改造供应链体系，缩短生产周期，降低物流、仓储成本等。例如SHEIN与很多"小作坊式"的生产工厂合作，SHEIN有一个"小单快返"模式，即SHEIN先少量生产不同款式的产品投放到市场中，一旦成为爆品，就再去大量生产销售；但是工厂小量生产的话，很可能是不赚钱的。SHEIN在这方面的做法之一就是补贴，让这些工厂生产一两百件也不会亏钱。而且SHEIN在上游具有议价权，可以反哺工厂，久而久之就搭建起一套柔性化的供应链体系。

接着，SHEIN通过数字化方式将上下游串联起来，即建立一个供应链管理系统，负责收集一系列的订单信息、跟踪供应商工厂的产能状况等，进行合理的规划后再做出生产方案，以此来保障商品按时交付。SHEIN的这套打法，打通了设计、采购、生产、品控、库存、出货与销售的可追溯的全链路，大大提高了整个经营过程的效率。

五、经济增长模式新思路：需求侧与供给侧

当下，经济增长方式发生转变，改变经济增长模式会带动新的经济增长。在这种状态下，如何看待宏观经济环境对企业经营的影响呢？作者认为要有正确认知经济增长模式转变的思维，并提出了两条富有建设性的路径，先从需求侧入手，后从匹配的供给侧补充，两条路共同发力来激活经济。

1. 对于经济增长模式的思考

日本在1986—1991年出现了史无前例的房地产大泡沫，造成人们的财富缩水、银行坏账增加、政府债台高筑等问题，人们普遍对未来丧失信心，演变成经济大萧条局面。由此推理，如果经济大环境进入通缩状态，会造成不同程度的产能过剩、物价下跌等问题。换句话来说，若供给侧动力不足使得企业生产动力不足，就会出现裁员，导致失业率提高，人们的消费意愿会下降，恶性循环之下，就容易进入经济下行状态。企业为了规避风险，不敢随意借贷，赚到的钱会优先拿来还债务，这种情况也会影响企业投钱去搞创新的积极性。通缩会造成企业资产负债表恶化，不确定性因素影响发展成为新常态。

凯恩斯主义的经济增长模式，强调需求管理和政府主导，我国20世纪90

年代中晚期采取此模式带动了经济腾飞。但这种经济增长模式也可能带来产能过剩、银行坏账、土地财政等方面的风险。如何降低风险，促动经济增长成为亟须解决的难题。如果中国经济以防范风险为目标，那么又面临经济增速回落问题。在实际操作中，逆周期调控，解决短期有效需求不足是必要的。但为什么有效需求没有释放出来？是忽视了需求管理，还是忽略了供给管理呢？又要如何把有效的驱动信号与实际效果释放出来呢？基于此，作者提出了在需求侧借鉴亚当·斯密模式，在供给侧借鉴哈耶克的思想打好配合。

2. 在需求侧采用亚当·斯密模式

需求侧的关键角色是消费者。国家统计局发布的数据显示，我国2023年9月的CPI环比上涨0.2%，同比持平；PPI环比上涨0.4%，同比下降2.5%。同时，中央银行的数据显示，全国人民币存款为233.9万亿元，同比增长10.7%。从数据中可看出，CPI和PPI出现"剪刀差"扩大，供给与需求失衡，企业生产下降，人们又偏向存款而不愿意消费。

为什么会出现这种情况呢？

一是因为消费需求不足，会引发物价下降，目的是让人们买更多的东西，但这又连锁引发企业生产下降，因为企业降价赚不了钱就会减产或停止生产。

二是因为经济出现下行趋势，公司可能会裁员，被裁之后没有了工资的预期保障，人们就更加偏向保守消费，消费动力不足，经济增长也会同步受到影响。

借鉴亚当·斯密的思想，激发需求侧的思路如下。

（1）从需求侧提振消费信心，信心比黄金更重要。其实，提振人们的消费与投资信心，能促发大家的奋斗动力，让大家敢消费、敢投资。这就需要有效的驱动增长模式，以确保经济稳增长和经济结构的合理调整。当下我国经济政策的基本思路是由"外需"转到"内需"，以"内需"为主导，带动经济增长。

（2）发挥市场"无形的手"的作用，提振民营企业的投资信心。提振信心可以从自由市场入手。亚当·斯密提出了"无形的手"的概念，他认为个人主义的行为能够被市场机制引导，通过市场经济的自由和自发的秩序，提高生产效率等，从而带来整体性的社会价值。因此，要积极建立起市场公平竞争机制来增强民营企业的信心，这种机制就像一只无形的手，能够自发地引导市场。此外，还要动态地平衡好 CPI 与 PPI。要防止通缩，因为通缩比通胀造成的伤害更大。

（3）要避免那些伪需求，因为这种伪需求难以支持企业的长久发展。亚当·斯密在《国富论》中说："我们的晚餐并非来自屠宰商、酿酒师和面包师的恩惠，而是来自他们对自身利益的关切。"这形象地说明了满足消费者的需求能获得回报。因此，企业要真正地以客户为中心创造价值，才会更好地带动消费需求。

3. 借鉴哈耶克的思想在供给侧打好配合

中央银行的数据显示，截至 2023 年 9 月末，我国广义货币（M2）达到 289.67 万亿元，同比增长 10.3%。M2 的增速是明显的，表示市场其实并不缺钱，但为什么拉动经济增长的动力还是不足呢？

一是因为 M2 是一种可以转化为现实购买力的货币形式。无论 M2 释放多少资金，如果它没有很好地流动起来，就只表示市场多了这部分钱，仅起到一个记账的作用。换句话说就是，人们为了抵抗风险，不敢借钱，存款避险，导致信用消费减少，市场需求不确定，生产要素也没随之流动，继而影响了消费乘数效应应有的价值。

二是因为资产价格下降，部分超发的货币流向了商品市场，导致一些生活用品价格上涨，汽车、商品房等价格下跌，使得银行存款利率呈下降趋势。如果频频通过降低利率等办法去刺激经济，往往是很难持久的。

面对这种状况该怎么办呢？供给侧的关键角色是企业。如果从供给侧的角度思考，现在也许到了重视哈耶克经济思想的时候了，其对我国经济有一定的借鉴作用。借鉴哈耶克的经济思想，从供给侧提振企业生产信心的思路如下。

（1）自由市场经济的效率最大化与成本最优化。亚当·斯密提出了劳动分工，哈耶克认为其本质是知识分工，然后还要用竞争秩序的理念来真正地驱动良性的增长。知识分工是指市场经济中的每个人分别学到不同的技能和知识，市场会通过价格自发地向企业发出生产信号，然后企业就会汇集掌握这些知识的人，分工协调把产品生产出来。从供给侧来理解哈耶克的这一理念，产品价格上涨说明带来需求，企业会积极地生产产品，但为了获得高回报，企业会想办法降低成本。那怎么确保效率最大化与成本最优化呢？答案是建立自由的竞争秩序，因为个人和政府是不容易把控真实的生产信号的，而通过自由市场这个沟通桥梁，可以更好地传递生产与消费的真实信息。

（2）发挥货币中性的作用。如何保持市场效率？凯恩斯主义主张在经济不景气的时候，通过政府干预来控制货币供应量，进而刺激需求与经济增长。哈耶克认为通过货币和财政手段刺激经济，无异于饮鸩止渴。这种方式可能短期看起来有效，但长期来看容易扭曲真实的消费需求，导致上下游之间供需失衡。哈耶克认为政府层面继续采取"干预"的方式，如降息、印钞等，就有可能陷入恶性循环而引发经济问题。进一步从供给侧的角度分析如何解决这些难题时，哈耶克提出了货币中性的概念，主张货币供应由市场来决定。这是因为在动态均衡经济中，货币保持一定数量的话，人们进行银行储蓄，银行可以拿这笔资金借贷给企业，让他们开展一系列的生产与经营活动，让整个市场活跃起来。从这个层面来看，如果货币保持中立，能更好地刺激供需的均衡发展，驱动经济增长。

（3）逐步消除供给抑制。我国存在着供给增长约束下的潜在增长率下降，因此必须有释放供给，突破供给约束的思维。所以，要慎重选择需求刺激的管理办法，加大供给管理的力度；要在提升产品、服务层面的有效供给上动足脑筋等。这是因为我国有许多地方依然存在供给抑制，例如户籍制度对人口和劳动力的供给抑制；由于金融抑制，使得民间资本高利贷有了空间；还有医疗、教育供给抑制等。只有打破这些供给抑制，才能更好地促进经济增长。同时，还需要重视改革产业增长限制制度，例如通过财税和金融政策改革，释放资本红利，降低企业税负和企业融资成本，提振企业家信心等，这些方式可以更好地促进优秀的企业脱颖而出，从而提升中国经济增长的内生动力。如何消除供给抑制？例如政府可以破除市场壁垒，释放一些高端产业给专精特新的民营企业大胆去干，促进国产高端产业商业化落地。也就是说，政府的角色定位可以从主导者转向引导者，对民营企业放宽投资准许，让这部分投资的领域也可以带来良性的回报。通过这种方式，更好地实现效益最大化。

4. 延伸话题：如何创造有价值的新供给

过去人们比较倾向于从需求侧思考问题，在有效需求不足的状况下，宏观调控的方式是通过减少供给刺激需求。要从供给侧入手激活市场，其前提是创造有价值的新供给，以此来解决当下的一些发展难题。基于此，笔者提出了创造有价值的新供给的五大抓手。

（1）一是在总供给与总需求趋向均衡的状态下良性发展。凯恩斯理论认为有效需求是指社会上商品的总供给价格和总需求价格达到均衡状态时的总需求。总需求包括总消费、投资、政府支出、净出口，总供给包括消费、储蓄、政府收入、进口。若总需求小于总供给，表示有效需求不足，会导致生产过剩、市场疲软、资源闲置、失业增加；若总需求大于总供给，表明需求过度，会引起资源短缺、通货膨胀、经济增长过快。只有总供给价格与总需求价格对等时，经济增长和就业才会稳定下来。凯恩斯主张通过政府干预来调控经济，即用有形的手来引导资源配置从低效转向高效，促进经济增长。但是在这一过程中，有效需求管理致使中国经济政策处于两难境地，例如货币政策宽松，不利于防止系统性金融风险和房地产泡沫；但是货币政策收紧，又不利于抑制经济下行速度加快。

新古典经济学的代表人物萨伊，提出了供给创造自己的需求。萨伊的这个理论可以理解为"收入 = 消费 + 储蓄"，等式的左边是供给，右边是需求，供给永远等于需求，这是一种理想的状态。传统供给学派代表人物芒德尔则认为决定长期经济增长潜力的是供给而非需求，经济需要干预，但干预的重点是供给。

作者认为供给侧和需求侧应该相互配合，关注需求侧的同时，要重视通过供给侧管理驱动经济增长，这样才能更好地实现经济的长期稳健发展。近年来我国经济恢复的过程中，面临着产品过剩、逆全球化、贸易保护主义、金融市场波动、消费放缓、民营经济信心不足等不利因素，影响了增长动能。解决这一难题的方向之一是通过创造有价值的新供给来激发新需求。什么是新供给？这就像面包店生产一块面包一样，过去为了解决温饱的问题，可以把面包发酵得大一点，但现在，还要把面包做得好吃、好看，这就催生了一系列配方、材料等要素的组合，这些新的要素组合就是新供给，可以用来刺激新需求。

（2）二是做好收入分配驱动，避开中等收入陷阱。诺贝尔经济学奖得主库兹涅茨提出的"倒 U 曲线"理论，反映了经济增长与贫富差距之间的联系。如图 4-5 所示，横轴是指从低到高的经济增长，用人均 GDP 反映。纵轴是指从低到高的收入差距，用尼基系数反映。库兹涅茨认为在发展中国家，经济增长会拉大贫富差距；而在发达国家，经济增长会缩小贫富差距。也就是说，经济增长之初，人均GDP会趋向从最低增长到中等水平，这一过程中居民的收入差距会逐渐拉大，进而形成趋于恶化的贫富差距问题。然后发展到中间的转折点后，在改善经济增长的过程中，收入分配开始往公平的方向发展，进而缩小贫富差距。

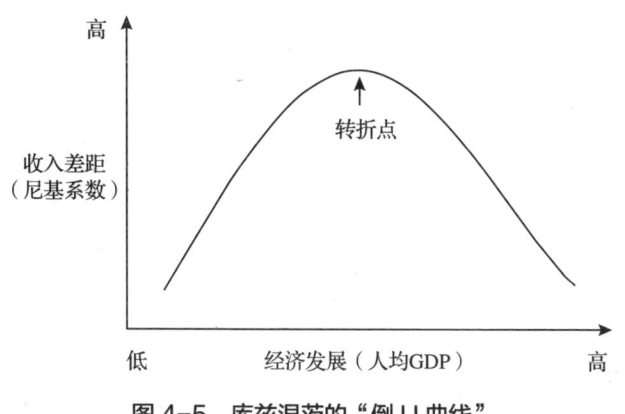

图 4-5 库兹涅茨的"倒 U 曲线"

我国目前仍是发展中国家，但从我国经济发展的历程来看，20世纪80~90年代，我国的经济增长模式属于"倒 U 曲线"的左侧，特征是大力推进城镇化发展，采取东部率先发展、先富带动后富的发展方式，使得GDP取得了高速增长。而近年来，我国的GDP增长导向是从高速增长转向高质量增长。这一过程中，避开中等收入陷阱是关键。如果整个产业不升级，依旧停留在依靠传统产业驱动增长的水平上，就会让经济陷入停滞期。目前我国大力发展高新科技产业与服务业等，重视收入分配的公平与效率，不断克服技术创新瓶颈等，都意味着国家层面的目标是跨过"倒 U 曲线"的转折点后，能够平稳有效地进入"倒 U 曲线"的右侧，进一步缩小贫富差距，驱动经济良性发展。

（3）三是创新驱动。从新供给的角度出发，通过创新驱动的方式来发掘增长动力。约瑟夫·熊彼特的创造性毁灭理论，认为每个时代逆转性的变革都是创新与毁灭的过程。比如工业革命以来的科技革命，是从蒸汽机、电气化发展到计算机与互联网，当下科技革命的方向是什么呢？可能要重点关注产业数字化与数字产业化。

产业数字化是指传统产业通过数字化技术的改造、优化与升级，挖掘出新的增长动能。例如京东物流建立了一套全程可追溯的物流管理系统，处理海量的数据，甚至是预测订单需求，能够准时、准确地跟踪客户与物流情况，最高效地把产品送到客户手里。

数字产业化是指以数字技术为依托的新兴产业，同样也可以形成一个新的产业链，来驱动经济增长。例如 AI 人工智能就是通过数字化技术，应用到各行各业，并且能够不断地延伸发展。如 AI 应用到汽车上，可以实现无人驾驶，无人驾驶又可以带动整个交通系统改进等。

（4）四是优化财税政策，促进供给侧的效益最大化。供给学派有一个针对财税方面的理论——拉弗曲线理论，意思是过高的税率可能会导致税收收入下降，适当的税率反而可以促进企业的投入与产出，进而增加税收收入。在财税政策方面，供给学派主要从供给方面强调税收对产量、劳动供给、资本形成率和劳动生产率的作用。可以优化财税政策，提升供给侧的效益，有助于创造有价值的新供给。

（5）五是弘扬企业家精神。芒德尔的供给思想中强调企业家精神。因为生产的主体是企业，企业家作为企业的灵魂人物，他的一言一行都会影响到整个企业。政府及整个社会应该营造一种积极鼓励、推崇的氛围，弘扬企业家精神，吸引这些具备企业家精神的人去积极创造有价值的新供给。

第二节　企业如何以战略促进增长（"一生二"：生与死）

行成于思，谋定而后动。有了高维认知做基础，才能做好企业战略层面的经营。《企业战略与商业信用》一书中写道："Chan-dler（1962）提出'战略决定结构'的重要观点，企业采用不同的战略类型，相应的企业目标、市场定位、经营模式、组织结构等也不同。"[①]大家都知道战略对于企业增长的重要性，战略是1，管理是0：如果1做好了，后面每一个0的叠都是加分；如果1错了，后面一切都错了。

企业战略管理中的"一生二"表现为："一"代表客户，"二"代表生出了企业战略，企业战略可以决定企业的"生与死"，好战略带领企业蓬勃发

---

① 陈永凤. 企业战略与商业信用［M］. 北京：中国人民大学出版社，2020.

第四章 企业天地人三维生命体：企业公转价值增长

展，坏战略则让企业走向衰败，甚至死亡。对于创业企业，清晰的战略不可能一步到位，企业一定要有耐心，谋定而后动，先做自己熟悉和擅长的领域。企业到了成熟阶段，企业战略要在不断的调整中逐渐清晰，且要始终保持战略上领先一步，这就需要不断创新，满足客户的需求，为社会创造价值。

一、如何通过定位战略促进增长：我是谁

什么是定位？简单理解就是跟客户讲清楚我是谁、我有什么特色。笔者认为有生命力的企业要做好定位战略，明确自身做什么、不做什么，以此促进增长。正如格鲁夫所说："在战略转型的最后阶段，明确的前进方向万分重要：我们追随什么，不追随什么？"[1]

【案例链接：老板电器如何以定位战略和爆品促增长】

做好企业定位战略的第一步是定位爆品并将其做到极致。在这方面，老板电器坚持聚焦"大吸力"油烟机的定位战略（如图4-6所示）。1988年前后，老板电器靠做代工提升业务量，在20世纪90年代初采取多元化发展战略，开始做冰箱、洗衣机、DVD，甚至是保健品等，但民营企业在细分领域所取得的竞争优势对老板电器带来了很大冲击。到了1999年，老板电器果断砍掉了很多产品线，定位于吸油烟机这个品类，并将"大吸力"这种关键词植入用户心智当中，慢慢地成为吸油烟机领域的龙头企业之一。

定位战略	老板电器
1. 定位爆品并做到极致	1. 聚焦"大吸力"油烟机
2. 以爆品为中心，拓展品类，满足客户需求	2. 满足"烟、灶、蒸、洗"一体化的烹饪需求
3. 打造立体多维度的优势	3. 硬件、软件、数字制造、生态，打造品牌闭环

图4-6 老板电器的定位战略

---

[1] 安迪·格鲁夫. 只有偏执狂才能生存：特种经理人培训手册 [M]. 安然，张万伟，译. 北京：中信出版集团，2014.

企业做好定位战略的第二步是以爆品为中心，拓展品类，满足客户需求。老板电器定位于吸油烟机这一爆品之后，拓展出"烟、灶、蒸、洗"一体化的解决方案，即筛选出厨房最常用的厨电工具，吸油烟机＋灶具＋蒸烤一体机＋洗碗机四件套，最大限度地满足烹饪场景的需求。

企业做好定位战略的第三步是打造多维度的优势。老板电器在前两步的基础上继续从硬件、软件、数字制造、生态四个维度入手，打造出一个更加完整的品牌闭环。例如，他们的抽油烟机还可以通过软件来检测烟雾、热度，提升产品性能和用户体验等；还可以收集到用户的使用数据，让厨房场景不断升级等。

实际上，企业执行定位战略时，并不代表死守规定，而是要通过定位逐步形成自身的专业化优势，来满足消费者需求。

二、如何通过聚焦战略促进增长：在哪里

狙击手击中一个目标可能仅需几秒钟，但是瞄准方向的过程可能需要很长一段时间。如果不明确目标在哪里，就很难聚焦力量来攻击目标。企业的聚焦战略，简单理解就是聚焦哪些市场或客户群体来寻求增长。作者认为有生命力的企业要做好聚焦战略，将正确的战略始终如一地作为企业发展的导向，以此促进企业增长。

企业制定聚焦战略时，聚焦专注是很关键的，要集中优势发力，逐步形成自身的专业化优势。但聚焦并不代表墨守成规，企业发展到成熟阶段后，还要不断进化，突破边界，增强核心竞争力。

【案例链接：快手公司如何以聚焦战略促增长】

下面分析快手公司是如何通过三步以聚焦战略促进企业增长的。

第一步：用金牛图分析法分析状况。企业可以用金牛图分析法来判断企业自身在市场中所处的地位与状况。如图4-7所示，快手属于明星类企业，市场占有率和市场成长率都很高。为什么呢？

第一阶段：快手公司在2011年的时候，只是一家制作GIF图片的公司，产品功能比较单一，市场做得并不大，发展也遇到了瓶颈，这时候还没发展成明星类企业。

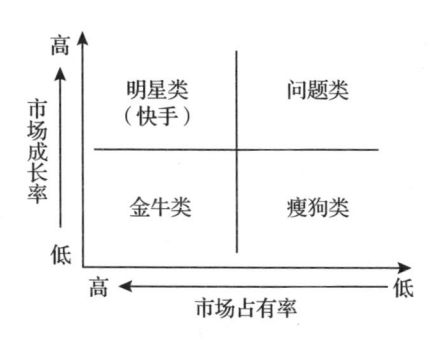

第四章 企业天地人三维生命体：企业公转价值增长

图4-7 金牛图分析法示意图

第二阶段：2013年，快手嗅到了市场机遇，开始转型做短视频，用自身的技术驱动优势，搭建了一个可以用视频记录和分享生活的App。这一阶段，从市场占有率和市场成长率来看，快手开始转向明星类企业。这一阶段的企业应该采取进攻的战略，加大投资扩张市场，提高自身的竞争力。

第二步：做细分领域的市场领先者。企业找出细分市场时，要学会面向10%的市场，致力于在其中占据100%的份额，争取成为细分领域冠军。可根据行业集中度评估细分市场蕴藏的发展机遇的大小，具体特征见表4-8。

表4-8 散点市场、块状市场、团状市场的特征

市场分类	特征
散点市场	市场集中度低，地方品牌林立，缺乏行业领导品牌
块状市场	市场呈寡头垄断结构
团状市场	黑马涌现，蚕食市场（快手）

从行业集中度来看，快手处于团状市场，因为它的目标用户定为三、四线城市的"小镇青年"（学生、外来务工人员等）。这部分用户通过在快手上记录与分享，满足了他们在城乡之间的社交、情感需求，这也为快手的后续发展打下了用户基础。

第三步：选取目标市场。如何选择目标市场呢？快手前期采取了市场专业化策略，专注于三、四线城市的"小镇青年"。后续迅速发展壮大，快手便选择了市场覆盖策略，意图把用户人群覆盖到广泛的年轻群体。

此外，还有以下几种方法可帮助企业家选择目标市场，见表4-9。

表4-9　企业选择目标市场的方式

方式	说明
单一区划集中化策略	选择单一目标区划为目标市场，作为扩张的基地和跳板
选择专业化策略	企业选择多个市场区划，以扩大产品的市场
产品专业化策略	企业只制造一种产品，不生产、经营其他产品

三、如何通过打造战略地图促进增长：怎么做

行军打仗离不开地图，有了地图能更好地做出作战计划。对于企业来说也是一样，打造战略地图是企业增长不可缺少的向导。作者认为有生命力的企业还要打造好战略地图，即形成一个战略闭环来促进企业增长。

罗伯特·卡普兰和戴维·诺顿提出了战略地图（如图4-8所示），首先在财务层面上，企业要不断地获取利润，就必须不断地满足客户的需求，然后维持好这一良好局面，又必须不断地优化内部流程。这一过程就要求企业不断地学习与成长，提高核心竞争力，显然这是一个闭环。

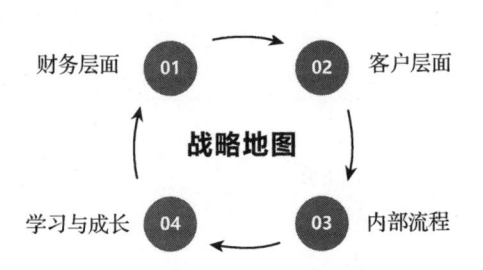

图4-8　罗伯特·卡普兰和戴维·诺顿提出的战略地图

【案例链接：海尔集团如何通过打造战略地图来促进增长】

下面分析海尔集团如何通过打造战略地图来促进企业增长。

打造战略地图的第一点是获取利润。海尔集团2022年全球营收3506亿元，利润总额252亿元，其在近年来逆势增长，除了在国内市场发展之外，还开始走国际化的战略路线（如图4-9所示），即用研发、制造、营销三位一体的本土化策略，在海外建立供应链体系，快速在国际上打响品牌。

打造战略地图的第二点是满足客户需求。海尔不断适应时代的变化来满足客户需求，例如在1985的时候，海尔通过制定上门"四不准"（不喝用户

第四章　企业天地人三维生命体：企业公转价值增长

战略地图	海尔集团
1. 财务层面：获取利润	1. 战略不断刷新，走向国际
2. 客户层面：满足客户需求	2. 紧跟时代的变化来服务好客户
3. 内部流程：系统化流程	3. 人单合一模式+T模式管理
4. 学习与成长：促进整体企业发展	4. 海尔文化的向心力和凝聚力

图4-9　海尔集团的战略地图

的水、不抽用户的烟、不吃用户的饭、不收用户的礼物）的制度来真诚服务客户。到如今的数字化时代，海尔又积极地接入数字化流程来服务客户，例如用数字化的管理平台来进行用户在线交流、智能派单、服务线上可视化及用户评价等来推动全流程的精品服务。

打造战略地图的第三点是做好系统化流程的管理。海尔集团采取T模式管理员工。例如T模式中的4T，分别是Time（时间）、Target（目标）、Today（日清）和Team（团队）。简单来说，就是做事要有时间与目标安排，每天工作日清日结、提高效率，以及用团队的力量来实现市场目标。

打造战略地图的第四点是通过学习与成长促进企业整体发展。海尔集团的企业文化推崇永远以用户为中心，例如海尔集团的"人单合一"模式，简单来说，人指的是员工，单指的用户需求。海尔集团提倡员工站在用户的需求角度来为他们创造价值，继而做大市场。换句话来说，员工的工资不单是根据职位薪酬来定，还要根据员工为用户创造了多少价值来定。

四、如何通过战略解码促进增长："三枪"与"五事"

若将企业制定战略到执行战略的过程看作行军打仗，那战略相当于作战计划，执行过程则相当于实际作战，可以用战略解码来确保作战顺利进行。作者认为在战略执行过程中，还要从认知与实操两个方面做好战略解码，以帮助企业积极应对市场变化，最终实现战略目标。

1. 关于企业战略解码的认知：以"三枪"比喻

实践中常出现这些情况：企业管理层制定了长远的战略目标后，执行层面却跟不上企业高层的步伐；对于同一个战略目标，企业内部有多个声音，导致无法达成战略共识；企业开会频繁，却少有实际行动，部门之间互相推诿，难以合作。以上种种原因致使企业战略执行走下坡路，其中的原因之一就是企业战略解码缺失。

什么是企业战略解码？有的人把企业战略规划与企业战略解码混为一谈，两者紧密相关，但它们的侧重点有所不同。简单来说，企业战略规划是以统领全局的战略眼光，来制定企业未来长周期的发展规划。企业战略解码则是将企业的战略转换为"可执行的语言"，从上到下都知道该如何执行以及为何执行，一般来说是短周期的战略目标。

为了更好地阐述企业战略解码，作者用移动打靶来比喻分析。移动打靶相比固定打靶更难，除了需要观察目标的运动轨迹和速度之外，选择合适的武器也非常重要。

（1）选择用狙击枪移动打靶，就好像企业做战略解码需要有预见能力。狙击枪可以远距离精准射击单体目标，企业战略解码也一样，需要有清晰的定位来指明未来一段时间的发展方向。企业在做这部分定位的时候，需要深入分析市场环境、竞争对手及内部资源的匹配等情况，以制定和分解出符合实际的行动计划与考核指标，确保企业的人才可以有效贯彻下去。

（2）选择用榴弹枪移动打靶，就好像企业做战略解码需要有整合能力。榴弹枪威力大，组合起来可以发射小型榴弹，对轻型装甲类的目标能造成较大的杀伤力。企业战略解码增长也一样，需要整合内外部资源，如人力资源、财务资源、市场资源等，来构建企业的核心价值和竞争优势，以此实现战略目标。

（3）选择用激光枪移动打靶，就好像企业做战略解码需要有创新能力。激光枪不同于传统的武器，它的射击效果独特，可以射击一些无人机等目标，使其损伤或失灵。企业做战略解码也一样，要积极寻找创新突破的机会，未雨绸缪地提升自身竞争力，实现可持续发展。

2. 企业战略解码实操：必做的五件事

做战略解码可以帮助企业快速找到发展的落脚点，出业绩、出收入、出利润，带来良好的财务数据，夯实企业长期发展的基础。下面逐步分析企业战略解码的实操方法。

（1）分析好内外部环境以及客户需求。下面列举部分核心模块，供读者参考分析（见表4-10）。通过对各模块进行全面分析，企业可以更好地了解自身的优劣势与机会点，从而制定出更加精准的战略解码方案。

表4-10　部分内外部环境及客户需求的模块

分析模块	说明
1. 行业空间分析	市场空间分析、行业集中度分析、行业发展趋势分析……
2. 行业差距分析	企业与行业发展差距分析、近2~3年营收、利润、净利润率、ROE等指标对比分析……
3. 业务差距分析	产品性能、成本力、市场占有率、市场容量、竞品对比、客户需求等分析……

（2）确定年度经营目标与财务目标。下面列举了部分核心模块，供读者参考分析（见表4-11）。

表4-11　部分年度经营目标与财务目标的模块

目标模块	说明
年度经营目标	确定公司的年度收入、市场份额、客户满意度、员工发展和培训、风险管理、投资回报率等方面的目标
财务目标	确定年度收入、利润、现金流、资产负债率等财务目标

孔子曰："取乎其上，得乎其中；取乎其中，得乎其下；取乎其下，则无所得矣。"企业在设定战略解码的年度经营目标与财务目标的时候，不妨以三级递进的方式进行设定。一是挑战目标，用挑战性的目标让人才保持竞争活力。二是进取目标，遵循二八原则，持续激励和维护有进取心的人才。三是保底目标，让每一个员工都明白需要守住的底线。

（3）列出年度战略解码攻坚战行动清单。这里的攻坚战行动清单，要确保公司上下的员工都能朝着同一个目标努力，做正确的事和正确地做事，避免执行过程中的低效工作。下面列举一些制定行动清单的具体方法。

一是战略解码增长攻坚战行动清单要包含三方面内容（见表4-12）。

表4-12　战略解码攻坚战行动清单的三方面内容

项目	内容
执行次数要求	● 打好攻坚战的次数一般是5~8场 ● 舍九取一，越集中越好 ● 按重要程度分级

续表

项目	内容
执行层面要求	• 定的目标不能太窄或太广泛,如实现收入千百亿、成为全国第一等 • 定的目标周期不能过长,一般在一年时间内 • 定的目标不能烦琐重复
执行方式要求	• 要采取民主制,后集中火力聚焦办大事 • 按重要程度来排序

二是要为战略解码攻坚战行动清单取一个实在且激动人心的名字。表4-13列举了三种方法。

表4-13 战略解码攻坚战行动清单如何取名字

取名方法	说明
"动词+宾语"组合	比如:巩固××区域、辐射××区、实现××市场零的突破 通常用到的关键词:提升、加速、增进、降低、形成、建设、攻占等
"主词+谓语"组合	比如:××市场全面提升、客户服务满意度提升、渠道拓展精细化运营
其他	加上形容词:比如大力推进数字化转型 小短语形式:语言要简洁有力 还要考虑到保密性项目的命名

(4)明确战略解码攻坚战的目的和责任分工,从目标和人才落地等角度为创新驱动夯实根基。实际上,做好战略解码的目的也是提高效率、增强协同,推动组织发展,以实现战略目标。下面分析具体的实操方法。

一是企业可以从五个方面层层深入地描述战略解码攻坚战的目的:①分析为什么要进行战略解码;②分析战略解码是什么;③分析战略解码会给大家带来什么好处;④分析战略解码具体指标,以达成目标;⑤分析战略解码执行过程中的有利因素与阻碍,以更好地做好后续的优化工作。

二是做好战略解码攻坚战的责任分工并匹配作战部队(见表4-14)。比如攻坚战1是要实现某个区域市场零的突破,企业可以选定一个合适的营销中心总经理牵头来做这件事,然后搭配一个营销副经理,组建招商、营销、IT、客服等部门的人员,共同推进实现攻坚战的目标(保底目标、进取目标、挑战目标)。

表 4-14　战略解码攻坚战的责任分工

攻坚战	攻坚战名称	主司令	副司令	作战部队
攻坚战 1	实现××市场零的突破	营销中心总经理	营销副经理	招商、营销、IT、客服等部门
攻坚战 2	圆满完成数字化转型	董事长	总经理、高管等	人力资源部、各部门与分子公司高管等

（5）做好战略解码增长攻坚战难度系数评估。企业在经过难度系数评估后，能更好地制定相应的应对策略和优化资源分配，从而更有效地执行战略解码攻坚战。

第三节　如何打造高增长商业模式（"一生二"：强与弱）

《工商企业经营与管理》一书中写道："企业经营机制的转换是为了企业有机体不断发展成长，并内含若干分机制，而每个分机制都有它具体的目标和运营方式。"[①] 可见创新企业经营机制的核心之一就是商业模式创新。

德鲁克曾说："一个商业模式不外乎是一个组织如何（或想要如何）赚钱的陈述"。[②] 言下之意，好的商业模式是可以帮助企业赚钱，以及做大做强。

本节的"一生二"表现为："一"代表客户，"二"代表生出了企业商业模式的"强弱"关系。一个强的商业模式可以帮助企业抓住发展机遇，实现跨越式发展。因此，在选择商业模式时，必须搞清楚一些关键问题（见表4-15），这些问题都是企业在选择商业模式的过程中需要经常思考和研究的。企业家要根据企业当前所处的发展阶段，时刻思考商业模式的适用性和即时性，在经营的过程中，不断地验证和改进，不断去创新商业模式，主动迎合时代发展的新趋势，从而为企业的发展提供强大动力源泉，使企业长久处于不败之地。

下面详细分析四个独具特色的商业模式，帮助大家理解他们如何为自身塑造强大的增长动力源。

---

① 张钠，于刚，刘素香. 工商企业经营与管理 [M]. 太原：山西经济出版社，2020.
② 彼得·德鲁克（Peter F. Drucker）. 创新与企业家精神 [M]. 蔡文燕，译. 北京：机械工业出版社，2007.

表4-15 选择商业模式时必须搞清楚的关键问题

序号	问题
1	你的核心资源是什么？即你拥有什么
2	你的关键业务是什么？即你要做什么
3	你的价值主张是什么？即你怎样帮助他人
4	你的客户关系是什么？即你如何和他人打交道
5	你的细分客户是谁？即你能够帮助谁
6	你的成本结构是什么？即你要付出什么
7	你的重要合作伙伴是什么？即谁可以帮助你
8	你的营销渠道是什么？即你怎么样才能宣传自我
9	你的盈利来源是什么？即你能够得到什么

一、"一站式"客户价值主张模式（贝壳找房）

"一站式"客户价值主张模式，简言之，就是关注客户的痛点是否显著、痛点出现频率是否较高，从而准确为客户提供解决痛点问题的"一站式"解决方案。

【案例链接：贝壳找房的"一站式"客户价值主张模式】

研究客户价值主张，可以从客户痛点（是否显著、是否高频等）切入，以此来找到市场发展的突破口。然后对症下药，思考如何通过优质产品和服务提高客户黏性等。

房产中介行业的痛点来自三个关键角色：房源、客户与经纪人。一般来说，经纪人要花费很多精力来找到房源，而房源的质量参差不齐，有经纪人为了快速赚到佣金，不顾后续交易及售后服务等，"做一次性生意"，导致C端的服务体验很差（如图4-10所示）。

针对这些客户的痛点问题，贝壳找房提出了"一站式"解决方案，就是把自身定位为房产服务平台商，在录入经过严格审核的房源的基础上，将三大关键角色细分成10个角色（见表4-16），精准地服务到每一个环节。

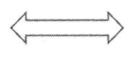

第四章 企业天地人三维生命体：企业公转价值增长

客户价值主张 ⟷ **贝壳找房**

客户痛点是否显著

痛点频率是否高频

传统的房产中介：房源不足、做一次性生意、服务有限

贝壳找房：提供房源+利润分配+技术增值

图 4-10 贝壳找房打造客户价值主张模式

表 4-16 贝壳找房服务房源方的业务角色

贝壳找房 ACN 体系的 10 个角色（上）		
服务房源方	服务内容	分润
1. 房源录入人	将业主委托交易房源录入系统	40% 左右佣金
2. 房源维护人	熟悉业主、住宅结构、物管以及周边环境和陪同讲解	
3. 房源实勘人	拍摄房源照片、录制 VR	
4. 委托备件人	信息上传政府指定系统	
5. 房源钥匙人	征求业主同意获得钥匙	

服务房源方，就是把卖房的流程更加细致地拆分出来。以上 5 个角色，有可能是一个人同时身兼多职，承担得越多角色，收益也就越大。一般来说，这部分服务房源方的角色，能有 40% 左右的佣金。

服务客源方，就是把买方的流程更加细致地拆分出来。以下 5 个角色，是服务客源方的角色，因为他们决定房子的最终成交，能有 60% 左右的佣金（见表 4-17）。

表 4-17 贝壳找房服务客源方的业务角色

贝壳找房 ACN 体系的 10 个角色（下）		
服务客源方	服务内容	分润
6. 客源推荐人	客户推荐	60% 左右佣金
7. 客源成交人	协助业主谈判，促成签约	
8. 客源合作人	辅助客源成交人完成相关工作	

续表

服务客源方	服务内容	分润
9. 客源首看人	带客户首次看成交房源的经纪人	60% 左右佣金
10. 交易金融顾问	签约后的相关交易服务	

以上 10 个角色，打破了传统房产中介"房源、客户与经纪人"业务链条的局限，可以线上线下联动起来，维护经纪人与客户的利益，更好地促成业务。

此外，贝壳找房针对 C 端客户的"一站式"解决方案，还提供了 VR 看房、AI 讲房等服务，提升客户的看房体验，让平台、业务各角色和客户之间形成了高效协同的关系。

综上所述，贝壳找房的"一站式"客户价值主张模式，是针对传统房产中介行业的显著痛点，打造出的一套自己的 ACN 体系，细分出十大业务角色，包括负责内容与分润机制等，从而更好、更细致地为客户提供优质服务。

二、S2B2C 模式（百果园、杨国福麻辣烫）

笔者认为打造强的商业模式，可以参照百果园、杨国福麻辣烫的案例，从供应链、渠道商与客户等方面来寻求 S2B2C 创新模式增长。

S2B2C 模式，简而言之，就是集合 S 端供应链和 B 端渠道商，共同深化对 C 端的服务的商业模式。

【案例链接：百果园的 S2B2C 模式】

百果园是采用 S2B2C 模式比较成功的案例，它把自己打造成一个大平台，吸收下游水果店成为加盟商，再整合上游的产业链，将二者结合起来，给消费者提供最好的体验。

百果园作为水果零售的头部玩家，截至 2021 年，它的分店突破 5000 家，积累了 7000 多万会员，年营收 200 多亿元。它是如何做到的呢？

（1）如图 4-11 所示，S2B2C 模式的第一点是整合 S 端供应链，对应到百果园模式的第一点就是定向收购供应链。

第四章 企业天地人三维生命体：企业公转价值增长

S2B2C模式

1. 整合S端供应链
2. 赋能B端渠道商
3. 共同服务好C端客户

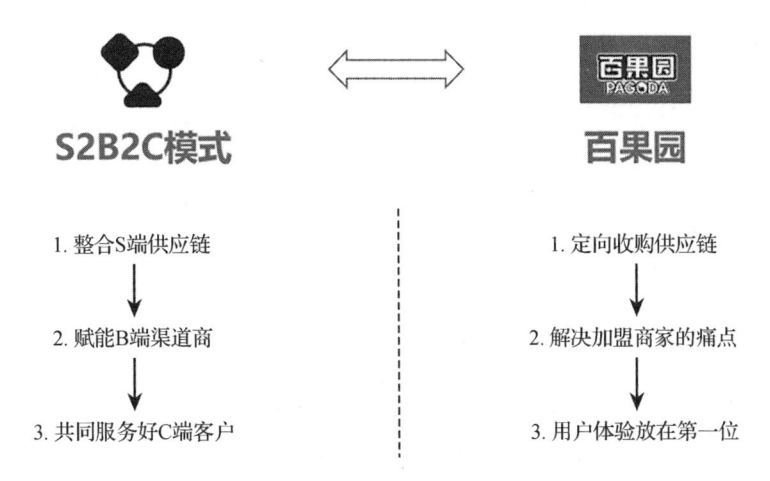

百果园

1. 定向收购供应链
2. 解决加盟商家的痛点
3. 用户体验放在第一位

图 4-11　百果园的 S2B2C 模式

如图 4-12 所示，百果园门店数量多，用 30% 的门店利润来达到上市的要求，上市后就能产生股权溢价。而且百果园对供应商有一个月的账期，这部分动态现金流，可以进一步收购上游水果资源，洽谈独家采购权，进而降低供应链的采购成本等，增加品牌的竞争力。

百果园 → **盈利点1** 分30%的门店利润（用于维持物流、人事管理、营销策划等）→ **盈利点2** 上市后股权溢价（对供应链一个月的账期这些钱用于定向收购上游资源）→ 资本玩法（降低供应链的采购成本增加店铺竞争力）

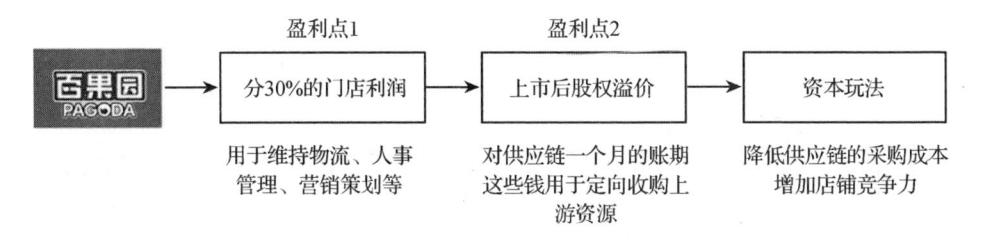

图 4-12　百果园盈利流程结构

（2）S2B2C 模式的第二点是赋能 B 端渠道商，对应到百果园模式的第二点就是解决好加盟商家的一系列痛点。比如，传统水果店老板可能遇到进货渠道单一、水果保存难、降价赔本等问题。加盟百果园后，水果店老板不用每天起早摸黑，总部直接给他们将优质水果送货上门，别人 4 元成本的水果，水果店老板可以做到 3 元成本，开门营业照样可以 5 元卖出去，省时又省心。

此外，百果园的 B 端门店合伙人包括店长、片区经理、大区总监等。其总部与门店的利润分配见表 4-18。

表 4-18　百果园的利润分配结构

角色	利润分配	说明
总部	30%	不出资、不占股，不收加盟费、不赚产品差价
门店	70%	拿这 70% 的利润，按照内部股权结构分配利润

前 3 年亏损，由总部承担，3 年后继续亏损，总部有权决定是否关店

门店合伙人 3 个角色负责投资经营，按照股权结构分润，见表 4-19。

表 4-19　百果园开店投资比例

角色	投资占股比例	负责工作
店长	80%	店面经营
片区经理	17%	指导门店的门店系统、品牌、流量赋能、社群运营
大区总监	3%	负责财务、人事、管理等

百果园还有一套人才快速裂变机制，见表 4-20。

表 4-20　百果园人才培育机制与退出机制

机制	说明
人才培育机制	设置育才奖，老店长每年培养 1 名新店长，享 10% 的新店分红
退出机制	补偿当年门店分红的 3 倍收益

（3）S2B2C 模式的第三点是共同服务好 C 端客户，对应到百果园模式的第三点就是始终把客户体验放在第一位。针对这个问题，百果园的战略定位为"好吃的水果"，推行"三无退货"（可无小票、无实物、无理由退货）政策，从线下延伸到线上 App，不断以极致的服务赢得顾客信任。当然，对于一些恶意退货的订单，百果园也会给予加盟商一定的补贴，让他们放心地执行这一政策。

【案例链接：杨国福麻辣烫的 S2B2C 模式】

杨国福麻辣烫也采用了 S2B2C 模式，但它跟百果园又有差异。

2022 年，杨国福麻辣烫向港交所提交上市申请，近 3 年的营业收入均超过 10 亿元，门店数量更是突破 5000 家。如果能够综合借鉴杨国福的创新之处，那对于大家运用好 S2B2C 模式是非常有帮助的。

第四章　企业天地人三维生命体：企业公转价值增长

下面结合杨国福麻辣烫的经营模式、管理模式和股权激励等来分析其S2B2C模式。

如图4-13所示，S2B2C模式强调保持好良好的营收，杨国福麻辣烫的自营店和加盟费收入约占年营收的1%左右，剩下的大部分营收是从加盟店身上赚取的，即杨国福麻辣烫通过打造自有的供应链，给加盟商提供调味料、食材、设备、包材、制服等产品来获取收入。只要加盟店不断扩张，就能不断赚供应链的钱了。

S2B2C模式
1. 经营模式：保持良好的营收
2. 管理模式：管理跟得上节奏
3. 股权激励：兼顾加盟商和雇员

杨国福麻辣烫
1. 打造自有的供应链，供货给加盟商
2. 采取外包方式，拓展门店
3. 对核心加盟商和重要雇员进行股权激烈

图4-13　杨国福麻辣烫的S2B2C模式

S2B2C模式的管理模式强调企业管理要跟得上节奏，杨国福麻辣烫的管理模式是联合第三方管理人员来进行门店拓展的监督、指导和运营工作。杨国福麻辣烫招股书中透露，他们每年向第三方企业支出服务费大概4000万元，与每年营收10亿元以上相比，这能够大幅度降低员工成本。

S2B2C模式的股权激励强调兼顾加盟商和雇员等角色，杨国福麻辣烫将第三方管理负责人＋重要雇员纳入股权激励体系，将他们变为核心战略伙伴，通过这种方式来提高人才的留存率。例如第三方管理伙伴负责人的股权激励是分4年来逐步解锁、出售这部分股权，根据时间序列分别授予10%、20%、30%、40%，最后才能从中获益（见表4-21）。也就是说，杨国福麻辣烫明确激励对象后，通过这种分批解锁归属的股权激励，尽可能地把他们至少留住4年，他们做得越久，股权激励越多，最后变现取得翻倍的股权收益。

表4-21　2022年初杨国福的第三方管理伙伴负责人激励计划

激励股份	股价	奖励人数
1124887股	¥16.60元/股	17人
对这部分人，采取受限制性股份作为股权激励工具，即这部分股权要分4年来逐步解锁、出售并从中获益，根据时间序列分别授予10%、20%、30%、40%		

三、上下游资源整合模式（海澜之家）

笔者认为打造强的商业模式，还可以结合海澜之家所采用的上下游资源整合模式来寻求增长。

上下游资源整合模式，简言之，就是通过整合上游供应链+赋能下游加盟商，把自己变成产业平台来做大企业。

【案例链接：海澜之家的上下游资源整合模式】

谈到上下游资源整合模式，海澜之家的做法值得分析。截至2021年末，海澜之家全国门店5600多家，年营收超200亿元。下面分析它是如何取得如此惊人的成绩的。

（1）如图4-14所示，上下游资源整合模式的第一点是整合上游的供应链。海澜之家的第一点就是整合上游的服装厂家：①提高了自身的上游议价能力，海澜之家通过联合厂家订购大批量原材料，取得了上游的原材料议价权优势。②通过这样的联合采集，降低了供应商的生产成本。因为这些小服装厂的优势就是有地、有人，但缺乏稳定和大量的订单，容易造成生产成本太高。③促动厂家用心设计。海澜之家跟上游1万多家工厂合作，由工厂进行设计，而总部的设计团队则负责筛选爆品。同样，海澜之家只预付30%的货款给厂家，如果不适销就要厂家回购，这时候服装厂为了多赚钱就会用心设计出当季热销的产品。实在不行，海澜之家就帮他们折价清理库存。

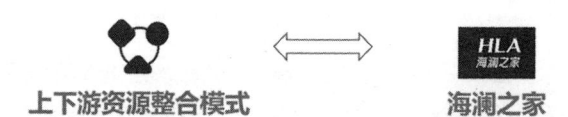

上下游资源整合模式	海澜之家
1. 整合上游的供应链	1. 整合上游服装厂家
2. 赋能下游加盟商	2. 加盟/全托管模式
3. 把自己变成产业平台	3. 打造成服装行业的产业平台

图4-14 海澜之家的上下游资源整合模式

（2）上下游资源整合模式的第二点是赋能下游加盟商。海澜之家的第二点就是采取加盟+全托管的模式来服务好加盟商，表现在：总部负责提供一系列门店经营的服务，加盟商负责投入100万元左右的装修费+100万元的押金（分批返还），后续每年的维护费用还要投入100万元左右。

为什么加盟商会愿意投呢？因为海澜之家提供收益兜底承诺，即保证累计5年税前利润净赚100万元。投入以后，门店位置好，可能收益翻倍，上不封顶。

此外，海澜之家总部与加盟商的利润分配机制是：加盟商分40%的营业额，扣除成本获益；总部分60%的营业额，用作继续扩大规模发展。

（3）上下游资源整合模式的第三点是把自己变成产业平台。海澜之家的第三点就是打造成服装行业的产业平台，表现在：传统服装店同行靠卖衣服的差价来赚钱，海澜之家反其道而行之，通过强大的资源整合能力，整合上游的供应链＋赋能下游加盟商，把自己变成服装行业的产业平台，从卖衣服赚差价转变为卖系统、卖生意来赚钱。

四、O2O新零售模式（盒马鲜生）

笔者认为打造强的商业模式，可以结合盒马鲜生的O2O新零售模式，通过线上线下创新重构带来增长。

O2O新零售模式，简言之，就是在线上线下一体化发展的同时，进行创新的业态重构发展。

【案例链接：盒马鲜生的O2O新零售模式】

（1）如图4-15所示，O2O新零售模式的第一点是线上＋线下一体化发展。盒马鲜生重构了传统O2O模式，线上交易大于线下交易，意思就是主要营收来自线上，用线上的营收来覆盖线下的成本。比如，盒马鲜生要求每天的线上订单目标是5000单以上，为了保证订单配送效率，一般在3公里范围内实现30分钟配送到家。

O2O新零售模式 ⇔ **盒马鲜生**

1. 线上+线下一体化 ｜ 1. 线上+线下融合，但线上交易>线下
2. 服务会员的业态创新 ｜ 2. 生鲜超市+餐饮体验+线上业务仓储
3. 数字化经营技术创新 ｜ 3. 线上线下一体化IT系统

图4-15 盒马鲜生的O2O新零售模式

（2）O2O新零售模式的第二点是服务会员的业态创新。盒马鲜生的业态模式是生鲜超市＋餐饮体验。这是参考了两家企业的模型。

第一家是Eataly公司，其模式是超市＋餐饮＋体验（美食课程）。Eataly聚焦于意大利"慢食＋优雅"的美食文化格调。比如消费者进入Eataly，更像是走进图书馆，可以随时随地出入，而不是匆匆购物；消费者在Eataly的餐厅会看到各种新鲜的食材，继而让消费者产生对食材的信赖等。除了就餐之外，Eataly还在区域里放了各种美食书刊供大家学习，让消费者在现场既体验到美食又能学习到烹饪知识。

第二家是中国台湾的上引水产。一些人对于水产市场的印象是"脏、乱、差"，上引水产的特色是升级改造成一个以餐饮为核心的水产市场，即在海鲜区旁边设置了餐饮区，干净卫生的环境，让消费者获得体验感、舒适感和安全感。

综合这两个模型，盒马鲜生加以创新，它最大的特色是开设了堂食区，选取了海鲜这种符合中国人口味的食品作为爆品，消费者可以直接在门店让厨师加工制作，有力地提升了消费者的到店体验感，带动了客流增长。

（3）O2O新零售模式的第三点是数字化经营技术创新。盒马鲜生打造了自身的一套线上线下一体化IT系统，比如通过线下引流到线上的盒马鲜生App，自己把握用户流量，经营私域流量来独立生存。又比如盒马鲜生的线上业务仓储，即盒马鲜生的商品有独立的电子标签，用户在线上下单后，会快速地匹配到拣货员的仓储区拣货，进行快速配送等。

第四节　如何通过品牌战略促进增长
（"一生二"：看得见与看不见）

品牌战略中的"一生二"表现为："一"代表客户，"二"代表生出了打造让客户认可的品牌的"看得见与看不见"关系。名称、标志、口号、包装等都是品牌看得见的表现形式，当然也不止于此。其实，好的品牌形象除了可以让大家更容易记住和信任外，还可以增强企业的凝聚力和吸引力，提高知名度、赢得市场优势地位等，这些都是品牌不容易看得见的表现形式。那么具体该如何打造品牌呢？

一、做好"定位+4P"

笔者认为企业制定品牌战略的时候，要做好"定位+4P"，丰富品牌资产，取得竞争优势。

1. 厘清企业战略与品牌战略的区别

企业制定品牌战略之前，要搞懂企业战略与品牌战略的区别。

从执行层面来看，企业战略更加宏观，定的是发展的大方向，并且要动态调整，避免企业"走弯路"；品牌战略更加微观，包括具体的路径以及匹配相关的资源等。

从时间维度来看，每个企业都有一个生命周期。一般来说，在企业初创期，很多事情都是从0到1，这时候要考虑怎么把品牌打响，进而驱动增长，这就需要企业做好品牌战略。因为企业初期的资源有限，这阶段可以把品牌战略等同于企业战略来并行发展。

企业发展到一定程度，则需要把品牌战略与企业战略区分开来。那二者的区别是什么呢？简单来说：企业战略就是研究与发现未来的发展机遇，定下企业的发展路径；品牌战略就是"定位+4P"。

2. 品牌战略的"定位+4P"是什么

"定位"就是确定要打造一个什么样的品牌，并且要让客户知道你的品牌是什么。

"4P"包括定价（Price）、产品（Product）、渠道（Place）和推广（Promotion）。这4个要素相互关联，且围绕着定位动态发展。

通俗来说，我们可以理解为"定位"定生死，然后通过"4P"（合理定价、优质产品、高效渠道和巧妙推广）的组合，逐步建立起品牌价值，满足消费者需求，提升市场竞争力，实现可持续发展。

3. 如何做好品牌战略的"定位+4P"（以英伟达为例分析）

在实践中该如何做好品牌战略的"定位+4P"呢？下面通过英伟达的案例来对照分析。

如图4-16所示，"定位+4P"的第一点是通过定位来区隔于竞争对手，开创新品类来打通市场，快速占领用户的心智。英伟达在1999年创造了世界上第一颗GPU（图像处理芯片），首创了"GPU"这个词。然后推出一系列高性能与高质量的 GPU，广泛应用在游戏、虚拟现实、深度学习等精准的细分领域。

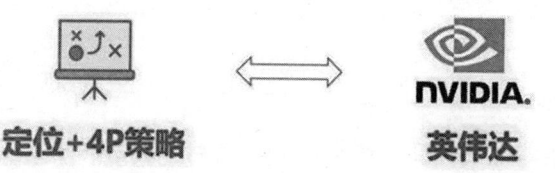

```
         定位+4P策略        ⟷        英伟达（NVIDIA）

1. 定位：开创新品类                 1. 首创了"GPU"一词，高性能计算领域
2. 产品：与同类产品的竞争情况       2. 牢牢把控着GPU高端市场
3. 定价：面向销售人群的定价策略     3. 吸引有高性能计算需求的专业用户/玩家
4. 渠道：销售渠道带动增长           4. 电商平台、零售商以及OEM等渠道
5. 促销：促进销售的广告策略         5. 国际化的行业展会/技术研讨会等
```

图 4-16　英伟达的"定位 + 4P"

"定位 + 4P"策略的第二点是产品，就是考虑与同类产品的竞争情况。英伟达的竞争对手之一是英特尔，英特尔牢牢占据了 CPU（中央处理器）的市场份额，凭借这个先发优势，也在 GPU 市场上取得了不错的成绩。而英伟达为了破局，在产品策略上采取了高端战略，通过专心经营高端市场来取得领先地位。

"定位 + 4P"策略的第三点是定价，定价定天下，定价可以决定销售的目标人群和控制企业成本等。因为英伟达产品定位在高端市场，所以它们的产品价格相对较高，面向那部分对高性能计算有需求的专业用户和游戏玩家。

"定位 + 4P"策略的第四点是渠道，销售渠道能很好地带动增长。英伟达通过与各大电商平台和零售商合作以及 OEM 等渠道，将产品推向全球市场。

定位 + 4P 策略的第五点是促销，就是一些促进销售的广告策略。英伟达通过参加一些国际化/高端的行业展会及举办技术研讨会展示自己的最新技术和产品创新，分享开发和应用技巧等做宣传推广，比如知名的国际消费类电子产品展览会（CES）和计算机图形学国际会议（SIGGRAPH）、英伟达开发者大会（GTC）等。

【延伸链接：如何通过巧妙的定价策略来提高竞争对手进入的门槛】

下面来看看当年惠普公司如何通过巧妙的定价策略来提高竞争对手的进

入门槛。

当时惠普公司研发了一款成本为700元的产品，与市场上卖1500元的同类产品相比，惠普认为自身的各种指标远超同类产品。那惠普公司该如何定价来取得竞争优势呢？

惠普基层的第一轮定价是2000元，被高层否决了，高层认为卖2000元后，毛利有1300元，如此暴利的产品，一定会引来现有或潜在竞争对手，长期下去可能会演变成打价格战，让双方拼得你死我活。

惠普基层的第二轮定价1500元，与同类产品一样的价格，但比他们的性能更好，同样毛利达到了700元，问题还是属于暴利，竞争者还是会不断涌入，他们降价的话，惠普只能跟着降价，这就变成被人牵着鼻子走了。

最后，惠普非常巧妙地定价为1000元，这时候毛利只有300元，惠普知道竞争对手破译自己的产品技术起码要半年，那惠普在这半年时间内就赚这300元的毛利来分摊成本，加上不断的技术提升，让成本从700元降到600元、500元不等。

这时候惠普就给了竞争对手两个选择：一是半年后你与我打价格战，我就算降价到700元依然有利润可赚。二是竞争对手没必要为了这款300元利润的产品而与惠普争夺市场。最终惠普运用了这一定价策略，成功地阻隔了对手的进入，让自己长期处于优势地位。

二、占据用户心智

笔者认为企业制定品牌战略的时候，还要考虑如何通过占据用户心智来驱动增长。

1. 做好品牌战略的核心之一：抢占用户心智

做好品牌战略的核心之一是抢占用户心智。这要从新时代的3个转化来理解。

第一，产品维度的转化。产品过剩时代，没有差异化创新的产品很难走得更远。

第二，信息维度的转化。移动互联网时代，信息传播方式升级，权威褪色，不再是"一言堂"，IP化、小视频等传播方式空前强大。

第三，心智维度的转化。消费者的生活品质提高了，过去"凑合着用"

的心态转变为要追求好的体验感。这当中的主导就是用户心智。

2. 做好品牌战略的核心之二：发掘用户心智的空位来建立品牌优势

从一定程度上讲，占据用户心智就是品牌的终极目标，得不到消费者认同与使用的品牌，技术再超前也会黯然失色。所谓抢占用户心智空位，可以理解为发掘出不同维度的市场空位，第一个来占据，进而发展与壮大。我们可以从区域空位、服务空位、差异化空位等入手，发掘与抢占用户心智空位。

【案例链接：胖东来如何占据用户心智】

下面用胖东来的案例，分析其如何通过区域空位和服务空位来占据用户心智。

（1）胖东来如何抢占区域空位？胖东来只选择在河南深耕细作，而放弃了其他地方的规模扩张。据说只要胖东来在当地开张了，其他商超就不会选择在它附近开张。胖东来之所以这么做，是为了让自身能够全程把控源头采购、物流、仓储、定价、销售等过程的质量，以此保证为消费者提供极致的服务体验。

（2）胖东来如何抢占服务空位？胖东来尤其擅长发掘和抢占服务空位，例如不久前胖东来因一件看似比较小的事情上了热搜，他们的一位负责折扣商品称重的员工，离开了6分钟，引发了一位消费者的不满和投诉。对于胖东来来说，这种事绝不是无关紧要的事。胖东来从事情曝光、查明真相，到向外发布了足足8页纸的调查报告，用了不到10天。这份报告提出的解决方案为：一是胖东来认为消费者没错，向那位消费者赔偿了500元（该消费者婉拒了）；二是胖东来认为那名员工受到了精神损害，补偿了5000元；三是当时还有一位员工在场协助处理，奖励其500元；四是将那部分疏忽管理的管理层做了降职处理。

实际上，胖东来处理一些看似细微的顾客投诉时，会把独特的服务做到极致，并形成了流程、机制的闭环管理。胖东来有自己的《胖东来顾客投诉处理标准》和陪审小组，当客户投诉事件发生后，胖东来不会草草了事、息事宁人，而是全方位地调查清楚各方面的原因，再给予赔偿、奖励或惩罚。胖东来就是这样用极致的服务来占据用户心智的。

3. 做好品牌战略的核心之三：用一个关键词占据潜在客户心智

简单来说，就是用广告语来传播品牌定位。设计广告语可以从卖点区隔、价值取向等方向入手，好的广告语，能够体现品牌定位、传播品牌情怀、与目标人群产生互动、具备销售力，且朗朗上口、易读易记等。为了更好地理解用一个关键词占据潜在客户心智，下面从不同维度列举了多个市场上取得成功的价值千金的广告语（见表4-22）。例如格力空调用极简朴素型的广告语，让消费者想到空调品类时立即就能想到格力。这类广告语通常需要强大的广告投放，打造品牌即品类的品牌效应，并将其植入用户心智。又如海飞丝用故事推动型的广告语，这类广告语"放大痛点"并提供"解决方案"，双管齐下，让品牌一秒入心。

表4-22　部分类型的广告语

广告语类型	广告语案例
1. 极简朴素型	【格力空调】好空调，格力造 【索菲亚】定制家，索菲亚
2. 优势共鸣型	【汉庭酒店】爱干净，住汉庭 【孔雀城地产】一个北京城，四个孔雀城
3. 故事推动型	【厨邦酱油】厨邦酱油天然鲜，晒足180天 【海飞丝】去屑实力派，当然海飞丝
4. 理想情怀型	【阿里巴巴】让天下没有难做的生意 【联想】人类失去联想，世界将会怎样

4. 做好品牌战略的核心之四：找准与目标人群的契合点，将他们培育成"铁杆粉丝"

企业的强大并不只是体现在规模上，还体现品牌在潜在用户心智中的地位。找准品牌与潜在用户的契合点，抢占用户心智，将他们培育成"铁杆粉丝"，才能更好地实现价值增长。就像艾·里斯所说："一个品牌的力量在于它影响购买行为的能力，但包装上的品牌名称和心智中的品牌名称并不等同。"[①]

---

① 艾·里斯（Al Ries），劳拉·里斯（Laura Ries）. 品牌22律［M］. 寿雯，译. 北京：机械工业出版社，2013.

【案例链接：漫威电影如何培育"粉丝"】

下面借助漫威电影的案例，分析企业如何培育"粉丝"并占据他们的心智。

（1）如图4-17所示，占据用户心智的第一点是进行品牌曝光，提高宣发能力，解决品牌的流量入口问题。漫威公司实际上是迪士尼旗下的子公司，而迪士尼是好莱坞知名的影视制作公司，本身就具备很强的广告宣发能力，这使得漫威公司的英雄题材电影，一推出就受到了极大的关注，这为占据用户心智打下了基础。正如艾·里斯所说："广告是一种非常有力的工具，它无法帮助一个新品牌建立领先地位，但可以维护品牌已经获得的领先地位。"[1]

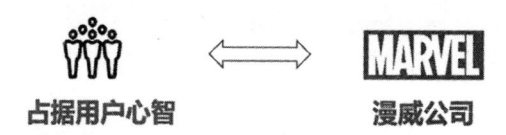

占据用户心智 ⇔ **漫威公司**

1. 品牌曝光的宣发能力
2. IP化的符号，提升用户认知和记忆
3. 衍生性的场景，激发用户持续关注、认购

1. 漫威公司是迪士尼旗下的子公司
2. 漫威电影一系列的英雄IP+明星IP，深受大众欢迎
3. 电影结尾彩蛋联动，多部电影驾驭一起，促进电影票房、周边产品等收入

图4-17　漫威电影如何占据用户心智

（2）占据用户心智的第二点是打造IP化的符号，提升用户认知和记忆。漫威电影有一系列的英雄IP，如钢铁侠、蜘蛛侠等，而且每一个英雄IP都由知名的影视明星扮演，并且还要连续拍系列剧作，例如扮演钢铁侠的小罗伯特·唐尼，其傲慢又柔情的气质，使得钢铁侠1到复仇者联盟等电影都深受观众欢迎，积累了一大批忠实"粉丝"。此外，漫威公司的电影具有非常强烈的视觉冲击感，同样吸引着观众。就是说，在这一阶段漫威电影凭借英雄IP+明星IP双重力量，强势占据用户心智，让用户对品牌的记忆变得更加深刻。

---

[1] 艾·里斯（Al Ries），劳拉·里斯（Laura Ries）.品牌22律[M].寿雯，译.北京：机械工业出版社，2013.

第四章　企业天地人三维生命体：企业公转价值增长

（3）占据用户心智的第三点是创造衍生性的场景，激发用户持续关注、认购。大部分漫威电影在结束的时候都会有一个结尾的彩蛋联动，这样就会塑造起一个所谓的"漫威电影宇宙"，能够将多部电影连接在一起，吸引人们持续关注整个系列的电影。这样一来，也极大地打造了诸多商业场景，除了带来票房收入，还有产品联名、潮流玩具、出版物、手游、快闪店、商场展览等周边产品的收入。

综上所述，企业要全力打造让客户认可的品牌，这也是企业长期增长发展和增强竞争优势的关键因素之一。

第五章

企业天地人三维生命体：企业资本运营"道与术"价值增长

【本章导读】

大家来思考一个问题：我们到底是要经营一家"赚钱"的企业，还是要经营一家"值钱"的企业？一字之差却有天壤之别，本章第一节针对这个问题分析经营企业的认知思维与价值塑造。

经营企业需要融资、融人、融智慧，本章第二节分析企业在不同阶段的资本运营方法。

本章第三节借助一些耳熟能详的名人典故，解读了企业在初创期、成长期、成熟期与衰退期如何通过资本运营来优化与发展。

第一节 资本运营思维与价值之"道"
（"一生二"：有形与无形）

正如人的脑袋在头部，脑袋产生思维，思维影响行动，因此，本节把资本运营的思维与价值模块归为"道"的层面。企业资本运营之"道"中的"一生二"表现为："一"代表客户，"二"代表生出了资本运营思维与价值"有形"与"无形"的关系。掌握"有形"与"无形"的思维与价值体系，亦有助于企业增长。

一、认知思维：产品思维、资本思维与套利思维

在企业天地人三维生命体（小宇宙）中，内外双修才能更好地服务客户，驱动企业增长。这里讨论的企业外功指企业的资本运营思维与价值之"道"

第五章　企业天地人三维生命体：企业资本运营"道与术"价值增长

模块。作者认为在思维层面，要正确认知并提升产品思维、资本思维与套利思维，深入把握其目标、方法与逻辑，来推动企业成长。

1. 产品思维："先婚后恋生子"

有的传统实体企业家勤勤恳恳做好实体经营，而不会过于在意资本运营，这种驱动企业增长的逻辑是什么呢？

其实这种逻辑可归纳为产品思维。产品思维的链条中，产品是看得见、摸得着、数得清的，企业老板的惯性操作是投入资金，来购买土地、设备、劳动力、原材料等重资产，通过各种各样的运转，对外卖产品、卖服务、卖技术等，一手交钱一手交货，可能打价格战，整合资源。客户购买后，企业实实在在得到了利润。企业的这种商业模式是买鸡卖蛋，追求产值，产品思维的目标是垄断。

下面用"先婚后恋生子"路径来对比分析传统企业的产品思维。

如图 5-1 所示，"先婚后恋生子"路径的第一点就是通过相亲、媒人介绍等找对象，然后男女双方通过分析对方的收入等物质条件来判断是否适合结婚。这就像有些企业老板秉持传统产品思维，道听途说，没有做好科学的市场调研，就贸然投钱启动经营项目。

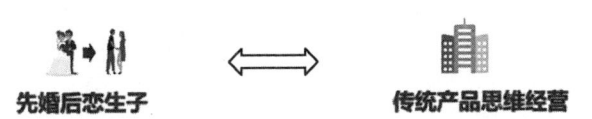

先婚后恋生子
1. 通过相亲，满足收入等条件就结婚
2. 结婚后再经营感情
3. 生儿育女过日子或感情破裂离婚分家

传统产品思维经营
1. 没做好科学市场调研，就启动经营
2. 经营产品，赚差价
3. 后续发展，扩大生产重复赚差价或恶意打价格战、资不抵债等倒闭收场

图 5-1　以"先婚后恋生子"比拟产品思维经营

"先婚后恋生子"路径的第二点就是结婚后再经营感情。这就像秉持传统产品思维的企业老板，先亲力亲为投入劳动力和资本等，然后期待赚差价。

"先婚后恋生子"路径的第三点是结婚生子后大概出现两种情况：一是生儿育女过日子，这就像企业采用传统产品思维经营发展，不断地扩大生产，重复赚取差价，但是十分辛苦；二是夫妻双方为了鸡毛蒜皮的事而感情破裂，最终离婚分家，这就像企业采用传统产品思维发展，互相恶意竞争，打价格战，最终资不抵债，倒闭出局。

实际上，在产品过剩时代，有的企业为了提高销量，薄利多销、打价格战、恶意竞争，甚至是不遵守企业经营规则、偷税漏税挣快钱等，这就让企业完全偏离了成长壮大的方向。

2. 资本思维："先恋后婚生子"

"先婚后恋"和"先恋后婚"，虽然字面上看只是简单调换了顺序，但转换到企业经营上，这将会成为塑造未来价值的一个重要抉择。

用资本思维经营企业，同样是企业老板投入资金，但这些资金将用于做资本运营，包括投融资、并购、重组等一系列操作。一样是钱生钱，但资本运营是利用机会成本和杠杆成本用钱来赚大钱。运用资本思维经营企业，是不需要打价格战的，而是要给客户提供"一站式"的解决方案，配置资源，其商业模式是买蛋卖鸡，追求市值，资本思维的目标是共赢。

为了便于理解，下面用"先恋后婚生子"的具体案例来分析企业如何采用资本思维经营。

【案例链接：小米公司的资本思维】

（1）如图5-2所示，"先恋后婚生子"路径的第一点是谈恋爱，男女双方要先看对方的人品、三观、格局和生活习惯等条件，才决定是否与对方恋爱。这就像小米公司采用资本思维经营时首先构建了经营链条：找到用户（获取需求）→找到投资方（获取资金）→找到工厂（生产产品）。

先恋后婚生子

1. 找人品、三观、格局、生活习惯好的人恋爱，异地恋爱也是一个选择
2. 双方恋爱过程强调的是真爱、真实感觉、相恋相爱、走向婚姻
3. 婚后进行自身增值与培养孩子增值

小米公司资本思维经营

1. 先找到用户、再找到投资方和加工厂
2. 真心经营用户、投资方和加工厂，制作优质产品
3. 小米生态链成型，带来高速增长

图5-2 以"先恋后婚生子"比拟小米公司的资本思维

第五章 企业天地人三维生命体：企业资本运营"道与术"价值增长

此外，异地恋爱也是一个选择，这就像企业采用资本思维经营时，可以跨越时空、跨界转型（产品思维局限于时空）。他们在跨界中对资源进行投入、调整、重组等，借助聚合的能力产生更高的效能。

（2）"先恋后婚生子"路径的第二点是双方恋爱过程中逐渐相亲相爱、走向婚姻。这就像小米公司真心诚意经营好用户、投资方和加工厂。小米公司保质保量地生产加工高性价比的产品，以此获得了用户的认可，进而打破竞争对手高价格的壁垒。

（3）"先恋后婚生子"路径的第三点是伴侣婚后不仅要让自身增值，还要培养孩子增值。这就像小米公司通过爆发式的高速增长，逐渐形成了生态链。这个生态链通过多个圈层向外延伸发展：内圈以高性价比的手机作为入局市场的爆发点；中圈合作外延至智能硬件，如电视、路由器、电脑等；外圈则外延至生活耗材类的产品，在家庭生活品质方面下足功夫。

3. 套利思维："不婚主义者"

生活中还有一部分人选择不结婚，这种生活方式同样可对应于企业的套利思维。下面结合"不婚主义者"的特征来对比分析部分公司的套利思维。

如图 5-3 所示，不婚主义可分为两类：第一个类是"伪不婚主义者"，这部分人可能是因为恐婚、结婚压力大等因素而被动地称自己为"不婚主义者"，以搪塞来自其他人的闲言碎语。这正像部分公司的套利思维，这些公司可能对资本运营一知半解，不去研究资本市场行情、发展机会、产业政策、行业信息等，随意拍板决策，导致投资或经营失利。

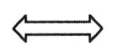

不婚主义者
1. 伪不婚主义者：恐婚、结婚压力大
2. 真不婚主义者：思想独立追随内心

部分公司套利思维经营
1. 随意拍板决策，导致投资或经营企业失利
2. 强调套利，追求短平快来赚钱

图 5-3 以"不婚主义者"特征比拟公司的套利思维

第二个类是真正的"不婚主义者"，这部分人有独立的思想，跟随自己的内心，想摆脱束缚，去追求自己想要的生活。这就像另一类采用套利思维经营的公司，这部分公司希望能够先人一步，在未知事物崛起前或者项目还有

争议的时候就能快速赚到钱。强调的是套利,希望在所谓的"短平快"(周期短、见效快、效益高)效应下,找准时机套取高额差价或者另找价值投资赚钱。

二、实操思路:发现价值、创造价值与放大价值

诺贝尔经济学奖得主米尔顿·弗里德曼提出了"金融资本主义",指出企业有且只有一个社会责任,就是利用其资源从事旨在(为股东)提高利润的活动。[1]这个社会责任涵盖着价值塑造,企业只有不断地塑造出价值,才能带给企业自身以利润等效益。企业如何塑造价值呢?就是要发现价值、创造价值与放大价值,发现市场机会,以此促进企业增长。

为了更好地说明企业发现价值、创造价值与放大价值的过程,下面借助伴侣相识相爱、组建家庭与培养自身/孩子的过程来对比分析。

1. 发现价值:相识相爱

企业怎么让自身越来越值钱?不断提升认知思维,善于发现价值,找到企业的增长机会点。企业在发现价值阶段,一要发现成长空间,二要优化资源配置,并对资源享有支配权。

为了更好地说明企业如何发现价值,下面用婚恋过程中伴侣相识相爱阶段的特征对比分析妙可蓝多发现价值的措施。

(1)如图5-4所示,伴侣相识相爱阶段需要价值观相同。这就像妙可蓝多寻求突破时发现了奶酪市场这个细分领域的价值所在。在当时,国内奶酪市场是比较小的,妙可蓝多发现价值的做法是将客户定位为儿童群体,把奶酪棒做成大单品。妙可蓝多希望用奶酪棒替代儿童糖果,而这也正契合了儿童对蛋白质、钙的营养价值的需求。正如杰克·韦尔奇所说:"有一件事情必须彻底想明白了才能开始,就是你选择的赛道是否正确。这点非常重要,因为一旦大的方向错误了,再多的努力也是白费,甚至执行力越强,结果越糟。"[2]

---

[1] 米尔顿·弗里德曼. 资本主义与自由[M]. 张瑞玉, 译. 北京:商务印书馆, 1986.
[2] 杰克·韦尔奇(Jack Welch), 苏茜·韦尔奇(Suzy Welch). 商业的本质[M]. 蒋宗强, 译. 北京:中信出版集团, 2016.

第五章 企业天地人三维生命体：企业资本运营"道与术"价值增长

伴侣相识相爱阶段
相识相知、彼此找到价值观共同点
身心灵有高度契合

妙可蓝多的发现价值阶段
发现成长空间：发现奶酪市场，从儿童群体入手

配置资源：产品研发，推出适合中国人口味与食用习惯的奶酪

图5-4 以伴侣相识相爱对比妙可蓝多发现价值（1）

伴侣在相识相爱的过程中还要发现身心灵的契合点，这就像妙可蓝多定位于儿童群体的需求，细腻地打磨产品，如研发适合中国人口味的奶酪，推出常温奶酪棒，打破低温存放与运输的限制。在外形上，妙可蓝多把奶酪棒做成让儿童容易抓住、不容易误吞的形状等。在发现价值阶段中，这些措施都能切实让消费者感知到产品的价值所在。

（2）伴侣在相识相爱阶段还要互相发现并认可对方的价值，进而共同成长进步。这就像妙可蓝多在做奶酪的同时又发现了成长空间，巧妙地从做儿童生意延伸到做亲子生意。妙可蓝多在发展过程中营造了一种家庭早餐场景，它的广告片中非常突出的一句话是"营养早餐加一片"，意在解决父母每天给孩子做营养早餐的难题。而相对应的资源配置方法是：大力做品牌建设，跟《汪汪队立大功》《宝可梦》等热门动画合作来吸引小朋友，也跟形象良好的明星等合作，再配合"洗脑式"的营销，如"奶酪就选妙可蓝多"等口号，大大加深了人们对它的印象（如图5-5所示）。

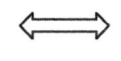

伴侣相识相爱阶段
互相发现并认可双方的价值

妙可蓝多的发现价值阶段
发现成长空间：从做儿童生意升阶到做亲子生意（家庭早餐场景）

配置资源：品牌建设，与动画片、明星合作，提高影响力

图5-5 伴侣相识相爱对比妙可蓝多发现价值（2）

2. 创造价值：组建家庭

发现价值，找到了增长的破局点之后，就要考虑用什么方式来创造价值，这样才能真正给企业带来实实在在的增长。

企业在创造价值阶段，一要用破坏性技术创新，进入早期市场、细分市场创造价值；二要在行业内进行项目孵化与生态合作，进入大众市场，创造更大的价值。这就如同组建家庭，家庭的每位成员要互相帮助、和睦相处、共同成长。

为了更好地说明资本运营如何创造价值，下面借助抖音集团两个阶段的发展历程，结合杰弗里·摩尔提出的鸿沟理论，来分析企业创造价值的具体措施。

（1）图5-6中，横轴表示企业从早期市场跨越到主流市场的过程。纵轴表示不同阶段的客户，包括创新者、早期采用者、早期大众、晚期大众和落后者。抖音集团在第一阶段借助破坏性技术创新进入早期市场，创造价值。2012年推出今日头条，并将其作为这阶段的主打产品。今日头条之所以能创造价值突围而出，是因为原来人们阅读图文需要主动搜索，今日头条采用了基于大数据推送优质内容给用户阅读的方式。这种具备破坏性创新的转变，高度契合了用户的需求，在早期市场中获取了很多用户。实际上，这一阶段企业创造出的价值，可能是满足了少数人的认可，但企业的资源投入和盈利可能难以相抵，所以他们要努力往主流市场发展。这时候就产生了从早期市场进入主流市场的鸿沟。这些企业能否顺利创造价值来"跨越鸿沟"，一定程度上决定了他们的成败。

（2）抖音集团的第二阶段，通过同样的技术进行项目孵化与生态合作，以此顺利进入主流市场，创造更大的价值。从2018年开始，抖音集团以"字节跳动"作为对外展示品牌，定位是一家可以生产爆品App的公司。期间通过资本运作，他们跟各种团队合作，推出了很多App，比如懂车帝、西瓜视频、抖音等。其中，做得最为成功的是抖音App。

抖音App成功的公式是内容＋分发＋分享。

- 第一层针对创作者，鼓励他们用短视频内容和抖音直播吸引流量。
- 第二层针对消费者，个性化地把产品匹配给消费者，激发他们的兴趣，让他们主动搜索购买。

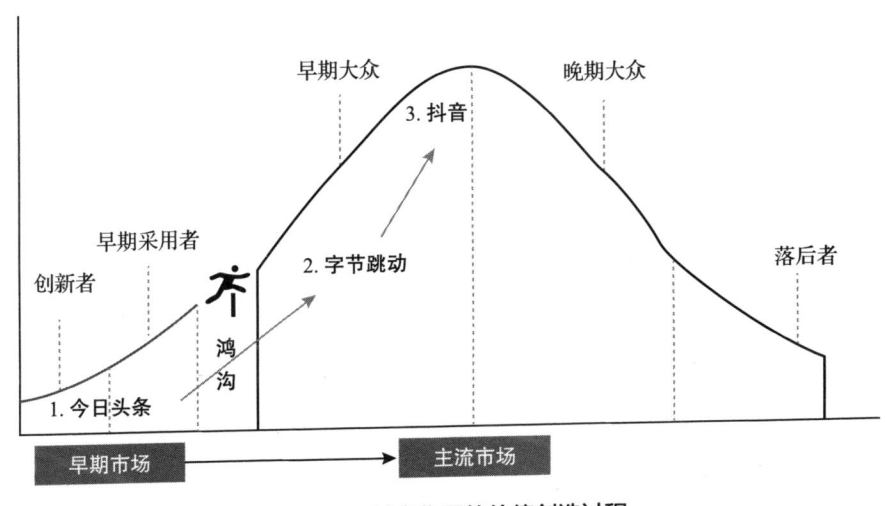

第五章　企业天地人三维生命体：企业资本运营"道与术"价值增长

图 5-6　抖音集团的价值创造过程

● 第三层针对商家，无论是人找货还是货找人，商家能够更加精准地把产品卖出去，带动了增长。

抖音集团的此番打法，就体现为创新地跨越了创作者、消费者与商家之间的鸿沟，创造出更大的价值。抖音集团在 2022 年 5 月从"字节跳动（香港）有限公司"改名为"抖音集团（香港）有限公司"，开始转向以"抖音"作为对外展示品牌。抖音集团在这一阶段把抖音 App 作为核心产品，形成了所谓的抖音电商，也更加倾向于把抖音 App 作为一个入口，囊括各种各样的业务进去（类似微信），形成一个功能越来越完善的超级 App 生态链。

3. 放大价值：培养自身 / 孩子

企业通过创造价值带来增长之后，还要考虑怎么维持增长，就像飞轮一样，要不断地加速才能一直运转下去。因此，企业下一阶段就要努力放大价值，形成新增长飞轮。具体措施包括：一是让自身企业变得值钱，二是选择并购上市与做大市值。

为了更好地说明资本运营如何放大价值，下面借助婚恋生子后培养自身 / 孩子来对比分析爱尔眼科并购上市、放大价值的具体措施。

（1）如图 5-7 所示，婚恋生子组建家庭的第一点是夫妻二人开始规划"优生优孕"，这就像爱尔眼科并购上市的第一个措施：创新商业模式。一般来说开一家医院从投入、回本到盈利，可能需要 3~4 年。如果爱尔眼科通过

157

自筹自建开医院的方式来达成上市的业绩要求，时间周期会很长。所以，爱尔眼科考虑通过创新商业模式来达到上市要求。

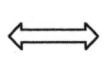

婚恋生子组建家庭

1. 婚恋、规划生孩子、组建家庭

2. 怀胎生孩子、规划未来

3. 培养孩子成为有价值的人

爱尔眼科并购上市

1. 自筹自建开医院再上市，不容易

2. 给加盟商品牌授权、运营管理、产品服务等，占股+回购股份

3. 成立并购基金，合并报表上市

图 5-7　以婚恋生子组建家庭比拟分析爱尔眼科并购上市

（2）婚恋生子组建家庭的第二点是夫妻二人在怀胎到生子的过程中不断学习新知识，为未来"育儿"做规划。这就像爱尔眼科并购上市的第二个措施：从直营模式转变为加盟模式。爱尔眼科提供给加盟商品牌授权、运营管理、产品服务等，但加盟商开的这家医院，总部要占股 10%。然后，爱尔眼科会采取类似业绩对赌的方式，若加盟商达到协议中的利润，就以 30 倍市盈率来回购这个加盟商 41% 的股份。这时候，爱尔眼科的占股就变成了 51%（10%+41%），可以进行合并报表上市。

接着，爱尔眼科继续做定增股票，70% 分给加盟商老板，30% 分给员工做股权激励，条件是 1 年禁售，4 年平均分配，这可以在一定周期内留住人才。通过上述措施，爱尔眼科快速发展起来。

（3）婚恋生子组建家庭的第三点是培养孩子成长为有价值的人。这就像爱尔眼科并购上市的第三个措施：爱尔眼科成立并购基金，投资的眼科医院的控制权属于基金公司，等有了利润之后，双方再协议退出。这样一来，爱尔眼科通过生产经营和资本经营两条路径，不但赚到了产品经营的钱，也赚到了资本市场杠杆式增长的钱。

综上所述，做资本运营规划就是要让企业值钱，值钱就是不断地放大价值。因此，我们总结出判断企业是否具备价值的参考维度（见表 5-1），企业家可对照自己公司或竞争对手的情况，匹配各自的优劣势，来做出进一步的发展调整。

表 5-1　如何判断企业是否具备价值

模块	说明
1. 周期趋势	关注朱格拉周期趋势，科技革命推动着产业变革
2. 行业赛道	行业赛道是否广阔？数字经济、先进制造、人工智能、生物技术、绿色环保、新能源、新材料、新消费等行业前景较好
3. 竞争空间	关注和研究好竞争格局，看看竞争对手和标杆的发展程度
4. 企业资源	企业本身是否有足够且可持续的资源匹配发展
5. 商业模式	是否容易被复制，是否能够产生企业护城河
6. 经营能力	企业是否具备可持续经营能力
7. 产品迭代	产品是否具备迭代创新能力
8. 团队建设	企业是否有优秀的团队执行项目
9. 危机应对	企业是否有抗风险能力
10. 老板魅力	企业老板素质、初心和认知能力如何

三、进阶融合：儒道佛融合的资本运营之"道"

资本运营讲究"道"与"术"的有机结合。有的企业家在资本运营之"术"方面照猫画虎，有的小有所成，但随着时间推移，良知、道德、欲望等可能会阻碍资本的良性扩张。

如图 5-8 所示，这里讨论的企业外功指企业的资本运营思维与价值之"道"。作者认为还要在进阶融合层面，借鉴儒家的"五常之道"、道家的"三生万物"、佛家的"因果轮回"等智慧，发现资本运营推动企业增长之"道"。

1. 儒家：资本运营的"五常之道"，实现社会价值

企业效益增值、价值增值和发展壮大离不开资本运营，但企业家在规划资本运营时首先要问问为什么自己的企业要进行资本运营。儒家文化的精髓之一是进取。为何呢？儒家的"儒"字由"人"和"需"组成，合起来就是人需要什么，儒家以合理的需求作为出发点，不断地去满足需求。下面结合儒家的"仁义礼智信"来分析资本运营的价值和意义。

"仁"是做人之根本，跟道德连接在一起，对应到资本运营中，可以说资本不仅仅是钱，也不仅仅关乎个人利益，资本运营要从实现社会价值、企业价值、个人价值等方面结合道德层面，去创造最大化的企业价值。

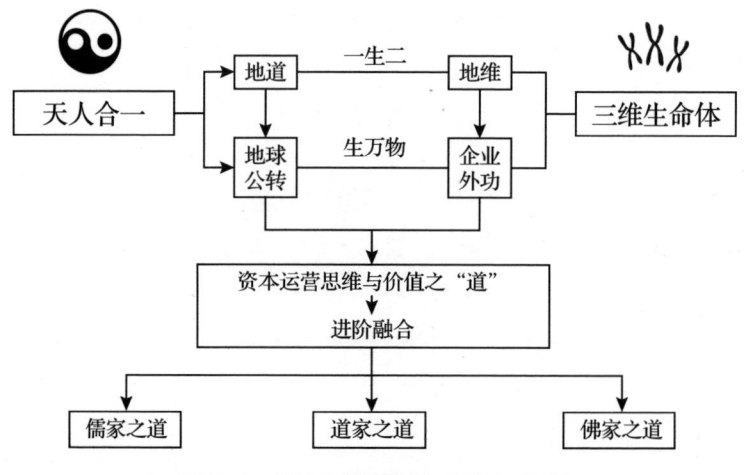

图 5-8　资本运营思维与价值之"道"

"义"强调不能见利忘义，对应到资本运营中，就是要抱有利他之心来做生意，不能为了利润最大化而忽视企业的其他经营问题。

"礼"就是礼仪规划，对应到资本运营中，就是要尊重市场规律、规章制度等。

"智"强调进一步升级思维，对认知有更深层次的理解，对应到资本运营中，就是要与时俱进地认识到诸如数字赋能、降本增效等对企业带来的价值。

"信"强调用信用连接彼此，对应到资本运营中，就是协调好各方利益相关者，共同创造价值。

实际上，儒家的"五常之道"中始终贯穿着"责任"二字，强调对己、对人、对社会"尽责任"，把利于天下的精神视为标杆。社会责任已成为企业核心竞争力的重要组成部分，企业要走得远，就应树立模范和履行社会责任。同时，一个企业家自身素质的高低，一定程度上决定了其所创办的企业能取得多大的成功。企业家要以开阔的视野为企业打好基础，为企业文化立根基，企业后续才有可能真正发展繁荣。

【案例链接：特斯拉如何贯穿儒家"五常之道"】

特斯拉是一家电动汽车和能源公司，其使命是"加速世界向可持续能源的转变"，愿景是"通过推动世界向电动汽车的转型，打造21世纪最引人瞩目的汽车公司"。回顾马斯克所制定的特斯拉的宏图篇章，我们会发现其中包

第五章 企业天地人三维生命体：企业资本运营"道与术"价值增长

含一种高度的社会价值，贯穿着责任，致力于推动清洁能源和交通的发展。

（1）特斯拉的第一宏图篇章见表5-2。特斯拉开发和生产高性能、零排放的电动汽车的战略分三步。

表5-2 特斯拉的第一宏图篇章

序号	目标
1	造一辆跑车
2	用这笔钱开发一款人们买得起的轿车
3	再用这笔钱开发一款更便宜的轿车
4	在进行上述三步的同时提供可持续能源
进展	对应的特斯拉跑车Roadster、Model S/X、Model 3/Y、特斯拉太阳能业务均已实现

第一步是推出一款高档的跑车Roadster，对标法拉利、兰博基尼等高端品牌，旨在打造纯电动汽车的高端价值。

第二步在拥有了一定知名度及资金后，开始推出另一款价格相对中高端的车型Model S/X，并且开放了专利，继续在电动汽车的细分领域拓宽市场。

第三步是在前面两步塑造了一定的行业地位后，推出性能好、价格低的电动车Model 3/Y，迅速占领了市场的头部地位，并且在中国建造了超级工厂。这阶段的特斯拉打造更亲民的电动汽车，扩大品类基础，突破产能瓶颈。

此外，特斯拉在开发和生产高性能、零排放的电动汽车的过程中，也一直在做清洁能源太阳能的发电解决方案，如太阳能屋顶瓦片和太阳能电池板。这些解决方案可以将太阳能转化为可再生的电能，供给住宅和商业建筑等使用，减少对传统电网、石油等的依赖和浪费，并提高了能源的利用率。

（2）特斯拉的第二宏图篇章见表5-3。特斯拉的电动汽车业务和太阳能业务是互相促进，共同发展壮大的。例如特斯拉开发了一些能源储存产品，这些产品能够用来储存太阳能，进而转化供应电力，以此减少能源浪费和提高能源利用率。

表5-3 特斯拉的第二宏图篇章

序号	目标
1	用集成电池建成太阳能屋顶

续表

序号	目标
2	扩展电动车产品线，以覆盖主要细分市场
3	通过大量汽车行驶数据，开发出比手动驾驶安全10倍的自动驾驶
4	让你的车在不使用时为你赚钱
进展	相对应的特斯拉屋顶光伏与Powerwall、Model 3/Y、FSD系统等也陆续问世

特斯拉也在不断建设Supercharger充电站网络，为特斯拉的电动汽车提供快速充电服务。快速充电服务加可再生能源，大大促进了新能源汽车的普及与使用。同时，特斯拉也在开发自动驾驶等技术，来引领未来的一种汽车发展趋势。

通过以上这一整套打法，特斯拉实现了推动清洁能源与电动汽车发展的社会价值，这也反馈到了他们的资本层面。

从市值变化来看，特斯拉"从0到1"用了10年，即2010年在纳斯达克证券交易所上市，市值14亿美元。经过10年，2020年市值突破了1000亿美元。而从"1到10"只用了2年，即2020年开始，市值一度突破了万亿美元，成为世界第六家市值破万亿美元的公司。

从资产负债表来看，特斯拉2022年总负债364亿美元，60%左右属于经营性负债，经营活动现金净额147亿美元，一定程度上表示特斯拉可以靠自己挣的钱去投资、清偿债务以及不断地扩张业务，以此来进一步实现社会价值。

2. 道家：资本运营的"三生万物之道"，塑造企业价值

道家文化推崇顺其自然，就是说可以从自我完善的角度，追求天人合一规律的平衡。对应到企业的自我完善层面，核心之一就是要修炼好内功来解决内部的种种问题，以实现价值增值。企业修炼内功，可以宏观地理解为以"制度管人、流程管事、文化管心、机制管身、系统管企"为方向去进行内部管理。如果连内部管理都没做好，那怎么来吸引和服务客户呢？没有了客户，企业自然也难以生存。

那企业该如何修炼内功来塑造企业价值呢？我们引用克莱顿·克里斯坦森提出的RPV模型来分析修炼企业内功的三个关键元素。

第五章　企业天地人三维生命体：企业资本运营"道与术"价值增长

（1）R：资源（Resource）。因为企业的优势之一是有价值的资源，所以企业修炼内功的时候，要尤其注重对资源的价值转化，避免成本浪费等内耗问题。

（2）P：流程（Process）。因为企业是一个整体，要协同运作才能更好地实现目标，所以企业修炼内功时也需要有科学的流程来保障产出与收益。

（3）V：价值观（Values）。价值观是企业文化的灵魂，企业修炼内功时要发挥好组织的凝聚力和向心力，以便更好地做大做强。

彼得·德鲁克曾提出的事业理论，讲到了三个问题：我们的企业是什么？我们的企业将是什么？我们的企业能是什么？

"我们的企业是什么"，实际上包含了企业的愿景、使命与价值观。有的企业家可能到陷入困境的时候，才会想到自己经营企业究竟是为了什么。实际上，企业愿景、使命与价值观是要长期贯彻下去的，绝非喊口号。

"我们的企业将是什么"，这是在探究企业的未来价值。无论是外部环境，还是客户、员工等，都不是一成不变的，企业仍要发展，就要考虑如何在变化的环境中保持初心。

"我们的企业能是什么"，这是在讨论面对一系列的变化，企业如何变革、时间要多久、要投入什么、改变的顺序等。企业要持续经营下去，就必须解决好这一系列问题。

3. 佛家：资本运营的"因果轮回之道"，打造共赢价值

佛家讲究因果轮回，用种善因得善果的理念来约束自身行为。对应到企业的资本运营中，就要求资本向善、向阳而行，才能欣欣向荣、生生不息。

惜缘舍得：佛家讲大家走在一起是缘分，要懂得舍得、付出与包容，推崇众生平等、无私奉献的精神。对于企业资本运营来说，就是企业与企业之间的投资并购等行为，要从大局出发，利他利己，对他人和自己负责。具体表现为企业保持定力，在细分领域中深耕细作，与合作者共同创造价值等。

包容禅定：佛家提倡人与人之间相处要互相包容理解，以宽容之心感受生命的乐趣。对于企业资本运营来说，这也是一种"善待"竞争对手的表现，在商业世界中与对手竞争时，不用打价格战的方式拼得你死我活，战胜对手不如合作共赢，让大家彼此依赖，不断放大价值。

【案例链接：谷歌收购 YouTube 案例】

谷歌在与 YouTube 合作之前已经在互联网领域取得了非常不错的成绩，但它们并没有安于现状，而是选择了合作共赢，并取得了巨大的商业成功。

谷歌在 2006 年用了 16.5 亿美元来收购 YouTube。双方合作之前，谷歌是全球实力最强的搜索引擎公司，其使命是"整合全球信息，供大众使用，使人人受惠"。谷歌在图文整合信息业务蓬勃发展时，已经意识到视频整合信息的发展前景。那时候，谷歌也做了一个 Google Video 的应用，但只有用户搜索功能，不具备社区社交功能。而 YouTube 在那时候也面临诸多挑战，比如 UGC 内容商业化。用户自主创造的视频上传到 YouTube 上面，如果用了一些有版权的音乐、视频等素材，可能会引起侵权风险。而且 YouTube 的用户对广告比较敏感，不容易变现。基于此，YouTube 要寻找一条可带来盈利的商业化路径也是不容易的。

收购了 YouTube 后，谷歌基于自身的战略，给 YouTube 很大的帮助，也促使双方的行业地位大幅提升。谷歌主要帮助 YouTube 做了以下动作。

（1）谷歌用 Content ID 系统来帮助 YouTube 解决版权保护的问题。Content ID 系统相当于给每一个视频一个独一无二的"指纹"，能够检索到其他视频是否用了该视频的"指纹"，从而避免侵权风险。

（2）谷歌利用自身的品牌效应，帮助 YouTube 提高内容质量，拓宽了受众。

（3）谷歌还积极地推动线下电视广告业务迁移到线上视频，这也大大促进了 YouTube 的广告变现能力。

总的来说，谷歌与 YouTube 的业务有很大的互补性，但谷歌没有因为自身的行业地位高而打压同行，而是选择了合作共赢的方式，扩大了市场份额，共同做大做强。

第二节 资本运营融资之"术"（"一生二"：强与弱）

如果说"道"是宏观层面，那么"术"就是微观层面，在资本运营中，企业可以通过融资快速实现自身的成长壮大。因此，本节把资本运营的融资模块归为"术"。这里的"一生二"表现为:"一"代表客户,"二"代表生出了企业融资之"术"的"强弱"关系。企业融资之"术"由弱变强的过程也是融资、融人、融智慧的过程。

本节主要分析企业如何基于客户需求塑造出价值,以此来吸引融资。正如《企业扩张与融资》一书中写道:"美国经济学家伯杰和尤德尔将企业生命周期与融资渠道结合,发展形成了修正后的金融成长周期理论。该理论认为,伴随着企业成长周期而发生的信息约束条件、企业规模和资金需求的变化,是影响企业融资结构变化的基本因素。"[①] 企业在不同发展阶段对资本的需求不一样,不同阶段的切入点、增长点等都不尽相同,这就需要企业考虑如何做好不同阶段的融资。

一、种子期(婴幼儿期)

企业在种子期可能是通过朋友、亲戚关系融资的,这是基于信任来寻求企业成长的方式。如图 5-9 所示,婴幼儿在出生的时候需要母乳喂养,但如果缺乏母乳,也可以用牛奶、米粉替代。这就像种子企业,在创业阶段创始人的格局、商业模式、主营业务如何匹配市场空间,如何组建管理团队、塑造企业价值观等,决定了这家企业属于什么类型以及有什么潜力。对处于这阶段的企业,投资机构更关注的是企业创始人,这些创始人可能有天马行空的想法,并希望得到资金资源,可以通过天使投资来融资。

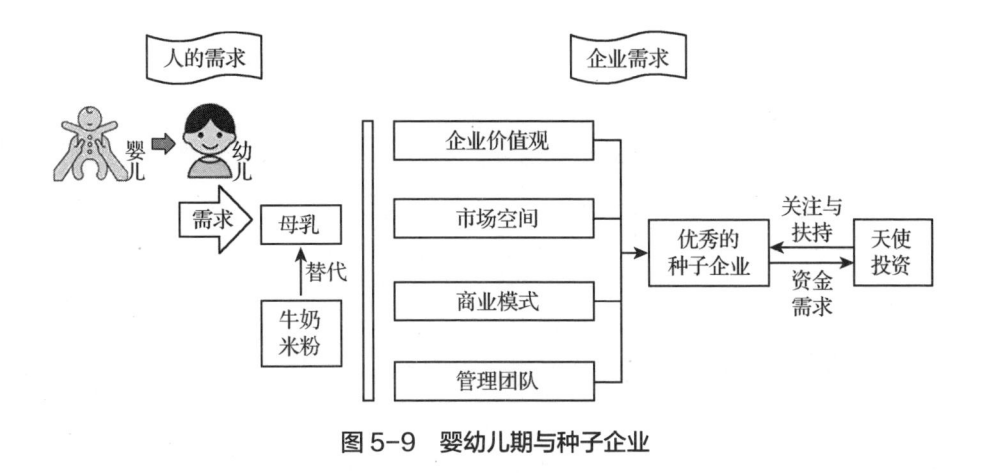

图 5-9 婴幼儿期与种子企业

---

① 毛振华.企业扩张与融资[M].北京:中国人民大学出版社,2017.

【案例链接：比亚迪的天使投资阶段】

最常见的三类天使投资人就是所谓的"3F"（family、friend、fool）。亲戚、朋友作为天使投资人，是基于信任关系进行投资的。例如做技术出身的王传福，他在1994年创办了比亚迪，那时候他的人脉资源有限，好不容易找到了新加坡的汇亚基金，但没谈拢。几乎到了山穷水尽的时候，王传福找到了他的表哥吕向阳。基于信任，吕向阳在1995年投给王传福250万元，成为比亚迪的第二大股东。

另一种情况就是投资人基于创业者的想法理念、可能的成功率等进行投资。王传福的另一个投资人夏佐全则是看中了王传福创业阶段的激情、抱负，基于对创业精神的信任，1995年夏佐全投给王传福30万元，成为比亚迪的第三大股东（如图5-10所示）。发展到2002年，比亚迪成功在港交所上市。第一批天使投资人的投资成功获得了较高的收益。

天使投资
1. 亲戚/朋友基于信任进行投资
2. 投资人基于创业者的想法理念、成功率等进行投资

比亚迪
1. 表哥吕向阳1995年投给王传福250万元
2. 天使投资人夏佐全，看中王传福的创业激情、抱负，1995年投资了30万元

图5-10　比亚迪公司的天使投资阶段

二、初创期（儿童期）

企业通过初创阶段的发展，逐步形成良好的团队、适应市场环境等。这时候也要刷新自身的融资方式。

人到了儿童期，衣食住行依赖于父母，而且需要进入校园开始读书，智力得到初步启蒙，此时基本可以看出孩子未来的个性特征，这个阶段父母要更多地引导孩子成长。这就像初创型的企业，在初期阶段可从他们的项目中看出其是否具备发展潜力，处于这阶段的企业需要更多的资金与人才来提供支持，就需要用到VC风险投资（如图5-11所示）。

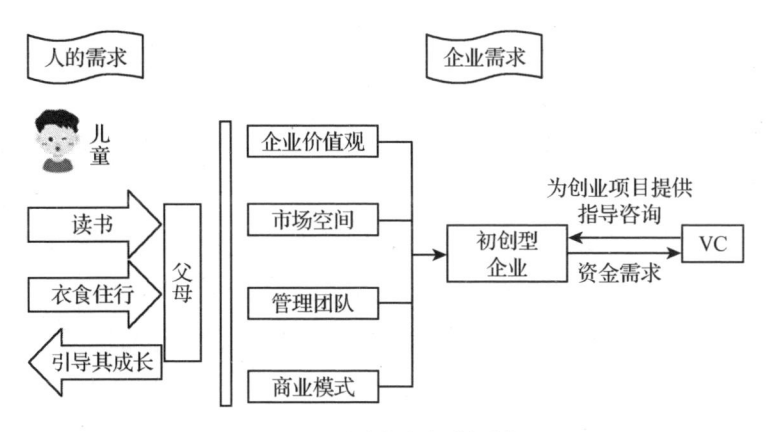

第五章 企业天地人三维生命体：企业资本运营"道与术"价值增长

图 5-11 儿童期与初创型企业

【案例链接：京东的 VC 风险投资阶段】

获得 VC 风险投资，说明企业项目在一定程度上显现出较大的潜力，还需要进一步开拓市场和扩大企业价值。2010 年，京东在电商零售业领域并不能与阿里巴巴比肩。这时候，刘强东找到了他的校友张磊，希望张磊的高瓴资本集团能够投资 7500 万美元帮助京东建立物流体系，打造竞争优势。但是张磊的举动却超出了刘强东的预想——投 3 亿美元（如图 5-12 所示）。因为张磊听了刘强东的想法后，觉得在那时候很多企业偏向轻资产运作，京东能够下决心重资产搞物流体系，让人刮目相看。而京东在全国这么多网点建立物流体系，7500 万美元可能只是一个零头。从结果来看，后来京东一路高歌猛进，于 2014 年 5 月 23 日在纳斯达克证券交易所上市，上市当天收盘市值约 286 亿美元，高瓴资本当年的 3 亿美元注资，投资回报率约达 10 倍。

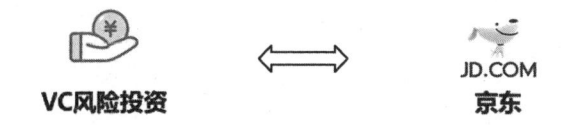

VC风险投资	京东
这阶段可以看出来投资项目是具备潜力的，企业要进一步开拓市场以及释放企业价值	2010年，刘强东融资7500万美元，但高瓴资本的张磊在这一轮融资中投了京东3亿美元，用于打造物流和供应链体系

图 5-12 京东的 VC 风险投资阶段

三、成长期（青少年期）

企业到了成长期，已经具备一定的规模了，这阶段的融资是为了让企业往更大更强的方向发展。如图5-13所示，人到了青少年期，还要经历从小学到初中、高中、大学的读书学习阶段，到了大学则希望能够顺利毕业。这就像成长型企业，随着商业模式的逐渐成型、产品的开发与完善、管理团队的磨合、市场的逐步拓展等，这个阶段将会吸引到PE的关注与扶持，为企业的成长提供先进的管理理念与资本支持。

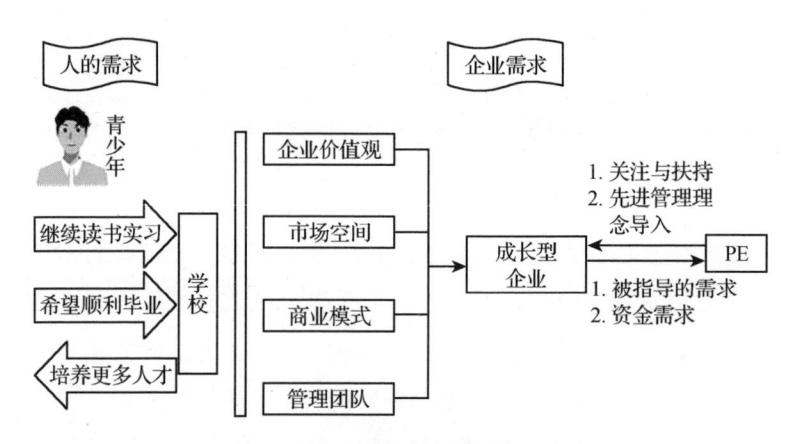

图5-13 青少年期与成长型企业

【案例链接：快手的PE私募股权基金阶段】

快手在上市前有多轮融资，例如DCM资本在B轮就开始投资快手，并在D轮、E轮跟投，回报接近300倍，快手上市后赚了大概120亿美元。红杉资本在C轮开始陆续投资给快手约1.6亿美元，后来大概赚了40亿美元，回报为26倍左右。淡马锡在快手上市前的F轮，投了2亿美元，后来回报率也达到6倍左右（如图5-14所示）。

此外，腾讯在D轮投资快手3.5亿美元，后续的轮次也多次加码投资快手，占股21.57%，成为第一大股东。按照快手上市后的3000多亿元市值估算，腾讯的股价有600多亿元了。

按照投资回报率来看，越到后续的轮次，投资回报率会比前面的轮次低。但是PE私募股权基金阶段是接近上市的时间，综合折算后，其投资回报率也是能够吸引诸多投资人的。

PE私募股权基金
PE私募股权投资基金是中后期的投资，后续轮次的投资回报率相较前面轮次的低，但因为接近上市，仍吸引到诸多投资人

快手
B轮：DCM资本回报为300倍左右
C轮：红杉资本回报为26倍左右
F轮：淡马锡回报为6倍左右

图 5-14　快手的 PE 私募股权基金

五源资本是快手最早的投资机构，那时候的快手还只是一个小软件，但五源资本在天使轮的时候就投了 200 万元人民币，后续它在 A 轮和 B 轮跟投 1000 多万美元。五源资本从天使轮到 E 轮一路押注快手，投资资金大概为 2 亿美元。到了 2021 年 2 月 5 日，快手成功在港交所上市，当天市值达到 1.38 万亿港元。在后续的发展中，五源资本的整体投资回报率达 30 倍左右。快手在融资历程中还吸引了许多投资机构，在此不一一叙说。

四、扩张期（中年期）

笔者认为企业的成熟期就如同人的中年期，企业融资也会进入第四阶段，主要是为了实现企业成功 IPO 上市。

这时候企业一般能够进一步地在资本市场上募集资金来促进自身业务增长。若要继续扩大发展，积极筹划 IPO 上市，还需要考虑上市的时机与上市的地点等。

【案例链接：哔哩哔哩的 IPO 上市阶段】

如图 5-15 所示，哔哩哔哩公司在 2018 年 3 月 28 日成功在美国纳斯达克证券交易所上市，当天市值达 32 亿美元。哔哩哔哩公司进一步在资本市场上融资，不断扩大企业规模。2018—2021 年这 3 年间，其市值曾一度高达 300 多亿美元，成为 3 年投资回报率达到 10 倍的优质标的。

```
        IPO上市        ⟷        哔哩哔哩
```

进一步在资本市场上募集资金,帮助企业规模化扩张

2018年哔哩哔哩在纳斯达克上市,当天市值32亿美元,到2021年,市值一度高达300多亿美元,三年达到10倍收益

2022年登录港交所,上市当天市值达3000多亿港元,成为双重上市的公司

图 5-15 哔哩哔哩的 IPO 上市

然后,哔哩哔哩公司又开始筹划在港交所上市,又吸引到其他投资,比如腾讯追加投资了 3.18 亿美元、索尼投资 4 亿美元等。哔哩哔哩公司于 2022 年正式在港交所挂牌上市,上市当天市值达 3000 多亿港元,表明哔哩哔哩公司仍然受到了资本市场的追捧,也让他们获得了不菲的收益。

当然,这也离不开哔哩哔哩公司本身的优异表现,例如他们依托良好的线上社区生态建设,持续丰富优质的原创内容,吸引大量的付费会员加入,同时,哔哩哔哩公司也在不断延展内容品类,游戏、娱乐、动漫、生活、知识等板块吸引不同类别的用户,满足多元需求,从而为企业夯实了增长的基础。

【观点延伸:扩张型企业的表现】

如图 5-16 所示,中年期的人会结婚,组建新的家庭,创造更好的生活,这就像企业成功 IPO 上市的过程中进行优质资产重组与并购。结婚后就形成了家庭关系,家庭关系就像企业管理团队和公司治理结构。家庭关系和谐的时候,就如同有好的企业文化;但如果结婚后又离婚,就像企业不良资产剥离。如果生儿育女后,子女长大找到工作且都很有成就,这就像企业优质资产分拆上市。

五、衰退期(老年期)

企业步入衰退期阶段,要避免由强转弱,就必须根据不同的情况采取不同的方式来继续促动自身增长。笔者认为进入成熟期或衰退期的企业,在第

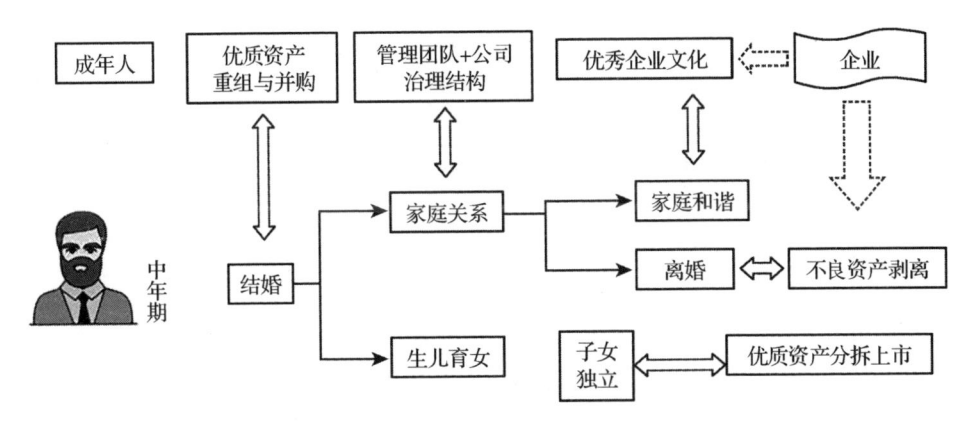

图 5-16 中年期的生活与扩张型企业

五阶段的融资会面临不同的情况,要因时制宜采取不同的策略。

如图 5-17 所示,人成长到老年,就要面临退休、拿退休金、财产分配、安度晚年和身体机能老化等,这就像企业的 VC/PE 退出。老年人安度晚年,则对应企业价值最大化等。

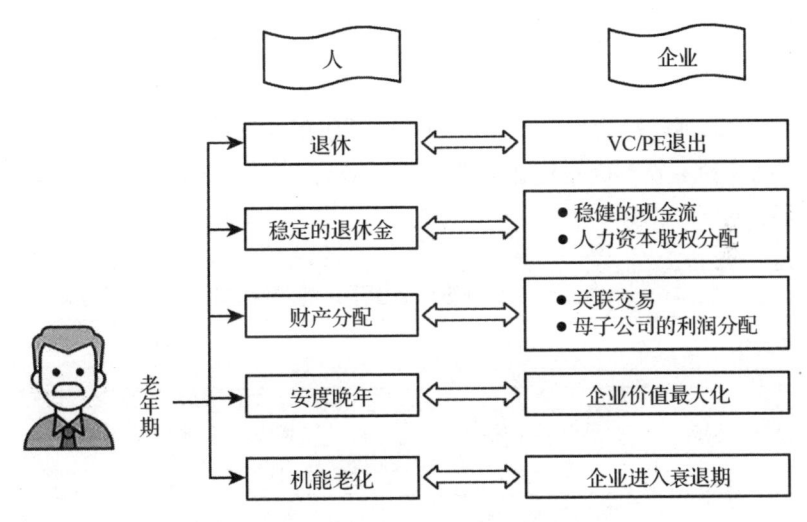

图 5-17 老年期生活与成熟期或衰退期企业

综上所述,人的 5 个成长阶段对应企业生命周期的 5 个阶段,人在 5 个成长阶段中个人需求不断演变,人的见识与能力随着年龄增长;同样,企业从种子期、初创期、成长期的发展曲线是不断往上增长的,到了扩张期可能就要到顶了,然后步入衰退期则会出现下降趋势,如图 5-18 所示。

171

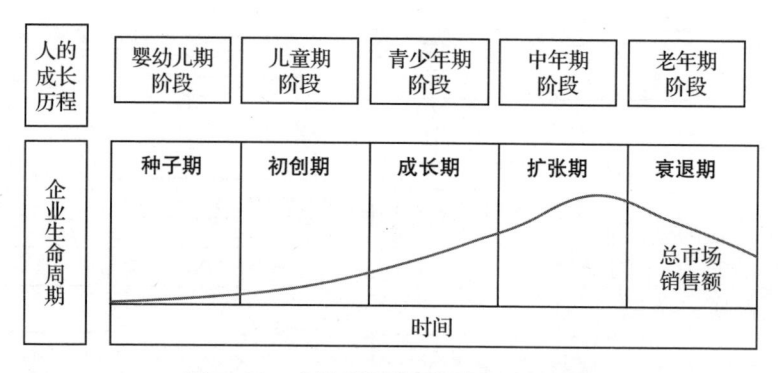

图 5-18　人的成长阶段与企业生命周期

第三节　资本运营策略之"术"（"一生二"：好与坏）

本节从实操落地的角度来分析资本运营的不同策略是如何驱动企业增长的。资本运营之"术"中的"一生二"表现为："一"代表客户，"二"代表生出了资本运营策略之"术"的好与坏的关系。在客户需求的牵引下，用好的资本运营策略可以有效促动企业快速发展；反之，坏的资本运营策略可能就会带来严重的负面结果。

每个企业都会经历一个生命周期，不同阶段需要应对的问题也不尽相同。而当下在各种不确定因素的影响下，不少企业受到波及而经营不下去，大致包括四种情况（见表5-4）。

表 5-4　企业难以经营下去的四种情况

模式	特点	说明
"遍地撒网"模式	1. 盲目多元化	公司在资金有限的情况下，分散多个项目，导致没一个项目做得特别好，反而容易拖垮自身
"赌一把"模式	2. 烧钱抢夺市场	通过与竞争对手比拼烧钱占领市场份额，一旦资金不足，损失会更大
"挑肥拣瘦"模式	3. 资金投入的机会成本	企业会用结合机会成本来考虑，这笔资金投放到哪个项目带来的效益更好
"病急乱投医"模式	4. 资金链断裂	没做好现金流规划，不同经营阶段的投放不合理，导致资金短缺，影响企业发展

第五章 企业天地人三维生命体：企业资本运营"道与术"价值增长

如何来应对一些经营难题？从资本运营的角度来看，这可以从"道"与"术"的角度来分析具体策略。"道"与"术"相辅相成才能延续下去。对于资本运营而言，"道"是大的方向或方针，"术"则是具体的方法和手段。本节专题分析企业资本运营十二计如何相辅相成地帮助企业成长。

下面具体分析企业初创—成长—成熟—衰退各阶段的资本运营策略。

一、初创期资本运营三计（上屋抽梯、围魏救赵、无中生有）

这里讨论的企业外功指的是资本运营策略之"术"模块。笔者先从企业初创期资本运营之"术"中的上屋抽梯、围魏救赵、无中生有三计说起。

初创期企业虽然处于起步阶段，但企业本身是否具备成长价值、是否能够吸引投资人、如何在这阶段做得更好等，都值得企业认真考量。

1. 上屋抽梯：进入新领域，看自身能力是否匹配

如图5-19所示，上屋抽梯，意思是敌我交战时，我方故意给一些破绽诱敌深入，然后趁机截断他的后路，让其进退无路。例如三国时期，刘琦约诸葛亮到高楼上饮酒，其间命人抽走楼梯，让诸葛亮没有退路，来谋求他的指点。苹果公司对上屋抽梯之计也是深有领会。众所周知，苹果是手机行业的龙头企业之一，但我们经常听到有些人会炒作苹果公司在筹备造车，这无异于邀请、诱导苹果"上高楼饮酒"。但苹果公司对于造车转型发展始终没有明确公开信息。

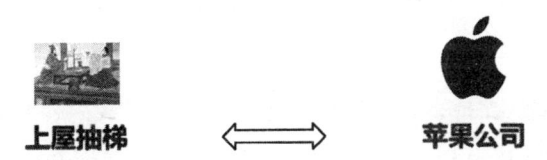

上屋抽梯	⟺	苹果公司
三国时期，刘琦约诸葛亮到高楼饮酒，期间命人抽走楼梯，让其进退无路，来谋求他的指点		手机业务所积累的优势让其成为龙头企业，如果苹果公司贸然进入造车业务领域，是否可行？

图5-19 以上屋抽梯之计对比苹果公司的做法

为什么苹果公司不会贸然进入造车行业？虽然苹果公司在手机领域积累的优势很大，但进入造车领域很重要的一点是供应链体系。汽车的供应链体系非常复杂，如果按照苹果手机的定制模式来做，即自己设计、研发、整合

供应链、生产、与供应商合作的成本可能很高。因此，对于苹果公司来说，进入一个新赛道，除了考虑市场空间外，还要考虑进入新领域后，原有的优势迁移过去会不会变得很困难，甚至会不会没有退路而造成损失。

综上所述，企业贸然进入一些新领域的时候，要考虑好迁移机会带来的种种情况，以免耗费资源，甚至因此拖垮企业。

2. 围魏救赵：迂回战术绕开强大对手

如图5-20所示，围魏救赵，提示我们实力还不成熟的时候，不要树立太多敌人，对于暂时还不急于消灭的敌方，可以隐藏意图，绕开他们再伺机歼灭敌人。游戏平台Steam深谙围魏救赵之计，其作为一个PC端游戏分发平台，类似于游戏领域的垂直类电商，平台中上架了海量的游戏。其在这个领域的竞争对手有育碧公司推出的游戏平台Uplay，游戏引擎公司Epic也杀进这个领域，而微软也推出了游戏订阅服务等。

围魏救赵	游戏平台Steam
暂时隐藏意图	提供MOD支持：开放游戏源码给玩家创作
绕开他们再伺机歼灭敌人	不打价格战：推出一系列的游戏测评、玩家打分等功能，加强用户连接

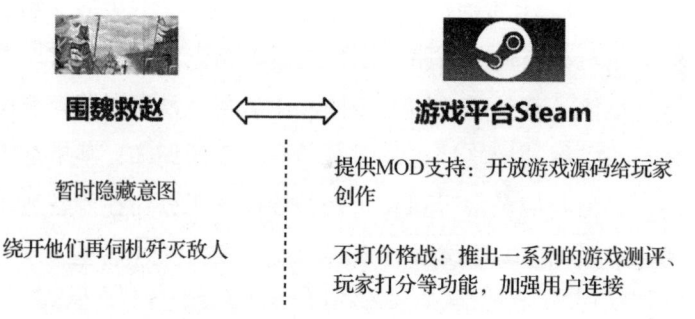

图5-20　以围魏救赵之计对比游戏平台Steam的做法

最后Steam脱颖而出，因为它采取了两个区别于竞争对手的方式。

一是提供MOD支持，让玩家可以自由再创作游戏内容并开放给其他玩家共享。这样的做法虽有侵权风险，但可以极大地丰富游戏内容和点燃玩家的激情，把游戏变成一个玩家共享共创的空间。

二是对于入驻平台的游戏，Steam的抽成核心不在于打价格战，而是通过一系列的游戏测评、玩家打分、游戏攻略、直播、游戏物品交易平台等功能，进一步加强了玩家之间的连接，从而留住用户，吸引他们持续购买平台所提供的产品。

综上所述，企业在竞争中要想取得优势，不宜正面与对手直接竞争，可以用迂回策略，避实击虚地找到破敌的方法，一举在市场中打开局面。

3. 无中生有：人无我有，人有我优，创造商机

如图 5-21 所示，无中生有的计谋，用在兵法上就是一方发现一些还没被人注意到的东西，巧妙地以假乱真，然后出其不意地战胜对手。对应到美图公司来说，其在不同的阶段，通过人无我有、人有我优的策略来发现价值，创造商机。

第一阶段：美图公司推出的美图秀秀产品，可以很简便地通过贴图、美颜输出一张张精美的图片。这一阶段美图公司的商机就是用"傻瓜式修图"定位获取很多流量，来做广告变现，但是过多的广告又会消耗用户的使用耐心。

第二阶段：美图公司创造商机的做法是转型做拍照手机，但美图公司的拍照手机在竞争激烈的手机市场上并不占优势；然后美图公司又进入美妆电商和图片社区等领域，试图从这些细分领域中发掘商机。后面美图公司通过利用这些产品与线下美妆店和美容院合作，让他们用美图公司的产品做智能测肤，然后推荐产品等来拓展市场。

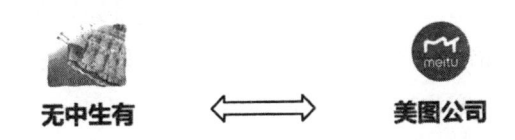

图 5-21 以无中生有之计对比美图公司的做法

第三阶段：美图公司在创造商机的过程中走过很多路，近年来他们就比较精确地找到了面向婚纱写真机构的"大规模修图市场"，美图公司在这个基础上，推出 SaaS 产品美图云修，修图高效且成本低。美图公司在不断的尝试中成功给自身找到了创造商机的空间。

综上所述，无中生有就是考虑如何发现价值，指什么时候以及如何创造商机。人无我有，即在其他人还没有的时候，自己独家推出可以满足客户需求的产品，或者在别人有了某一具体产品/服务后，自己加以改善创新，以

革新的方式推出市场，获取客户。

二、成长期资本运营三计（借刀杀人、以逸待劳、擒贼擒王）

这里讨论的企业外功指的是资本运营策略之"术"模块。笔者继续从企业成长期资本运营之"术"中的"借刀杀人、以逸待劳、擒贼擒王"三计分析。

步入成长期的企业，已经历过一段时间的市场磨炼，取得了一定的成效，其成长性也需增强，这阶段还要更加重视企业的价值发掘与增长。

1. 借刀杀人：根据消费者的核心需求变通服务

如图5-22所示，刘备借曹操之手杀了吕布，对于刘备来说，一方面可以削弱曹操的力量，另一方面也能解除吕布对自身的威胁。简单来说，所谓的借刀杀人就是借他人之手攻击敌人，来达到自己的目的。塞洛克斯公司也擅长此计：20世纪40年代前，复印机都是湿式的，人们在用这种复印机的时候，只有用专门涂过感光材料的复印纸才能复印，然后还要等待复印纸晾干才算完成，整个步骤极为烦琐。塞洛克斯公司看到湿式复印机的漏洞后，在它的基础上推出了干式复印纸，相比之下有诸多优势且有专利。这时候，塞洛克斯公司想以10倍于成本的售价出售，但因定价过高而遭到当时法律条文的禁止，没法销售。塞洛克斯公司不希望以打官司的方式来解决这个问题，他们转而改用出租服务（但价格较贵）的方式，让这款干式复印纸走向市场。因为这款产品深受消费者欢迎，消费者在潜意识中也认定了这款产品就值这么多钱。

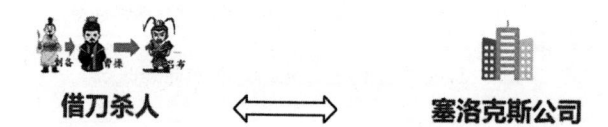

借刀杀人 ⇔ **塞洛克斯公司**

刘备借曹操之手杀掉吕布
削弱曹操一方又解除自身危机

推出干式复印纸（法律限制高价出售），
转向高价租赁服务，培养用户习惯

市场成熟后（法律不限制后），专利技术+租赁服务+整机出售

图5-22　以借刀杀人之计对比塞洛克斯公司的做法

到了1960年，干式复印机流行起来，也开始整机出售了。之前由于法律

第五章　企业天地人三维生命体：企业资本运营"道与术"价值增长

原因，限制了部分企业的加入。而取消法律限制后，这阶段的塞洛克斯公司凭借产品独家垄断+出租服务的方式，一下子成了当时美国的巨头企业。

实际上，塞洛克斯公司先用干式复印纸的专利技术，借助法律条文限制高价出售，让消费者只能高价租赁他们的服务，在一定程度上阻隔了新进者，然后等产品的使用习惯与价值潜移默化地被顾客所接受，以及法律限制放开之后，又促进消费者高价购买整机，从而成就了企业的高速发展。

综上所述，有些企业在延续性创新中占据了非常大的市场份额，甚至有垄断的趋势。这时候就需要利用第三方的力量来削弱竞争对手，同时也要满足消费者的核心需求，然后再去竞争取胜。

2. 以逸待劳：掌控现金流周转，助力企业稳定经营

如图5-23所示，所谓以逸待劳，就是在打仗的时候要做好准备，不打无准备之仗，"逸"不是闲着无事，而是养精蓄锐，"待"是等待时机，在敌人疲惫之时发起迎头痛击。新东方也采取了以逸待劳的做法。近年来随着"双减"政策出台，有的教培机构受到冲击，出现资金链断裂导致骤然停摆。有些企业面对这种情况时，盲目自大，或者感情用事，或者听信朋友，没有做充分的市场调查，去了解各行各业的现状，最终惨淡收场。教培行业的企业也纷纷开启了各种各样的转型之路，寻求新发展，新东方作为教培行业的龙头之一，其在危机来临前就做好了全面的准备，例如他们在受到政策影响的时候，依然能够从容地给学生退费、正常遣散员工并发放补偿工资。据了解，其原因是俞敏洪定下的一条规定：无论公司如何发展，其支出不能超过预存现金的30%。正是由于这一规定，新东方在应对危机时，账面上的现金流能够支撑他们退还学生学费、发放员工工资以及转型发展等。后面新东方转型做直播带货农产品助力乡村振兴，也在不断地推动公司发展。

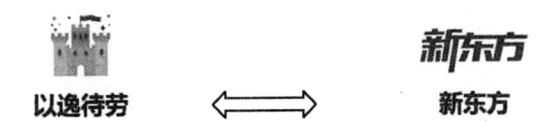

以逸待劳	⇔	新东方
养精蓄锐，等待时机 在敌人疲惫之时发起迎头痛击		俞敏洪定下公司的支出不能超过预存现金的30%，"双减"政策出台时，新东方有足够的现金流应对局面

图5-23　以逸待劳之计对比新东方的做法

综上所述，企业对于现金流的掌控是以逸待劳的体现之一。采取以逸待劳式的策略，可以把战略进攻方针融入战略防守之中，用时间换取空间，来稳步从容地推进企业的经营活动，进而应对未来的种种挑战。

3. 擒贼擒王：品牌高端化错位竞争

如图 5-24 所示，所谓擒贼擒王，意思是擒拿住对方的主心骨，就能让对方群龙无首；反之，一味地攻击敌军而让贼王逃脱，很容易造成放虎归山的局面。波司登公司也是擒贼擒王的高手。波司登是国产羽绒服品牌，过去凭借成本优势做外贸代加工，其羽绒服冠销全球，并于 2007 年成功在港交所上市。后续很多新兴的品牌也开始在羽绒服品类中发力，这些品牌关注的是设计感、新潮感等。这时候，波司登如果依然停留在羽绒服保暖的功能上竞争，沿用单一的设计，显然会落入被动，还可能会逐渐失去年轻客户。波司登在认识到这些情况后，其品牌战略开始转型，走高端化路径。

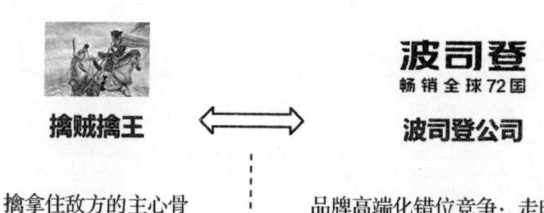

擒贼擒王 ⇔ 波司登公司
畅销全球72国

擒拿住敌方的主心骨　　品牌高端化错位竞争：走时尚感+
让对方群龙无首　　　　打户外概念/科技感+线下高端
　　　　　　　　　　　　地段开店

图 5-24　以擒贼擒王之计对比波司登公司的做法

一是注重时尚感，即走国际时尚路径。波司登通过参加纽约、米兰的时装周等活动，在大牌明星的加持下展示自己的羽绒服，瞬间把羽绒服的品牌拉升了档次。

二是打户外概念，主打科技感。过去在人们的认知中波司登的羽绒服就是保暖，而现在波司登将羽绒服与户外概念融合起来，通过技术化的手段，在羽绒服里植入定位芯片，丰富了抵抗强风、强雨、强光、强雪等功能，充分凸显了科技感。

三是线下高端地段开店。波司登的线下店铺集中在一线城市的核心地带，其店铺像展览馆一样，合理的设计让人赏心悦目。总的来说，波司登通过这三个品牌战略，一改过去的颓势，实现了成长。

综上所述，品牌塑造战略可以提升企业的知名度和公信力，促进企业往高端化的方向发展。投资人可以根据品牌的定位在一定程度上判断企业的价值，品牌塑造战略对企业未来 IPO 上市也有推动作用。

三、扩张期资本运营四计（远交近攻、假道伐虢、树上开花、李代桃僵）

这里讨论的企业外功指的是资本运营策略之"术"模块。笔者接着分析成熟期企业资本运营之"术"中的远交近攻、假道伐虢、树上开花、李代桃僵之计。

处于成熟的企业，可能已经处于行业的领先地位，其增长曲线是惯性地延续过往的核心业务，即便嗅到发展潜力更大的业务，自身多年来所投入的资源也很难一下子转移到其他业务当中。这部分企业还需要提前布局，以应对未来的衰退期等。

1. 远交近攻：并购后企业文化整合

如图 5-25 所示，秦国采用远交近攻之策，在地理位置限制的情况下，先攻击附近的国家。吉利并购沃尔沃也采用了这一策略。2010 年，吉利正式签署协议并购沃尔沃公司。双方的第一步是做产品理念协同，因为并购的项目或团队能不能很好地整合到大平台上、能不能形成协同效应、会不会影响原有项目团队的积极性等都是双方要考虑的因素。例如沃尔沃团队在汽车的底盘调校设计中采用欧洲的公路路况，但吉利团队提出中国的路况是减速带较多，沿用欧洲路况的设计，会影响中国客户的驾驶体验，双方就是在这样一种创造性摩擦中，把中西方的产品理念融合起来。

秦国在攻击附近敌人的同时，选择了与远方的国家友好交往，以免受到多方攻击，这样一来，也巩固了他们所攻取的土地，为统一天下奠定了基础。这就像吉利并购沃尔沃的第二个策略：双方继续上升到文化融合上，以夯实双方合作的根基。吉利与沃尔沃通过做融合式的文化整合，双方协同进行文化创新。例如吉利与沃尔沃举办过一些欧洲音乐巡演、环球帆船赛等活动，形成一种能够跨越地域与文化，也适应企业发展的文化。实际上，吉利并购沃尔沃的原因是：吉利有协同生产制造的优势，沃尔沃有品牌、技术方面的优势，双方在"美美与共"的融合下能更好地发展。

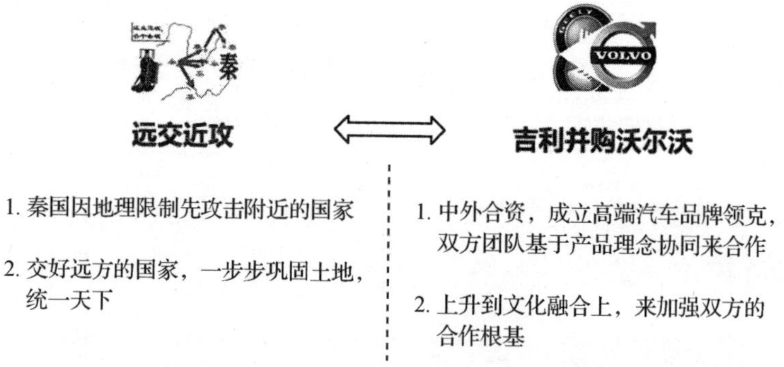

远交近攻

1. 秦国因地理限制先攻击附近的国家

2. 交好远方的国家，一步步巩固土地，统一天下

吉利并购沃尔沃

1. 中外合资，成立高端汽车品牌领克，双方团队基于产品理念协同来合作

2. 上升到文化融合上，来加强双方的合作根基

图 5-25　远交近攻之计对比吉利并购沃尔沃的做法

2. 假道伐虢：借壳上市

如图 5-26 所示，假道伐虢，讲的是春秋时期，晋国想吞并邻近的虞国和虢国，因为虞虢两国虽是小国，但唇亡齿寒，晋国一时不能灭掉他们，于是用离间计分化他们。这里的晋国就像圆通速递，虢国就像大杨创世，借壳上市门槛相对较低、耗时少，所以企业用这一计的核心就在"假道"上，要考虑如何通过借路达到不战而胜的局面。圆通速递在第一阶段的策略是：选择了借助大杨创世这个壳来实现上市。双方洽谈之后，从 2016 年 1 月 5 日起，大杨创世开始停牌公司股票，并陆续向资本市场公告了资产重组停牌公告、资产重组进展公告等，以免股票异常波动。

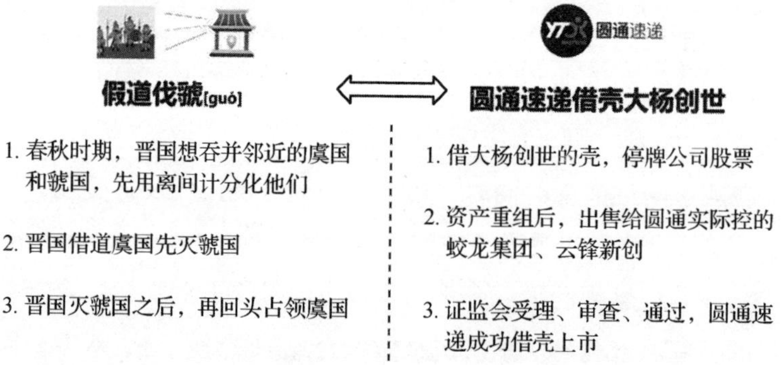

假道伐虢[guó]

1. 春秋时期，晋国想吞并邻近的虞国和虢国，先用离间计分化他们

2. 晋国借道虞国先灭虢国

3. 晋国灭虢国之后，再回头占领虞国

圆通速递借壳大杨创世

1. 借大杨创世的壳，停牌公司股票

2. 资产重组后，出售给圆通实际控的蛟龙集团、云锋新创

3. 证监会受理、审查、通过，圆通速递成功借壳上市

图 5-26　以假道伐虢之计对比圆通速递借壳大杨创世的做法

假道伐虢的第二步是晋国借道虞国先灭了虢国，而圆通速递在第二阶段做法是：掌握控制权，通常有股份转让、增发新股、间接收购等方式。圆通速递掌握控制权的做法是 2016 年 3 月 22 日起，大杨创世公布通过资产重组

后，将全部资产与负债出售给蛟龙集团、云锋新创，同时又向圆通速递的股东发行股票，以175亿元收购了圆通速递的全部股权，而圆通的实际控股股东就是蛟龙集团和云锋新创。

假道伐虢的第三步是晋国灭虢国之后，再回头占领虞国，而圆通速递在第三阶段的做法是：资产重组后，将自身的资产、负债和业务置入壳公司当中。2016年4月19日起，圆通速递与大杨创世做好相关资产重组与置入壳公司的工作后，中国证券监督管理委员会（以下简称证监会）受理圆通速递借壳上市的申请，并陆续进行审查。7月28日通过审核，股票于7月29日复牌，至此圆通速递成功实现了A股上市。

3. 树上开花：生态整合，实现联合联盟的共赢发展

下面借用树上开花之计来分析美的集团并购小天鹅的案例，了解美的集团是如何实现联合联盟的共赢发展的。

如图5-27所示，所谓树上开花，意思是树上原本没有花，但用彩色绸子做出跟真花朵一样的假花并黏在树上，就让人真假难辨了。在兵法上，树上开花就是"借局布势，力小势大"，借助别人的优势来增强自身的实力，以强大的声势取胜。这正如美的集团并购小天鹅之后，增强了自身多个方面的实力：一是弥补了自身的不足，扩大了集团在洗衣机领域的市场份额。二是美的集团带给小天鹅先进的管理经验，可以赋能其更好地在人才、技术等方面发挥价值。三是美的集团把小天鹅这个竞争者转化为合作者，很好地解决了双方同业竞争和关联交易的问题，用协同效应来不断地创造价值。

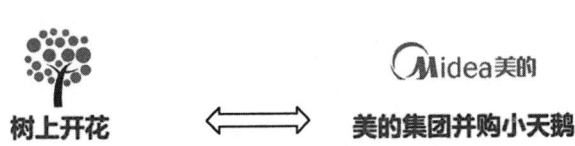

树上开花	⟷	美的集团并购小天鹅
借助别人的优势来增强自身的实力，以强大的声势取胜		美的集团借助小天鹅洗衣机主营业务的实力，一方面扩大了自身在洗衣机领域的市场份额，也带给小天鹅先进的管理经验，以及解决了同业竞争和关联交易的问题

图5-27 以树上开花之计对比美的集团并购小天鹅的做法

总体来说，企业通过生态整合战略，例如并购整合，将上下游或是同类

型的品牌进行并购整合，可实现联合联盟的共赢发展。

4. 李代桃僵：企业价值最大化

如图5-28所示，所谓李代桃僵，意思是战局中的一方，如果发展到有所损失的时候，要敢于舍弃局部的损失，来换取最终的全面胜利。对应到胖东来超市的做法，有三方面的表现。

李代桃僵 ⟷ 胖东来超市

舍得放弃局部的利益换取整体的胜利

1. 舍弃部分产品的高毛利，用价格透明，换来长期消费者
2. 放弃其他地方规模扩张，只在河南深耕发展
3. 拿净利润50%以上分给员工，全体员工共同做大企业

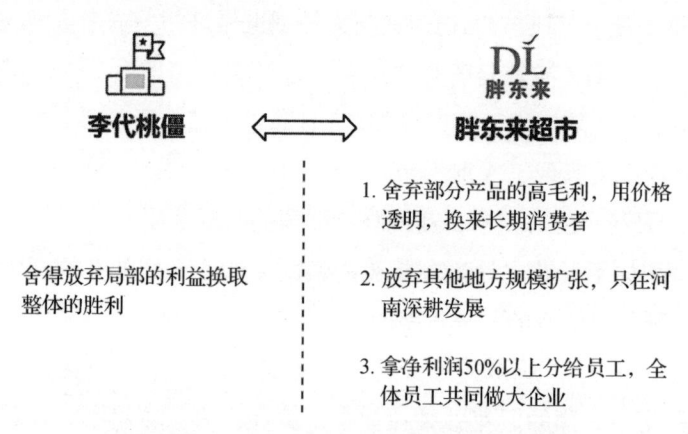

图5-28 以李代桃僵之计比拟胖东来的做法

一是胖东来超市敢于舍弃部分产品的高毛利，用价格透明换来长期消费者。也就是说，胖东来超市有一些商品标出零售价的时候，会亮出实际的进货价，以公平合理的利润售卖给消费者。这件商品溢价了多少，一目了然地列明在标签里，消费者可自己盘算性价比是否合理等。这样一来，尽管有些商品的毛利不如其他超市高，但这让消费者感受到胖东来超市的真诚，而选择继续做回头客，甚至愿意接受更高一点的价格。

二是胖东来超市放弃了在其他城市的规模扩张，为了确保品质，选择了只开在河南深耕细作。其实胖东来超市的商品都是精挑细选的，从源头采购、物流、仓储到定价、销售等过程，全程自己把控，如果某些环节出现问题，也很容易影响到利润。因此，胖东来超市为了保持整体的品质，没有采取规模扩张的方式，但胖东来超市的品牌声誉在当地是相当好的，据说没有一家超市会在胖东来超市旁边开店。

三是胖东来超市能将净利润的50%以上分给员工，鼓励全体员工共同做大企业。也就是说，胖东来超市非常重视员工，虽然在三、四线城市，但它发给员工的工资是领先同行的。后面胖东来的创始人自己只留10%的股份，

把其他股份也释放出去，以激励员工。这样一来，就是真正用利他的思维经营企业，让员工越干越卖力，让公司蒸蒸日上。

四、衰退期资本运营二计（金蝉脱壳、借尸还魂）

这里讨论的企业外功指的是资本运营策略之"术"的模块。笔者接着分析衰退期企业资本运营之"术"中的金蝉脱壳、借尸还魂之计。

处于衰退期或濒临倒闭，是企业最不想看到的局面。这部分企业可能经营情况不佳、现金流出现问题、处于行业劣势，要想办法避免企业被淘汰。

1. 金蝉脱壳：资产重组

如图5-29所示，所谓金蝉脱壳，运用到军事上意思是将阵地保存完整，让敌方觉得我们还在原地坚守，友军深信不疑，敌军也不敢贸然进攻，趁机溜之大吉。引申来说，这就是死里逃生之法，如果运用得当可脱离虎口另谋生计。汇源果汁在资产重组历程中就巧妙运用了金蝉脱壳之计。

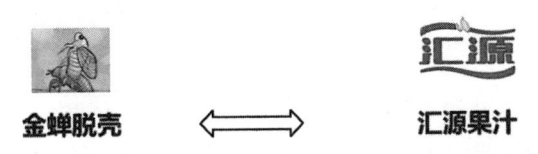

金蝉脱壳 ⟷ **汇源果汁**

死里逃生之法

运用得当可脱离虎口另谋生计

2009年前后，可口可乐收购汇源果汁失败，成为汇源果汁衰弱的节点之一

2021年文盛资产宣布将投入16亿元资金，成为汇源控股股东，进行债务偿还与经营优化

图5-29 以金蝉脱壳之计比拟汇源果汁资产重组的做法

金蝉在脱壳前，蝉的本体有活力，它们的叫声也非常响亮，这就像汇源果汁在发展第一阶段（1996—2007年）的表现：汇源果汁是国内果汁行业的龙头之一，并于2007年在港交所上市。这是由于汇源果汁全国化的销售体系做得相当好，这也成功引起了可口可乐的关注。

金蝉在脱壳过程中，蝉身体的各部分慢慢协调地脱壳而出，这就像汇源果汁在发展第二阶段（2008—2009年）的表现：可口可乐计划收购汇源果汁，若双方合作，汇源可以作为可口可乐的原料供应商，放大双方背后的销售体系优势等，将形成强强联手的局面。为了促成并购，汇源果汁撤下了部分下游的经销体系，但2009年3月，"反垄断"叫停了这次并购，导致汇源果汁受到了严重打击。例如有些销售大区的销售经理等人员都离职了，一下子把它背后的品牌销售底子打乱了。汇源果汁既要保持正常经营，又要恢复原来的经销体系，就导致债务超过盈利，陷入了危机。

金蝉在脱壳后，蝉从土里出来，繁殖下一代，这就像汇源果汁在发展第三阶段（2010年之后）的表现：汇源果汁开启了资产重组计划，2021年，文盛资产宣布投入16亿元资金帮助汇源果汁进行债务偿还与经营优化，并成为汇源控股股东。文盛资产的背后有北京信托、东方资产等投资方支持。这次双方的合作，不但能够帮助汇源果汁解决部分资金问题，还增强了市场、渠道和团队等销售体系的信心。近年来，汇源果汁也进行全渠道布局，例如牵手京东物流降低物流成本，布局电商渠道、进行直播带货等，这些动作在一定程度上也促进了汇源果汁资产重组后的发展。

2. 借尸还魂：用逆向思维整合资源

如图5-30所示，借尸还魂，意思是有用处的事物，可能驾驭不了，但看起来无作为的事物，就可以驾驭起来为自己所用。此计的核心在于"借"字，古时候陈胜、吴广反抗秦国，开始时处于势单力薄的境地。正如2013年，随着鞋服行业的竞争加剧，百丽鞋业开始出现销量与业绩下滑的情况，其发展增速从巅峰慢慢降下来，但船大难掉头，又遇到电商冲击、实体店关店潮等，百丽鞋业在当时也很难改变这种疲态。

借尸还魂	百丽鞋业
1. 陈胜、吴广反抗秦国，但开始时处于势单力薄的局面	1. 百丽鞋业面对电商和关店潮的冲击
2. 借用扶苏、项燕之名，反抗秦国，得到人们的拥护，一时声势浩大	2. 百丽鞋业得到高瓴资本的支持，通过整合资源、渠道变革、数字化赋能，重新取得优势

图5-30 以借尸还魂之计比拟百丽鞋业的做法

当年的陈胜、吴广打着扶苏和项燕的旗号，聚集了一大帮民众，一时声势浩大。这就像百丽鞋业后来得到了高瓴资本的支持，重新盘活一样：高瓴资本入局后，一是开始整合资源，收购更多的服装品牌，在品类上服务于更多的中高端群体；二是进行渠道变革，关闭了很多门店，核心转向购物中心渠道；三是借力数字化系统赋能，高瓴资本在投资后建设了一支数字化赋能团队专门做系统，这套数字化系统可以帮助线下门店收集客户的进店流量、试穿率和购买率数据，以及客户进店后的移动路线等，形成店铺热力图和参观动线图，然后直接反馈给工厂，打通了设计、生产制造、会员购买等链条。总的来说，百丽鞋业通过借力资本市场、数字化系统赋能等方式，实现了自身的浴火重生。

综上所述，企业用好资本运营之"术"，可以更好地应对企业不同发展阶段的挑战并抓住机遇，以更好地驱动增长。

第六章

企业天地人三维生命体：企业资本运营实操创效价值增长

【本章导读】

本章第一节分析如何走好资本运营的价值路径。正如开车用导航一样，与其凭感觉在四通八达的路上行驶到目的地，倒不如用导航来快速又准确地到达目的地。

本章第二节分析如何达到资本运营的价值最大化。因为企业活下来后，还要进一步活得好、活得久，才能让自身在一次次的"得与失"之中，穿越迷雾，基业长青。

本章第三节结合了格雷厄姆的价值投资理论与费雪的成长投资理论（合称为价值成长投资理论）、利维摩尔的趋势投资理论等思想，分析新颖的CVC模式如何驱动企业资本运营带动增长。

第一节 如何走好资本运营的价值路径
（"一生二"：强与弱）

资本运营管理中的"一生二"表现为："一"代表客户，"二"代表生出了企业走好资本运营价值路径的"强与弱"的关系。因为企业资本运营的过程是动态变化的，这就要考虑如何走好资本运营的价值路径，走强的资本运营价值路径，能够更好地为企业带来增长；反之，则可能会阻碍企业的发展。

第六章 企业天地人三维生命体：企业资本运营实操创效价值增长

一、如何理解资本运营的组合运转：流动性、资源整合、信息差、时间价值

什么是资本运营的组合运转？简单来说，就是通过合理规划和管理资本的周转，来实现资本价值增长最大化。理解了这一层关系，才能更好地思索如何通过资本运营驱动企业增长。

这里讨论的企业外功指的是企业走好资本运营的价值路径模块。作者认为企业用强的资本运营组合运转方式，要考虑自身如何巧妙推动"流动性+信息差+资源整合+时间价值"等模块的组合运转，来赋能企业高速增长。

下面通过四则小故事形象地阐述资本运营如何组合运转。

1. 故事1：什么是资本运营的流动性

如图 6-1 所示，旅客 A 在网上付了 1000 元的订金预订旅馆，旅店老板 B 用这 1000 元付清了清洁工 C 的清洁费，清洁工 C 把这笔钱交给了儿子 D，儿子 D 又住在这家旅店并且付清了房费，最后旅客 A 不满意房型又取消预订，退回了订金。这 1000 元从旅客 A→旅店老板 B→清洁工 C→儿子 D 运转了一圈，解决了各自的问题。

这一故事表示资本在流动过程中解决了一系列的问题。

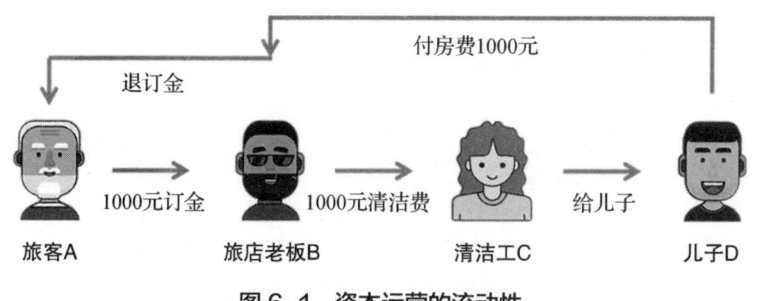

图 6-1 资本运营的流动性

2. 故事2：什么是资本运营的信息差

如图 6-2 所示，A 先生给了我一张 500 万元的存单，让我在香港市场低利率贷款 500 万元做茶叶生意，然后我找到 B 小姐，让她用这 500 万元存单去新西兰做牛奶生意。这期间 B 小姐用这 500 万元存单向新西兰银行贷款并买下一个牧场，做出了 500 万元的牛奶商品，给我运回国内卖了 700 万元。

最后看 A 先生的收益是还清 500 万元 + 赚 200 万元 +1 个牧场。

上述故事生动展示了如何利用资本市场的信息差来赚取可观的收益。

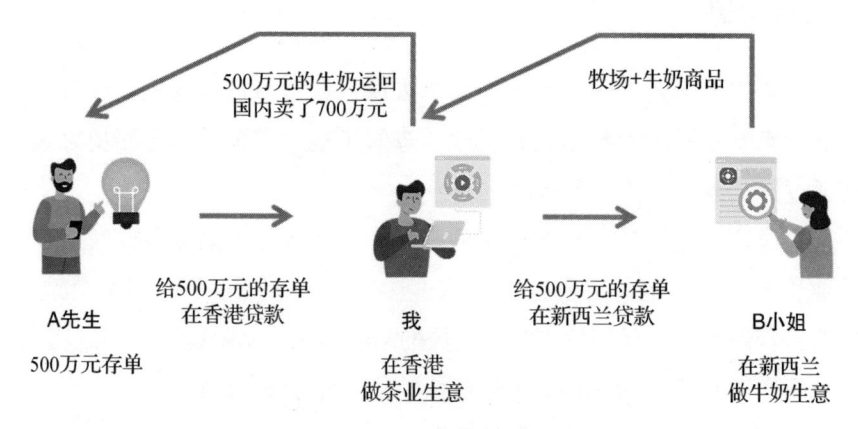

图 6-2　资本运营的信息差

3. 故事 3：什么是资本运营的资源整合

如图 6-3 所示，A 老板注册了一个贸易公司，首先找到水果供应公司 B 说：我有大型商超铺货渠道，但你要给我低于别人的采购价。然后 A 老板又找到大型商超老板 C 谈：我提供各种优质原产地水果给你，但你要给我商超的某几块人流量大的广告牌的使用权。最后，A 老板又找到一家上市公司的老板 D，让他投资入股，给他的广告牌使用权可以省掉大批广告费。A 老板将各方资源和需求整合起来，各取所需。

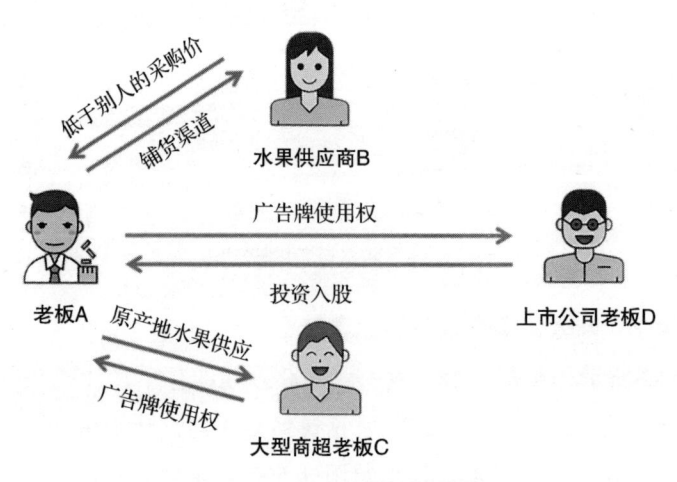

图 6-3　资本运营的资源整合

上述故事就是资本运营通过资源整合为企业提供便利通道的生动案例。

4. **故事 4：什么是资本运营的资本流动与时间价值**

如图 6-4 所示，一位富豪用自己的兰博基尼作为抵押，向银行贷款 100 万元，1 个月后富豪去银行还款，银行的职员就问这位富豪："明明是有钱人，账上起码几千万美元，为什么还要花钱借款呢？"富豪说："我用这么低的利息，相当于付了银行一个月的'停车费'，却可以用这 100 万元来做价值更大的事。"

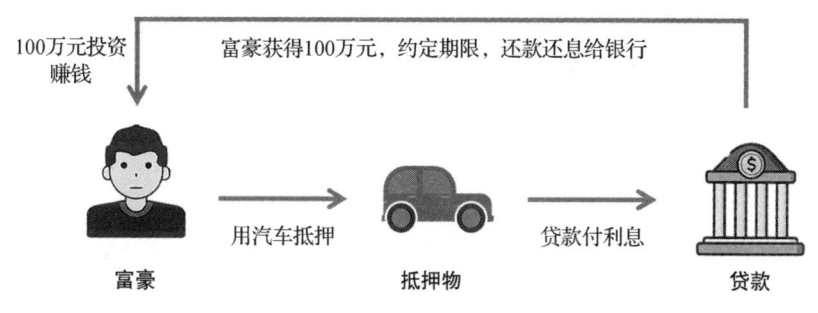

图 6-4 资本流动与时间价值

上述故事表明资本在流通和运作中产生了时间价值。

总的来说，资本运营帮助企业通过资金流动、用好信息差、资源整合、实现时间价值等解决了许多增长难题。

二、如何提高资本运营效率（并购、上市、重组）

著名经济学家罗纳德·科斯 1937 年在《企业的性质》一文中提出了交易费用的思想，后来演变成交易费用理论，意思是由于市场存在有限理性、机会主义、环境不确定性等因素，使得市场交易费用高昂，通过企业交易的方式能降低交易费用。该理论强调了交易费用对市场运作的重要性，降低交易费用一定程度上能激发市场活力。

对于企业经营来说，合理地采取并购、重组、上市等资本运营方式，可以有效降低交易费用和提高交易效率，从而更好地驱动企业增长。

1. **如何通过并购做大规模、优势互补（以极兔速递并购百世快递为例）**

下面用载驳船的特征来比喻极兔速递并购百世快递国内业务的资本运营价值路径。

（1）如图6-5所示，载驳船的船体是由母船加子船组合起来的，可以适应各种港口的水深、停港卸货效率，且不受码头限制。极兔速递并购百世快递国内业务后，极兔速递作为母船，组合了百世快递这只子船，双方的快递体量合并，使得极兔速递的业务量与国内龙头快递企业接近，成为国内的快递巨头之一。

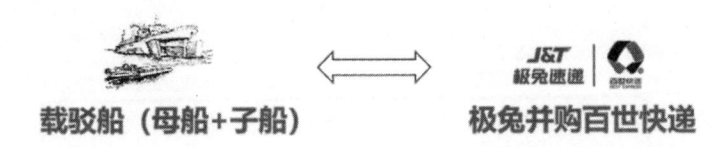

图6-5 以载驳船的特征比喻极兔并购百世快递

具体来说，极兔速递在2021年10月29日宣布将以约68亿元收购百世快递的国内业务。双方合并后，极兔速递凭借全网快递日单量高达4000多万单的业务量，成为仅次于中通、韵达和圆通的第四大快递公司。实际上，极兔速递并购百世快递国内业务，也是看中了百世快递的国内网络资源，双方资源体系融合后，能够更好地适应市场发展需要和提升行业竞争力。

（2）载驳船的母船可以远洋运输，子船则可以江河运输。同样，极兔速递并购百世快递国内业务，双方是共赢的：一方面，对于极兔速递来说，其发展要点之一就是依托拼多多的庞大业务量，而在并购了百世快递后（百世快递的最大持股方是"阿里系"），就可以获得淘宝、天猫等接口，能够扩展新的业务来源，从而减少对拼多多业务的依赖；另一方面，对于百世快递来说，它也可以拿到这部分并购的资金、股权等，用于发展自身的其他业务，如供应链管理、国际业务等。

2. 如何通过业务拆分上市不断放大企业价值（以京东业务拆分上市为例）

下面用人们乘坐国际航班或国内航班比喻京东业务拆分上市的资本运营

价值路径。

（1）如图 6-6 所示，人们跨国出行，可以选择乘坐国际航班 1，这就像京东上市之路的第一步：京东集团在 2014 年 5 月 22 日，首先在美国纳斯达克证券交易所上市，当天市值高达 286 亿美元。

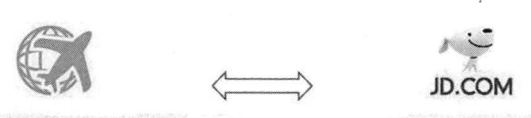

乘坐国际航班或国内航班 ⇔ **京东上市之路**

1. 自身已乘坐国际航班1
2. 自身已乘坐国内航班2
3. 跟人一起已乘坐国际航班3

1. 京东集团：2014年5月在纳斯达克上市
2. 京东集团：2020年6月在港交所上市
3. 京东集团合并达达集团：2020年6月纳斯达克上市

图 6-6　以乘坐国际航班或国内航班比喻京东的上市之路 1

这阶段京东的业务板块优势：一是京东依托上市前的多轮融资，用重资产的形式做深供应链体系。二是京东针对物流体系的快递员采取员工的创客化措施，即用绩效考核的方式来计算收入，激发了快递员的工作积极性。

此外，京东集团选择上市，就是要把财务信息公开，表明京东有足够的现金流等，也是为了让供应商能够安下心来，一起把业务做大做强。

（2）人们在国内跨省出行，可以选择乘坐国内航班 2，这就像京东上市之路的第二步：京东集团的二次上市，选择在 2020 年 6 月 8 日在港交所上市，当天市值约 7400 亿港元。这阶段京东集团上市的做法是，继续做深做透京东集团的业务体系，为股东、投资者和客户继续提供资本价值，继续促进企业成长。

（3）两人搭伴一起选择乘坐国际航班 3，这就像京东上市之路的第三步：京东集团合并达达集团，达达集团于 2020 年 6 月 5 日在纳斯达克证券交易所上市，市值约 35 亿美元。这阶段京东集团入股达达集团，成为它的第一大股东。

简单来说，达达集团做的是线下"最后一公里"配送的业务。现在要成为即时配送第一股，方法是让达达快送（本地即时配送平台）搭配上京东到家（本地即时零售平台），即将两方的零售、物流合并在一起，做大优势。

（4）如图6-7所示，人们在国内跨省出行，还可以选择乘坐国内航班4，这就像京东上市之路的第四步：京东集团把京东健康拆分上市。京东健康于2020年12月8日在港交所上市，总市值达3440亿港元。京东健康是一个在线医疗健康平台，它的优势在于发挥了京东线上销售渠道和京东物流体系的价值，打造了电商、医药、物流的商业闭环。同时，京东健康的很多高管也是京东集团出来的，便于进一步增强业务协同效应。

乘坐国际或国内航班 ⇔ **京东上市之路**

4. 自身已乘坐国内航班4　　　　4. 京东健康：2020年12月在港交所上市

5. 自身已乘坐国内航班5　　　　5. 京东物流：2021年5月在港交所上市

6. 自身已乘坐国内航班6　　　　6. 京东仓储REIT：2023年2月在上交所上市

7. 计划乘坐国内航班7　　　　　7. 京东科技：继续冲刺港交所上市

图6-7　以乘坐国际或国内航班比喻京东的上市之路2

（5）人们在国内跨省出行，可以选择乘坐国内航班5，这就像京东上市之路的第五步：京东集团继续发挥自身优势，把京东物流拆分上市。京东物流于2021年5月28日在港交所上市，市值2805亿港元。京东物流的优势在于其定位于"一体化"的供应链物流服务，即集运输、配送、上门安装和售后等于一体的服务，提供次日达、当日达、30分钟达、7*24快速送达等服务。这样的服务优势是对标顺丰速递，且区别于申通、圆通、中通、百世汇通和韵达等行业龙头的打法。

（6）人们在国内跨省出行，可以选择乘坐国内航班6，这就像京东上市之路的第六步：京东仓储REIT于2023年2月8日在上海证券交易所（以下简称上交所）上市。京东仓储的优势是更细分地做好京东的现代化仓储物流业务体系，不断满足市场、客户等的需求。京东仓储REIT上市后，融资了720亿元，反映了市场对它的认可。

（7）人们在国内跨省出行，也会计划乘坐国内航班7，遇到突发情况可能

第六章　企业天地人三维生命体：企业资本运营实操创效价值增长

会暂缓乘坐，这就像京东上市之路的第七步：京东集团计划把京东科技独立出来，继续冲刺港交所上市。京东科技的前身是京东数科，其上市之路可谓一波三折，2020年9月申请在科创板上市，但于2021年4月撤回上市申请。这是因为那个阶段，京东数科的业务是偏重金融属性的，受到商业环境变化的影响，暂缓上市。后续，京东数科调整为京东科技，将业务重心转向科技属性，例如云计算、AI等技术业务板块，继续走拆分业务冲刺上市之路。

3. 如何通过资产重组上市实现企业突破性发展（以新疆天润乳业资产重组上市为例）

下面用集装箱货运船的特征来比喻新疆天润资产重组上市的资本运营价值路径。

如图6-8所示，集装箱货运船的特征是体积大、吨位重，载货物量极大，要选择现代化的码头靠岸，这些码头有技术系统管控，可降低出错率，也有机械化设备，可高效完成装卸等。这对应到新疆天宏纸业收购新疆天润乳业的资产重组上市，表现在：新疆天宏相当于集装箱货运船，新疆天润乳业相当于现代化码头。具体来说，新疆天宏是纸业公司，2001年在上交所上市，但是后来受市场因素影响，新疆天宏纸业业绩连年下滑。到了2011年，政府给予新疆天宏纸业拨款，帮助它扭亏为盈，但一年后依然出现利润下滑的情况。

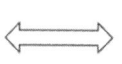

集装箱货运船	新疆天润资产重组
体积大、吨位重，载货物量极大 选择现代化的码头靠岸	新疆天宏是纸业公司，当时没有明显优势地位，且技术相对落后，为了扭亏为盈，通过收购新疆天润乳业，进行资产重组上市

图6-8　以集装箱货运船比喻新疆天宏纸业收购新疆天润乳业资产重组上市

为了破局，新疆天宏纸业决定收购新疆天润乳业，进行资产重组上市。双方的资产重组过程是：2013年1月，新疆天宏纸业转让41.9%的股权给新疆生产建设兵团农十二师国资公司，让其成为最大股东。

同年4月，新疆天宏纸业用净资产置换新疆生产建设兵团农十二师国资公司所持有的天润乳业的股权，然后新疆天宏纸业也购买了新疆天润乳业持股人的股份，一系列合计起来持股约达到96%。到了11月，双方完成资产重组，以天润乳业为主体成功上市。

上市后，新疆天润乳业相当于重整旗鼓。可见企业资产通过重新组合、合理划分和结构配置等，可使得企业的发展出现新的良好变化。

第二节　如何达到资本运营的价值最大化
（"一生二"：优与劣）

资本运营价值最大化中的"一生二"表现为："一"代表客户，"二"代表生出了企业资本运营价值最大化的"优与劣"的关系。不断优化资本运营方式可以促动企业增长最大化，反之，则可能带来负面影响。如何理解呢？在商业世界中，因为很多企业的发展模式是偏向做产品经营赚差价利润，它们希望能够稳扎稳打地实现线性增长，但结果往往与预期相差甚远。一般来说，企业的发展模式可分为四种，特点见表6-1。

表6-1　四种企业发展模式

企业发展模式	特点	占比
产品买卖模式	单项地进行产品交付、产生价格差异获益与售后服务的过程，着眼于用户需求交付，快速盈利	大部分
长效运营模式	加上企业战略、团队管理、整体发展规划等布局，着眼于持续运营和长期盈利	少部分
资本运营模式	开始介入资本经营，考虑如何让企业变得值钱，着眼点是公司价值塑造，让企业资本价值变现	很少一部分
生态价值模式	企业发展规模和影响力大，着眼点是关注企业生态链的系统构筑和让企业资本价值最大化	更少一部分

其实，企业发挥好资本运营的价值，可以为自身带来快速增长。下面将详细分析资本运营价值最大化的不同展示方式。

一、如何构建价值壁垒：资本层、资产层、业务层和项目层

作者认为企业要从资本层、资产层、业务层和项目层入手构建价值壁垒。企业的价值壁垒如同人体一样，是一个完整的有机系统。下面逐一用人的头、腰、腿、脚对应资本层、资产层、业务层和项目层，来进行详细分析。

第六章 企业天地人三维生命体：企业资本运营实操创效价值增长

1. 如何做好资本层价值增长（头部）

如图 6-9 所示，头部是身体活动的指挥中心。头脑清醒，人的思维与行动更加灵活、机动，这就像有效的资本运作可以让企业更加值钱一样。

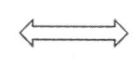

头部
头部为精明之府
身体活动的指挥中心

资本层（资本运作平台）
有效的资本运作
可以让企业更加值钱

图 6-9　以头部比照资本层

市值可以反映一家企业到底值不值钱。企业值钱了，赚钱自然会水到渠成。换句话来说，可以根据市值判断企业现在的发展是否能够撑得起未来的价值，是否能支持企业跨越行业周期，是否能让企业成为细分领域的冠军等。

市值提高可以吸引融资，但更深层次的是融人、融智。因为企业也可以合理运用股权分配来吸引人才、留住人才和整合资源；再以人才和资源推动企业运营发展。在这样的理念下做资本规划，可以吸引投资者关注企业未来的价值，也可以增强客户当下的信心，以便在未来带来更高的增值，最终实现多方共赢。

2. 如何做好资产层价值增长（腰部）

如图 6-10 所示，腰部主要支撑身体，帮助人们保持平衡，以便从事各种活动，这就像有效的资产运作可以让企业更加赚钱。这里我们首先要明晰轻资产运作和重资产运作的区别。

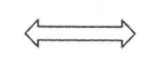

腰部
负担着体重
帮助人们保持良好的平衡

资产层（资产运作平台）
有效的资产运作
可以让企业更加赚钱

图 6-10　以腰部比照资产层

（1）轻资产运作。轻资产运作表现在用最少的成本去撬动最大的资源来获取利润，同时还要具备发掘和整合存量/增量资源的能力，让自身的运营资本减轻，然后利用价值杠杆来提升企业的效率，以获取资本认可或取得市场竞争优势等。

【案例链接：万达集团的轻资产运作模式】

近年来，地产行业面临下行周期，很多购物中心走向了存量市场的方向，在激烈的竞争下，很多重资产开始沦为企业的低效资产。作为商业地产的龙头之一，万达集团在近几年陆续收编了很多存量购物中心的运营权。

像奥克斯公司原来的主营业务是空调，但大概在2006年的时候，他们的空调业务业绩下滑，就转型做房地产，开发了很多奥克斯广场，后面又由于行业的颓势，加之电商平台的发展重新促进了空调业务的发展，其地产业务反而成为低效资产。万达集团抓住了机遇窗口期，开始转型定位为商业运营服务的提供商，用轻资产运作模式来收编类似奥克斯广场的这些存量资产。

万达集团的轻资产运作模式就是帮助那些出租率下滑的房产重新盘活资产。简单来说，就是万达集团作为运营方，负责提供项目策略、招商和后期运营管理，以及授权万达广场的IP。合作方作为业主，负责提供项目资金。

投入与收益方面，万达集团不用再投入大量资金买土地做项目（相当于降本增效），然后通过与房产第三方合作收取服务费及项目的资金分红获利，从而能够快速地将万达广场打进各大城市。例如2020年万达集团改造北京的东星时代广场，更名为北京双桥万达广场，其做法是通过大幅度调整餐饮业态的比例以及引进各个知名品牌进驻，来吸引人流，最终让购物中心的出租率与年营收都有明显提高。

（2）重资产运作。重资产运作表现在用利润来买卖资产，然后用这部分资产来抵押融资，实现良性的循环。重资产运作的企业前期会投入较大的资产在某些项目中，会产生巨大的机会成本，这当中可能会产生规模优势，也可能经营一段时间后会发现一些项目船大难掉头，导致出现亏损。

（3）"资产国有+运营民有"运作。这种运作模式也是值得借鉴的。

第六章 企业天地人三维生命体：企业资本运营实操创效价值增长

【案例链接：新加坡淡马锡控股公司的资产管理模式】

淡马锡公司的"资产国有＋运营民有"运作模式，具体来说，就是新加坡把所有企业收编到淡马锡公司中，政府控制但不参与经营管理淡马锡公司，然后由淡马锡公司来用产权投资一系列的下属分/子公司。

政府财政部部长是淡马锡公司的唯一股东，因为财政部部长懂市场经营，然后再组建董事会来维系经营发展。这些董事会成员，一部分是政府的官员，另一部分是聘请的外部商界精英（担任管理层），进行考核公司人才和市场运作等。收益部分则是每年派发股息，向新加坡政府提供资产增值和税收的钱，还有分一部分运营的钱。

根据淡马锡公司2021年年度报告的数据，淡马锡公司2021年的投资领域主要为金融服务、电信媒体与科技、交通与工业、消费与房地产、生命科学与农业食品等，投资组合合计2830亿美元。因为新加坡本土面积狭小，淡马锡公司更是将版图投放到亚太地区，再延伸到全球，来谋求长效发展。

（4）不同资产运作模式的关键要点分析。企业在打造资产运作平台的时候，无论是轻资产运作模式还是重资产运作模式，实际上都是对外快速提高品牌张力和盈利能力的方式之一。这个过程中，要考虑如何综合起来运营，强调的是使用权、支配权大于占有权。因为外部的环境变化大，企业所投入的技术、人员、土地、设备等资产不一定跟得上内外部环境或产品更新换代的变化。

所以，无论是重资产运作模式还是轻资产运作模式，关键都在于如何盘活资产。企业需要好好地盘清集团公司的资产家底，做好资产配置规划、风险防范等，更好地让企业的资产从"无效低效"转化到"有效高效"，这也能够帮助企业创造价值。

3. 如何做好业务层价值增长（腿部）

如图6-11所示，腿部可以调整身体的姿势，如果我们拥有矫健的双腿，就可以轻盈地做出各种动作，这好比一套创新的商业模式，能够帮助企业不断提高市场份额，把规模做得更大，以此取得竞争优势。

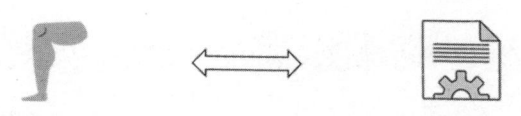

企业增长从哪里来 从企业天地人三维生命体说起

腿部　　　　　　　　业务层（商业模式平台）

矫健的双腿　　　　　　商业模式的创新
可以轻盈地做出各种动作　可以让企业做得更大

图 6-11　腿部比拟业务层

【案例链接：711 便利店的商业模式创新】

企业定位创新：711 便利店不是一家单纯面向消费者的零售公司，而是面向要加盟 711 便利店的创业者或夫妻店的店主等的赋能培训公司。

加盟商赋能创新：711 便利店的市场开拓人员会专门去找那些地段好但不赚钱的店铺，帮助他们做品牌、供货、促销、筛选上新品、优化管理经营等。例如在促销活动和筛选上新品方面，711 便利店有一支专门的商品研发团队，专门研究部署那些销量和利润都高的商品，帮助门店部署摆放商品，以提高门店收入，而那些销量高利润低的商品，可用于做促销拉新活动等。

数字化驱动创新：711 便利店会利用大数据来分析消费者的年龄与购买行为等，驱动自身增长。例如 711 便利店运用数字化系统进行精细化的单品管理。所谓单品管理，就是指 711 便利店会挑选一些单个的 SKU 商品来进行成本和业绩管理，保证商品不缺货、不影响销量、不影响消费者体验等。

为了做好这个单品管理，711 便利店在收银的时候，会细致地录入消费者的消费区域、消费时间、年龄段、性别，甚至是天气情况等信息。然后会根据这些数据进行反复的分析与验证，来预测消费者的消费需求，从而更好地提前备货并提供合适的商品。例如门店在小区附近就摆放蔬菜和调味料，在写字楼附近的门店就推早餐、午餐等熟食，以此来做好业绩。

711 便利店就是通过这样一种商业模式创新，从加盟商的角度发现需求价值，继而赋能店长并服务好消费者等，不断地扩大规模，从而取得了行业竞争优势。

此外，业务层当中也分传统业务与创新业务。传统业务虽能给企业带来利润，但过于依赖又会制约企业发展。实际上，企业应该考虑将传统业务赚到的一部分收益，投资到创新业务当中，来反哺自身发展。

4. 如何做好项目层价值增长（脚部）

如图 6-12 所示，脚部直接与地面接触，支持人体进行走路、跑步等，这就好比企业直接对接内部员工和外部客户的一系列看得见摸得着的运营工作。打造好产品模式平台，可帮助企业走得更稳。如何打造产品模式平台？

脚部
直接与地面接触
进行走路、跑步等

项目层（产品模式平台）
产品模式
可以让企业走得更稳

图 6-12　以脚部比拟项目层

（1）选对行业赛道：比如数字经济、医药生物、绿色环保、新能源、新材料、新消费等。

（2）创新研发能力：通过增强研发能力，推出更好的产品，给客户极致的体验，让客户尖叫。

（3）建设好团队：通过组建团队来做好品牌、营销、企业文化、人力资源、公司制度等工作，实现避开低层次竞争、建立竞争优势的目的。

此外，项目层同样也分传统产品项目层与创新产品项目层。企业过于依赖传统产品项目层容易制约自身发展。我们可以考虑抽取一部分收益，投资到创新产品项目层当中，等取得成效后即可反哺传统产品项目层。

总的来说，上述产品模式平台的运营取得一定成效后，再贴合到资本运营上，就如同插上翅膀一样，可帮助企业腾飞。

二、资本价值最大化的核心指标：利润率、市盈率和资产规模

以上内容从整体上分析了打造企业长期价值壁垒的四大层面，接下来再分析资本价值最大化的三大核心指标。

1. 核心指标 1：利润率

资本价值最大化的第一个核心指标是利润率。企业的利润所带来的现金流是衡量企业经营周转是否合理、偿债能力是否良好、是否过度扩张、对外投资是否恰当等问题的重要指标之一，体现着企业的长期发展能力。

【案例链接：卫龙的利润率指标分析】

辣条品牌卫龙被誉为"辣条第一股"，2022年12月15日成功登陆港交所，上市当天的总市值达到了235.58亿港元。

企业主营业务的利润率首先可以反映一个企业的拳头产品的盈利水平。卫龙在2018—2020年的净利润分别为4.8亿元、6.6亿元、8.2亿元，其辣条产品贡献了很大一部分份额。卫龙2020年的招股说明书中显示，辣条是卫龙最核心的产品品类，其在公司营收中占比65.3%，营收近27亿元（如图6-13所示）。实际上，卫龙能有如此漂亮的利润率数据，得益于以下两方面：一是卫龙占据了辣条休闲食品的细分市场。二是产品价格低，但销量惊人，消费群体大多是25岁以下人群，尤其是学生群体，辣条也是"80后""90后"人群的童年回忆。

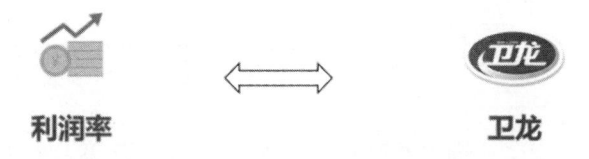

利润率

1. 主营业务的利润率可以反映一个企业的拳头产品的盈利能力水平

2. 所带来的营收能否创造稳定的现金流，能否帮助企业支付企业正常运转的费用，如品牌建设、渠道建设等的费用

卫龙

1. 辣条是卫龙最核心的产品品类，产品单价低，但销量惊人。2020年卫龙的辣条在营收中占比65.3%，营收近27亿元；蔬菜制品占比28.3%，营收12亿元

2. 卫龙依托其品牌影响力，较好地掌控了辣条细分市场的线下销售渠道，同时也扩展线上电商销售驱动利润增长

图6-13　卫龙的利润率如何支撑其良性发展

但从另一方面来看，辣条的净利润不高，仅依靠辣条产品也不容易保持每年的利润增长率，因此，卫龙在近几年也在布局多品类产品，比如卫龙在大力发展蔬菜制品（魔芋爽、风吃海带等），这些品类在2020年占比28.3%，营收12亿元。

企业利润率指标还可以反映企业的营收能否创造稳定的现金流，企业能否支付正常运转的费用，如品牌建设、渠道建设等的费用。卫龙品牌创立至今20多年，有一定的品牌影响力，并逐渐建立起一套具有较强话语权的经销商体系，也就是卫龙能较好地掌控辣条细分市场的线下销售渠道。随着休闲食品赛道的企

第六章　企业天地人三维生命体：企业资本运营实操创效价值增长

业越来越多，卫龙将企业的营收和利润所产生的现金流，用于扩展线上电商销售、品牌营销、自动化工厂建设、提高卫生安全水平等，也在不断增强自身的竞争力。

此外，企业利润率的高低，在一定程度上可以反映企业的价值，利润高表示其成长性较强，利润率变低可能反映该企业进入了成熟阶段。实际上，随着产品同质化局面的出现，利润率变低成为常态，这时候企业就需要考虑如何用持续差异化的打法来适应市场、做好利益分配等，为企业带来持续发展。

2. 核心指标2：市盈率

资本价值最大化的第二个核心指标是市盈率。从市盈率的动态变化可以看出企业未来的发展潜力，以及企业是否能够跨越行业周期、是否能够成为细分领域的冠军等。

【案例链接：宁德时代的市盈率指标分析】

如图6-14所示，企业市盈率指标首先可以体现出投资的回本年限，同样，如果只从静态市盈率来分析，则不能充分判断增长空间。例如一家企业的市盈率是10倍，投资者则需要10年才能回本。宁德时代的PE在2021—2023年是下降的，这不能简单地用估值水平来判断泡沫是否过高。对于企业的市盈率还要动态地分析，尤其是对宁德时代这种科技股来说，它的市盈率偏高，还要通过与自身的历史市盈率对比、与同类企业市盈率对比、与市场整体估值环境对比等来分析。

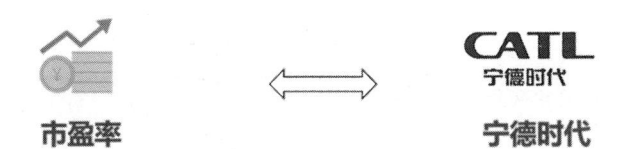

市盈率

1. 市盈率可以体现出投资的回本年限，如果只从静态市盈率来分析，不能充分体现增长空间

2. 要结合行业前景、竞争格局、未来市场份额、净利润水平、企业核心竞争力等因素综合进行市盈率估值

宁德时代

1. 宁德时代的PE从2021年100多倍，下降到2023年的50多倍，不代表其估值水平泡沫过高

2. 宁德时代所处的新能源行业成长性强，本身的锂电池储能技术等具备优势、与特斯拉合作开拓海外市场等都是其发展潜力

图6-14　宁德时代的市盈率如何支撑其良性发展

企业市盈率估值还要结合行业前景、竞争格局、未来市场份额、净利润水平、企业核心竞争力等因素综合分析。宁德时代所处的新能源行业成长性强，其本身的锂电池储能技术具备优势、开拓海外市场等都能支撑其良性发展。例如宁德时代与特斯拉的合作，宁德时代为特斯拉提供电池服务，扩张了海外业务版图，特斯拉也缓解了电池供应不足的问题，提升了产量和效率。二者所形成的中外合作，也在不断地促进着产业发展。

3. 核心指标3：资产规模

资本价值最大化的第三个核心指标是资产规模。无论是重资产运作还是轻资产运作，企业的资产规模是否有效扩大都能反映企业的实际经营水平。

【案例链接：京东自建物流体系的资产规模指标分析】

（1）企业的融资过程可以驱动企业资产规模发展。京东集团虽然在前期连年亏损，但其通过各种融资渠道获得了源源不断的现金流来解决这个难题（如图6-15所示）。京东经营发展战略的一大亮点是自建物流体系，这是重资产的投入，前期投入很大，会占用企业营收资金的很大一部分，会导致高成本与长期亏损。

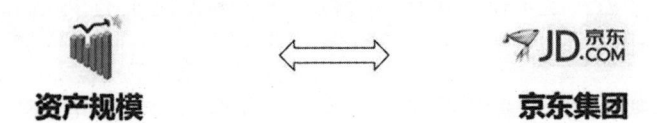

资产规模 ⇔ **京东集团**

1. 企业融资驱动企业资产规模发展
2. 资产规模的扩大还要考虑降本增效
3. 资产规模的有效扩大，反映企业经营水平的发展情况

1. 京东在前期连年亏损，它的资金来源很大一部分来自融资，用来自建物流体系
2. 自建物流体系，帮助京东更好地降低平均配送成本，以及培养更多的忠实用户等
3. 京东物流在港交所上市+京东仓储REIT在上交所上市

京东2022年全年营收约10462亿元，全年净利润为282亿元，供应链基础设施资产规模达到1326亿元

图6-15 京东集团的资产规模如何支撑其良性发展

例如京东从2007年就开始自建物流体系，那时候资金主要来自融资，如京东上市前的第一轮融资得到了今日资本的1000万美元；京东第二轮融资得

到了雄牛资本、今日资本、社会人士等的2100万美元投资。这些融资都为京东很好地解决了前期高成本与长期亏损的问题。

然而，京东上市后也存在长期亏损的问题，例如京东2014年全年营收约1150亿元，但全年净亏损49.41亿元；2015年全年营收约1813亿元，但全年净亏损94亿元；到了2021年，全年营收约9516亿元，全年净亏损36亿元等。京东的做法是在进入资本市场后合理地控制亏损，来追求用户增长最大化。

（2）企业资产规模的扩大还要考虑降本增效。京东自建物流体系，是为了提供良好的用户体验及打响品牌知名度，这些都属于市场上看得见的部分。而京东自建物流体系的过程中，需要建设一系列的IT系统、物流系统、财务系统等，通过这些系统的统一协调，其实是可以起到降本增效作用的，比如可以帮助京东更好地降低平均配送成本，以及培养更多的忠实用户等。

（3）资产规模的有效扩大，反映企业经营水平的发展情况。据京东的财报显示，2022年全年营收约10462亿元，全年净利润为282亿元，供应链基础设施资产规模达到1326亿元。其实，从京东的历次上市进程就可看出其资产规模是如何逐步扩大的。首先，京东集团早在2014年5月在纳斯达克证券交易所上市。其次，京东集团在2020年6月回到港交所二次上市。再次，京东集团通过合并达达集团，于2020年6月又成功在纳斯达克证券交易所上市。最后，随着京东集团规模越来越大，其开始了自身的分拆上市之路，即京东健康于2020年12月在港交所上市、京东物流于2021年5月在港交所上市、京东仓储REIT于2023年2月在上交所上市。还有转型科技属性的京东科技也在继续冲刺港交所上市。

上述各种数据都反映出京东资产规模的有效扩大得到了市场的认可，也反映出其经营向良好的态势发展。

三、处于发展期的创新企业的资本运营方式

企业资本运营价值最大化贯穿于企业的整个发展周期，不同类型的企业也有不同的方式来驱动企业增长。下面分析处于发展期的创新企业的资本运营方式。

1. 联合投资参股

处于发展期的创新企业的资本运营，笔者认为可采取联合投资参股的方式，因为这类的合作企业，不是某一方强或者某一方弱的关系，而是一种业务协同、优势互补的对等关系。

【案例链接：韵达战略投资德邦】

如图6-16所示，韵达股份在2020年的时候，用旗下的全资子公司宁波福杉公司，认购了6.14亿元的股份入股德邦，交易完成后，韵达占股6.5%，成为德邦第二大股东。双方的这次战略合作有何意图呢？

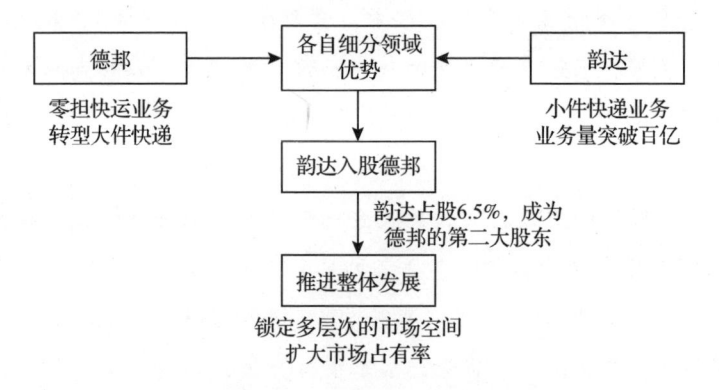

```
德邦                  各自细分领域              韵达
                        优势
零担快运业务                              小件快递业务
转型大件快递                              业务量突破百亿
                          ↓
                    韵达入股德邦
                  韵达占股6.5%，成为
                   德邦的第二大股东
                          ↓
                    推进整体发展
                  锁定多层次的市场空间
                    扩大市场占有率
```

图6-16 韵达战略投资德邦

首先，德邦是在2009年成立的，最初主要做零担快运业务（一单货物的重量介于30千克到一整车之间，称为零担货物），随着公路物流领域的业务增速变缓，德邦在2018年上市的这一年转型做大件快递业务。但德邦在这次战略转型中，也承担了高额的人力、运力、车辆、分拣设备等资源投入，这影响了上市后的业绩表现。

而韵达主要发力小件快递业务，2019年时其业务量就突破百亿件了，2021年其快递业务量更是高达184.02亿件。但是韵达在其他快运等新业务上的规模优势不明显，当时的竞争对手还有安能、顺丰快运、壹米滴答等。

从上述分析来看，德邦做大件快运，韵达做小件快递，双方各自在细分领域有优势，而对于上市的物流企业来说，做综合物流业务能够更好地推进自身发展。因此，韵达入股德邦，相当于大件与小件物流业务的行业龙头强强联合，可以更好地锁定多层次的市场空间，扩大市场占有率。

同时，韵达入股的资金，可用于帮助德邦升级硬件，如转运中心智能设备升级、IT 信息化系统建设等，这能够更好地实现双方的降本增效，最终提升盈利能力与品牌价值。近年来，快递物流行业的龙头也更加倾向于通过抱团合作提升竞争力，如新兴的极兔速递入股百世快递等。

此外，值得一提的是，韵达入股德邦后的几年，电商、短视频平台带货等也在冲击着物流快递行业，京东物流也在 2022 年 3 月以 89.76 亿元收购了德邦 66.5% 的股份，成为德邦的第一股东，以此来补足京东自建物流体系的短板。

2. 无形资产资本化

处于发展期的创新企业的资本运营，笔者认为还可以采取无形资产资本化的方式，无形资产包括专利、商标、著作权、土地使用特许权等资产。

下面详细分析企业无形资产资本化的关键要点。

（1）企业为什么要重视无形资产？处于发展期的企业，前期可能遇到资金不足等情况，但若能盘活自身的无形资产，比如创新的营业模式、前期投入、公关成本、商业秘密、研发投入、渠道资源、发明专利、著作版权、商标品牌、创新模式、预估价值等，其实都是可以进行出资的，或者可将这部分无形资产作为融资上市的合作谈判条件。从一定程度讲，其价值有时远大于有形资产。

（2）企业无形资产资本化，需要满足什么条件？用 5 个关键词来总结，就是技术可行、预期落地、有经济效益、有资源支持、可计量。

（3）企业为什么要做无形资产资本化？企业做无形资产资本化的十大价值见表 6-2。无形资产资本化可以作为合作谈判的筹码，以此增加成功率。就像双方合资合作，对方做价值评估的时候，往往更重视该公司的技术、商标、品牌等无形资产，而非机器、设备、厂房等有形资产。这些无形资产能够展示企业的实力，增加谈判的砝码。

表 6-2　企业无形资产的价值

序号	价值
1	资产交易的需要，比如用无形资产进行融资、转让等
2	把无形资产作为经济谈判的筹码，增加成功率
3	作为相关质押贷款的条件
4	为经营者提供管理、决策依据

续表

序号	价值
5	为无形资产侵权赔偿提供价值依据
6	无形资产评估，作为扩大、提高企业影响力、展示企业发展实力的手段
7	以无形资产为先导，实现低成本扩张
8	增加企业凝聚力、激励员工、增强品牌凝聚力、激励投资者信心
9	帮助摸清家底，维护企业资产的完整性
10	对企业开展省著名商标、中国品牌、中国驰名商标的认定工作具有促进作用

此外，优质的无形资产资本化可以有效扩大和提高企业的影响力，并转化为企业护城河。还要注意无形资产资本化的误区，例如专利权不是独占权，而是一种排他权，企业要做好基础专利检索，避免竞争对手的专利狙击、权属问题等。

【案例链接：迪士尼的IP无形资产如何形成品牌影响力】

如图6-17所示，迪士尼就是凭借着多年来所打造的IP无形资产，来形成品牌影响力的。例如迪士尼有一个IP是《星球大战》，有人认为前期作品非常受欢迎，但到了最后的几部作品，质量没以前好，属于狗尾续貂般的剧作。但迪士尼通过IP整改后，把《星球大战》系列里面的一个种族曼达洛人，重新拍摄成一部有质量的剧作，依然迅速俘房了观众的心，并且为后续的《曼达洛人》续作打下了基础。

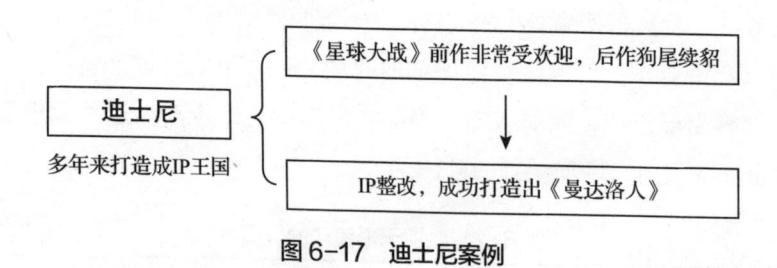

图6-17 迪士尼案例

其实，上述案例也说明无形资产并不是一成不变的，需要企业及时地更新迭代，让无形资产有效地转化为消费行为等。

3. 引进外资改造

处于发展期的创新企业的资本运营，作者认为还可以采取引进外资改造的方式，这当中要避免丢失控制权。

【案例链接：中粮集团与嘉里集团经营金龙鱼品牌的过程】

图 6-18 简单勾勒了中粮集团与嘉里集团经营金龙鱼品牌的过程。粮油巨头金龙鱼品牌，其实是来自马来西亚的，它的外资背景是嘉里集团。那时中粮集团与嘉里集团中外合资建立了南海油脂公司，中粮集团占股47%，嘉里集团持股41%，虽然中粮集团占股多，但是南海油脂公司的管理权与旗下的金龙鱼品牌都归属于嘉里集团。

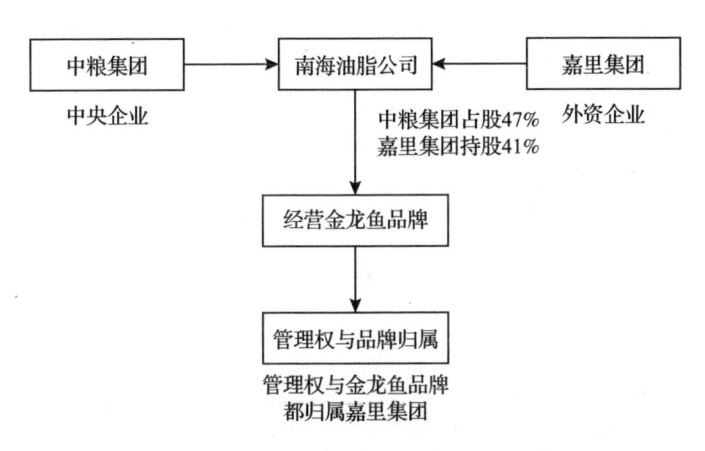

图 6-18 中粮集团与嘉里集团经营金龙鱼品牌的过程

企业引进外资时要注意三大权：一是经营权，要明确中外合资的公司谁说了算的问题。二是资产权，要划分好各种资产的价值盘算。三是股权，中外合资企业可以把股权做深做透，一起把企业做大做强，双方洽谈投资回报的时候要注意控制权，避免后续问题。

4. 一、二级市场产权转让

处于发展期的创新企业的资本运营，作者认为还可以采取一、二级市场产权转让的方式，更好更快地促进企业成长。下面借用小红书的发展案例加以分析。

【案例链接：小红书的发展历程】

小红书从成立之初开始，其商业模式就在不断地根据市场与客户的需求而升级创新，在这一过程中，其在一级市场便成功吸引了6轮融资，用于业务的开发与拓展。小红书的融资历程见表6-3。

表6-3 小红书的6轮融资

序号	日期	金额	轮次	投资方
1	2013年10月	数百万元人民币	天使轮	真格基金
2	2014年3月	数百万美元	A轮	金沙江创投、真格基金
3	2015年6月	数千万美元	B轮	GGV纪源资本、金沙江创投
4	2016年6月	1亿美元	C轮	腾讯投资、元生投资、天图投资
5	2018年6月	超过3亿美元	D轮	阿里巴巴、腾讯投资、GGV纪源资本、元生投资、天图投资、真格基金、K11 Investment、金沙江创投
6	2021年11月	5亿美元	战略投资	淡马锡、腾讯投资、阿里巴巴、天图投资、元生投资

小红书升级创新的第一阶段：2013年小红书刚起步，以B2C自营模式来推出市场，其创新点是定位成为用户提供出境购物信息，以及分享出境购物心得的平台，解决用户"出境怎么买、买什么产品"的难题。这阶段成功吸引真格基金在天使轮投入小红书数百万人民币。

小红书升级创新的第二阶段：2014—2015年，小红书跨境电商做得有一定规模了，为了解决用户跨境购物时的"难购买、时间长"等难题，小红书创新性地开始建设自营国内保税仓，搭建海外仓库，自建客服体系等，用打通采购、销售、仓储、物流、客服等环节的跨境电商模式，来解决用户痛点。这阶段成功吸引了A轮、B轮数千万美元的融资。

小红书升级创新的第三阶段：2016—2018年，小红书又根据市场与用户需求，创新自身，转型做社区型的平台，也开放了第三方商家入驻的模式，并运用大数据的算法机制，让更多商家、"达人"精准入驻小红书，吸引了越来越多的年轻用户使用小红书。这阶段的小红书还与《偶像练习生》《创造101》等热门综艺节目合作，进一步吸引了年轻用户的关注。这阶段在C轮、D轮吸引了数亿美元的融资。

小红书升级创新的第四阶段：2019年开始继续发展至今，小红书的创新转变为不断地深耕UGC（用户原创内容）购物分享社区。这阶段小红书的业

第六章 企业天地人三维生命体：企业资本运营实操创效价值增长

务运营过程中，也伴随着一些虚假"种草笔记"等问题，小红书也在逐步改善这些情况。

小红书发展至今，无论是入驻的商家还是用户数量的增长，其商业化的运营也逐步成长、成熟起来，目前已经成为全球最大的消费类口碑库和社区电商平台之一。小红书在2021年的战略投资阶段获得5亿美元的融资，其累计融资额超9亿美元，目前估值高达200亿美元，可见市场对小红书的认可。

四、处于成熟期的创新企业的资本运营方式

大型企业占据行业的领先地位后，其增长曲线是惯性地延续过往的核心业务，即便嗅到有发展潜力的业务，自身多年来所投入的资源，很难一下子转移到其他业务当中。大型成熟企业可以通过资本运营，构建自身的企业生态链、发现第二增长曲线等，以实现资本价值最大化。

1. 控股运作

处于成熟期的创新企业的资本运营，笔者认为可以采取控股运作的方式来驱动增长。

有的企业发展规模越来越大，或者已经在筹备上市的路上，此时可能会发现初期基于信任关系的融资，忽视了企业的控制权、分红权等问题，以至于给自身的发展壮大埋下了隐患。消除这种隐患的方式之一就是未雨绸缪地做好控股运作。

下面结合企业控股运作的逻辑要点、实操要点与商业案例进行分析。

（1）企业控股运作的逻辑要点有两个。

企业控股运作的逻辑要点之一：注重公司的控制权问题。一般来说，公司的股权架构可分为绝对控股型、相对控股型和不控股型。该怎么合理分配股权又不丧失主动性呢？这就需要企业练好股权的制衡之术，具体要考虑以下问题（见表6-4）。控制什么资源？其中的道义资源就像企业的灵魂人物对于公司的治理，如果没处理好这个灵魂人物的股权问题，可能会发生独裁治理或者壮大后合伙人之间的决策争议等问题。如何制约大股东？大股东并不等同于公司的法人、董事长、总经理等角色，若没处理好大股东的责权利，他私自签署一些没经大家同意的文件，可能会带来一定的风险。

表6-4　股权的制衡之术考虑的问题

1. 控制什么资源	道义资源、资本资源、人力资源、媒体资源、权力资源和其他核心资源
2. 如何制约大股东	要避免大股东＝法人＝董事长＝总经理
3. 怎么落实股权分配	①科学制定宪章型文件、章程合伙协议 ②明确股东会议结构、规则，明确如何开会、行使权力等 ③明确议、决、行、监四位一体的权责利问题
4. 如何用股权处理契约问题	接受不完善契约，动态调整
5. 如何用股权整合资源	专业打理整合资源

企业控股运作的逻辑要点之二：理清楚直接控股与间接控股的区别。如图6-19所示，如果A公司控股了B公司80%的股份，然后B公司又控股了C公司80%的股份，计算下来，A公司控股了C公司64%的股份，这种情况属于A公司直接控股C公司。

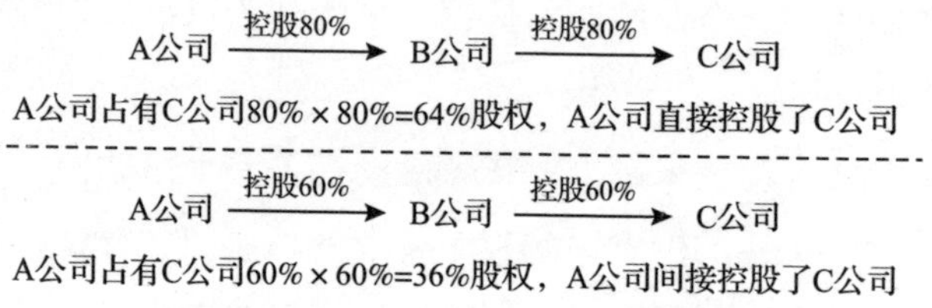

$$A公司 \xrightarrow{控股80\%} B公司 \xrightarrow{控股80\%} C公司$$

A公司占有C公司80%×80%=64%股权，A公司直接控股了C公司

$$A公司 \xrightarrow{控股60\%} B公司 \xrightarrow{控股60\%} C公司$$

A公司占有C公司60%×60%=36%股权，A公司间接控股了C公司

图6-19　直接控股与间接控股对比

换个情况，如果A公司控股了B公司60%的股份，然后B公司又控股了C公司60%的股份，计算下来，A公司控股了C公司36%的股份，这种情况属于A公司间接控股了C公司。

企业的直接控股与间接控股问题，关系到各个分子公司的管理关系和业务开展情况。

例如，A、B、C同属一个集团，A公司直接控股了C公司，这种情况下不能同时参与同一个合同下的政府采购项目；相反，如果是A公司间接控股了C公司，就可以同时参与同一个合同下的政府采购项目。

因此，分子公司之间并不是简单的层级问题，要梳理清楚需要直接控股还是间接控股来处理一些发展问题。

（2）企业控股运作的实操要点有四个。

开设控股型公司作为上市主体的实操要点：有的企业可能受限于自身的发展规模，选择了开设控股型公司作为上市主体，这个主体可能不经营具体的业务，它的收入和利润来源是旗下各个分子公司的合并报表。在开设这种控股型公司时，需要注意一些问题（见表6-5）。

表6-5 开设控股型公司需要注意的问题

1. 避免瑕疵出资	出资的股权必须合法持有，不能存在权力瑕疵，要履行好法定的转让手续
2. 根据股权估值出资	股权的价值会根据公司的经营与资产情况而动态变化，要依法评估作价，作为出资的依据
3. 如何做出股权估值	股权估值的方法，将影响控股型公司的股权结构，是多家公司用于出资股权的估值方法
4. 出资程序要合法	考虑法律法规、公司章程、股东协议等文件，是否对股权转让有其他的特殊约定和限制等

将分公司变为子公司的实操要点：分公司和子公司是不同的概念，相关法律条文中明确规定分公司是不能独立承担法律责任的，而子公司与母公司存在着母子关系，二者可作为独立的主体，能够独立承担法律责任。因此，如果要将分公司变为子公司，则要先注销掉分公司，才能再成立子公司。

值得注意的是，注销企业要进行税务检查，如果在注销分公司的时候被发现税务不正常，会引起一系列的税务处罚。同时，注销了分公司再成立子公司，这两家企业的财务账是不延续的，新开的子公司需要重新开账进行核算，才能进一步做股权调整。

科学做好公司的股权顶层设计来规避风险的实操要点：公司上市前要做股权调整，一般来说，公司的核心股东要通过股权转让等方式来收回代持股权，然后成立上市的主体公司，从个人控股变成公司控股，通过这个控股型公司来实施股权激励、股份制改造、吸引外部投资者等，最后符合条件顺利上市。

那如何科学做好公司的股权顶层设计呢？

第一，注册一个控股母公司作为集团，注册资本10万元，这是为了避免债务风险。

第二，集团的每个业务板块分别成立子公司，注册资本为1000万元以上，并由母公司绝对控股，这是为了提高企业的信任度。同时，这些独立板块的子公司，若发展得好，可以独立上市，做得一般的可以合并报表增加市值，或者直接卖出去减轻资产压力。

第三，设立4个持股平台，并设置合理的分配比例，如图6-20所示（可根据实际情况调整）。

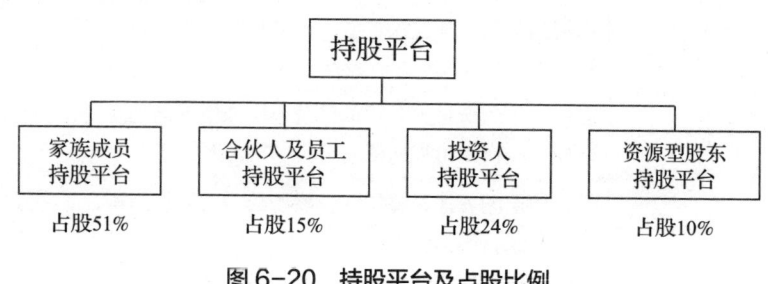

```
                    持股平台
     ┌───────────┬──────────┬──────────┐
  家族成员    合伙人及员工   投资人    资源型股东
  持股平台     持股平台    持股平台    持股平台
   占股51%      占股15%     占股24%     占股10%
```

图6-20 持股平台及占股比例

第四，集团老板作为执行事务合伙人，其他股东作为有限合伙人来开展事业。

把握好母公司与子公司之间的关系的实操要点：例如控制权，企业在与诸多公司进行投融资的过程中，即便投资方的金额比较大，自身企业也要做好控制权方面的规划。下面举案例说明，为大家带来一定的规划思路。

如果A公司是细分领域中的高价值企业，出资600万元，B公司是投资方，出资700万元，他们共同成立一家C公司，按照同股同权的比例划分，A公司占股约46%（600÷1300），B公司则占约54%（700÷1300）。假如A公司掌握技术、人才等优势，而B公司是大股东，若遇到重大事项，A公司没有掌握决策权，无法及时应对变化，容易错失某些市场机遇。

如图6-21所示，可以转换方式，B公司通过成立多家全资子公司来让A公司掌握控制权，又能让B公司获取对应的收益权。

第一阶段：A公司与C公司共同投资750万元成立丙公司，A公司出资600万元，占股80%（600÷750）；C公司占股20%（150÷750）。这阶段A公司牢牢掌握丙公司的决策权。

第二阶段：丙公司与D公司共同投资1000万元成立乙公司，如上阶段类推，丙公司出资750万元，占股75%；D公司出资250万元，占股25%，丙

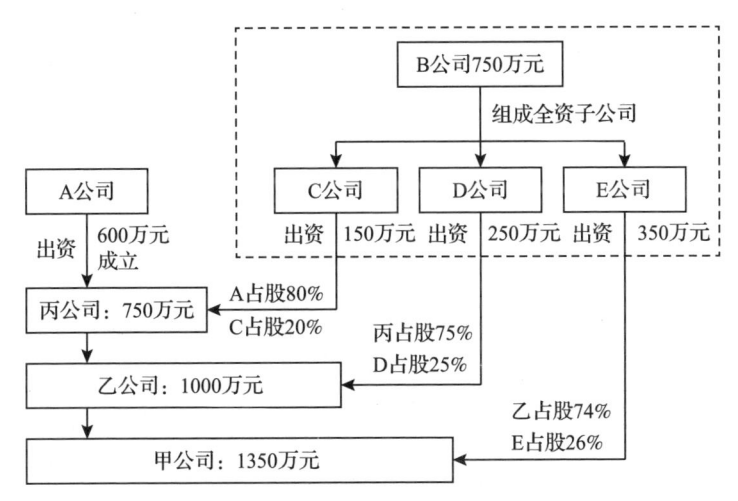

第六章 企业天地人三维生命体：企业资本运营实操创效价值增长

图6-21 A公司与B公司的投融资过程

公司有决策权。而原先A公司对丙公司有决策权，反过来就是A公司对乙公司也有决策权。

第三阶段：乙公司继续与E公司共同投资1350万元成立甲公司，如上阶段类推，乙公司出资1000万元，占股74%；E公司出资350万元，占股26%；A公司依然能够享有对甲公司的决策权。

也就是说，A公司通过600万元，可以层层决策丙公司、乙公司与甲公司的事务，B公司享有投资750万元所带来的未来价值收益。

（3）企业控股运作的案例分析。

【案例链接：海底捞股权演变与业务发展】

海底捞发展至今，已成长为一家开店1000多家的上市企业，凭借优质的服务与食材，成为火锅领域的知名品牌。下面从海底捞的股权演变过程来分析其是如何一步步发展壮大的。

如图6-22所示，海底捞是1994年在四川成立的，相当于个体工商户创业。当时由张勇、舒萍和施永宏、李海燕共同筹资了8000元创业，平均每人占股25%。这当中，因为信任关系，张勇没有出钱也获得了等值的股份。到了2001年，海底捞才正式注册商标和成立有限公司，开始落实4个股东的身份。这时候的海底捞在4人的努力之下快速发展，开店也从四川本土拓展到一线城市，如2004年开始进入北京开店、2006年在上海开店等。

213

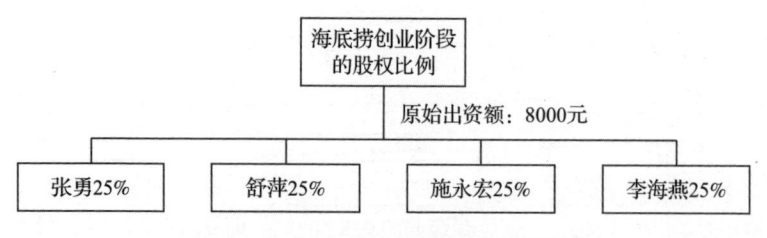

企业增长从哪里来 从企业天地人三维生命体说起

```
        海底捞创业阶段
         的股权比例
              │
      原始出资额：8000元
    ┌──────┬──────┼──────┬──────┐
  张勇25%  舒萍25%  施永宏25%  李海燕25%
```

图6-22　海底捞创业阶段的股权比例

随着业务的发展，海底捞的股权结构也进行了调整。因为开火锅店对于调味料的需求大，海底捞集团在2006年投产了第一条火锅底料生产线，主要供应集团旗下的餐厅，2007年开始发展为供应餐厅及第三方经销商，进入超市、杂货铺等。海底捞也是在2007年进行了第一轮股权调整（如图6-23所示）。

```
        海底捞2007年
          股权调整
              │
    ┌──────┬──────┼──────┬──────┐
  张勇43%  舒萍25%  施永宏7%   李海燕25%
  张勇以原始出资额的价格收购施永宏18%的股权
```

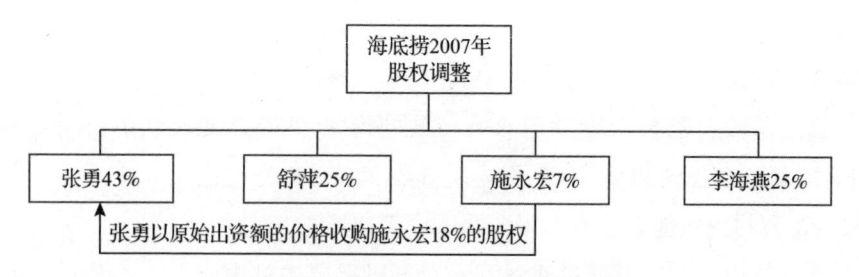

图6-23　海底捞2007年的股权调整

这一轮的股权调整，亮点之一就是张勇用原始出资额的价格收购了施永宏18%的股权，确定了张勇为海底捞集团大股东的地位，由他全面负责决策、经营集团公司。海底捞原始出资额为8000元，这相当于施永宏"白送"股权给张勇，这是为什么呢？一方面，施永宏十分认可张勇的能力；另一方面，施永宏不追求以股权来获得公司的控制权，而是从投资回报的角度来算这笔账。就像这轮股权调整后，施永宏还有7%的股份，如果公司有100万元要分，他就只能拿7万元，但如果公司上市后市值10亿元，那7%的股份就能分到7000万元。海底捞也不负众望，2018年上市当天市值就达到944.46亿港元，这时候施永宏的投资回报无疑是非常高的了。

如图6-24所示，2009年海底捞又做了一轮股权调整，4个创始人（张勇为大股东）共同成立了四川简阳静远投资公司，该公司占了海底捞50%的股权。张勇、舒萍、施永宏和李海燕在海底捞的占股分别为25.5%、8%、8%、8%，还给6名创始员工分配了0.5%的股权。当时海底捞正不断在各个城市开店拓展业务，这阶段的股权调整为海底捞积累了资本，也打造了团队，塑造了企业文化，为海底捞打响了品牌。

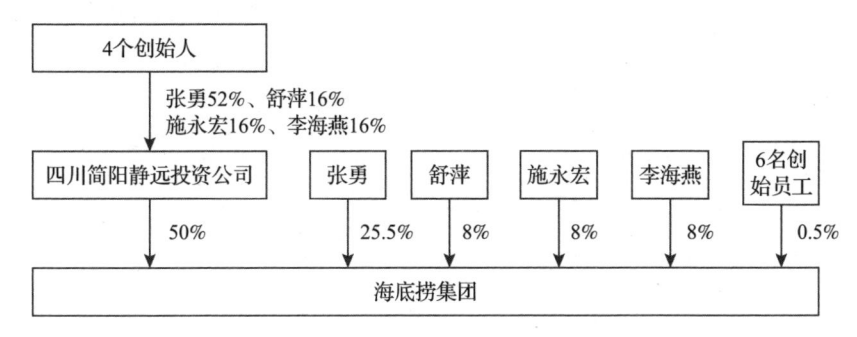

图6-24 海底捞2009年的股权调整

海底捞集团的业务体系又可以分为六大板块。因为海底捞旗下有很多门店，自身火锅店对调味料、食材的需求又非常大，所以海底捞2011年打造了内部的供应链，这块业务包括颐海国际控股有限公司负责调味料（在2016年7月上市），蜀海（北京）供应链管理有限责任公司负责食材业务（也在积极寻求上市）。另外，北京蜀韵东方装饰工程有限公司负责装修业务，海底捞大学负责培养人才等，海底捞集团慢慢发展成打通上下游产业链的餐饮企业。

2. 上市

处于成熟期的创新企业的资本运营，作者认为还可以采取上市的方式来驱动企业增长。下面结合企业上市的逻辑要点、实操要点与商业案例进行分析。

（1）企业上市的逻辑要点有三个。

企业上市的逻辑要点之一：符合国家战略。具备创新潜力的公司是上市的优质标的。从推行注册制前后，A股上市企业市值排名靠前的企业所在的行业来看，其变化如表6-6所示。一方面，涵盖高新科技或者创新驱动等行业愈发受到资本市场的青睐；另一方面，中国的人口红利逐步变为人才红利，由过去依靠劳动力、土地等优势，转变为开始向高端制造、数字经济、人工智能、新能源、新材料等创新型行业倾斜。

表 6-6　A 股市值排名前列的行业

时间	行业
2018 年年底（推行注册制前）	银行（工商银行）、非银金融（中国平安）、生物医药（恒瑞医药）、食品饮料（贵州茅台）等
近几年推行注册制后	货币金融服务（工商银行）、电子设备制造（海康威视）、电气机械（宁德时代）、食品饮料（贵州茅台）、医药生物（恒瑞医药）、汽车制造（比亚迪）、电力能源（长江电力）

企业上市的逻辑要点之二：全面推行股票发行注册制后，企业上市的增速与质量双双提高。

第一，全面推行注册制后，企业上市的增速大大提高了。目前在 A 股上市的企业数量突破了 5000 家（截至 2022 年 11 月 21 日），根据《上海证券报》统计，中国企业 IPO 上市数量累计突破 1000 家与 2000 家都用了 10 年，数量累计达到 3000 家用了 6 年，数量累计达到 4000 家用了不足 4 年，而累计突破 5000 家关口仅用了 2 年多时间。

第二，全面推行注册制后，退市制度更加严格，保证上市企业的高质量发展。

如图 6-25 所示，过去企业上市采用核准制来审核，就像"学霸"要考进名牌大学，得先经历高考，达到入学标准。

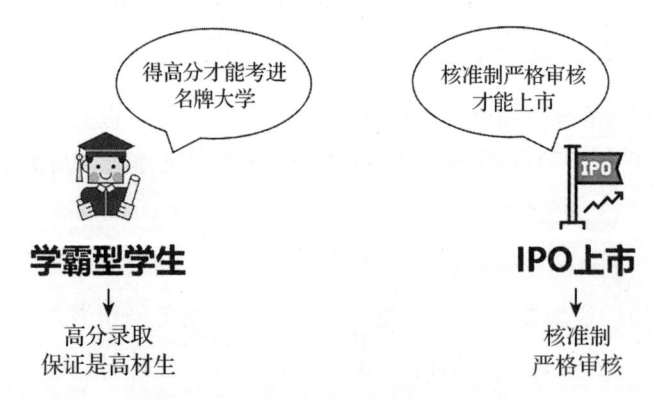

图 6-25　以"学霸"比喻核准制上市

如图 6-26 所示，与之对应的是注册制审核上市，类似于每个学生进入大学深造，但违规或学习差要面临退学或不能顺利毕业。

第六章　企业天地人三维生命体：企业资本运营实操创效价值增长

普通大学生　→　分数达标考进大学　看成绩顺利毕业

成绩达标考进大学深造

IPO上市　→　注册制　门槛放宽，优胜劣汰

注册制审核上市

图6-26　以普通大学生比喻核准制上市

实际上，全面推行注册制后，企业上市的门槛放宽，便于企业在资本市场直接融资，助力自身发展，但如果该企业的发展达不到预期、存在重大违法违规行为等，依然要面临退市的风险。这是通过优胜劣汰促进企业健康发展。

企业上市的逻辑要点之三：借助资本的力量，实现融资、融人、融智慧。例如优秀的企业凭借自身的商业模式、创新等因素吸引众多投资者，进而通过股权融资来优化自身的资本结构、人才体系，实现与投资者双赢等，促进企业的发展壮大。

【延伸链接：中国资本市场的发展未来可期】

笔者认为中国资本市场的发展未来可期，原因有三个。

第一，传统金融体系的出路是改革，改革就是要提高直接融资比例和降低间接融资比例。传统的金融体系需要改革，定价是金融运作中不可或缺的一环，金融产品/金融服务的定价，都是通过供需关系、市场竞争、信息传递等机制来决定的。但传统的筹资经营方式是间接融资，其比例居高不下，有些方式的市场相对不透明，可能存在人为的暗箱操作。在诸如此类的现状下，要想打破这种暗箱操作，其出路之一就是改革，大力发展资本市场，完善金融机制。这样做的目的是提高直接融资比例和降低间接融资比例，让金融定价往更加透明、公平的方向发展，使金融资本更加高效地市场化运作。

第二，大力发展资本市场，对企业、国家、老百姓都可带来利好。对企业而言，资本市场为企业的成长提供了强劲的推动力。对国家而言，资本市

场的发展能推动经济增长、创造就业机会等，因此国家对资本市场发展的支持力度，未来可能是超预期的。对老百姓而言，如果民间的财富能够进一步进入资本市场，使其规模扩大，一方面可以优化老百姓的家庭资产配置，提高居民财富效应；另一方面，也可以在资本流动过程中进一步完善市场化运作机制。

第三，资本市场的价值最优化会达到纳什均衡。例如我们在生活中可能会发现可口可乐和百事可乐总是一起出现在商店，但它们并没有事先商量好，类似这种非合作博弈共同获利的情景，就是诺贝尔经济学奖得主约翰·纳什所提出的"纳什均衡"。反之，如果同行企业其中一方打破默契，去打价格战，在短期内获取高额利润，最终反而会两败俱伤。所以说，企业之间竞争与合作的最优方案，是在非合作博弈下达到纳什均衡。对于大力发展资本市场来说，因为其受益对象是多方，价值最优化要达到纳什均衡，而博弈各方要达到纳什均衡的条件有四个：①博弈各方都不知情，②博弈各方能理性思考，③博弈各方同时行事，④最优方案并非博弈的唯一结果。为了更深入地理解纳什均衡，不妨借助经典的囚徒困境：假如有两人合伙犯案被捕，警察将他们隔离审查，给出三个选择：一是两人都抵赖，各判刑1年；二是两人都坦白，各判刑8年；三是一个抵赖另一个坦白，坦白者判刑半年，抵赖者判刑20年。在这场双方都不知情的博弈下，最优的方案是双方抵赖。但由于人性中的自私，双方都倾向于揭发对方，而非一起沉默抵赖，结果反而是两败俱伤。

（2）企业上市的实操要点有三个。

企业上市的实操要点之一：规划好企业上市的大致方案，更好地降低预期风险。企业上市要考虑好上市时机、上市地点与上市方式等。比如上市方式，可以在适当的时期选择自主上市或者被并购式的曲线上市。自主上市，顾名思义就是自身企业符合上市条件后选择合适的时机与地点上市。被并购式的曲线上市则是多家企业抱团，成立一家上市主体公司来实现上市的目的。

【案例链接：茶饮品牌蜜雪冰城的上市进程分析】

茶饮品牌蜜雪冰城在2022年首次提交了上市申请，计划在A股深圳证券交易所（以下简称深交所）上市。蜜雪冰城凭借"低价+加盟+供应链盈利"的模式迅速扩张，随之而来的研、采、产、销等下沉市场的各环节都需要用到大量的资金，蜜雪冰城选择了通过IPO上市走上资本之路，以期让自身更好地发展起来。

如图6-27所示，蜜雪冰城为了更好地强化自身的品牌，先投资了专注做珍珠奶茶的广东汇茶公司，进一步深化了蜜雪冰城"冰激凌与茶"的差异化品牌定位。接着，蜜雪冰城又在供应链体系中，用旗下全资子公司大咖创投公司与喜多多食品公司，共建了一家新加坡合营企业。喜多多主要从事椰果、水果罐头等生产业务，可以帮助蜜雪冰城部署椰果、椰浆加工等供应链。此外，蜜雪冰城投资了专门做炸鸡的河南鸡装箱餐饮公司，这帮助蜜雪冰城丰富了高频消费品的产品品类。

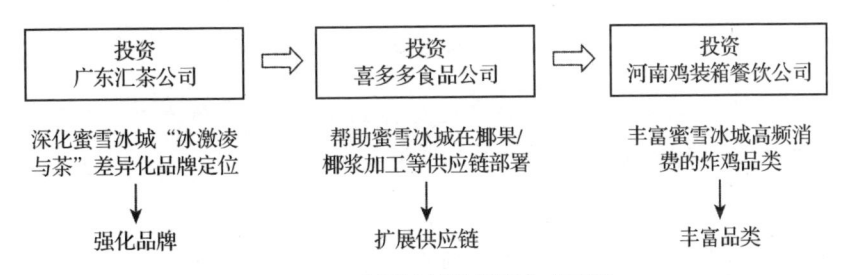

```
投资              投资              投资
广东汇茶公司  →  喜多多食品公司  →  河南鸡装箱餐饮公司

深化蜜雪冰城"冰激凌  帮助蜜雪冰城在椰果/   丰富蜜雪冰城高频消
与茶"差异化品牌定位  椰浆加工等供应链部署  费的炸鸡品类

↓                ↓                ↓
强化品牌          扩展供应链        丰富品类
```

图6-27　蜜雪冰城的投资上市历程

蜜雪冰城通过上述一系列投资行为，在新式茶饮的竞争格局中脱颖而出。蜜雪冰城的招股书显示，2019—2021年公司净利润分别为4.42亿元、6.31亿元、19.12亿元，3年时间赚了近30亿元，而且截至2022年3月末，线下门店已有两万余家（超过喜茶和奈雪的门店之和）。

企业上市的实操要点之二：厘清上市的标准。随着科创板设立、创业板注册制改革、北京证券交易所成立等，我国的股权投资市场从量增到质升稳步发展起来，逐步形成了多层次的资本市场格局，企业上市标准也相应有一些变化，企业要提早做好功课。

企业上市的实操要点之三：正确权衡上市的成本。企业上市的成本通常包括5个方面（见表6-7）。虽然企业上市的成本较高，但企业上市的优势很多，诸如快速融资、提高声誉等，于是很多企业会奔着上市去发展。

表6-7 企业上市的成本

成本分类	说明
成本1	股权要稀释出来，处理不好容易影响控制权
成本2	财务信息要披露，可能涉及公开商业秘密等
成本3	上市前的时间和金钱成本
成本4	上市后的维护成本，如定期的财报审计需要专人筹备，发布以及处理公司舆情等
成本5	容易受到华尔街的影响，股东为了短期利益而损害公司长远发展等

（3）企业上市的案例分析。企业上市要创造价值，这离不开创新。企业创新可宏观地划分为产品/技术创新、组织创新与模式创新，下面配以相关案例加以分析。

【案例链接：拼多多如何靠商业模式创新上市】

拼多多2018年在纳斯达克证券交易所上市，当天市值达351亿美元。拼多多是如何在电商巨头压力下成长起来并最终实现上市的呢？下面先分析拼多多的商业模式。

如表6-8所示，拼多多上市前的商业模式是不断地升级迭代促进发展。例如2015年，拼多多的前身拼好货，用C2B闪购模式来打开局面。也就是说，其是用水果这种高频消费产品切入市场，根据订单需求量来集中采购产品并服务用户，这为拼多多打下了用户基础。

表6-8 拼多多的上市前的发展历程

时间	模式打法
2015年4月	拼好货成立，以水果切入，主打C2B闪购模式
2015年9月	拼多多成立，主打C2B拼团的全品类社交电商平台，由寻梦游戏公司孵化
2016年7月	接入更多资本，比如B轮融资获得1.1亿美元，投资方有腾讯、高榕资本、新天域资本等
2016年9月	拼好货和拼多多通过1:1换股的方式合并
2017年7月	广告赞助高人气的综艺节目，如极限挑战、中国新歌声等
2018年7月	作为国内第三大电商平台，成功实现纳斯达克上市

到了2015年9月，拼多多开始用C2B拼团模式，做全品类的社交电商平台。其实很多企业都在用拼团模式，但拼多多的拼团模式非常成功，原因在于它以深耕聚焦收获了一批批低线城市的用户。它具体是怎样做的呢？

第一，拼多多通过社交游戏化方式来落地拼团模式。通过设定目标、制定规则、用户反馈、自愿参与等，一环扣一环地留住用户。

- 设定目标：用户发起商品拼团可以更加便宜地购买商品。
- 制定规则：必须分享给好友，在限定时间达到拼团人数，就能够轻松拼团成功。
- 用户反馈：拼团成功真的能够让用户"占上便宜"。
- 自愿参与：用户尝试到"甜头"后，还会继续参与拼团。

实际上，拼多多拼团模式的第一步是用"低价爆款＋帮好友砍价"的方式，找到了"社交＋电商"的关联点，快速获取了用户。

第二，拼多多的拼团模式聚焦于低线城市的用户。一、二线城市有京东、淘宝等巨头占领，拼多多难以切入市场与之抗衡。于是，拼多多便在四、五线等低线城市来开拓市场空间。拼多多团队发现，从这些低线城市的用户需求当中，也能发掘到诸多商业价值。

例如，这部分用户可能会为了优惠接受延迟发货、分享推广等操作。有了这些大量用户的免费推广，可以冲掉很大一部分营销溢价。而且，拼多多购物是商家直接对个人，免掉了中间商的差价，可以让用户享受到更低价格。另外，拼多多前期发展中接入的多是质量良好但名气不太大的品牌，打消品牌溢价来让利给用户和商家。

总的来说，拼多多通过上述商业模式创新，一步步地切入电商领域，并最终实现上市以谋求持续发展。

3. 并购扩张

这里讨论的企业外功指的是处于成熟期的创新企业的资本运营方式模块。作者认为可以采取并购扩张的方式来驱动增长。

下面结合并购扩张的逻辑要点、实操要点与商业案例进行分析。

（1）企业并购扩张的逻辑要点有四个。

企业并购扩张的底层逻辑之一是产业整合。目前选择并购的企业越来越多，一方面是因为通过并购可以进行上下游产业链整合，产生规模效应、降低生产成本；另一方面是因为并购后可以进行混业经营，寻求第二增长。

企业并购扩张的底层逻辑之二是产生协同效应。企业实施并购扩张，要努力产生协同效应，这方面要做好四点：①要做好自身的并购定位；②要聚焦在自己熟悉的领域中发展；③在并购扩张的赛道中抓住机会，成为该领域的领先者；④与并购扩张的企业共享资源，如客户、技术、渠道、供应链等。

企业并购扩张的底层逻辑之三是发挥人才的价值。比如腾讯在2005年并购了Foxmail邮箱，计划用这笔交易来获取其技术，初期形成了QQ+Foxmail的产品体系，用来对抗微软的MSN+Hotmail体系。而Foxmail的创办人是张小龙，腾讯给了他极大的话语权，后来张小龙在社交软件领域成功创造了微信。

企业并购扩张的底层逻辑之四是进行文化整合。常见的文化整合模式主要有融合式文化整合、注入式文化整合和促进式文化整合（见表6-9）。

表6-9 企业文化整合的三种模式

模式	特点
1. 注入式文化整合	被并购企业服从并购企业，企业文化一体化
2. 促进式文化整合	并购企业接纳被并购企业的合理部分，吸纳互相促进的文化
3. 保留式文化整合	被并购企业保留原有文化，发挥双方的多元文化价值

此外，企业并购的动因还有诸多因素，在此总结如下（见表6-10）。

表6-10 企业并购的动因

动因	特点
1. 战略意图	通过并购来服务企业的战略大方向
2. 产业整合	通过上下游产业链整合，掌握定价权等
3. 获取资质	可以获得相对稀缺的资质授权，比如欧盟认证的NB认证、CE认证等
4. 加快建设	能够快速进入某些市场，加快建设速度
5. 规避风险	能够规避一些地方性的政策风险
6. 降低竞争压力	能够消灭潜在或已有的竞争对手，减少竞争带来的成本压力
7. 扩大市场规模	借助外力扩张，抱团发展，共同做大企业
8. 补充技术能力	进一步加强产品竞争力，比如一款空调的性能扩大到健康、智能化等

第六章　企业天地人三维生命体：企业资本运营实操创效价值增长

（2）企业并购扩张的实操要点有两个。

企业并购扩张的实操要点之一是进行企业并购的交易。大企业并购小企业是常规的操作。同样，中小企业也可以通过并购发展壮大自身。这部分企业，一方面可以找投资机构融资，用融到的资金去做并购；另一方面，在融不到钱的情况下，企业还可以用股权置换的方式，转让一部分上市主体的股权，在大家共同看好企业未来潜力的情况下，共同做大企业，获取溢价收益。

在符合战略规划的情况下，企业并购有以下三种交易方式（见表6-11）。

表6-11　企业并购的三种交易方式

交易方式	特点
1. 企业自身积累的资金交易	最直接的方式是用现金或证券交易，购买并购公司的资产
2. 企业融资之后的资金交易	通过购买并购公司的股份/股票，来掌控好控制权等
3. 股权置换交易	对并购股东采取股权置换方式，从而取得并购公司的资产等

在此特别强调股权置换的优势，它可以更好地节省流转税，如无须缴纳营业税、契税、增值税等；无须设立专门的投资平台，可以减轻企业投资现金流的压力；能够共享并购企业的资质、技术和声誉等。

企业并购扩张的实操要点之二是在并购过程中获得好的估值。估值体现在三张财务报表当中：资产负债表、利润表和现金流量表。这是并购双方最直接的沟通桥梁。

（3）下面列举两个企业并购扩张的案例。

【案例链接：生态式并购案例——美团的并购战略】

美团最开始采取了T型战略，横向为团购平台业务，纵向是猫眼、外卖和酒旅等业务，逐步打造成本地生活服务平台。接着，美团开始用并购战略来逐步发展为行业龙头。下面分析美团的几次重要的并购动作。

首先，美团与大众点评达成产业协同的并购合作，从竞争到合作，强强联手，共同打造本地生活服务平台。美团在2010年成立，从做团购网站起家，后续业务拓展到外卖、票务等服务，美团的业务优势是交易，业务落地强调的是高频、低客单价。而大众点评成立于2003年，从做餐饮点评网站起家，后续业务也拓展到婚庆、会展等服务，因此大众点评的业务优势是信息，业务落地强调的是低频、高客单价（如图6-28所示）。

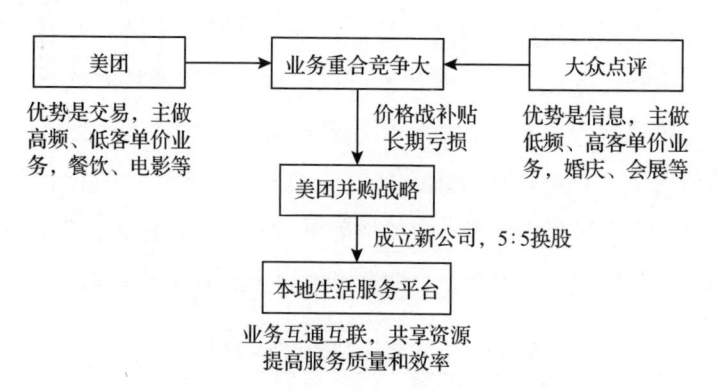

```
┌─────────┐         ┌──────────────┐         ┌─────────┐
│  美团   │────────▶│业务重合竞争大│◀────────│大众点评 │
└─────────┘         └──────────────┘         └─────────┘
优势是交易，主做      │ 价格战补贴              优势是信息，主做
高频、低客单价业      │ 长期亏损                低频、高客单价业
务，餐饮、电影等      ▼                        务，婚庆、会展等
                  ┌──────────────┐
                  │ 美团并购战略 │
                  └──────────────┘
                      │ 成立新公司，5∶5换股
                      ▼
                  ┌──────────────┐
                  │本地生活服务平台│
                  └──────────────┘
                  业务互通互联，共享资源
                  提高服务质量和效率
```

图 6-28　美团与大众点评的联合投资参股

其实，美团与大众点评的业务经营和管理模式是高度重合的，双方在竞争的时候，受资本方驱动，用价格战、补贴等方式来培养用户使用习惯及获取市场份额，而且当时市场上还有饿了么和百度外卖等竞争对手，但随着竞争加剧，这些巨头很容易出现长期亏损的问题。

基于此，美团与大众点评从相杀到相爱，于2018年正式宣布对等合并，采取5∶5换股的方式，成立了一家新公司来运营业务，合并后双方在董事会享有同等席位。在这种联合投资参股的方式下，美团凭借到店业务交易的优势，大众点评凭借商家评价体系的优势，强强联合，提高了行业话语权与对商家合作的议价能力。同时，在业务布局上，双方业务互联互通，扩充了高频和低频业务，在打造综合性本地生活服务平台的过程中，大幅提升了量级。

此外，美团继续用"Food+Platform"的并购战略并购其他企业，不断拓宽自身的本地生活服务生态。美团于2018年在港交所上市后，提出了"Food+Platform"的并购战略，即通过"外卖＋平台"的方式，打造本地生活服务的生态体系。美团在这条路上不断试错与改进，例如在2018年花了27亿美元收购摩拜单车，抢先在出行领域站稳脚跟。美团在做出行领域的新业务时，他们评估了其业务的投资回报后，开始转而采取聚合模式，即减轻自身的资源投入，深化与第三方服务商合作，共同做好出行领域的服务。

【案例链接：聚焦式并购案例——美国滚子轴承有限公司并购战略】

美国滚子轴承有限公司是一家聚焦于做滚子轴承的企业，从1990年开

第六章 企业天地人三维生命体：企业资本运营实操创效价值增长

始走上了年增长率10%的扩张之路，2022年在全球销售额达到9429亿美元，全球雇员5万多名，全球工厂30多家。美国滚子轴承有限公司非常关键的举措之一就是在聚焦细分领域的基础上，通过并购战略来取得突出成绩，其并购战略分两步走。

第一步，美国滚子轴承有限公司在上市前纵向并购上下游产业，部分并购情况见表6-12。从表中可看出，美国滚子轴承有限公司这个阶段的目标是通过并购上下游产业链上的相关企业，丰富轴承产品，以及进入航天航空和国防工业领域。同时，也在拓展业务范围与提高市场份额的基础上为上市做足准备。

表6-12 美国滚子轴承有限公司第一阶段的并购

年 份	并购企业
1990	收购加利福尼亚的工业构造轴承公司，具备了薄壁轴承等高精密轴承的生产能力，进入航空航天等国防工业市场
1992	收购TDC公司，滑动轴承产品，针对发动机和直升机应用，在波音727飞机上使用
1993	收购Heim轴承，进入杆端轴承领域，进入航空航天领域
2000	收购瑞士Schaublin工厂，增加了公制杆端轴承和公制球面轴承，并建立了欧洲配送中心
2003	收购Torrington的航天航空工厂，继续扩张航天航空领域的业务

第二步是美国滚子轴承有限公司进入资本市场后，开始实施更大范围的并购战略，部分并购情况见表6-13。从表中可看出，美国滚子轴承有限公司2005年在纳斯达克证券交易所上市后，因为融资方式更加多样化，这个阶段的目标是稳固原有业务体系，通过扩大并购规模，开始了业务转型的动作，以谋求在其他高难度的工业行业中发展，进一步成长为行业龙头。

表6-13 美国滚子轴承有限公司第二阶段的并购

年 份	并购企业
2004—2006	收购加利福尼亚的U.S Bearings，Southwest Products Inc和Allpower Manufacturing，从单一航天航空业务向工业业务转移并打开了美国的工业市场
2005	2005年登陆纳斯达克证券交易所，开始进入并购战略的下半场
2008	收购A.L.D公司，增强固定翼和旋转翼飞机的产品体系
2009	2009年收购Lubron Bearing Systems，进入核电、桥梁、钢铁、矿山等各种高难度应用的工业行业

续表

年　份	并购企业
2013	收购 Western Precision Gear，增加 RBC 在精密齿轮领域的市场份额
2021	收购 Dodge 品牌，成功引入带座轴承、齿轮箱、齿轮电机、联轴器和智能传感器等产品

4. 跨国投资

处于成熟期的创新企业的资本运营，笔者认为可以采取跨国投资的方式来驱动增长。

下面结合跨国投资的逻辑要点、实操要点与商业案例进行分析。

（1）企业跨国投资合作的逻辑要点有三个。

企业跨国投资合作的逻辑要点之一是考虑好国内企业与海外企业的战略、业务协同等模块的匹配度。跨国投资合作，是通过投资、并购等方式走国际化路线，开拓海外资源，可作为企业追求效益最优化的长远策略之一。投资建厂、兼并收购等方式，并不是简单的"买买买"就能处理好双方的协同效应。例如某一方是先行企业，其跨国并购后发企业的战略目标可能是要走向国际化、做大规模。反过来，也有中小型企业跨国并购成熟企业的，这是为了取长补短、创新协同等。如果跨国并购的一系列谈判、交易条款、文化技术等资源整合没做好，很可能就会"赔了夫人又折兵"。

企业跨国投资合作的逻辑要点之二是合理布局并购双方的架构。企业跨国投资合作在走出去或者引进来的协同过程中，更多是为了实现企业的战略性布局目标。从企业需求的角度来看，通过跨国投资合作可以开拓海外市场、开发海外自然资源，引进先进技术与管理经验以及规避贸易壁垒等。从企业家需求的角度来看，可以规避一些非商业性风险，以更好地布局资产的规划、管理与传承等。

企业跨国投资合作的逻辑要点之三是因地制宜地防范风险。跨国投资与国家"一带一路"倡议之间存在紧密的联系。"一带一路"沿线的国家与地区，可以通过吸引更多的跨国投资，实现互利共赢、共同繁荣。但因为不同国家的政策和法规不一致，可能给跨国投资带来不确定性，企业家在进行跨国投资时，要认真调研相关风险后再制定投资策略。有的企业家认为进行跨国投资经营有很大的机遇，认为境外的市场规模大，兑换成外币赚的差价更多、可以转移到人工成本更低的地方生产加工等。但是如果企业把生意转移到了海外，还要考虑诸多因素，例如员工人身安全能不能保证、语言不通能不能让公司经营执行到位、文化不一样能不能有效管理员工，以及当地的法律维权、资金管理等问题。大家更需要看清跨国投资合作背后的风险，否则，很可能会给企业带来难以弥补的损失。跨国投资合作背后的风险可总结为四大类（见表6-14）。

表6-14 跨国投资合作背后的风险

风险类型	说明
1. 地缘政治风险	包括政府，尤其是当地政府变相增加相关税费，以及因为政府官员换届导致的政策变动、宗教冲突、局部战争、劳工问题等
2. 海外法律风险	项目接洽期间要充分考虑这部分因素：中国法系、欧美法系、综合法系、伊斯兰国家的法律在实践中的差异
3. 原住民风险	宗教、文化以及地域差异所带来的分歧，在外国投资企业的运营中也是一个重大的隐患
4. 海外安全风险	海外投资企业以及派驻团队一旦出现安全问题，很可能会成为影响全局的因素

（2）企业跨国投资合作的实操要点有两方面。

首先，企业进行跨国投资合作需要注意诸多问题。因为全球化产业链等国际社会需求的不确定性持续走高、国际市场的竞争日趋激烈、高新科技的安全审查愈发严格等因素，都是当下企业进行跨国投资合作时所面临的重大风险。下面总结出企业跨国投资合作时需要考虑的 24 个问题，具体见表6-15。

表6-15 企业跨国投资合作需要注意的问题

1. 项目科研不充分、不科学，决策失误	7. 合作伙伴选择不当	13. 环保问题	19. 知识产权风险
2. 尽职调查不充分	8. 被中间人绑架或误导	14. 贪便宜收购亏损公司	20. 不注重经营合规
3. 政府审核风险评估不足	9. 政府信用、换届风险	15. 税务问题	21. 内控失效
4. 商业判断失误	10. 征收或国有化	16. 违约成本低	22. 谈判签约风险
5. 舆论导向错误	11. 国家关系紧张、战争等	17. 所投国家经济衰退、汇率大幅贬值	23. 合同履行失误
6. 不聘请国内律师或聘请的海外律师不专业	12. 当地居民抗议	18. 传染病疫情	24. 团队薄弱风险

其次,企业进行跨国投资合作需要防范诸多风险。

第一,防范地缘政治风险。在 VUCA 时代,中国企业海外投资的风险首先是地缘政治风险。所谓 VUCA 时代,指的是易变性、不确定性、复杂性与模糊性的时代特征更加强烈的时代,这使得地缘政治风险更加凸显,影响着对外投资合作的变化趋势。从防范地缘政治风险的角度,可总结出中国企业跨国投资合作的三大方向:① "传统友好型"跨国投资趋势,如中东、北非、中东欧和拉美地区的合作;② "邻近型"跨国投资趋势,如中国周边的东盟、南亚、中亚地区的投资合作;③ "远亲型"跨国投资趋势,如对非洲地区的合作,这部分地区的投资合作项目偏向小而美、惠民生等。

第二,防范海外法律风险。正如前文所说,各国的法律体系在实践过程中会有很大差异,企业跨国投资合作时,务必重视当地的法律体系,才能更好地开展业务、降低风险系数。下面列出八类防范海外投资法律风险的实操要点(见表 6-16 所示)。

表6-16 八类防范海外投资法律风险的要点

1. 了解东道国的投资法律环境	5. 重视谈判签约,避免交易陷阱或违约风险
2. 要聘请专业人士做深度尽职调查,知己知彼	6. 注重项目流程管理,避免谈判失利或者项目前期的违约风险
3. 设计好投资结构、离岸公司等,降低收益风险	7. 做好法律文件管理,避免因项目退出诉讼时的法律证据不充分而失利
4. 重视做好国内的主管部门审批备案,避免导致项目转让时的瑕疵	8. 政治法律风险,政治风险与法律息息相关

第三,防范原住民风险。企业在海外进行投资合作,很多时候还会聘请原住民,但由于文化、语言、劳务报酬、环境资源等因素,可能会导致原住民的不满。企业在这方面,要重视物质层面上的利益分配,并从当地的历史文化、风土人情、环保问题等角度,避免精神层面的文化冲突。

第四,防范海外安全风险。战争动乱是海外投资最大的安全风险,遇到这种情况往往要采取撤侨等措施。这时候企业要提前做好准备,反应迅速、听从指挥、组织有序,通过自救互救、安抚家属、媒体应对等措施来妥善解决问题。

(3)企业跨国投资合作的案例分析如下。

第六章 企业天地人三维生命体：企业资本运营实操创效价值增长

【案例链接：TCL集团海外并购汤姆逊公司的案例】

TCL集团成立于1981年，经过多年的发展，成为国内乃至亚洲地区彩电市场的龙头品牌之一。而汤姆逊公司创建于1879年，也是一家老牌的电子电器公司，在全球消费类电子领域有一定的影响力。汤姆逊公司在2003年的时候找到了TCL集团，提出了出售其彩电业务的方案。

对于TCL集团来说，当时他们的团队认为跨国并购汤姆逊公司的彩电业务，符合企业发展的国际化战略，能够规避当地的商业壁垒，更好地进军欧美市场，扩大市场份额，形成规模效应。于是TCL集团将并购汤姆逊公司作为重大工作推进。

对于汤姆逊公司来说，他们的传统CRT（显像管）电视在海外市场的竞争力逐年下滑，亏损严重，汤姆逊公司自身的战略有所调整，转向了音频和通信领域。同时，汤姆逊公司跟TCL集团合作，可以直接进入中国市场，快速获得财务收益。

2003年11月，TCL集团与汤姆逊公司正式签订协议，用股权置换的方式实施了跨国并购，TCL占67%的股份，汤姆逊持有33%的股份。双方并购后的财务数据显示，结果事与愿违，TCL集团在2004年亏损1.43亿元，2005年更是亏损了8.21亿元，股价也随之下滑。这种情况对TCL集团加大投资或者资产重组等也造成了极大的资金压力。

为何双方的跨国并购的结果并不如愿呢？

一是从战略层面来看，TCL集团太注重打通欧美地区的市场，忽略了技术创新所带来的变革。当时彩电行业的发展方向转向了液晶、等离子等新一代显示技术，这部分技术年年蚕食着CRT技术的传统彩电市场份额。TCL集团没有及时发现这种转型所带来的冲击，错失了发展这一新技术的最佳时机。

二是从财务层面来看，2003年汤姆逊公司的彩电和DVD等电子业务亏损了约9.3亿元，而TCL集团的年利润约为5.6亿元，如果预期时间内不能扭亏为盈，汤姆逊公司的经营情况对于TCL集团来说，是一个很大的包袱。TCL集团为了加快脚步，重点押注在海外市场，但他们依然用了原班人马和模式开展欧美市场的业务，结果大失所望。此外，当时TCL集团也收购了另一家亏损严重的法国公司，又让其经营精力分散了，债务压力加大，结果当

229

时的亏损越来越严重，阻碍了TCL集团的国际化战略。

三是从文化层面来看，对汤姆逊公司完成并购后，TCL集团作为大股东，并没有很好地管控欧洲公司的业务管理流程，同时，汤姆逊公司也没有很好地接受中国式的运作模式。结果就是中西方的企业经营、文化整合等方面适应得很慢，影响了业务的开展。

此外，TCL集团在遭遇国际化并购困局之后，继续通过资本运作来实现增长。其前后资本运作之路可分为三个阶段。

第一阶段（1993—2008年）：1993年，TCL通讯成功登陆A股，手机通信业务做大做强。2004年，TCL吸收了旗下的TCL通讯，以集团整体上市的形式再次登陆A股，开启多元化、国际化战略发展，但后面遭遇了国际化并购的困局。

第二阶段（2009—2020年）：TCL集团并购汤姆逊公司失利后，开始业务重组，重新开启了TCL的发展。2009年创立TCL华星，进入显示面板制造环节。其后，又将TCL集团分拆为TCL科技和TCL实业，前者聚焦半导体显示业务，后者聚焦智能终端业务。2020年收购中环集团，进军新能源光伏领域，这些领域均取得了成绩。

第三阶段（2021年至今）：TCL集团2021年收购奥马电器，弥补了TCL家电自身"白电"业务的不足。还有主营智能音箱、可穿戴设备ODM业务的通力股份于2021年在港交所退市，TCL集团通过重新打包通力股份带领它冲击A股上市。

五、转型期的创新企业的资本运营方式

处于转型期且竞争压力较大的企业可能会出现经营情况不佳、现金流断裂、处于行业劣势、资不抵债等局面。

1. 债务重组

处于转型期的创新企业的资本运营，笔者认为可以采取债务重组的方式来驱动增长。

下面从债务重组的逻辑要点、企业上市的实操要点、上市案例进行分析。

（1）企业债务重组的逻辑要点有三个。

企业债务重组的逻辑要点之一是注重企业征信问题，规避预期风险。企

业首先要避免征信出现不良记录因而陷入恶性循环的问题，才能更科学地进行债务重组，以便在合理负债的状况下，更主动地追求企业经营效益最大化。

企业债务重组的逻辑要点之二是用更低的成本来进行负债的调整与优化。企业在做债务重组的时候，要梳理清楚其基础结构问题。进行债务重组的核心四点是债务人、债务本金、债务利息与债务期限，它们之间形成一个闭环，决定着"谁借的钱""钱借多久""利息是多少""多长时间归还"。要理清楚从哪个方向入手调整与优化，才能更好地形成一套行之有效的优化方案。债务重组的调整与优化的核心有两个：一是高利息转换成低利息；二是还款期限短置换成期限长。合法合规地做到这两点，才能降低企业的还款成本与还款压力，进一步释放企业的现金流来保证经营发展。

企业债务重组的逻辑要点之三是释放债务压力和重塑经营价值。企业释放债务压力和重塑经营价值要分三步走，如图 6-29 所示。

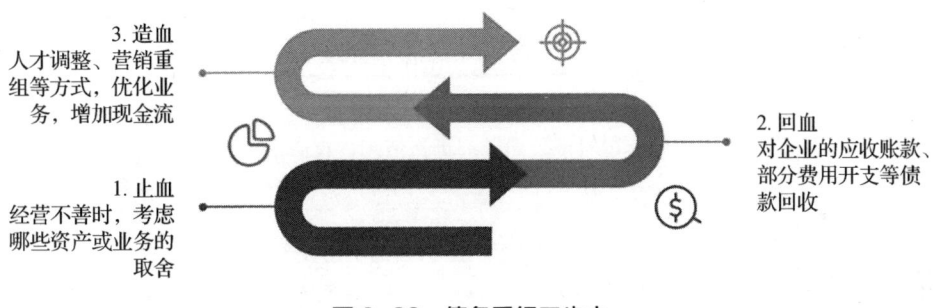

图 6-29 债务重组三步走

第一步，考虑如何帮助企业及时"止血"。比如权衡好业务的收入与利润的具体情况，有收入没利润的业务可以考虑后续价值情况暂时搁置；收入与利润都不太好的业务应该果断舍弃掉。

第二步，考虑如何帮助企业及时"回血"。比如为了更好地提高资金的流动性，可以采取一些数字化的业务流程，缩短客户的回款周期，或者更及时地跟进和催收部分客户的滞留账款等。

第三步，考虑如何帮助企业及时"造血"。企业经过"止血"+"回血"，已经进一步释放掉债务压力了，这时候就可以继续发挥人才的价值，采取合理有效的财务管理、营销重组等方式，来优化企业业务。

（2）企业债务重组的实操要点有三个。

企业债务重组的实操要点之一是梳理清楚债务偿还的模式。一般来说，企业可以单独或组合用到以下5种模式（见表6-17）。

表6-17 债务偿还的模式

模式	说明
1. 债务转移	类似A与B的债务问题，合法合理地转移到C来偿还
2. 债务豁免	减免一部分债务本金，但依然按期限、按利息偿还
3. 债务利息、利率减免	债务本金不变，但适当减免利息、利率
4. 债务期限调整	偿还债务的时间宽限一段时间
5. 债务混同	包括债务削减、债务转股、融资减债等

企业债务重组的实操要点之二是科学地进行不良资产剥离。企业在债务重组时可以通过第三方机构等来评估好这部分资产的价值，再进行后续的价值置换。剥离不良资产的具体方式见表6-18。

表6-18 剥离不良资产的方式

剥离方式	说明
1. 以减资方式剥离不良资产	母公司对子公司资产进行清理，收回子公司的不良资产，并相应减少对子公司的投资，同时，子公司相应地做减资登记手续
2. 以资产置换方式剥离不良资产	母公司的优良资产与子公司的不良资产进行等值置换
3. 用收购方式剥离不良资产	母公司用现金等方式，收购子公司的不良资产
4. 用投资的方式剥离不良资产	母公司从子公司收回的不良资产，经过评估后，用投资置换的方式，注入母公司所设立的不良资产管理公司
5. 用委托管理的方式剥离不良资产	整体打包不良资产，交给不良资产管理公司进行优化打理，剥离的是经营管理权
6. 用核销方式剥离不良资产	企业先进行清产核资，按程序核销那部分成为坏账的不良资产，并相应调减企业账面资产，实现不良资产的彻底剥离

企业债务重组的实操要点之三是执行过程中注意债务人与债权人之间的利益与控制权问题。首先是利益问题，有的债权人可能会追求短期利益最大化。其次是企业控制权问题，有的债权人可能会置换债务人公司的股权，这

就涉及股权稀释和股权溢价等问题。此外，债务重组过程中，也要避免一些不合法的债务，如套路贷、砍头息、不知情的贷款、高利贷、夫妻单方面的债务等。

（3）企业债务重组的案例分析如下。

【案例链接：瑞幸咖啡债务重组案例】

瑞幸咖啡在2020年4月爆出财务流水造假问题，并于同年6月在纳斯达克证券交易所退市。2021年2月，瑞幸咖啡在美国纽约申请了破产保护，同年9月向开曼法院提交了债务重组方案，为后续的成功重组创造了条件。到了2022年4月，瑞幸咖啡宣布其债务重组成功完成，解决了过去遗留的问题，并实现了营收的持续增长。那么，瑞幸咖啡是如何在债务重组的过程中让自身"活过来"的呢？

一是瑞幸咖啡对产品定位的重新调整。如图6-30所示，瑞幸咖啡第一阶段对标星巴克，主打精品咖啡，如宣传一些知名的咖啡大师、咖啡豆、烘焙工艺等。但星巴克在这个领域当中，已经占据了消费者心智，瑞幸咖啡要直接跟星巴克竞争是非常难的。瑞幸咖啡在产品定位调整的第二阶段，尝试过鲜榨果汁和小鹿茶等，但执行了一段时间后，发现自身碰上了竞争更激烈的奶茶赛道。摸索了一段时间后，瑞幸咖啡在第三阶段推出了自身的"奶咖"产品，类似奶茶味的咖啡，如推出生椰拿铁、厚乳拿铁等爆款，成功收获了一批消费者。

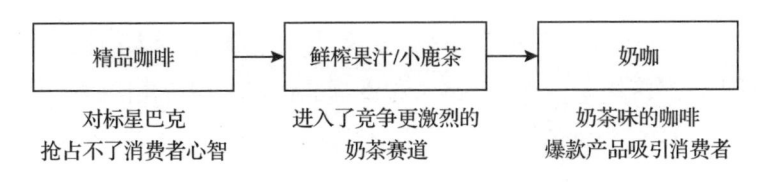

精品咖啡	→	鲜榨果汁/小鹿茶	→	奶咖
对标星巴克 抢占不了消费者心智		进入了竞争更激烈的 奶茶赛道		奶茶味的咖啡 爆款产品吸引消费者

图6-30 瑞幸咖啡的三次产品定位调整

二是瑞幸咖啡对开店策略的重新调整。如图6-31所示，瑞幸咖啡在初期采取直营模式，保证产品与服务的标准化。为了快速开店，瑞幸咖啡将资本投在装修、设备、人力、租金、营销等方面。瑞幸咖啡"爆雷"后，这种方式就成为公司发展的累赘了。2021年后，瑞幸咖啡推出了加盟模式，为了帮助加盟商降低风险，不收任何加盟费用。瑞幸咖啡转而以供应商的角色收原材料的费用,并规定单店月毛利2万元以下,原料费返还给加盟商,超过2万元的店铺毛利按照各层级比例拨付给加盟商。实际上,在这一步当中,瑞幸咖啡把更多的资源投入在供应链上,让其开店拓展路径更加稳健起来。

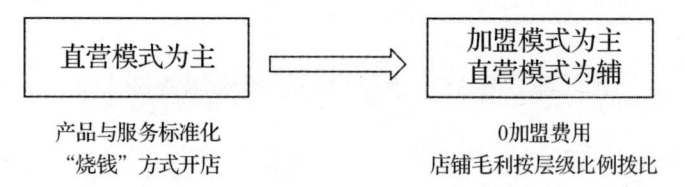

```
┌──────────────┐         ┌──────────────┐
│  直营模式为主  │  ────▶  │  加盟模式为主  │
│              │         │  直营模式为辅  │
└──────────────┘         └──────────────┘
 产品与服务标准化           0加盟费用
 "烧钱"方式开店            店铺毛利按层级比例拨比
```

图6-31 瑞幸咖啡的开店策略转型

三是瑞幸咖啡对营销方式的重新调整。以前的瑞幸咖啡动不动就发放各种优惠券补贴给消费者,以此获取营收数据,一旦没了优惠券,消费者就不买账了。当时资本的助力,让这种补贴营销方式非常吃香,但瑞幸咖啡"爆雷"后,资金链断裂,这种方式就无效了。后续的债务重组过程中,瑞幸咖啡转向了做社区精细化的数字化营销。就是从过去的暴力打折,转向根据消费者的消费习惯与地理位置等,采取"定点抢""老带新""秒杀"等营销方式,尽管优惠力度比以前小了,但提高了这些消费者的购买频次。

第三节 如何用CVC模式创效增长
("一生二":创新与传统)

乌麦尔·哈克在他的著作《新商业文明》写道:"今天的世界像一艘方舟,方舟上的经济繁荣根本在于最大程度降低伤害,重新建构商业模式。"[①] 对于企业来说,降低伤害的方式,可以是创新+合作。而本节所要分析的CVC创效增长模式正契合了这一观念。

这里的"一生二"表现为:"一"代表客户,"二"代表生出了CVC模式创效增长的"创新与传统"的关系。如何理解呢?例如CVC是相对于VC的创新。CVC(Corporate Venture Capital)比VC(Venture Capital)前面多了一

[①] 乌麦尔·哈克.新商业文明:从利润到价值[M].吕莉,译.北京:中国人民大学出版社,2016.

第六章　企业天地人三维生命体：企业资本运营实操创效价值增长

个 Corporate，就是企业的风投，它追求的是衍生价值，是一种扩充自身生态链实力的投资行为。CVC 模式还强调协同合作，能够把同行竞争者、新进竞争者和潜在竞争者都变成自己生态链的一员，共同做大产业蛋糕。

本节专题分析 CVC 模式是如何创新实现企业增长的。

一、如何塑造 CVC 模式生态价值体系：三个行动

笔者认为 CVC 模式一种创新的价值投资模式，可满足战略协同与财务回报等需求。塑造 CVC 模式生态价值体系时，可以从通过自身的生态价值做投资、产业资源赋能衍生出产业协同、构建产业+资本双增长引擎等方面，来加快企业的价值流转与提升企业的创新效率。

下面用绝味鸭脖的案例来说明塑造 CVC 模式生态价值体系的三个行动，分析它是如何双向赋能自身与被投企业，最终实现增长的。

1. 行动一：用自己的生态价值做投资

如图 6-32 所示，塑造 CVC 模式生态价值体系的第一点是用自己的生态价值做投资。绝味鸭脖塑造 CVC 模式生态价值体系的第一步是做深供应链，做好冷链配送，把原材料、产品等及时配送到旗下一万多家加盟店。

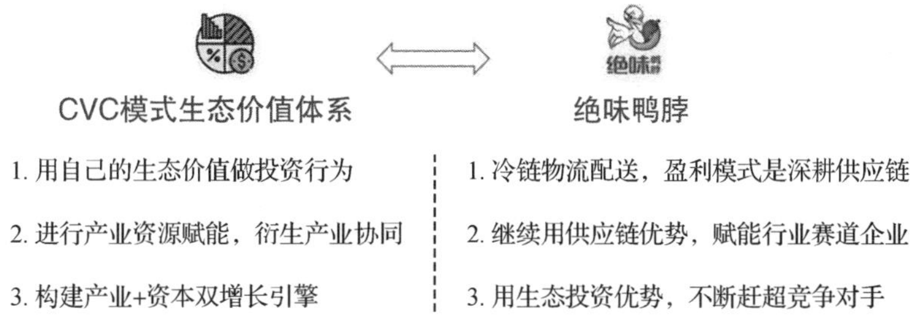

CVC模式生态价值体系	绝味鸭脖
1. 用自己的生态价值做投资行为	1. 冷链物流配送，盈利模式是深耕供应链
2. 进行产业资源赋能，衍生产业协同	2. 继续用供应链优势，赋能行业赛道企业
3. 构建产业+资本双增长引擎	3. 用生态投资优势，不断赶超竞争对手

图 6-32　绝味鸭脖如何构建 CVC 模式生态价值体系

（1）绝味鸭脖用生态价值投资生产基地，在全国各地分散建立了 20 多个生产基地，搭配上冷链配送，这更多的是为了帮助各个门店实现当日的订单当日生产与配送，保证 24 小时内新鲜销售。

（2）绝味鸭脖用生态价值投资物流车，采用专用的物流车监控运输前后的温度，用 GPS 定位全程动态地监控冷链运输的质量与时间，不仅可以及时配送到一、二线城市的加盟店，还会及时配送到三、四线城市的街边路口等

线下门店。

（3）绝味鸭脖用生态价值投资上游的供应商，即绝味鸭脖凭借这么多门店的优势，在上游整合原材料供应链，有更大的话语权，有力地降低了采购成本，再加上前面所说的全国各地的冷链配送与生产基地，形成了一个非常强大的供应链体系。

2. 行动二：产业资源赋能，衍生出产业协同

塑造 CVC 模式生态价值体系的第二点是进行产业资源赋能，衍生出产业协同。绝味鸭脖塑造 CVC 模式生态价值体系的第二步是运用凭借自己的生态价值建立的冷链物流优势，对和府捞面、幸福西饼等品牌进行投资，衍生出新的增长点。具体来说，本来绝味鸭脖是专门供应材料给自身门店的，但其规模越做越大，给行业内的其他企业供应材料也是一个增长点。

【延伸链接：和府捞面与绝味食品公司的关系】

和府捞面在 A 轮融资了 3000 万元，其中就包括绝味鸭脖旗下全资子公司网聚资本的投资。同时，绝味鸭脖用自身的供应链优势，与和府捞面产生了产业协同效应，一方面把鸭脖产品拓展到高端的捞面品类，一起把行业规模做大做强，另一方面也能赚取和府捞面股权溢价的收益。

和府捞面借助其背后的绝味食品公司所打造的这样一个供应链体系，不断拓店，通过强大供应链来保证和府捞面建设中央厨房后的标准化运营。此外，在 C 轮融资中，和府捞面融资了 1 亿元，这当中又包括绝味食品和饿了么联合发起的绝了基金的投资。和府捞面在这阶段搭配上饿了么这种外卖平台，依托面向 C 端的外卖平台资源，更使其实力进阶一层（如图 6-33 所示）

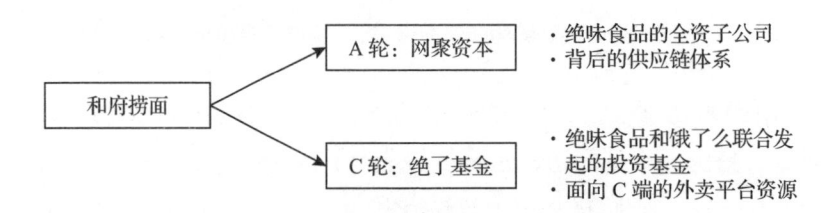

图 6-33　和府捞面背后的产业资源赋能

3. 行动三：构建产业 + 资本双增长引擎

塑造 CVC 模式生态价值体系的第三点是构建产业 + 资本双增长引擎，绝

味鸭的第三步是在做 CVC 模式生态价值投资的过程中建立优势，产生产业协同之后，慢慢地从做企业转到做生态，实现了跨越式增长。具体来说，绝味鸭脖远不止卖鸭脖。它在提升产业规模上，除了深耕、聚焦卤味市场之外，还在不断地构建属于自身的美食生态版图，以此来探寻新增长曲线。在提升资本规模上，绝味鸭脖又在不断地布局生态投资。通过这种种打法，绝味鸭脖快速赶超了同行竞争对手。

【延伸链接：周黑鸭与绝味鸭脖的市值发展情况】

创立于 1997 年的周黑鸭，在 2016 上市，市值一度高达 200 多亿元，目前在 100 亿元左右。周黑鸭前期获得了新鼎资本、天图投资的融资，成功上市后，其更多的是以传统 VC 风险投资为目标奔向创投圈的。绝味鸭脖作为后来者，创立于 2005 年，在 2017 年上市，市值一度高达 400 多亿元，目前其市值规模是周黑鸭的 4 倍。这得益于绝味鸭脖创新地运用了 CVC 模式生态链的打法，不仅让自己的规模迅速扩大，也让自身活得更长久。

二、如何进行 CVC 价值投资：三种模式

在企业资本运营当中，顶级的投资方式就是投生态，而 CVC 投资匹配生态价值协同，即可把同行竞争者、新进竞争者和潜在竞争者都变成自己生态链的一员，共同做大产业蛋糕。

笔者认为企业要做大做强，与其在所谓的竞争中单打独斗，不如合作共赢。具体的 CVC 价值投资方式包括横向扩张型、垂直深耕型和圈层外延型三种模式。

1. 横向扩张型 CVC 价值投资模式（以青岛啤酒为例）

横向扩张型 CVC 价值投资模式，简单来说就是投资并购同行业的中小企业，共同做大规模。也就是在企业自身的能力半径下，通过整合同行资源，使企业获得规模经济的优势，有效降低成本，以及提高生产效率等。

青岛啤酒就采用了横向扩张的 CVC 价值投资模式。青岛啤酒的啤酒酿造历史长达百年，其品牌底蕴深厚，同时也是国内首家实现两地上市的啤酒业公司。青岛啤酒依托自身的这种品牌价值优势，陆续投资并购了山东省内外的诸多啤酒企业，一方面提升了自身的市场份额，另一方面也减少了同行竞

争者，经过多年的努力，逐渐扩张到全国各地，成为啤酒业的龙头之一（如图 6-34 所示，）。

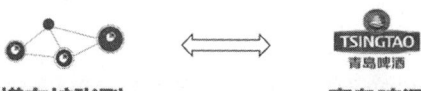

横向扩张型	青岛啤酒
整合同行资源，获得规模经济的优势，降低成本，提高生产效率	凭借品牌价值，并购诸多啤酒企业，减少同行竞争者，扩张到全国各地

图 6-34　青岛啤酒的横向扩张型 CVC 价值投资模式

2. 垂直深耕型 CVC 价值投资模式（以哈勃投资为例）

垂直深耕型 CVC 价值投资模式，简单来说就是整合上下游资源。它拼的不单是资金，还有资金之上的产业资源，即投资并购上下游相互衔接、密切联系的企业，来进行加工环节、销售环节等各阶段的延伸。

哈勃投资就采用了垂直深耕型的 CVC 价值投资模式。哈勃投资是华为旗下的全资子公司，其主要投资半导体产业链上下游相关企业。一方面能够帮助他们进一步解决半导体"卡脖子"的难题，另一方面也带来了可观的收益（如图 6-35 所示）。

垂直深耕型	哈勃投资
上游：原材料、零部件制造等企业 下游：渠道开拓等企业	上游：思瑞浦（芯片）、天岳先进（碳化硅）等 下游：开鸿数字（开发物联网操作系统）、赛目科技（智能网联汽车测试与评价研究）

图 6-35　哈勃投资的垂直深耕型 CVC 价值投资模式

目前来看，哈勃投资围绕半导体上游资源的投资与收益主要表现在：2019 年，哈勃投资通过 CVC 价值投资模式以 7200 万元认购投资第一家公司——思瑞浦，这是一家芯片设计商，当时这家公司的股价是 32.13 元 / 股。2020 年思瑞浦正式登陆科创板，发行价升到了 115.71 元 / 股；2021 年思瑞浦的市值一度超过 700 亿元。哈勃投资在短短 3 年中就赚得了高额的溢价收益。

此后，哈勃投资还投资了天岳先进（碳化硅）、唯捷创芯、东微半导体等企业，反映出他们不断布局自身可控的半导体产业链，然后融入华为的生态体系当中，以谋求可持续发展。

此外，半导体下游的应用场景主要在手机、物联网、汽车、5G 及人工智能等方面，哈勃投资也在这部分下游产业链中投资了诸多细分领域的创新企业，来完善自身的产业链体系，比如开鸿数字公司（开发物联网操作系统）、赛目科技（智能网联汽车测试与评价研究）、深思考人工智能科技（专注于人工智能领域）等。

3. 圈层外延型 CVC 价值投资模式（以"B 站"为例）

圈层外延型 CVC 模式，简单来说就是先聚焦一个核心业务，再不断地衍生其价值发展。

例如哔哩哔哩（以下简称"B 站"）的中心圈层业务就是一个"二次元文化 + 长视频 +UP 主"所形成的文化社区，"B 站"不断聚焦这个核心，形成了一个泛文娱的生态投资之路，并贯穿于企业发展的全阶段，使得其泛文娱的价值不断衍生和放大（见表 6-19）。

表 6-19 "B 站"的圈层业务拓展

业务圈层	具体业务	说明
破圈业务 1	投资动画动漫业务	网易漫画：动漫作品和签约漫画家数量多等 绘梦动画：国产二维动画企业等 艺画开天：国产原创动画公司等
破圈业务 2	投资游戏业务	游戏公司：研发商、发行商和渠道商 投资并购二次元游戏公司为主
破圈业务 3	投资影视业务	购买内容版权、开始开展综艺节目业务等

"B 站"的圈层外延业务 1：投资动画动漫业务。这可以说是"B 站"的看家本领了，其收购或投资了一系列漫画公司，极大地提高了动画动漫产能与产量，从而在这个领域中夯实了价值根基。

"B 站"的圈层外延业务 2：投资游戏业务。因为自主做游戏研发的成本很高，也不能保证游戏发行后能够收回成本，所以"B 站"在这阶段比较注重投资游戏研发商。其在自身"二次元"文化的定位下，以投资并购"二次元"游戏公司为主，通过这种方式，提升了客户的黏性价值。

"B站"圈层外延业务3：投资影视业务。在影视业务方面，"B站"通过购买一系列以优质内容为主的热门电影、剧集的版权，自己开展综艺节目业务等促进发展。

综上所述，横向扩张型CVC价值投资模式整合同行资源，扩大企业的规模效应。垂直深耕型CVC价值投资模式整合上下游资源来促进发展。圈层外延型CVC模式以某个核心业务为主体，不断以多个圈层的关联型业务的扩展外延发展，来扩大企业的业务范围。

三、如何发挥CVC模式的价值：实操思路

笔者认为企业要做大做强，在明确CVC模式的三大价值的基础上，可以走人才圈、生态圈、资本圈"三圈合一"打造增长极的路径，企业家要转变为企投家（企业家＋投资家）去做好CVC模式。

1. 明确CVC模式的三大价值

价值1：CVC模式的母公司对自身所在领域的认知越高，越有利于整合产业资源。因为母公司已深耕行业多年，能看清被投企业是否可以对自身起到促进作用。而CVC模式的两大特征是产业赋能强＋退出周期长，母公司可以投资行业内的整个产业链条上的优秀中小企业，把智慧、人才、能力、人脉、订单、资源等集中在一起，做强产业链全环节。

价值2：CVC模式的母公司的定价方式是多样的，可以以非现金形式为被投企业提供支持。比如将产品技术、运营赋能、供应链、市场资源等进行业务折价投资，以此来协同双方的业务和战略目标，实现生态共赢。

价值3：CVC模式可以发挥产融结合的价值优势。比如CVC模式通过参股被投企业，可以促进双方业务的协同发展。同时，也可以通过控股被投企业，在未来将其拆分成独立上市的子公司，形成上市产业集群。这样可以提高企业整体的市值和竞争力，并为整个生态链上的企业创造更多的增值机会。

【案例链接：联想集团的CVC模式】

联想集团成立了联想创投，专门做CVC价值投资。联想创投的投资方向

是围绕具备物联网、云计算、大数据、人工智能等核心技术的创新企业，进行"内部孵化＋外部投资"。具体来说：①联想创投的背后是联想集团，本身就具备品牌背书、政府资源、市场资源等，它们会选择与自身投资理念契合的企业，提供产品、供应链、市场、法务、政府关系等生态资源，共同构建联想集团的智能生态体系。②联想创投在进行CVC投资的时候，在政策层会选择顺应国家政策趋势的企业（如专精特新企业），在战略层则会选择与联想集团战略协同的企业，这样做契合了国家政策、技术与产业发展三位一体的价值认知。③联想创投会针对企业所处的不同阶段，为被投企业提供相对应的资源赋能，比如科技产业是长周期经营的，前期的"造血"功能偏弱，联想创投可以提供资金支持。发展到一定阶段，有的被投企业研发了产品但没到量产的地步，联想创投则会提供客户测试、小批量供货等资源，到了量产阶段则会提供供应商名录等。

2. 人才圈、生态圈与资本圈"三圈合一"，打造增长极

企业是大力发展资本市场的主要参与者，投资者也可以在资产管理市场中获得更多的机会。但我们发现传统投资圈越来越"内卷化"。比如国有资产的投资机构GP（General Partner），自身就拥有丰富的资金和资源，具备较强的进入门槛优势，能够更容易地获取投资合作机会。还有像红杉资本、IDG资本等头部投资机构GP，也有足够的资源来做大量的调研，筛选优质的初创企业，来追求降低风险与投资回报最大化。此外，还有"阿里系""腾讯系""百度系"等大企业，用自身优势入局CVC投资，不断做大做强生态，甚至因为有些业务往垄断的方向发展而受到监管。在这样的发展状况下，普通的投资者LP（Limited Partner）不容易进入这些投融圈。另外，初创企业也希望得到大企业的投资，从而形成了头部企业"大鱼通吃"的发展趋势。

那么，中小企业如何破局呢？

一是人才圈作为核心圈，企业要有明确的目的和策略，招聘满足组织发展需要的关键人才。企业在发挥人才圈价值的时候，除了内部孵化培养自身的人才优势，还要将外部投资人才体系引导到后续的CVC模式中。同时，人才的价值观要与企业价值观一致，也要避免业务部门的过度干预，以便更好地发挥人才的价值。

二是生态圈作为中圈，通过CVC模式布局生态圈，比如做产业并购，赋

能被投企业一系列产品、技术、供应链体系、政府资源、市场资源等生态资源，旨在把现有的、潜在的、新进的竞争对手转化为合作伙伴，组建生态体系。

三是资本圈作为外圈，从企业的资本战略出发，可通过内部孵化进行股权激励，通过外部投资进行天使投资、VC、PE、IPO等股权融资，进一步推动企业CVC模式的发展。

综上所述，企业要通过人才圈、生态圈、资本圈"三圈合一"的体系打法打造增长极，明确进入的行业赛道、竞争格局、市场打法等，筛选出符合自身战略目标的优质项目、团队等，带领企业向市场化发展，共享生态赋能与资本红利，实现倍增成长（如图6-36所示）。

增长极
资本圈
生态圈
人才圈

③内部孵化：股权激励。外部投资：天使投资、VC/PE/IPO等
②CVC布局：产品、技术、供应链、政府资源、市场资源等
①内部孵化+外部投资：人才、智慧、能力、专业等

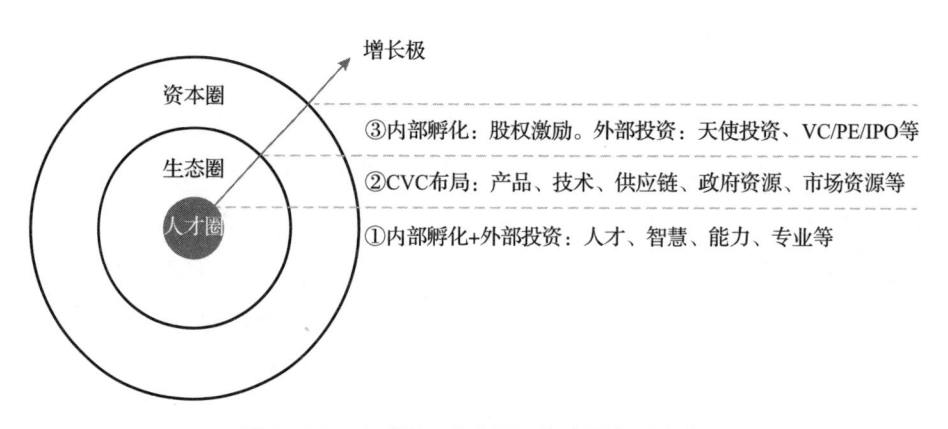

图6-36 人才圈、生态圈、资本圈布局未来

3. CVC模式的角色转换：企投家

为了更好地发挥好CVC模式的价值，企业家要转变角色。下面分析企业家如何转变为企投家角色，在互利共赢的环境下，驱动企业良性增长。

（1）认知企投家。在实践中，做实业的企业家要融入资本思维去尝试做价值投资，而传统做投资的投资家也要具备企业家思维，甚至可以静下心尝试做实业，这也是一个很好的选择。也就是说，CVC模式需要的企投家是一个兼具创业精神和投资眼光的角色，他们会把产业资本与金融资本相结合，实现企业成长壮大与财富增值。

CVC模式下企业家转变为企投家的要点之一是基于对时代变化趋势的认知，打通产品思维与资本思维。时代趋势所带来的机遇变化：①传统的产品

化时代，辛勤卖货来盈利。②随着城市化进程加快，进入了品牌化时代，懂品牌营销的能盈利。③互联网技术兴起，电商时代颠覆了传统渠道，线上营销加直播卖货打造个人IP，服务好C端可以盈利。现在，则要顺应数字经济的发展趋势，学会从产品思维转变到资本思维，追求共赢。例如S2B2C模式创新，通过数字化技术整合S端供应链，服务好B端渠道商来盈利，然后通过并购同行等方式做大规模，通过系统赋能来盈利，还会赋能C端，获得利润分成。

CVC模式下企业家转变为企投家的要点之二是通过股权投资来融资、融人、融智慧。企业家做好实业的同时，也要学会金融资本运作。资本运作的核心之一就是股权投资，那要怎么做呢？具体方法可参考表6-20。

表6-20 股权投资分配（示例）

股权人		企业成立	初创期	种子期	A轮	B轮	C轮	IPO
创始人（控制权）		60%	48%	38.4%	30.7%	24.6%	18.4%	14.7%
联合创始人（话语权）		40%	32%	25.6%	20.5%	16.4%	12.3%	9.8%
核心员工（预留股权池）			20%	16%	12.8%	10.2%	7.7%	6.2%
投资者（资本优先权）	天使投资			20%	16%	12.8%	9.6%	7.7%
	A轮投资				20%	16%	16%	12.8%
	B轮投资					20%	16%	12.8%
	C轮投资						20%	16%
	IPO							20%
合计		100%	100%	100%	100%	100%	100%	100%

为了便于理解，表6-20第一行表示企业的发展阶段，第一列表示不同阶段股份分配所对应的角色以及他们的核心诉求。例如在企业成立阶段，通常是企业家自己或几个志同道合的合作伙伴组建成公司，这里总结为创始人+联合创始人。因为前期要未雨绸缪地规划好公司的股权分配，才能更好地带领企业发展起来，所以这阶段强调的是创始人对应控制权、联合创始人对应话语权，股权分配通常按60%∶40%开始。这样才能更好地稀释后续阶段的股权并保证各自的核心诉求。

到了初创期，企业要加强自身的产品、服务、品牌等模块的发展，来获取第一批忠实客户，奠定后续的基础。这就需要招募到专业的人才来做好这些事情，于是公司就需要组建核心经营团队，所以这阶段多了核心员工。要留住带来价值的核心员工，就要预留股权池来进行激励，同样也是需要进行股权稀释，按照同步20%来进行稀释，这阶段的股权分配就变成：创始人占股48%（60%-60%×20%）；以此类推，联合创始人占股32%，核心员工占股20%。再到种子期，企业创新的商业模式、技术、产品、服务模式等具备了一定的发展潜力，但存在缺资源、缺资金等不确定性因素，具有高风险。这时候可能就会有天使投资人看中企业的潜力而进行投资了，所以这阶段开始有投资人的角色进入。投资人强调的是资本优先权，依然是同步20%来进行稀释，这阶段的股权分配就变成：创始人占股38.4%（48%-48%×20%）；如此类推，联合创始人占股25.6%，核心员工占股16%，投资者占股20%。

CVC模式下企业家转变为企投家的要点之三是采取科学的股权投资策略。

- 投资策略1：学会计算未来的价值收益。企投家可以通过参控股等形式投资一系列企业来进行财务增值。例如投资一家具备高新技术和高成长性的企业，按照年利润500万元、25倍市盈率计算，它的市值是1.25亿元（500万元×25）。你投资了10家这样的企业，并占股1%，你的总市值就翻了10倍，价值1250万元（1.25亿元×10×1%）。同理，按照企业年利润1000万元、50倍市盈率计算，它的市值是5亿元（1000万元×50）。你投资了10家这样的企业，并占股1%，你的总市值就翻了10倍，价值5000万元（5亿元×10×1%）。具体见表6-21。

表6-21 如何计算股权投资收益

公司年利润（万元）	市盈率（倍）	投资公司的数量（家）	占股比例（%）	总市值价值（万元）
500	25	10	1	1250
1000	50	10	1	5000

- 投资策略2：学会筛选高成长性的专精特新企业进行投资。美国创业投资协会（NVCA）对创业投资的定义是："创业投资是由专业投资者投入到创新的、高成长的、核心能力强的企业中的一种与管理服务结合的股权性资本。"企投家要筛选出这部分符合市场需求和时代趋势的企业要注意四点：

①企业要有创新性，观察企业是否至少具备创新理论之父约瑟夫·熊彼特提出的五类创新之一——新的产品、新的技术、新的市场、新的资源配置、新的组织。②企业要有高成长性，从投资行业看企业成长性，可重点关注新兴产业，如新能源、新材料、半导体、人工智能、生物医药、云计算、大数据、新消费等产业链的相关投资标的。③企业核心能力强，就是企业创始人的专业能力、思维认知、愿景使命等能够匹配企业的长远发展。④与管理服务结合，就是企业的内部管理和外部服务等模块都能够及时跟上市场的需求变化。

（2）企投家如何通过股权投融资来做大做强企业？有两个要点要把握。

CVC模式下企投家做大做强企业的要点之一是股权投融资并举。为了更好理解专业概念，我们结合图6-37进行剖析。图的横轴是企业的发展时间，纵轴是企业的收入增长。创新企业的投融资历程是沿着A1线来发展的，包括初创期、成长期、成熟期、扩张期等发展过程中的收入增长的动态变化。图中B1、B2、B3表示企业IPO上市前的投融资阶段。

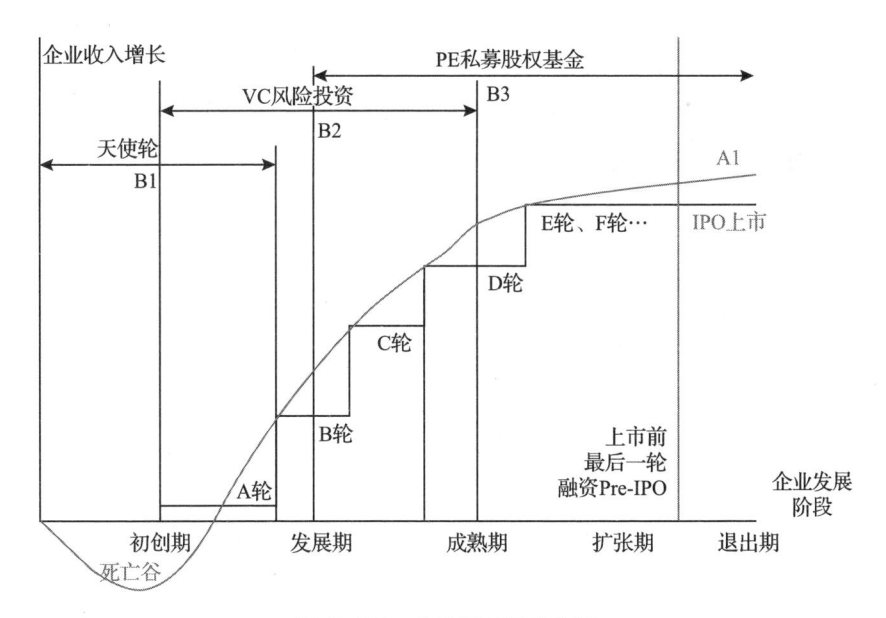

图6-37 企业投融资轮次图

B1区域：从初创期过渡到发展期，一般来说是指创业者有个好点子需要寻求融资。但有的企业从创立到盈利阶段，往往伴随着高成本、低收入，导致长期亏损，从而陷入死亡谷。所以这阶段就会有天使投资人来投资，帮助这些企业越过这个死亡谷。

B2区域：从初创期延展到成熟期，这部分企业在市场当中逐步显现出高成长性，得到投资者的青睐，这时候就会吸引VC风投，投资力度会加大，支持企业成长。

B3区域：从发展期延展到扩张期，这部分企业的发展越发成熟了，可能会在接下来的两三年时间成功挂牌上市，这阶段就会吸引PE私募股权基金，以取得上市前的最后一轮投融资。

此外，B1、B2、B3并非割裂开来的，投资者有可能从B1阶段开始就一直看好一些企业，投资支持至IPO上市，取得更高的价值收益。

企投家的股权投融资并举方式包括两种：一是这部分人对自身所在行业的认知更加深刻，可以更好地理解市场需求和竞争环境变化，因此他们需要融资、融人、融智慧来助力企业发展。二是这部分人可以用自身的行业资源或资金去发现与投资那些具有潜力的创新公司，为他们提供更精准的赋能和支持，助力企业做大做强。

CVC模式下企投家做大做强企业的要点之二是厘清企业在不同发展阶段的需求，及其所匹配的资本交易模式。企业在初创期，有了创新的想法，但缺钱、缺人、缺资源等，他们迫切希望能够将自身的创新想法转化为实际的成果。这阶段接入的资本交易模式，一般是基于信任关系的个人资本投资。到了发展期与成熟期/扩张期，企业就希望能够把创新成果投放到市场，转化为收入与利润，并不断地进行扩张。这阶段单纯依靠个人资本难以支撑其成长，这就出现了风投、成长投资、兼并收购、战略投资等。到了退出期，企业不希望进入衰退，还会选择兼并收购、增发等资本运营方式，以实现企业基业长青（见表6-22）。

表6-22　不同阶段企业的资本交易模式与所匹配的需求

类　型	初创期	发展期	成熟/扩张期	退出期
资本交易模式	个人资本	风险投资、成长投资 兼并收购、战略投资		兼并收购、增发
所匹配的 企业发展需求	原始创新 需转化为成果	创新成果 要投放市场	创新成果 要继续扩张	继续壮大企业， 希望基业长青

第六章 企业天地人三维生命体：企业资本运营实操创效价值增长

【延伸链接：借助FA促进企业投融资】

CVC模式下的投融资过程涉及诸多事项和角色，有一个重要的角色可以帮助企业家完成相关的体系工作，这个角色就是企业融资顾问（Financial Advisor，FA）。FA相当于公司和资本之间的桥梁，促进项目投融资的达成。其价值表现在以下5个方面（见表6-23）。

表6-23 企业融资顾问FA的价值

价值	具体说明
1. 提供金融顾问服务	FA会进行行业研究、收集分析数据等，提供公司相关的财务报告与建议，为企业上市前后的一系列投资、收购、并购、股权融资等环节提供专业的金融顾问服务
2. 资源引荐与匹配	FA在行业中会积累信誉度，用自身的信誉背书来引荐、匹配投资机构到合作企业，并且会从中撮合交易以提高融资的成功率
3. 帮助拔高融资故事	FA可以专业地用行业术语来挖掘出项目优势，进而与投资机构进行洽谈，并提出专业化的投融资建议
4. 帮助企业衔接投资人	FA作为第三方，从中斡旋高价值项目的企业创始人与投资机构的决策人进行有效沟通
5. "一条龙"跟进服务	FA在项目投融资的整个交付流程进行全程辅导，提供专业化意见

此外，在CVC模式下的投融资过程中，资本助力与价值赋能的比例一般是35%：65%。也就是说，除了占比35%的资本助力之外，更重要的是双方匹配的价值赋能体系。占比65%的价值赋能体系包括资本运作赋能、运营管理赋能、产业资源赋能、技术创新赋能等。资本运营赋能，包括如何做联合投资参股、如何进行无形资产资本化、如何引进外资改造、如何进行一、二级市场产权转让、如何进行股权融资/债务融资/资产证券化/兼并收购/资产重组等，以及如何设计顶层股权架构、如何设计股权激励机制、如何设计股权的退出机制、如何做动态的股权规划与设计、如何进行上市规划与转板设计、如何做融资计划书、如何进行股份制改革等诸多内容。

第七章

企业天地人三维生命体：
企业组织价值增长

【本章导读】

古人说：善用人者能成事，能成事者善用人。例如大家熟知的魏蜀吴三国争霸，蜀国特别重视人才，刘备收了庞统、法正等人才辅助自己，后来这些人才帮助刘备夺得了西川。但蜀国不重视人才培养，致使后期人才缺少，偏守一方。正如有的企业能够用好人才，但不善于培育人才，前期发展迅猛，后续人才跟不上扩张的步伐。这就是本章第一节要重点分析的内容。

吴国比较重视培养人才，历任大都督能力都很强，但又有各种培植族亲、笼络少壮的情况出现，致使后期分崩离析。这就企业要做好绩效管理，要奖罚分明，企业中不合格的人要及时别除，避免耗费公司的资源。这是本章第二节要重点分析的内容。

魏国喜欢网罗人才，让人才各尽所能，所以人才济济，但后来却被一直隐忍的司马家族夺权了。这就像有的企业在初始阶段没做好股权架构设计与股权激励机制，导致后来丧失了控制权，甚至连创始人都被架空了。这是本章第三、第四节要重点分析的内容。

此外，本章第五节还特别借用五条鱼的形式对比分析了企业人才如何进行身心灵修炼。

第一节 企业以人才价值促进增长
（"二生三"：选人、用人、聚人）

《优员增效：集团人员编制预算与管控》一书中写道："人员编制管控的成败，关系着集团公司人力资源管理体系能否高效运行，能否凭借先进的人力资本获取竞争优势。"[①]

人才对于企业的重要性不言而喻。因为企业练好内功与外功的具体措施，都需要落实到组织人才身上。所以企业要发挥好组织人才的价值，要做好人员编制管控。在企业经营管理中，人维的"二生三"表现为："二"代表企业的内功与外功，"三"代表生出了企业人才价值增长的三个层面，即如何选人、用人与聚人。做好企业人才体系模块，才能更好地驱动企业增长。

一、如何通过选人促进价值增长（以篮球赛对比）

企业要练好内功与外功，需要构建企业人才体系来驱动。本节讨论的企业人才体系，指的是打造企业人才价值增长模块。笔者认为第一步要从选人开始，在此基础上才能更好地引领后续的发展。

1. 如何理解通过选人促进价值增长

为了便于理解，下面用篮球赛的特征对比分析企业通过选人促进价值增长。如图7-1所示，篮球赛取胜的一种途径是靠某个有实力的球员来争取进球获胜，但整场比赛可能会受到球员体力、心态等影响，独木难支。这就像企业产品经营，只用单一产品作为面向客户的载体，一旦产品竞争力下滑，就难以保持市场优势了。

篮球赛取胜的另一种途径是依托团队的力量来取胜。这就像企业人才经营，要通过人才团队把企业所投入的资源转化为公司价值。企业要践行"先人后事"原则，聚集一群德才兼备、志同道合、忠诚为先的人才，才能把产品传递到客户手里，引发他们的共鸣、复购和转介绍，推动企业实现战略目标。

[①] 迪凯，袁志刚，李锟. 优员增效：集团人员编制预算与管控[M]. 北京：电子工业出版社，2013.

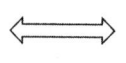

篮球赛取胜　　　　　　　企业经营

1. 靠某个球星取胜　　　　1. 产品经营转化为市场优势
2. 用团队力量取胜　　　　2. 人才经营转化为公司价值

图 7-1　以篮球赛取胜的因素对比企业经营

2. 通过选人促进价值增长的实操思路

企业选人环节的关键之一是筛选好关键人才，下面用电脑硬件与软件的特征对比分析筛选关键人才的实操思路。

（1）搞清楚关键人才与重要人才的区别。如果把电脑硬件比作重要人才，把电脑软件比作关键人才来解析，就很好理解二者的区别了。

如图 7-2 所示，重要人才相当于电脑硬件，硬件要组装起来才能让电脑运转，组装的标准是一致且可替换，硬件配置越高，电脑性能越好。企业也一样，运营一家企业要有管理、销售、后勤等岗位的重要员工，这些员工技能越丰富，公司运转起来就越顺畅。

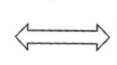

电脑硬件　　　　　　　　重要人才

1. 硬件组装起来才能让电脑运转，　1. 相当于运营一家企业要有管理、销
组装标准一致且可替换　　　　　售、后勤等岗位的员工
2. 硬件配置越高，性能越好　　　　2. 员工技能越丰富，公司运转越顺畅

图 7-2　电脑硬件比作企业重要人才

如图 7-3 所示，关键人才相当于电脑软件。用好软件可以让电脑更高效率地发挥作用，比如一款编辑软件，有的用户只能在自己的电脑上编辑；若我用了一个可以多人共享编辑软件，那就大大提高了效率。企业也一样，用好关键人才相当于帮助企业差异化地塑造出竞争优势，可以为企业带来效益。同时，软件兼容性强，电脑才能更好运转下去，这相当于关键人才与企业的愿景、使命、价值观要匹配，一群价值观相同的人一起做事，才能更好地促进企业增长。

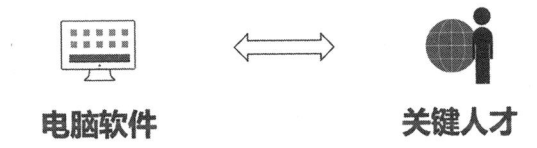

第七章 企业天地人三维生命体：企业组织价值增长

电脑软件
1. 软件可以让电脑更高效
2. 软件兼容，电脑才能运转下去

关键人才
1. 帮助企业差异化地塑造出竞争优势
2. 与该企业的愿景、使命、价值观要一致

图 7-3 电脑软件比作企业关键人才

（2）识别关键人才。可以借助绩效曲线来识别关键人才（如图 7-4 所示），横轴代表公司员工对待企业的态度变化，纵轴代表员工层次的高低，从低到高划分为四个层次。低层次的员工得过且过或者被动工作，拿固定薪水或者被动地做一些重复性工作，没有带来价值，这部分员工干扰公司的成长，不属于关键人才。高层次的员工主动接受挑战，甚至以共创共赢为信念，主动完成工作目标，不断突破自我，并与公司在同一战线，共同做大做强企业，可从中识别与筛选关键人才。

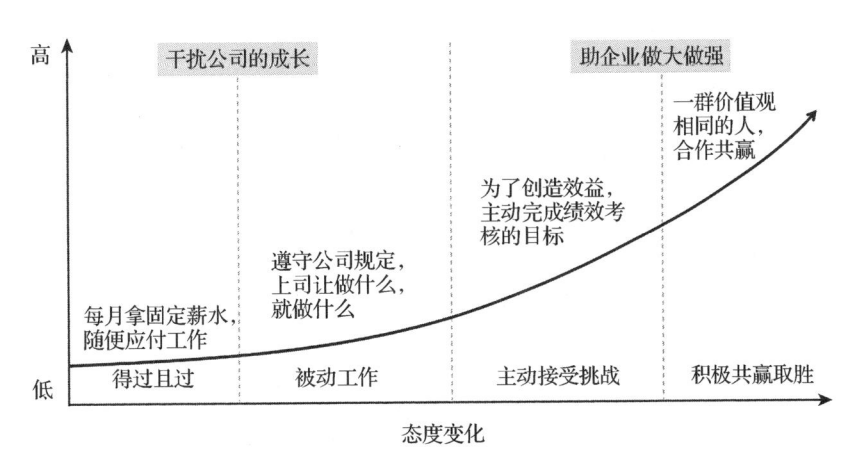

图 7-4 从绩效曲线识别关键人才

（3）用可量化的指标激发关键人才的潜能。一是通过做好绩效考核的KPI、GS、KCI，用明确可量化的价值指标来激发关键人才的潜力。从不同层次的高管做事与培育人才的时间分配情况，来判断其是否具备成为关键人才的潜力，具体见表 7-1。

表 7-1　不同层次的高管做事与培育人才的时间分配

层次	做事时间	育人时间
基层管理者	70%	30%
中层管理者	50%	50%
高层管理者	30%	70%

二是完善薪酬机制、股权激励制度等，进行可量化的利益分配。笔者把不同类型的老板所执行的利润分配路径分为两类。①亲力亲为型老板的利润分配路径：获取客户→获得盈利→分配利润。在这一体系下，企业老板事事亲力亲为，处理不好还可能陷入吃力不讨好的困局。②高瞻远瞩型老板的利润分配路径：找优秀高管→招聘员工→找合伙人/投资人→获取客户盈利→分配利润。走这条路径的企业老板是从战略层面制定关键人才的利润分配机制的，可以更好地发挥出企业人才的真正价值。

二、如何通过用人促进价值增长（以"发电+充电+储电+运营+闭环"对比）

本节讨论的企业人才体系，指的是打造企业人才价值增长模块。笔者认为第二步需要落实到如何用人上，即如何搭建班子，以最大限度地帮助企业发展。

企业该如何进行人才管理，从而为公司带来与时俱进的市场竞争力呢？下面借助"发电+充电+储电+运营+闭环"的五步运转对比分析（如图7-5所示）。

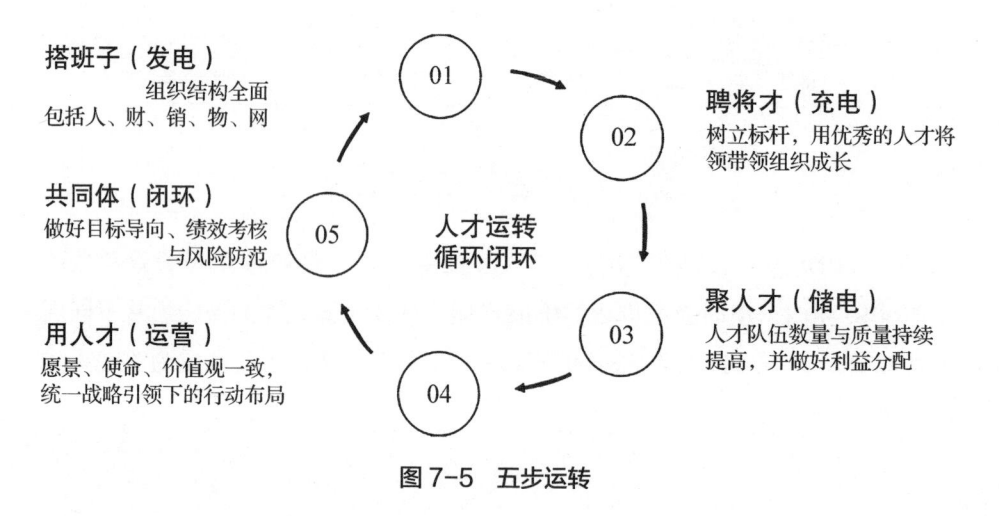

搭班子（发电）
组织结构全面
包括人、财、销、物、网

聘将才（充电）
树立标杆，用优秀的人才将领带领组织成长

共同体（闭环）
做好目标导向、绩效考核与风险防范

聚人才（储电）
人才队伍数量与质量持续提高，并做好利益分配

用人才（运营）
愿景、使命、价值观一致，统一战略引领下的行动布局

人才运转循环闭环

图 7-5　五步运转

（1）为什么用发电比喻搭班子？因为电产生的作用渗透在生活的方方面面，所以要考虑好如何通过发电来启动各种工业、生活的应用，就像企业打造人才体系的时候，首先要考虑好具体的组织结构，才能做好下一步的动作。

【延伸链接：组织设计的5大功能】

对于组织结构的设计，笔者认为可以从组织的5大功能来思索，分别为人、财、销、物、网，具体见表7-2。

表7-2　组织的人、财、销、物、网

功能	说明
人	指组织的人力资源功能，包括选人、育人、用人和留人的有效运营
财	组织的财务管理，合理地规划好资金的运作，帮助企业实现投资与回报最大化
销	企业的销售功能，要做好品牌推广和渠道拓展，增加企业的收入与利润
物	要求组织稳住供应链，保持企业从研发到生产所建立的优势水平
网	企业要运用好线上互联网和线下管理的优势

（2）为什么用充电比喻聘将才？要周期性地充电补充能量，机器才能可持续地有效运转，这就像杰克·韦尔奇在他的著作《商业的本质》中说的一样："如果你希望提升公司业绩，那就必须用最优秀的人才为公司启动增长引擎。"[①]

（3）为什么用储电比喻聚人才？提前储存更多的电能，可以在供电不足时释放出来，继续保持机器运转。这就像企业要做好人才储备，时刻保证人才的数量与质量，帮助企业顺利发展。

（4）为什么用运营比喻用人才？电要用到实处才能发挥效能，这就像企业要考虑如何最大化地发挥人才的作用，比如可以在企业文化的引领下，统一输出、统一行动。

（5）为什么用闭环比喻共同体？用电过程中要做好维护，防止出现漏电、断电，这就像企业要做好各种责权利体系，塑造成飞轮，可以不断加速运转。

---

① 杰克·韦尔奇（Jack Welch），苏茜·韦尔奇（Suzy Welch）.商业的本质［M］.蒋宗强，译.北京：中信出版集团，2016.

对于打造人才体系来说,就是要动态地进行试错与调整,构建命运共同体、事业共同体。

【延伸链接:人才分配比例】

企业要实现利润与价值最大化,专业线与业务线的人才基础配比一般是1∶9。专业线有行政、人力资源管理、财务、研发人员,业务线有营销人员,但目前一些企业的配比是反过来的,使得企业不断面临资金、沟通等压力,导致企业发展缓慢甚至停滞。

三、如何通过聚人促进价值增长(以大学培育学生对比)

本节讨论的企业人才体系,指的是打造企业人才价值增长模块。作者认为第三步要考虑如何聚人,即怎么能够长期地聚集一群优秀人才来助力企业发展。

下面将企业看作一所大学,将老板看作校长,将员工视为学生,来分析企业如何打造人才生产线,通过聚人促进价值增长。如图7-6所示,大学培育学生的标准体系分三个步骤,包括指引学生选专业、落实课程与师生制度流程,以此帮助学生成长。对应到企业培育人才,也要形成一条标准化的人才生产线,包括确定目标并规定好如何生产、如何管理,进而源源不断地输送人才。

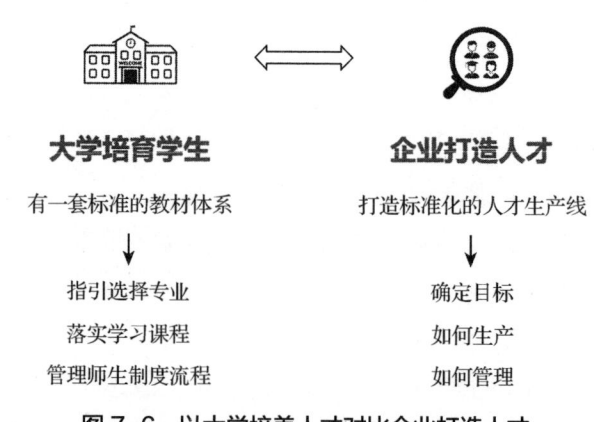

大学培育学生	企业打造人才
有一套标准的教材体系	打造标准化的人才生产线
↓	↓
指引选择专业	确定目标
落实学习课程	如何生产
管理师生制度流程	如何管理

图 7-6 以大学培养人才对比企业打造人才

1. 通过聚人促进价值增长的第一点:确定目标

大学生如果发现自己所学专业不适合自己,可以及时更换,要有清晰的目标指引自己的学习和发展。这就像企业在打造人才生产线的时候，员工自己也要有清晰的目标指引（如图7-7所示）：①员工要与时俱进地学习相关知识技能，作为提升业绩的基础。②要从产品导向转向顾客导向，即通过及时响应客户需求来开拓市场。③顾客在哪里，组织的边界就拓展到哪里。企业与客户要形成相互依存的关系，需要企业员工快速适应外部环境的变化，这时候组织的边界也需要做出改变或突破。

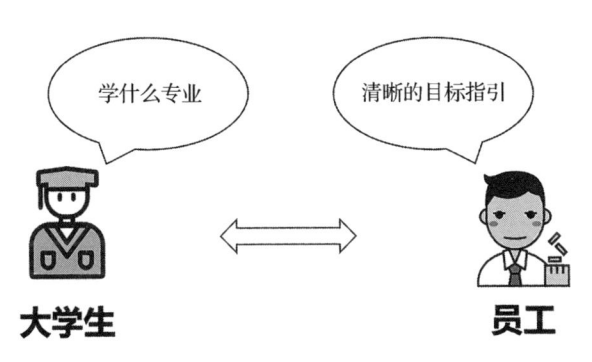

图 7-7　大学生选专业对应员工目标指引

2. 通过聚人促进价值增长的第二点：如何生产

企业新员工就像大学新生，新生入学有新生手册，新员工入职也有员工手册。企业基层员工就像普通大学生，企业要避免基层员工固化在一个岗位上产生惰性。企业中层员工就像优秀大学生，企业要培养中层员工带领小团队成长的本领。企业高层员工就像精英大学生，企业要协助高层员工提升各方面的能力（如图7-8所示）。

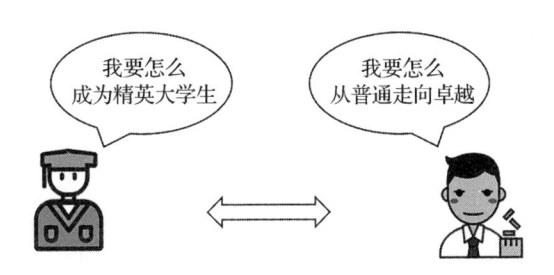

图 7-8　不断成长的大学生对应走向卓越的员工

企业员工的核心教练内容，包括认知教育、素质教育与业务教育，具体见表7-3。这些教练内容，可作为标准人才生产线的标准体系。随着企业的发展壮大，企业还需要有专门负责某一模块的人才，例如专门做营销、服务大客户、财务管理的人才等。对于后续发展起来的人才，也需要清晰地做好人才标准体系的规划。然后通过考核员工的学习态度、工作质量、素质能力等，进行督查、评分、考试，考评结果作为内部晋升与降级的依据之一，以达到强化激励与考核，提升团队素质的目标。

表7-3 企业员工的核心教练内容

分类	说明
A. 认知教育	全体员工统一：经营理念、规章制度、奖惩制度等
B. 素质教育	全体员工统一：品德教育、企业文化、愿景、使命、价值观等
C. 业务教育	新员工：产品基础业务、数字化工具应用等
	基层员工：产品销讲、模式讲解、客户服务、微信工作日志、业务系统操作等
	中层员工：效率管理、团队建设、沟通技巧、市场营销、营销管理、组织行为学等
	高层员工：企业战略、商业模式、组织发展与人才复制、公司资本运营等

其他教练内容和形式见表7-4。

表7-4 人才生产线的其他教练内容和形式

形式	内容
A. 师徒带教	建立师徒带教文化，加强有发展潜力的员工的重视程度
B. 读书会	分享读书内容，增强人文素质
C. 每周分享会	分享自己的所见所闻，增强凝聚力
D. 线上专题学习会	让更多的员工突破时间、空间的限制，感受到企业的教育输出
E. 海内外游学	拓宽员工的认知与眼界，提升格局思维

第七章 企业天地人三维生命体：企业组织价值增长

【延伸链接：三力模型】

如图7-9所示，企业要发挥好人才的能力，在选人的阶段就可以用到三力模型。一是素质力，比如正直、努力、认真、诚信等，这部分用于衡量人才的做人做事原则。二是专业力，用于衡量人才的岗位专业技能水平。三是价值力，用于衡量人才是否认同企业的愿景、使命、价值观。

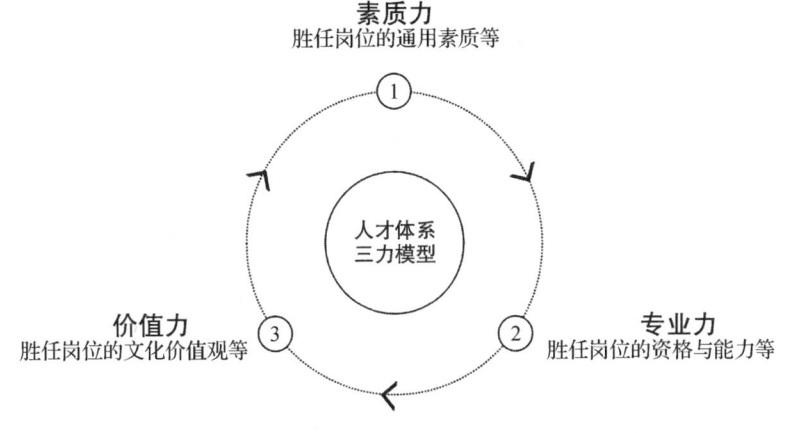

图7-9 人才体系三力模型

3. 通过聚人促进价值增长的第三点：如何管理

大学生要通过一系列制度和流程来管理，企业管理人才也一样，需要把人才生产线的制度、流程和管理体系建起来。包括师资管理流程与人才比例分配管理流程等。

（1）搭建企业人才生产线的师资流程管理（见表7-5）。

表7-5 企业人才生产线师资流程

人才生产线师资流程	
A	解决师资的流程：通过选拔高层员工、中层员工中的优秀人才转化为内训师
B	每个内训师主讲一门专业课程，并且自上而下地由高层为中层培训、中层为基层授课

（2）搭建企业人才生产线的人才比例分配管理流程。企业要实现利润与价值最大化，专业线与业务线的人才基础配比一般是1∶9。专业线有行政、人力资源管理、财务、研发人员；业务线有营销人员。但目前一些企业的配

比是反过来的，使得企业不断面临资金、沟通等压力，导致企业发展缓慢甚至停滞。

四、实现组织进化与裂变（贯穿选人、用人、聚人）

本节讨论的企业人才体系，指的是打造企业人才价值增长模块。作者认为企业做好选人、用人与聚人，实际上就是形成了一个强大的组织，这一过程中的关键就是要与时俱进地对组织进行变革与创新，从而实现组织的进化与裂变，驱动企业可持续增长。

1. 组织进化1：从组织成长阶段分析

如何实现组织的进化与裂变？下面先从组织成长的五个阶段来分析。

【理论链接：拉里·E·格雷纳提出的组织成长五个阶段】

格雷纳在其著作《组织成长中的演变与变革》中讲道，组织成长在不同的阶段中面临着不同的困境，采取相对应的措施，才能越过有可能导致企业失败的变革阶段，然后继续向上发展。

如图7-10所示，组织在其成长的五个阶段的表现不同，组织结构、组织业务等在每个阶段都会发生新的演变。

阶段1：一般是企业的初创期，企业老板在组织结构中既充当决策者又充当执行者。随着组织逐步发展壮大，企业老板需要管理的事情越来越多，一旦管理不善就容易陷入困境。因此，这个阶段的组织变革目标是做好领导力管理，克服发展初期遇到的困难。

阶段2：企业老板开始转向管人管事。但随着企业规模的扩大，员工又期望拥有更大的自由权来提升自己的地位，这时候企业又面临自主性危机。

阶段3：随着企业人员越来越多、市场区域扩展得越来越大，授权过多就容易导致山头林立，过于控制又难以统筹协调，因而会陷入控制危机。

阶段4：企业通过精细化、规范化经营，度过了控制危机，但一系列的组织管理流程中容易出现官僚化，一项决策要经过多层管理者决策，周期太长就可能错过发展的良机，进而陷入官僚危机。

阶段5：面对未知的危机，需要以团队合作与创新来应对不确定性。

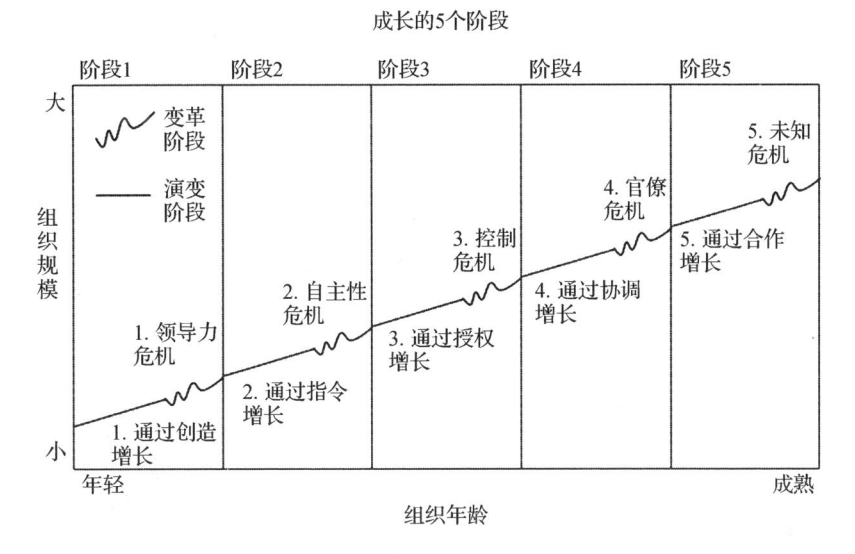

第七章　企业天地人三维生命体：企业组织价值增长

图 7-10　组织成长的五个阶段[①]

【理论链接：克莱顿·克里斯坦森的执行技能和商业生命周期】

克莱顿·克里斯坦森认为，企业的发展会经历从 A1 创业阶段、A2 成长阶段、A3 成熟阶段到 A4 衰退阶段的历程。B1 代表发现技能，通过观察、学习、交际等方式发现破坏性创新的机会；B2 代表执行技能，通过分析、计划、数据、管理等方式去执行公司的业务流程（如图 7-11 所示）。

如果把一家创新型企业的成长过程分成 4 个阶段，在 A1 创业阶段，发现技能大于执行技能，这个阶段的企业创始人有着明显的破坏性创新思维，他们善于发现技能和抓住商业机遇。

在 A2 成长阶段，企业要发展其破坏性创新，会加强执行能力，如通过组建团队、找到投资人等方式，逐渐让这个商业想法由弱变强，最后发展成一份引领市场的事业。

在 A3 成熟阶段，企业的产品服务已经在市场中积累了很多成熟客户，企业构建起了从资源到流程、价值观的机构能力体系，开始转向用维持性创新来应对其他竞争对手。

在 A4 衰退阶段，这部分企业为了维持发展，企业的执行技能依旧占据统

---

① 资料来源：拉里·E. 格雷纳 1972 年出版的《组织成长过程中的变革和推进》一书。

治地位，高管团队凭借强大的执行技能试图挽救企业的发展颓势，他们更多地关注原有业务去发展，做维持性创新，若这个管理团队没达成效果，就换下一个团队，这样会频繁消耗企业的资源，导致企业越发步入颓势，最后被创新者追赶上。

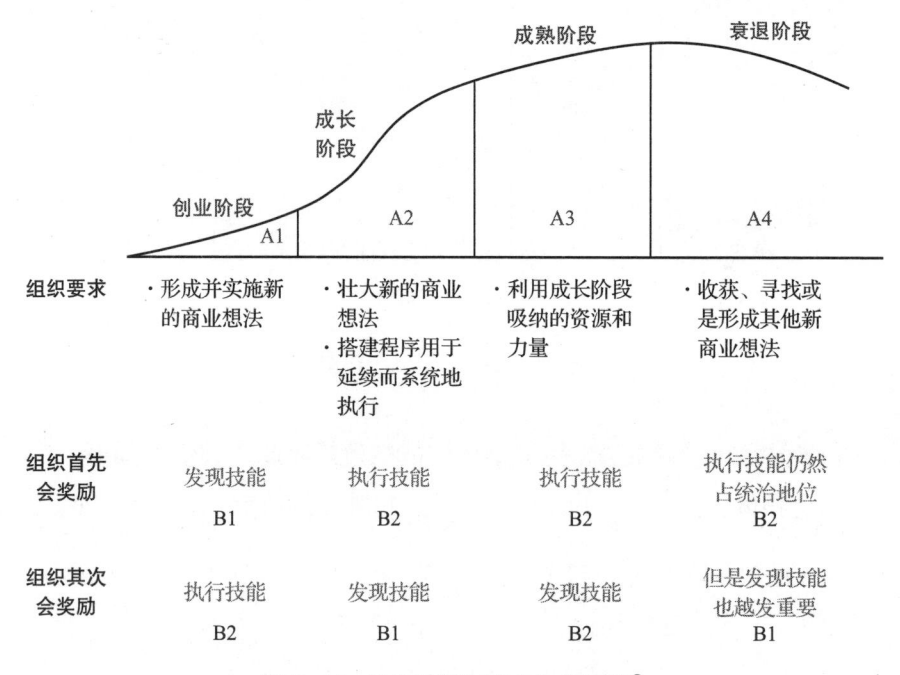

	创业阶段 A1	成长阶段 A2	成熟阶段 A3	衰退阶段 A4
组织要求	·形成并实施新的商业想法	·壮大新的商业想法 ·搭建程序用于延续而系统地执行	·利用成长阶段吸纳的资源和力量	·收获、寻找或是形成其他新商业想法
组织首先会奖励	发现技能 B1	执行技能 B2	执行技能 B2	执行技能仍然占统治地位 B2
组织其次会奖励	执行技能 B2	发现技能 B1	发现技能 B1	但是发现技能也越发重要 B1

图 7-11　执行技能和商业生命周期[①]

企业要从 A3 阶段过渡到 A4 阶段时，要找到通往第二增长曲线的路径，也就是在企业成长过程中不断找到逆势增长的突破点，以突破自己的增长天花板，由此带来组织结构和组织业务的创新。

2. 组织成长2：从组织结构和组织业务的新变化角度分析

如何实现组织的进化与裂变？我们从组织结构和组织业务的新变化角度进行分析。

【理论链接：马科思·韦伯提出的行政组织理论】

被誉为"行政组织理论之父"的马克思·韦伯提出的行政组织理论，认

---

① 杰夫·戴尔（Jeff Dyer），赫尔·葛瑞格森（Hal Gregersen），克莱顿·克里斯坦森（Clayton M. Christensen）. 创新者的基因[M]. 曾佳宁，译. 北京：中信出版集团，2013.

为传统的科层制+管控分工的组织形式所构成的组织结构,能够提高组织的稳定性,但也容易带来组织僵化。笔者认为企业需要在变化的环境中去认知组织结构和组织业务所带来的新变化,然后去探索能够让企业度过危机和持续增长的方法。

(1)组织结构的新变化:对内成为成就员工的强力引擎。随着互联网的发展,信息传递打破了时间、空间的限制,为了提高效率和信息对称性,组织结构可以从有条不紊的管控转变为实现员工梦想的舞台(如图7-12所示)。

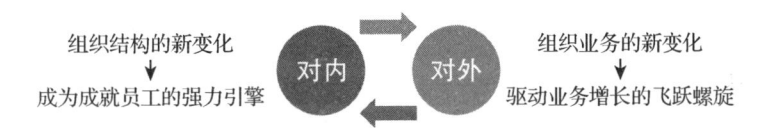

图 7-12 组织结构和组织业务新变化

加雷斯·摩根(Gareth Morgan)在其《组织印象》一书中,把组织看作机器、生物体、大脑、文化、政策系统、精神上的监狱、变迁和改变、控制的工具等。组织变革更应该被从正面的角度去看待,把它看作大脑、文化等,更有利于凸显企业组织结构的价值与意义。

(2)组织业务的新变化:对外驱动业务增长的飞跃螺旋。组织在短期内发展壮大,不能忽视了未来长期性的成长。组织业务的变化,要始终以客户为中心,贯穿着对客户、员工、产品,甚至是竞争对手的协调支撑,以保障自身业务落地与增长。

【案例链接:字节跳动公司的人才战略】

字节跳动公司对内的组织结构新变化是员工之间不用"老总""老师"等带有上下级关系的称呼,而是以平级的称呼来弱化大家的层级关系,以平等的氛围带动员工提出更多有价值的想法。张一鸣自己也表达过"多提供 context,减少 control"的原则。对于字节跳动公司来说,就是要将 Control 的科层式组织结构,转变为更加扁平化、高效化的新型网状组织,响应公司的决策,激发创意,提高参与感(如图 7-13 所示)。

```
       人才战略                          字节跳动公司

1. 对内的组织结构新变化         1. 转变为扁平化、高效化的新
                                  型网状组织
2. 对外的组织业务新变化         2. 倡导员工与生活发生连接，
                                  重视信息的公开化
```

图 7-13　字节跳动公司的人才战略

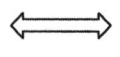

字节跳动公司对外的组织业务新变化是践行激发创造、丰富生活的企业使命，倡导员工与生活发生连接，鼓励大家把在生活的方方面面感受到的创意点带到工作中，激发创造力。他们特别重视信息的公开化，通过数字化工具，员工每次开会前都可以看一下上级、同级或者别的部门的信息，大家在共享信息的过程中强化协同合作的优势，进而带动业务的增长。

3. 组织进化 3：从组织进化的基因分析

如何实现组织的进化与裂变，下面从组织进化的角度来分析。

一是要抓好机会窗口，聚焦产品、深耕研究，及时发现价值节点并切入市场。就像挖井一样，挖几百米可能什么都看不到，甚至是给自己挖坑，挖到 1000 米的过程中可能会发现水，挖到 10000 米的过程中就有可能挖到石油等。企业只有持续不断地聚焦、深耕、研究、发现真正有价值的东西，才能更好地在市场的某个关键节点切入进去。不要等市场成熟了之后错失企业逆势增长的机会窗口。

二是要抓好傻瓜窗口，在别人看不懂、看不透的时候发现商业机会来创造价值。就像用显微镜一样，把事物看清看透，通过对大数据的挖掘、分析，经过研究看到背后的真相。

同时，企业基因越好，能更好地匹配发展的机会窗口与傻瓜窗口，发展自然会事半功倍。

企业组织进化就像飞行动物的基因一样，决定了动物飞行的高度和寿命（见表 7-6）。企业基因的选择与进化，要学习雄鹰，一出生就拥有翱翔万米高空的优良基因，后来再蜕变重生、保持活力。因此，企业要不断地塑造自身的发展基因，并与时俱进地去探索价值、创造价值，实现企业目标。

表7-6 苍蝇、麻雀、大雁和雄鹰的飞行高度与寿命

动物	飞行高度	寿命
苍蝇	10米左右	1~3个月
麻雀	10~20米	5~10年
大雁	8000米左右	8~9年（最长寿命20年左右）
雄鹰	10000米左右	蜕变重生可以活70年

【案例链接：微软公司三个阶段的基因进化】

说起微软公司，大家都知道它革新了一个时代，促进了个人电脑的广泛使用，成为PC时代的王者。从近30年来全球企业市值五强来看，大家会惊讶地发现，微软公司竟然都在其中（见表7-7），那微软公司又是如何做到的呢？下面，我们从组织基因进化的角度来分析微软公司发展壮大的三个阶段。

表7-7 微软公司的市值排名

年份	全球市值排名最高的五家公司
1997	通用、可口可乐、日本电报电话、埃克森美孚、微软
2007	埃克森美孚、通用、微软、壳牌石油、中国石油
2017	苹果、ALPHABET（谷歌母公司）、微软、亚马逊、FACEBOOK
2023	苹果、微软、谷歌、亚马逊、特斯拉

（1）第一阶段（1975—2000年）：微软公司创办于1975年，从创立初期就抓住了计算机行业的机会窗口，发展公司的创新基因。这阶段是由比尔·盖茨担任CEO，初期的计算机行业，容易赚到钱的是硬件生产商。但比尔·盖茨意识到软件的重要性，通过推出Windows操作系统来抓住这波机会窗口，后来Windows操作系统逐步成长为微软公司核心的收入来源。

（2）第二阶段（2001—2013年）：这阶段微软公司通过打造软件技术生态系统来发展自身的创新基因。这阶段由史蒂夫·鲍尔默担任CEO，微软公司凭借Windows在PC操作系统的领导地位，发展了诸多业务，公司的年营收、年利润都翻倍增长。但这个阶段也遭受过很大冲击，比如Google的崛起冲击了微软的搜索引擎业务等。

（3）微软公司的第三阶段（2014年至今）：这阶段的微软公司通过战略决策调整+改革企业文化来发展自身的创新基因。这阶段由萨蒂亚·纳德拉担任CEO，他带领微软公司实施"移动为先、云为先"的战略，推出了云计算业务，还凭借开源的理念，以及用同理心及共情力刷新文化，变革了微软公司的发展基因，突破了微软的发展瓶颈。从市值就可以看出其变化，微软2019年市值突破1万亿美元，到2021年市值突破2万亿美元，仅用了两年就翻倍增长，而且这部分市值还超过了过去33年的总和。

4. 组织裂变：从组织裂变运转过程分析

如图7-14所示，可以把组织看成一间房子。房顶的最顶端是企业老板，这是因为按照组织架构的层层关系来衔接，企业老板是最高决策人。

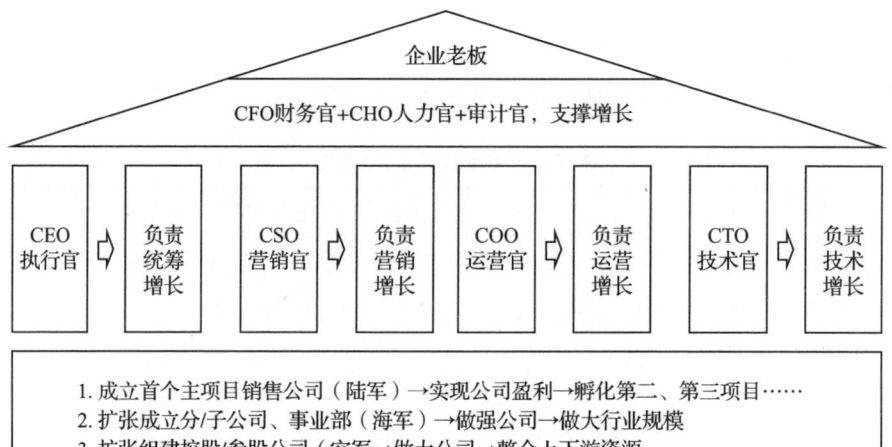

```
                        企业老板
              CFO财务官+CHO人力官+审计官，支撑增长
  ┌──────┬──────┬──────┬──────┬──────┬──────┬──────┬──────┐
  │ CEO  │负责  │ CSO  │负责  │ COO  │负责  │ CTO  │负责  │
  │执行官│统筹  │营销官│营销  │运营官│运营  │技术官│技术  │
  │      │增长  │      │增长  │      │增长  │      │增长  │
  └──────┴──────┴──────┴──────┴──────┴──────┴──────┴──────┘
  ┌──────────────────────────────────────────────────────┐
  │ 1. 成立首个主项目销售公司（陆军）→实现公司盈利→孵化第二、第三项目…… │
  │ 2. 扩张成立分/子公司、事业部（海军）→做强公司→做大行业规模          │
  │ 3. 扩张组建控股/参股公司（空军→做大公司→整合上下游资源            │
  │ 4. 海陆空联动作战：形成航母的效益，实现企业业绩高效持续增长          │
  └──────────────────────────────────────────────────────┘
        在各个环节进行关键人才分配，贯穿企业集团化扩张裂变过程
```

图7-14 组织裂变过程

一个具有成长魄力的组织，在企业老板的带领下，由6个"O"组成（CEO、CSO、COO、CTO、CFO、CHO），初创型企业中可能会出现一人兼任多个"O"的情况，但在公司发展壮大的过程中，企业要合理地释放权力，分配好6个"O"来统筹管理好企业。

首先，CEO执行官+CSO营销官+COO运营官+CTO技术官，负责为企业带来增长，相当于房子的四梁八柱支撑整个房子。

其次，CFO 财务官 +CHO 人力资源官和审计官，负责一系列支撑企业增长的保障工作，相当于房子四角的飞檐，既能防雨又能增添美感。

建造房子时有了四梁八柱作为房子的主要结构，加上房顶、飞檐遮风挡雨，还需要建好四周的墙壁和内部装修，让人能够舒适地住进去。这个过程就相当于公司扩张裂变的过程。

【延伸链接：以组建海陆空军团对比公司扩张裂变过程】

为了便于理解，下面借组建海陆空军团来代入分析公司扩张裂变过程。

一是组织建立陆军军团，相当于成立首个主项目销售公司，来实现公司盈利，之后继续孵化第二、第三个项目，来夯实公司的盈利根基。

二是组织建立海军军团，相当于扩张成立分/子公司、事业部，把项目迅速地拓展出去，提高市场份额，做大行业规模。

三是组织建立空军军团，相当于裂变控股/参股公司，联合更多的合作伙伴，共同做大行业规模，然后进一步整合上下游资源，往生态化方向发展。

最终通过海陆空联动作战，相当于企业不断地进行扩张裂变，使公司的盈利水平、品牌效应都不断提升，形成航母级效益，实现企业高效持续增长。

第二节 企业以绩效管理促进增长（"二生三"：目标、过程、结果）

上一节分析了企业的选人、用人与聚人如何赋予企业发展动力，本节分析如何设计有效的绩效管理机制，来快速激活和释放员工潜能。

因为企业做好内功与外功的措施，需要落实到组织人才身上，企业有了人才之后，还需要用绩效管理来激励人才，带动企业增长。企业绩效管理中的"二生三"表现为："二"代表企业的内功与外功，"三"代表生出了企业绩效管理增长的三个层面，即目标驱动、过程运作与结果导向。

企业绩效管理机制不是简单的金字塔式的从上而下的管理方式，而是一套能够循环运作的闭环管理方式，贯穿着目标—过程—结果，能够在每一次循环中不断促进自身的发展。

一、绩效目标的驱动机制（事前）

企业要以绩效管理促进增长，笔者认为第一步要做好绩效目标的驱动机制，来指引方向，提高员工的工作积极性，驱动企业增长。

下面用足球赛的精神与战术安排来对比分析。

（1）企业绩效管理的目标驱动机制的第一点是洞悉人性的内在驱动力，要设计有效的员工激励机制来激活组织，促进员工收入增长（如图7-15所示）。就像足球队中有的足球球员拿着高年薪却踢不出好成绩，对应到企业来说，有的员工只为了一份固定薪资而工作，久而久之，会消磨工作干劲，不利于企业发展。

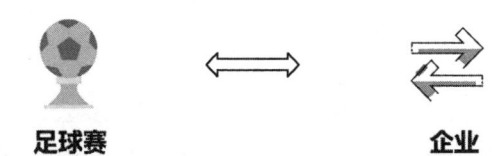

足球赛
1. 固定高年薪，踢不出好成绩
2. 收入与球技挂钩（梅西、C罗）
3. 足球精神驱动

企业
1. 员工固定薪资，不利工作干劲
2. 长期主义的心态，自发奋斗
3. 人性寻求享受，逃离痛苦

图7-15 以足球精神的驱动力比拟人性内在的驱动力

但是当足球球员的收入与成绩挂钩时，像阿根廷球星梅西、葡萄牙球星C罗等球员，球技、荣誉和收入为他们带来了无限动力。对应到企业来说，就像有的员工以长期主义的心态来奋斗，会不断争取晋升、提高自己，从而也为企业带来价值。

此外，足球精神的驱动力，就像企业的激励机制，能够激发员工努力拼搏的干劲。员工们喜欢奖励，不希望受到惩罚，人性就是如此；在一定的条件下，天才能被惩成白痴，白痴也能被奖成天才。企业可以设计一套机制，让员工在践行企业使命，为客户带来价值的同时，也成就自己价值。

（2）企业绩效管理的目标驱动机制的第二点是在人性驱动下，设计一套有效的绩效管理机制，以提高企业的正向效能和达成战略目标。如图7-16所示，足球赛的各种战术安排，就如同企业管理机制的工具和方法，要合理运用好才能提高效率。

第七章 企业天地人三维生命体：企业组织价值增长

足球赛的战术安排
442、352阵型等，要合理配置好最佳阵型

企业管理机制
360度评估反馈、金字塔型管理模式、企业管理平衡计分卡等

图 7-16 以足球赛的战术安排对比企业绩效管理机制

本节强调绩效考核机制。绩效考核可以比喻为绩效透视，这是因为透光镜的特性是可以让光线通过，通过凸透镜使光线折射，从而产生一个实影像。这绝不像反光镜只能反射光线，产生的只是虚拟影像。绩效透视的含义是，企业可通过两大措施来实现年度目标：一是执行力，即制度加检查；二是奖惩，到年底达到实际目标有一个跨越，而最佳跨越就是没有差距，就像透光镜效果一样。正如《企业价值链管理》一书写道："具有被动特征的绩效'考核'，不但不能创造出期望的价值结果，还极有可能会成为导致员工与管理对立的导火线，甚至导致员工离职。"[①]

二、绩效过程的运作机制（事中）

企业要通过绩效管理促进增长，笔者认为第二步要做好绩效过程的运作机制，来督促员工，强化团队整体能力，驱动企业增长。

下面用足球赛的策略与组成人员的特征来对比分析。

1. 绩效管理过程的运作机制

如图 7-17 所示，足球比赛中球员的体力因人而异，要以合理的轮换策略制胜。这就像物理学上的熵增定律，随着时间的推移，维持事物稳定的能量会越来越弱，最终走向混乱，因此需要逆商来维持状态。对应到企业来说，如果出现人浮于事、效率低下等负面行为，同样需要不断地增强企业逆商来适应新变化，这就可以用到绩效管理机制、飞轮效应等，让企业更有活力地运转下去。

---

① 傅雄，金桂生.企业价值链管理：制造型企业如何创造期望的效率、质量、成本与价值[M].杭州：浙江工商大学出版社，2020.

足球赛
- 1. 球员体力下滑
- 2. 做好合理的轮换策略

企业管理
- 1. 企业的熵增定律
- 2. 绩效管理机制，飞轮有效运转

图 7-17　以足球赛的轮换策略对比绩效管理机制的有效运转

【理论链接：飞轮效应】

这里引用吉姆·柯林斯在《从优秀到卓越》一书中提出的"飞轮效应"概念，大家可以把企业看作一个飞轮，开始是很难推动其运转的，但是如果我们通过一流的绩效管理，让业务与人员有效地配合起来，慢慢地把飞轮运转得越转越快，企业也就能一步步地从平庸到优秀，再到卓越了。

2. 如何设计自身的运转飞轮

接下来，我们用足球赛中不同角色的球员互相配合来形象地分析企业如何设计自身的运转飞轮。

（1）门将→高管。如图 7-18 所示，足球场上的门将要守着球门，还可以指挥进攻或防守，这就像企业的高管，他们向上接收战略目标，向下传达给各部门、明确到相关责任人去执行，并进行日常监督和记录。

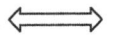

门将
1. 守着球门，指挥进攻或防守
2. 时刻关注着球场上足球的动态

高管
1. 接收目标，传达执行
2. 执行绩效考核（KPI/GS/KCI）

图 7-18　门将对比高管执行绩效目标

足球场上的门将还要始终关注着球场上足球的动态，盯紧以及严防对方得分。这就像企业要企业设计好不同岗位员工的绩效考核（KPI/GS/KCI）评分表，落实到每一个员工身上，让他们更好地执行工作任务。

【应用链接：如何创造性地设计一张绩效考核表（KPI、GS、KCI）】

表 7-8 所示的绩效考核表针对的是总经理级别的人才，尤其注重 KPI 中

第七章 企业天地人三维生命体：企业组织价值增长

的业绩类模块，包括销售额、利润、回款率等指标。此外，KCI 的问责制也至关重要，这个主要是考核这个级别领导层的人品与素质，及其是否对公司产生不良的影响。

表 7-8　总经理的绩效考核表（KPI、GS、KCI）示例

类别	考核指标	细分类型	分数	评分依据（每项根据分数占比打分，合计计算最终分数）	实际完成	相关部门评分	评分部门	评分者签名
KPI (75%)	业绩类	销售额	25分	现金到达公司账号上的金额 考核指标为100%，每低于1%，扣除该项3分				
		利润	25分	实收销量/应收销量总额×100% 每低于1%，扣除该项2分				
		回款率	10分	以合同按时回款，为满分，未按合同回款方，为0分				
		销售增长率	5分	与上一月度的销售业绩相比每增加1%，加1分，出现负增长该项0分				
	市场类	人均效率	5分	总销售额÷总人数，人均销售达到XX/月，每低于XX，扣除该项1分				
		分子公司/代理商开拓	5分	开拓XXX家分子公司/代理商等，终营收最超过XX万，每低于XX，扣除该项1分				
					KPI得分：			
GS (10%)	过程类	每周例会布置的工作完成和执行情况	4分	全部完成满分，每少一项扣1分				
		临时性任务	2分	按计划完成，未完成一项扣1分				
		团队管理	3分	内部培训不少于2次，未完成扣1分				
		工作日志提交和检查	1分	未交或迟交一次扣0.5分，未检查下属日清一人扣0.5分				
					GS得分：			
KCI (15%)	品行类	责任心	2.5分	对工作是否推卸责任，遇事推诿不作为，导致工作难以进行，按次数与质量情况扣分				
		团队精神	2.5分	是否主动与他人合作，高效完成工作任务，若固执己见，不合作或拒绝合作，导致工作难以进行，按次数及质量情况扣分				
		问责制	10分	是否有重大违规销售行为、行贿受贿、按公司销售政策进行销售或销售非本公司得劣质产品，每出现一项，视情节轻重扣分				
					KCI得分：			

一、绩效总分=KPI+GS+KCI=
二、审批说明：　　　　　　　　　　　　日　期：

【应用链接：签订目标责任书】

针对总经理的绩效考核，还要签订目标责任书，真正落地执行。模板如图 7-19 所示。

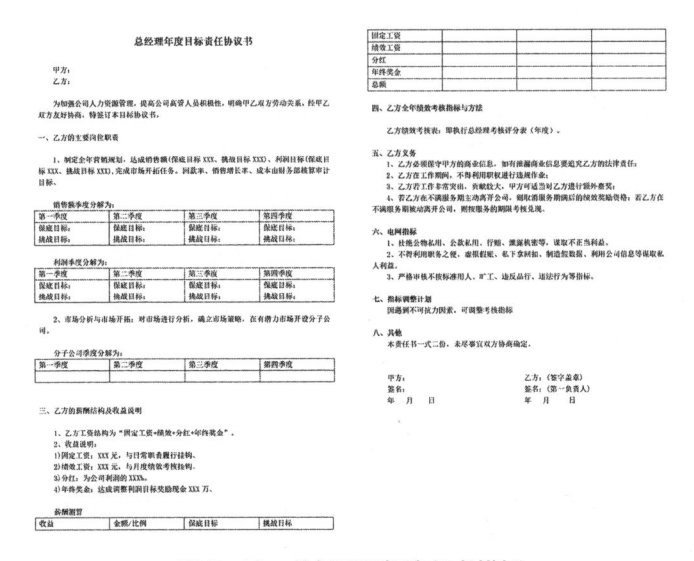

图 7-19　总经理目标责任书模板

269

（2）前卫→业务开展方法。如图 7-20 所示，足球赛场上的前卫负责攻防转换，协助前方球员进攻又衔接后方球员防守，这就像企业的老员工与新员工、领导与下属之间要形成合力，为公司创造价值。例如老员工带新员工体系，可以把它纳入绩效考核机制中。

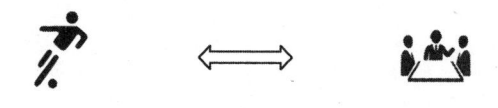

前卫
攻防转换，协助前方球员进攻又衔接后方球员防守

业务开展方法
老员工与新员工、领导与下属，合力为公司创造价值

图 7-20　以足球前卫对比企业业务开展方法

【延伸链接：权力距离指数理论】

企业领导要处理好与下属的关系，形成高效协调的办事节奏。工作过程中难免会发生冲突，但领导与下属的冲突应该尽量往良性、健康的方向发展。因此，处理这种关系需要技巧和智慧。荷兰心理学家吉尔特·霍夫施泰德提出的权力距离指数（Power Distance Index；PDI）理论，对于处理上司与下属的关系有一定的指导意义。该理论表示，PDI 太高，会加大领导的权威性，给下属带来压力，形成下对上的敬畏与服从，形成一堵心理围墙，严重时让下属有事也不敢汇报，生怕出纰漏，也就造成了沟通障碍，会影响到业务的开展和创新的尝试。PDI 向低或平衡的方向发展，就是领导和下属之间趋向一种平等融洽的关系，更像是朋友、战友在一起共事。打破二者之间的沟通隔阂，可使业务更好地开展下去，也有利于营造组织的创新环境，让员工敢于创新与犯错。其实，上司与下属就是管理者与被管理者的关系。正如博恩·崔西所说："管理者与员工在接触或交流时体现出来的这种关系，是决定企业业绩、效能、生产效率、产量与盈利能力的关键性因素。"[①]

三、绩效结果的导向机制（事后）

企业要通过绩效管理促进增长，笔者认为第三步要做好绩效结果的导向

---

① 博恩·崔西. 激励［M］. 赵倩，译. 北京：中国科学技术出版社，2021.

第七章 企业天地人三维生命体：企业组织价值增长

机制，也就是说，企业运营中不能只有目标与过程，一切要以结果为最终的落地点，以此驱动企业增长。

下面用足球队成员的特征来对比分析。

1. 后卫→追踪反馈体系

如图 7-21 所示，足球赛场上的后卫就像企业的追踪反馈体系。后卫主要负责后方的防守，对于企业来说，就是要构建一个不断制定计划、执行、检查、处理的循环过程，这也是一个不断发现问题、改进问题的过程。

后卫
负责后方的防守，
提防对方突破

追踪反馈体系
持续追踪员工的目标达成情况
或者顾客反馈

图 7-21 后卫对比追踪反馈体系

一般来说，员工会重视企业相关人员的检查。所以企业要加强对员工工作的追踪反馈，比如定期开展年度策略研讨会、季度分析会、月度烧烤会、周工作会、日清管理会、总结会、专题学习会、每周分享会、读书会、游学会等，以此追踪员工的目标达成情况及顾客反馈情况等。

2. 前锋→奖惩机制

如图 7-22 所示，足球赛场上的前锋可对照企业的奖惩机制。前锋作为球队的主攻力量，射门次数更多，理应受到奖赏。但前锋也需要在团队的配合下射门得分，不能单凭一人逞强冲锋而不顾团队合作，导致失利。所以，前锋的得分也是团队合作的成绩。这就像企业的奖惩机制，既要注重激励核心主力，又要照顾到团队其他成员。

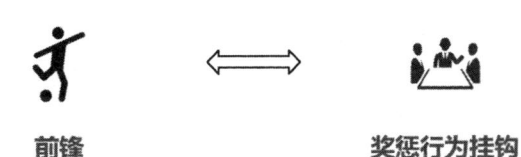

前锋
主攻力量，射门，不能逞强
冲锋而不顾团队

奖惩行为挂钩
奖罚机制，赛马理论

图 7-22 前锋对比奖惩机制

【理论链接：赛马理论】

赛马理论表示，也许大家感觉赛马冠军和亚军几乎一样快，但如果用放大镜去观察，就会发现冠军比亚军仅快一秒或快一步而已（如图7-23所示）。而冠军的报酬是亚军的20倍。因为在势均力敌的情况下，快一秒，要付出诸多辛苦和努力。所以，企业在管理上必须奖惩分明。

赛马冠军和亚军几乎一样快，但如果用放大镜去观察，可能冠军比亚军仅快一秒或快一步而已

图7-23 赛马理论

企业制定奖罚机制，有一个前提，那就是要明确企业"电网"。所谓"电网"，就是最低标准。企业还要形成好的机制，这样即使是"坏人"，也许会变好。德鲁克提出的七个问题对于参与设计绩效考核的人员来说或许更有效果，值得深入思考：①我有哪些长处？②我是如何做事的？③我是如何学习的？④我的价值观是什么？⑤我适合做什么？⑥别人记得你什么？⑦人生的下半场是什么？

四、与绩效挂钩的分配体系实操

企业要通过绩效管理促进增长，笔者认为关键之一是要做好与绩效挂钩的分配体系。

1. 做好分配体系的底层逻辑

企业做好分配体系的逻辑是明确形成价值创造、价值评价与价值分配的闭环循环，如图7-24所示。一是外循环：价值创造→价值分配→价值评价。表示企业构建关键人才分配体系的核心是以价值创造为基础，制定好他们的绩效目标并根据完成情况来分配他们的收益，同时根据每一次的绩效结果，对他们的能力、贡献和潜力进行全面评价，以便更好地了解他们在企业中的价值和作用，促使他们不断改进，助力企业发展。

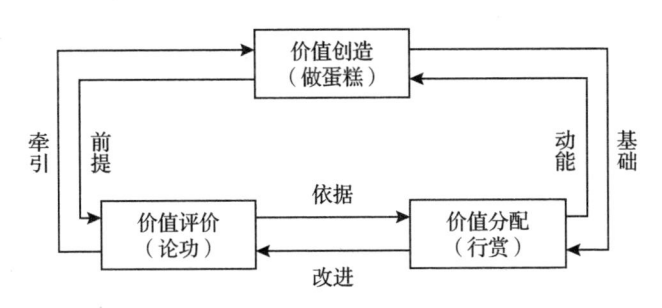

图 7-24　关键人才分配体系的底层逻辑

二是内循环：价值创造→价值评价→价值分配。表示企业要科学合理地设计分配体系，包括薪酬机制、晋升路径、培训与发展等方面，确保关键人才得到应有回报，并激发他们的创造力和积极性，进而推动企业发展和进步。

将上述三个环节有机地结合起来，才能打造一个公平、高效且有活力的关键人才分配体系，可以更好提升企业的业绩和竞争力，并促进企业的可持续发展。

2. 构建分配体系的关键：设计薪酬机制

（1）构建三层全面薪酬结构来进行薪酬分配。全面薪酬结构见表 7-9。例如保密费，有的企业可能没有这个模块。保密费是指企业支付给雇员一部分费用，要求他们不能泄露公司的商业机密，或者离职后的一段时间不能到竞争对手公司上班等。

表 7-9　全面薪酬结构

A1 基本工资	A2 保密费/职业病预防费	A3 司龄工资	A4 全勤奖
B1 绩效工资	B2 个人提成	B3 管理提成	B4 年终奖：超产奖、发红包、年底13薪、分红、期权、股权激励等
C1 补助（餐费/电话费/油费等补助）	C2 补贴（高温/取暖补贴等）	C3 津贴（学历、职称挂钩）	C4 福利（五险一金/二金）

该如何设计薪酬结构呢？可以把员工的薪酬划为三个层次，A 层是一些

比较基础、固定的薪酬；B层是高收益的体现，对应着员工的高技能、高绩效；C层是给员工的一些福利等。

例如销售人员基础的薪酬=A1+A4+B1+B2+C1+C4；带团队的营销经理基础的薪酬=A1+A2+A4+B1+B3+B4+C3+C4。

（2）设计薪酬机制的时候，要与员工绩效挂钩。设计薪酬机制要突出一大目标，遵循两大原则。

一大目标：把钱投在员工身上，帮助他们创富。企业不能简单地把员工的薪水理解为成本，要清楚人才是企业的第一产品，要从企业是否能够营造出良好的公司氛围、企业文化、公平考核机制等角度，衡量人才是否能够促进企业做大做强。

两大原则：四六原则+明确原则。所谓的四六原则，就是薪资的40%是"现在时"，60%是"将来时"，40%的薪资要立即给员工，保障其生活，60%的薪资要激励他为公司奋斗。所谓的明确原则，则是要明确目标和结果导向，对于人才要采取优胜劣汰的考评方式，并明确利益分配与核算方法，避免造成麻烦。

3. 实操案例：CEO的薪酬如何与绩效挂钩

企业发展成集团型公司时，可能会拥有很多分/子公司，需要分配高管到这些分支公司担任CEO。这部分处于企业顶层位置的CEO，本质上也需要遵循绩效管理机制来分配薪酬。一般来说，我们可以把CEO的绩效模块命名为效益工资，即为企业创造收入与利润所能分到的收入。为了更好地理解如何设计CEO的薪酬分配机制，我们模拟了一组分配方案，假设这名CEO年薪为60万元，我们把这份工资按四六原则，划分为40%固定工资+60%效益工资（如图7-25所示）。

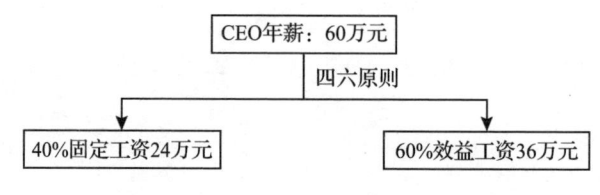

```
         CEO年薪：60万元
                │
              四六原则
          ┌─────┴─────┐
   40%固定工资24万元   60%效益工资36万元
```

图7-25　CEO年薪制按四六原则分配

如图7-26所示，先按年销售目标计算比例，假设去年该公司产生了500

万元利润，今年目标定下 1500 万元，目标提高了 1000 万元。因为要发给这名 CEO 的效益工资是 36 万元，所以效益工资占年销售目标的比例为 3.6%（36 万 ÷ 1000 万）。

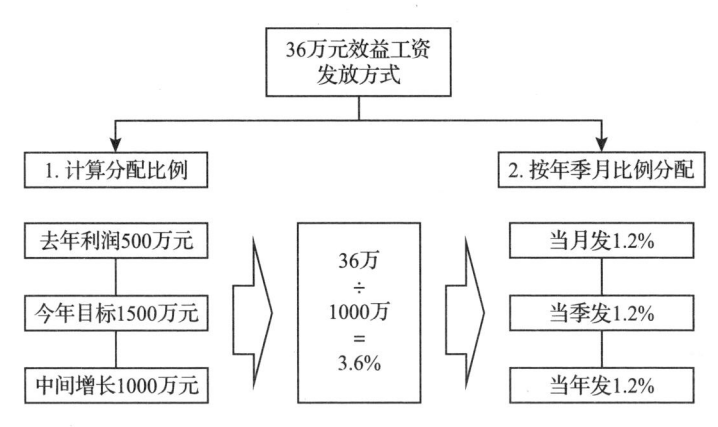

图 7-26　CEO 的 60% 效益工资发放方式

得出了这个比例后，就要按阶段发放，即 3.6% 是作为今年的效益工资，要按照当月 1.2%+ 当季 1.2%+ 当年 1.2% 来发放。

如图 7-27 所示，24 万元固定工资同样按照四六原则划分，分为 40% 保障型工资（9.6 万元），60% 绩效型工资（14.4 万元）。

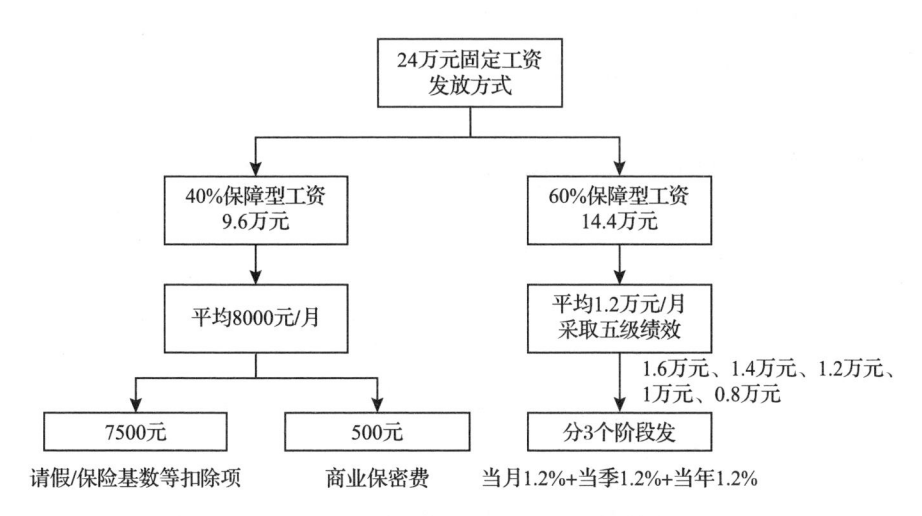

图 7-27　CEO 的 40% 固定工资发放方式

40% 的保障型工资，平均每个月是 8000 元，其中抽出 500 元作为商业保密费，剩下的 7500 元作为请假、保险基数等的扣除项。

60% 的绩效型工资，平均每个月是 1.2 万元，划分为五级绩效，分别为 1.6 万元、1.4 万元、1.2 万元、1 万元、0.8 万元，根据绩效考核情况来发放，同时也按照三阶段来发放（按 3.6%），即当月 + 当季 + 当年各发 1.2%。

第三节 企业以股权设计促进增长
（"二生三"：体制、机制与实操）

有的企业在构建人才体系时候，非常讲究情怀，这固然没错，但是要让企业快速且稳定地发展，还要明确各人的责权利，这就涉及本节分析的企业股权设计。

因为企业做好内功与外功的措施，需要落实到组织人才身上，企业有了人才之后，还要做好股权设计来激励人才，进而驱动增长。企业股权设计中的"二生三"表现为："二"代表企业的内功与外功，"三"代表生出了企业股权设计增长的三个层面，即股权设计的责权利机制、运行机制与实操。

一、股权设计的责权利机制

企业要通过股权设计促进增长，笔者认为首先要制定股权设计的责权利机制，规范激励组织人才的积极性和创新性，来促进企业增长。

1. 股权设计的责权利机制的三种结构（以车道规划对比）

企业的股权设计不是一蹴而就的，而是要根据企业的不同发展情况来落地执行。所以企业在制定股权设计的责权利机制的时候，必须明确自身要施行哪种股权设计架构。

下面用交通指引方式来对比分析。

如图 7-28 所示，车道规划一般分为单向道、双向道和十字路口，对应着股权设计常见的三种结构：一元股权架构、二元股权架构、4×4 股权架构。

（1）单向道→一元股权架构。单向道只允许向一个方向行驶，如果有车子逆行，会造成拥堵。这就如同企业一元股权架构，相当于同股同权，这会使得决策权与财产权之间界限模糊，未来有可能导致丧失控制权。

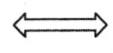

第七章 企业天地人三维生命体：企业组织价值增长

车道规划
1. 单向道
2. 双向道
3. 十字路口

股权设计的结构
1. 一元股权架构
2. 二元股权架构
3. 4×4股权结构

图 7-28　以车道规划对比股权设计的不同结构

（2）双向道→二元股权架构。双向道就是由两个相反方向的行车道构成的道路，用中间的线划分界限。这如同二元股权架构，股东出资与权利之间不是等比例的安排，在这种架构下，可以实现同股不同权。

（3）十字路口→4×4股权结构。十字路口可以同时让四个方向的人与车按秩序通行，大大提高了道路的通达性。这如同4×4股权结构，在二元结构的基础上，将企业股东分为创始人、联合创始人、核心员工和投资者，并分别进行合理的责权利安排，4×4股权结构不是简单的乘法叠加，而是4个类型的角色相互作用，即维护创始人的控制权、凝聚联合创始人的团队战斗力、用财富分享调动核心员工的积极性，以及不断吸引投资者的加入等，不断驱动企业发展。

2. 股权设计的责权利机制的四个角色（以交通载体对比）

为了更好地理解股权设计的责权利机制的四个角色，我们用加油站、汽车、道路和交通信号灯等交通载体来比拟分析创始人、联合创始人、核心员工和投资者在股权设计中的本质诉求，如图7-29所示。

交通的四大组成部分
1. 加油站（续航的枢纽点）
2. 汽车（加满油后行驶）
3. 道路网（四通八达便捷行驶）
4. 交通信号灯（有效指引直行或转弯）

股权设计的四个角色
1. 创始人（控制权）
2. 联合创始人（话语权）
3. 核心员工（预留期权池）
4. 投资者（资本优先权）

图 7-29　交通的四大组成部分比拟股权设计的四个角色

（1）加油站（续航的枢纽点）→创始人（控制权）。加油站建设在道路的枢纽点上，为汽车续航，决定了汽车能持续走多远，这就像股权设计中的创始人，其核心诉求是控制权。例如谷歌的 AB 股模式，创始人等核心团队持有 B 类股票，1 股 B 类股票的表决权相当于 10 股 A 类股票的表决权，后来谷歌又增发了没有投票权的 C 类股票。这样一来，就算总股本变大或者创始人减持股票，也不至于丧失对公司的控制权。

（2）汽车（加满油后行驶）→联合创始人（话语权）。汽车在加油站加满油后，在一定范围与时间内可以在路上不断行驶，这就像股权设计中的联合创始人，其核心诉求是话语权。企业在进行股权设计时，要拿出一部分股权分配给联合创始人，两个关键考察指标是他们的贡献程度与市场对他们的认可程度。例如，要根据他们的投资、创意、执行情况、职位、是否全职等情况对他们增加不同程度的股权。

（3）道路网（四通八达便捷行驶）→核心员工（预留期权池）。快速便捷的道路网，需要建设好分岔口并搭配好一系列的交通标线，来指引车辆转入另一条线来行驶。这就像股权设计中的核心员工，关键在于预留期权池，对于优秀的核心员工，要把股权预留出来，等到了一定阶段的时候分配给他们。

（4）交通信号灯（有效指引直行或转弯）→投资者（资本优先权）。交通信号灯前，靠前的车辆优先选择快速直行或转弯，这就像股权设计中的投资者，其核心诉求是资本优先权。企业要给予投资人合理的快速进入与退出的预留股份，以更好地加快企业的发展，最理想的退出方式是实现 IPO。

3. 股权设计的责权利机制的四项明确

如图 7-30 所示，在股权设计的责权利机制中，需要明确权力、责任、利益与荣誉，调动员工的积极性，让员工发挥最大价值，来支撑和保障企业增长。

如何明确责任？一是要设计好一张绩效考核表，二是要签订好目标责任书，三是要加强检查督促。

如何明确权力？这就要经营好各种授权体系，如领导层的决策权、经营权等，不能超越、滥用职权。

如何明确利益？可以把公司的利益分配角色分为创始人、联合创始人、核心员工和投资者，针对这四个角色的核心诉求来进行股权设计。

如何明确荣誉？人才晋升体系＋精神激励机制双管齐下，打造公司与人才共赢的局面。

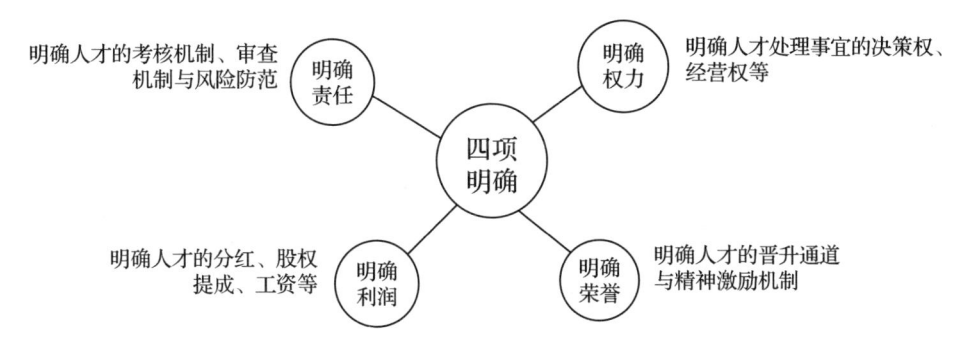

第七章 企业天地人三维生命体：企业组织价值增长

明确人才的考核机制、审查机制与风险防范 —— 明确责任

明确权力 —— 明确人才处理事宜的决策权、经营权等

四项明确

明确人才的分红、股权提成、工资等 —— 明确利润

明确荣誉 —— 明确人才的晋升通道与精神激励机制

图 7-30 责权利机制的四项明确

二、股权设计的运行机制

企业要通过股权设计促进企业增长，笔者认为还要做好股权设计的运行机制，规范激励组织人才的积极性和创新性，促进企业增长。

股权设计的运行机制包括股权设计的模型、股权融资与股权转让、退出机制等。下面对比道路时速限制、交通信号灯、车辆驶出高速路口的方式等进行形象分析。

1. 股权设计的运作机制的三大模型（以道路时速限制对比）

下面用不同道路的时速限制对比分析股权设计运行机制的三大模型。

（1）如图 7-31 所示，车辆行驶在市中心的道路上，一般时速限制在 40~60km/h，遇上高峰地段容易拥堵。这就像企业的绝对控股模型，公司创始人的股权占比在 51% 以上，对公司的战略、商业模式等有绝对的控制权。

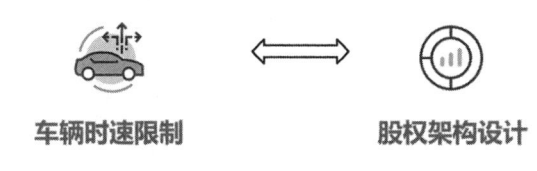

车辆时速限制 ⟷ **股权架构设计**

市中心的道路：40~60km/h　　　绝对控股模型
城市快速路：80km/h　　　　　　相对控股模型
高速路：120km/h　　　　　　　　不控股模型

图 7-31 车辆时速限制对比股权架构设计

（2）车辆行驶在城市快速路上，一般时速限制在 80km/h，车辆可以快速地连续通行，提高交通效率。这就像企业的相对控股模型，创始人的股权占比在 33% 以上，他们可以决策大多数的企业决议。创始人控股过高或过低都

279

不太合理，要保持一种相对的平衡。例如创始人相对控股和很多中小股东参股，股权结构可以是45%+55%（其他中小股东合计）。

（3）车辆行驶在高速路，一般时速限制在120km/h，比较平稳。这就像企业的不控股模型，股东的股权分配比较分散，每个股东的股权都不会超过34%，不能单个股东独断专行，这种模式一般适用于成熟运行的企业，但团队缺少主心骨，一旦遇到重大困难，管理层难以快速拍板决策，容易拖慢发展节奏。

2. 股权设计的运作机制的股权融资与股权转让（以交通信号灯对比）

股权融资与股权转让是企业发展的常见路径。为了更好地理解，我们用十字路口的交通信号灯决定车辆的通行、停止，对照分析股权设计运行机制中的股权融资与股权转让方式。如图7-32所示，红灯停，对应取缔非法集资；绿灯行，对应符合法律层面的股权融资。

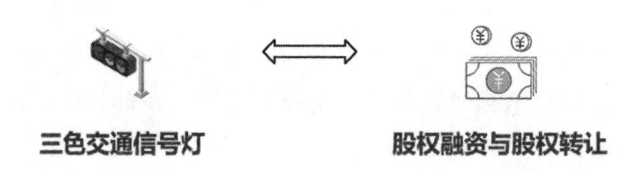

三色交通信号灯	股权融资与股权转让
红灯停绿灯行 绿灯转黄灯，已越线可继续通行	非法集资与股权融资 合理的股权转让方式

图7-32　三色交通信号灯对比成股权融资与股权转让

同时，私募股权投资要警惕承诺回报高、回本快或者搞"庞氏骗局"的涉嫌非法集资的情况。就如交通信号灯的黄灯起到提醒警示作用，在绿灯转成黄灯时，已越过停止线的车辆可继续通行，同理，企业在进行股权转让时可采取股权转让方式（见表7-10）。

表7-10　股权转让的两种方式

A 投资200万元成立了一家公司，持股100%。
3年后，A要把100%的股权转让给B，此时的公司净资产280万元，账面未分配利润为80万元。

方式	缴纳个人所得税（税率为20%）
直接转让	转让前A：（280–200）×20%=16万元 转让后B：80×20%=16万元
先利润分配后股权转让	转让前直接利润80×20%=16万元，税费减半

假如A投资了200万元成立了一家有专利的科技公司（持股100%），3年后，B认为该公司有发展潜力，双方达成协议，A要把100%的股权转让给B，此时公司的净资产为280万元，账面未分配利润为80万元。如果采取直接转让的方式，A和B加起来的税收为32万元。如果采取"先利润分配后股权转让"的方式，能达到效益最大化。也就是说，A先按照80万元的股利缴纳个人所得税，即80万元×20%=16万元，再按照200万元转让股权给B。这样双方合计的个人所得税直接减少一半。

3. **股权设计的运作机制的退出机制（以车辆驶出高速路口对比）**

企业合伙人的退出也是一种合理的流动过程，但退出也要遵循一套合理的机制。为了便于理解，下面用车辆驶出高速路口的选择，来对比分析股权设计运行机制中的合伙人股权退出机制的三种形式。

（1）如图7-33所示，车辆正常缴费下高速，就像企业与合伙人提前约定退出，企业在不同阶段更新团队人才，为组织输入新鲜血液，有利于增强企业的活力。

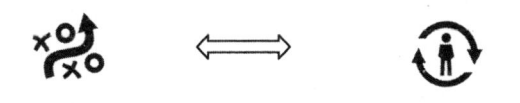

汽车下高速	合伙人股权退出机制
正常缴费下高速	提前约定退出
中途走错路下高速	中途退出
故意蹭其他车辆ETC出去	违规退出

图7-33 以车辆下高速对比合伙人股权退出机制

（2）有的车辆中途发现自己走错路，选择在最近的高速路口出去再找路，这就像企业合伙人中途退出，企业要根据企业的估值，以合理溢价回购退出者的股权。

（3）还有的车辆在下高速时会故意"蹭"其他车辆的ETC出去，这就像企业合伙人违规退出，企业要设定好违约条款来避免这种情况。

三、股权设计的实操

企业要通过股权设计促进增长，笔者认为企业还要做好股权设计的实操，规范激励组织人才的积极性和创新性，促进企业增长。因为企业做好股权架构设计的实操要点，一方面可以增强团队稳定性、防止企业内斗等；另一方面，也可以让市场看到企业的未来成长性。

下面我们用车辆超车、车辆限行、车辆到达目的地等，结合具体案例，对比分析企业股权设计的实操要点。

1. 如何做好上市前后的控制权（以车辆超车方式对比）

如图7-34所示，车辆超车时要走左边的超车道，判断好前后的车距才能安全变道超车，这就像企业上市前与上市后要合理控制好股权分配比例，既要通过股权分配吸引更多融资，又不能丢失对公司的控制权。

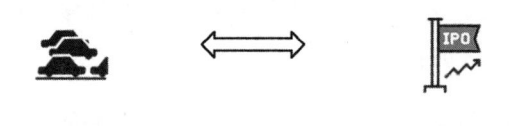

车辆超车　　　　　　上市前后的控制权

走左边的超车道　　　　上市前后要合理控制好
判断好前后距离　　　　股权比例分配，把握好控制权

图7-34　以车辆超车对比企业上市前后的控制权

阿里巴巴上市前后的股权结构见表7-11。从表中可看出，马云的股权占比降到个位数，虽然软银和雅虎都是阿里巴巴的大股东，但我们知道马云拥有对公司的绝对控制权。为什么呢？因为阿里巴巴所采取的合伙人制度有两大创新之处。

表7-11　阿里巴巴股权结构变迁

时间	股权占比
1999—2004年	马云及其团队47%；软银20%；富达投资18%；剩余股东15%
2005年	马云及其管理层：31.7%；软银29.3%；雅虎39%
2013年	马云7.4%；软银31.9%；雅虎24%；管理层和其他36.7%
2014年	马云8.9%；软银34.3%；雅虎22.6%；管理层和其他33.1%

一是掌控提名权。阿里巴巴的董事由合伙人来提名，而不是由投资股份占比高的人提名，合伙人团队大多数是马云的团队，这就使马云掌控了提名董事的权力。

二是掌控任命权。阿里巴巴的合伙人只有提名权没有任命权,合伙人的提名还需要董事会来投票决议,而阿里巴巴的合伙人本身就有一部分是董事会成员,这又让马云掌控了董事会投票的控制权。

实际上,阿里巴巴的合伙人拥有公司的最大控制权,而企业需要有一个大家都认可的人来带领企业成长,马云所具备的能力得到了合伙人团队的认可,自然就成了企业的灵魂人物。

2. 如何避免夫妻股东法律风险(以车辆限行对比)

在有些城市,车辆上路行驶还要考虑限行政策,这就像夫妻股东掌握企业控制权时要注意法律风险。当企业壮大时,夫妻间的争吵,甚至离婚就有可能对企业的发展带来严重影响。因此,夫妻创业的时候,在前期就需要约定好哪一方的控制权更大,避免日后影响公司发展。

【案例链接:当当网的股权分配】

如表7-12所示,当当网的股权分配,一开始是李国庆和俞渝五五平分。2010年当当网在美国上市,李国庆持股27%,俞渝仅持股5%,李国庆掌握着公司的控制权。2016年,当当网从美国退市,双方合计持股93.17%,两人约定对半平分,每人拿到46%左右的股权;后续俞渝提议将各自的一半股权分配给他们的儿子,双方各自所持股权变成27%左右。

表7-12 当当网的股权分配历程

阶段	股权比例	说明
1999年创业	李国庆和俞渝五五平分	/
2010年美国上市	李国庆持股27%,俞渝仅持股5%	李国庆掌握公司控制权
2016年退市后	李国庆和俞渝合计持股93.17%,平分后每人持股46%左右	/
后续演变1	李国庆持股27%,俞渝持股27%	俞渝提议将各自的一半股权分配给他们的儿子
后续演变2	李国庆持股27%左右,俞渝持股64.5%	海航收购当当网,俞渝代持儿子的股份

再到后来海航科技收购了当当网,俞渝代持儿子的股份,此时的股权结

构为，李国庆持股27%左右，俞渝持股64.5%，李国庆已不具备修改公司章程、担任董事长等的资格了。最终的结果是李国庆失去了对当当网的控制权，俞渝成了大股东。在这一连串事件的影响下，当当网也错失了当时亚马逊、百度等投资者抛出的橄榄枝。

3. 如何做好并购退出（以车辆到达目的地的方式对比）

下面用车辆到达目的地方式对比分析企业的并购退出方式，如图7-35所示。

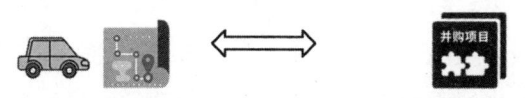

车辆到达目的地
组成一组车队，引领到达
通过导航软件指引到达

并购退出方式
弘毅模式（上下游垂直链整合）
新桥模式（让行家牵引企业发展）

图7-35 以车辆到达目的地的方式比拟并购退出方式

第一种方式：不同的车辆约定组成一组车队，让熟悉路线的那辆车在前面引导后面的车一起到达目的地。这就像并购退出的弘毅模式（上下游垂直链整合），指某企业收购行业中的上下游企业，成为上下游垂直链条的整合者，以此来发展壮大，为上市夯实基础。

第二种方式：车辆通过导航软件的协助来到达目的地。这就像并购退出的新桥模式（让行家引领企业发展），即企业引进不同水平的其他企业，双方通过收购、专业技术赋能等方式，增强整体规模、提高企业的盈利水平和抗风险能力等，以更好地为企业带来增长。

4. 如何做出合理的股权分配方案

（1）避免不合理的股权分配方案。企业在做股权架构设计时要避免一些不合理的股权分配方案：①避免均等划分股权。②做股权分配要避免短期行为，如一股脑拍板行为。有的老板可能一时兴起，一下子给别人几个点的实股，等到上市审计的时候，要稀释股份时就可能引起合伙人的不满了。一家企业的合伙人，可能包括三类：出钱出力的人、出钱不出力的人和出力不出钱的人。

- 仅出钱的人，只为公司输出资金。对于这部分人，不能给予他们额外的工资和提成。
- 出力不出钱的人，可能就是在管理、技术、资源、战略等模块上有所作为的人。对于这部分人，要给予他们与其工作贡献匹配的薪资与提成。
- 出钱又出力的人，就是在出资的基础上，再输出另外一部分能力的人才。对于这部分人，也要给予他们与其工作贡献匹配的薪资与提成。

如表7-13所示，A、B、C三个人要合伙开一家科技公司，总股本为500万元，资金股占比60%，人力股占比40%（管理10%、技术10%、资源10%、战略10%）。

表7-13 合伙人资金股+人力股的分配计算

合伙人资金股+人力股的分配计算

总股本为500万元
资金股占比60%，人力股占比40%（管理10%、技术10%、资源10%、战略10%）

角色定位	负责内容	股权比例	总股本
A：出钱不出力	出资300万元	资金股：36% 人力股：0%	36%
B：出力不出钱	管理+技术+资源	资金股为0% 人力股为30%	30%
C：出力又出钱	出资200万元+资源	资金股为24% 人力股为10%	34%

例如A出钱不出力，投入300万元，那他的资金股为36%（300万÷500万×60%=36%），人力股为0，总股本为36%。如此类推，B出力不出钱，总股本为30%。C出力又出钱，总股本为34%。企业通过这种方式来分配股份可以体现出公平与效率。

（2）合理分配股东人数。有的企业因为前期没做好控制权的分配，后期发展壮大时，反而会制约自身持续发展。企业在规划之初，就要布局股东类型和人数。具体规划可参考表7-14。比如创始股东数量最好不超过7个人且是单数，这样能够避免决议时"谁也不服谁"或者"拍拍脑袋就决策"等问题。

表 7-14 股东人数如何分配

股东类型	人数
创始股东	不超过 7 个人，且单数便于决策
资源型股东	不要超过股东总数的 5%
核心员工股东	不超过 10%
投资型股东	不超过 10%

注：发起人控股要达到 51% 以上，保持相对独立的控制权，分配股权的时候可以选择代持的方式。

【案例链接：真功夫品牌的股权分配】

真功夫品牌的股权分配可分三个阶段，见表 7-15。

表 7-15 真功夫的股权分配历程

阶段	股权比例	说明
第一阶段（1994 年）	蔡达标 25%，潘敏峰 25%，潘宇海 50%	最开始的店面是潘宇海提供，三方各自投资 4 万元
第二阶段（2006 年）	蔡达标 50%，潘宇海 50%	蔡达标引入中式快餐标准化业务模式，企业得以快速发展
第三阶段（2007 年）	蔡达标 47%，潘宇海 47% 今日资本 3%，中山联动资本 3%	资本方更加倾向支持蔡达标

第一阶段：真功夫品牌是由蔡达标和潘敏峰夫妇联合潘宇海创办的，最开始是潘宇海开的甜品店改成了快餐店，三方各自投资了 4 万元。这阶段的股权分配是蔡达标负责收银，股权占比 25%；潘敏峰负责店面扩张，股权占比 25%；潘宇海负责企业管理，股权占比 50%。

第二阶段：蔡达标受到麦当劳流程化管理的启发，为真功夫品牌引入了中式快餐流程化、标准化的业务模式，促使了店面快速扩张。蔡达标在公司的影响力越来越大，公司的话语权转移到蔡达标手上。到了 2006 年，蔡达标、潘敏峰夫妇离婚，潘敏峰 25% 的股权转移给蔡达标，此时的股权分配是蔡达标和潘宇海各占 50%。

第三阶段：2007 年，真功夫品牌的商业模式得到了今日资本和中山联动资本等股权投资基金的青睐，其对真功夫投资了 1.5 亿元。经过调整后，此时的股权分配是蔡达标占 47%，潘宇海占 47%，今日资本占 3%，中山联动资本占 3%。因为蔡达标和潘宇海的股权都没超过 50%，没有一个决策拍板人，但因为投资方更加看重蔡达标，所以在股东会、董事会上，资本方更加倾向支持蔡达标。再到后来，蔡达标与潘宇海之间的矛盾恶化，蔡达标为了在股权方面占优，秘密挪用公款收购中山联动资本 3% 的股权。潘宇海便把蔡达标告上法庭，最终蔡达标因职务侵占罪和挪用资金罪锒铛入狱。

几番家族内斗之后，真功夫的发展受到冲击，导致后来的 IPO 折戟。此外，李小龙形象的商标纠纷，加上 3 年新冠疫情冲击，关闭门店的数量也增多了，真功夫的市场地位下滑，翻盘的难度更大了。

从真功夫品牌的股权分配案例可以看出，如果股权架构设计上出现问题，再好的项目、产品，或者已经受到了资本青睐的企业，最终也很大程度上会在某一导火索上爆发冲突，进而走向平庸，乃至以失败告终。

第四节　企业以股权激励促进增长（"二生三"：吸引、稳定、激励人才）

企业股权设计与股权激励机制是密不可分的，二者相辅相成，共同促进企业增长。因此，本节将详细分析企业股权激励。

因为企业做好内功与外功的措施，要落实到组织人才身上。企业有了人才，还需要用股权激励机制作为企业增长的后盾。企业股权激励中的"二生三"表现为："二"代表企业的内功与外功，"三"代表生出了企业股权激励的三个层面，即如何吸引、稳定、激励人才。正如《企业价值链管理》一书写道："能使员工渴望做出更好业绩的是激励，而不是控制！"[①]

一、企业股权激励的三种武器

笔者认为企业考虑用股权激励方式吸引人才时，可以用到股权激励的三种武器。

武器 1：根据不同场景采取不同的股权激励组合（见表 7-16）。

---

① 傅雄，金桂生. 企业价值链管理：制造型企业如何创造期望的效率、质量、成本与价值 [M]. 杭州：浙江工商大学出版社，2020.

表 7-16 不同场景适用的股权激励武器

激励方式	使用说明
1. 期权激励	用现在的"小钱"买股权，努力奋斗让公司值钱，也就让这部分股权越值钱
2. 持股平台激励	公司成立一家持股平台，让激励对象当有限合伙人，有明确的要求、约束，让激励对象产生信任感和拿到分红权益
3. 增值权激励	拿公司增值的部分，设计激励方案
4. 延期支付	激励对象按照公司发起激励当天的股价购买股份，公司达到一定程度，再买回当时的股权，当中的溢价让激励对象获益

武器 2：不同类型的公司采取不同的股权激励组合（见表 7-17）。

表 7-17 不同公司所适用的股权激励方案（参考）

公司类型	激励方式
1. 餐饮、贸易公司	分红、干股：能在短期内产生高利润
2. 传统民营制造业	期权：低风险、低收益
3. 高科技企业	期权转实股、限制性股票：高科技人才依赖，未来产生的价值更大，用期权锁定人才在一定周期内产生价值，对公司更加有利
4. 马上要上市的企业	实股：上市公司需要股权清晰
5. 连锁型门店	店长实股+店员虚股：达成业绩目标内分一部分利润，达成业绩目标外的增值部分再分一部分
备注	资金密集型企业、劳动密集型企业、资源垄断行业，要看自身发展情况和行业前景来决定是否使用股权激励

武器 3：根据企业的不同发展阶段采取不同的股权激励组合（见表 7-18）。

表 7-18 不同发展阶段的公司所适用的股权激励方案（参考）

阶段	激励方式	适合情况
初创期	在职分红股	针对初创企业需要的关键人才
成长期	期股、虚拟股权激励	面向核心高管、中高层管理人员
成熟期	实股	公司规模较大，继续进入资本市场
衰退期	现金激励和内部创投孵化模式	公司希望寻求新的发展

二、稳定人才的股权激励要避开四大雷区

企业要通过股权激励促进增长，笔者认为企业必须注意避开股权激励的四大雷区。

1. 雷区1：股权激励下的短期行为

企业的股权激励不是短期行为，而是一个长期且正面的过程，要对企业产生良性的促动作用。这里借用古代的山西票号（相当于现在的银行业务）来说明。那时候很多山西人都争相加入这个行当中来获得分红。加入这一行不容易，山西票号只招有诚信的人，例如十四五岁的学徒可能前三年只做杂工，没有工资，而且还要经过七年以上的严格训练，考试合格者才能获得分红资格（如图7-36所示）。

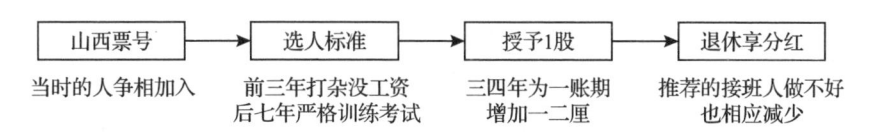

```
┌─────────┐   ┌─────────┐   ┌─────────┐   ┌─────────────┐
│ 山西票号 │──▶│ 选人标准 │──▶│ 授予1股  │──▶│  退休享分红  │
└─────────┘   └─────────┘   └─────────┘   └─────────────┘
当时的人争相加入  前三年打杂没工资  三四年为一账期   推荐的接班人做不好
              后七年严格训练考试  增加一二厘       也相应减少
```

图7-36 古代山西票号的股权激励

之后，为了防止受到激励的伙计出现短期行为，山西票号还允许掌柜退休后也享受分红，但如果这个掌柜推荐的接班人做得不好，他的分红也要相应减少。最后，山西票号会根据能力与业绩授予这部分人一股（约十厘），每三四年为一账期，增加一二厘。拿到三厘的人大概可以分到1000~1700两银子，这笔财富在当时可以买到十多座四合院。在这种长期的股权激励机制下，山西票号自上而下的掌柜、伙计无一不殚精竭虑。

2. 雷区2：干股、身股、银股区分不清

企业该如何选择合适的股权激励类型呢？我们首先要搞清楚不同类型的股权激励的概念，然后更好地应用到企业当中，比如什么是干股、身股、银股等。

下面借用某个公司承接一个大型工程项目的案例区分干股、身股、银股。如图7-37所示，公司与有资源能力的A先生谈妥，事成之后给他5%的股份，但A先生不是公司的在职员工，也不用出钱，要有资源匹配项目实施，才能享分红，这种股权就属于干股。

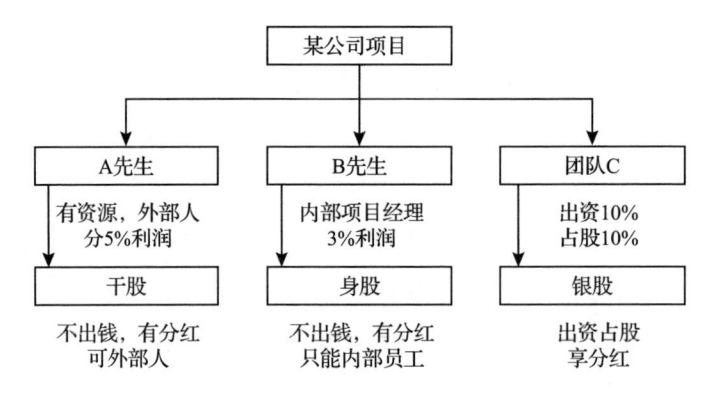

```
                    某公司项目
         ┌─────────────┼─────────────┐
       A先生          B先生          团队C
    有资源,外部人   内部项目经理    出资10%
    分5%利润       3%利润         占股10%
       ↓             ↓             ↓
       干股          身股          银股
    不出钱,有分红  不出钱,有分红  出资占股
    可外部人       只能内部员工    享分红
```

图 7-37　区分干股、身股、银股

公司又与内部的项目经理 B 先生谈妥，给他 3% 的项目奖励。B 先生的股份属于身股（也叫技术股/在职股份），只针对内部员工，通俗来说就是要员工身体力行，以身入股，才享有分红权，即人在股在，人走股没。

为了让员工如期完成项目，公司授予这个项目的团队 C 出资占股 10%，等项目完工后拿 10% 的利润来分给团队成员。团队 C 的成员的股份属于银股，因为他们出资占股享权益。

3. 雷区 3：虚拟股的分红权、增值权含混不清

（1）如何正确理解虚拟股的分红权、增值权？下面简要说明虚拟股的分红权和增值权怎么界定。假设某科技公司根据某员工 2022 年的表现，授予他 45 万股虚拟股，从 2023 年开始每年分批给 15 万股虚拟股。2023 年股价为 1 元/股，虚拟股为 15 万股，表现达标分红 2 万元。2024 年股价上涨到 1.5 元/股，这部分虚拟股就涨到了 22.5 万元，表现达标又分红 5 万元。2025 年股价上涨到 2 元/股，虚拟股就变成了 30 万元（见表 7-19）。

表 7-19　某科技公司的虚拟股模式

某科技公司的虚拟股模式（假设授予某员工 45 万虚拟股）				
2022 年	2023 年	2024 年	2025 年	2026 年
考核期	给 15 万虚拟股	给 15 万虚拟股	给 15 万虚拟股	/
增值权	1 元/股，15 万元	1.5 元/股，变 22.5 万元	2 元/股，变 30 万元	/
分红权	表现好分红 2 万元	表现好分红 5 万元	/	

其中的增值权就是给员工的 15 万元 +22.5 万元 +30 万元 =67.5 万元，再

扣掉过程中员工自己投入进去的45万元，即22.5万元。

分红权则是2万元+5万元=7万元。员工一共赚得22.5万元+7万元=29.5万元。

（2）实施虚拟股的过程。实际上，虚拟股就是公司虚拟出一个股权池，让激励对象享有分红权。根据业绩等指标产生进出的差价，激励对象还能享有增值权。虽然公司可以无偿赠予虚拟股，但这部分享有虚拟股的激励对象，是没有表决权也不能转让虚拟股的人，而且人走股留（如图7-38所示）。实施虚拟股的过程中，有两个雷区需要重视：一是要明确区分清楚给激励对象的这部分收益是提成、年终奖还是分红。二是老板与激励对象要达成共识，比如虚拟股是用毛利来计算（毛利=收入－成本－管理费用），这当中的收入是截至什么时间，成本是否包括摊销折旧等间接成本，双方要在法律文件中明确做出规定，避免股权激励过程中的分红权、增值权含混不清，影响员工的士气。

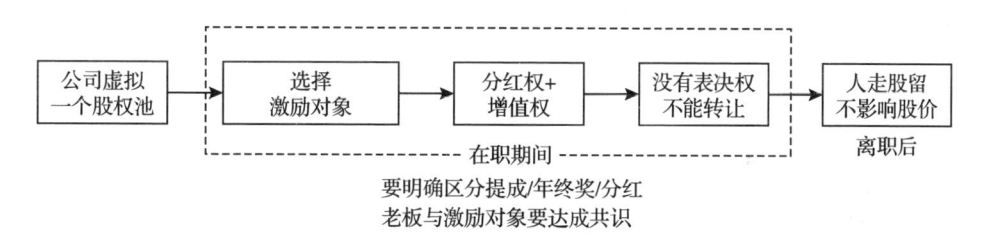

图7-38　公司实施虚拟股的简约流程

4. 雷区4：企业不顾实际情况盲目组合使用股权激励

企业要根据实际情况来组合使用不同类型的股权激励，具体的特点与适用人群见表7-20。

表7-20　常见的股权激励类型

类型	特点	适用人群
干股	不出资，享分红权，可随时收回	普通员工
身股	不出资，有技术，享分红权	内部员工/外部员工
银股	出资占股	内部员工
虚拟股	要出资，只享分红权，离职时股权要收回	核心员工（管理层）
期股	要出资，享受分红权、增值权，约定期限收回	投资者

续表

类型	特点	适用人群
期权	出资行权，享受注册股权利	中层员工
注册股	出资，享有分红权、增值权、投票权	创始人和投资者

有的企业通过股权激励吸引人才的时候，只想到用实股，想给又不敢给。实际上，企业在做股权激励时，不建议一步到位地授予实股，过程中还可以结合分红、干股、虚拟股转实股、期权转实股、期股转实股等方式来实施。

例如，积累期股分红是否遥遥无期？期股的操作程序简单，激励对象达成目标就可以把这部分股票增值作为奖金发给他们；如果没达成目标可以放弃行权，股权增值的收益就不用发给他们。如果他们要把期股变成实股，就要长期努力把企业经营好，再根据后续发展情况来进一步设计。

三、构建稳定人才的股权激励机制的五个步骤

企业要通过股权激励促进增长，笔者认为企业还必须做好构建股权激励机制的五个步骤。

企业将自身的组织架构、各部门的岗位职责、各岗位的绩效目标等模块梳理清楚后，再从进入到调整，再到退出机制整体规划，合理地做好股权激励方案，具体步骤见表7-21。

表7-21 构建股权激励方案五步骤

步骤	操作
选人	选择需要激励的人才
设计类型	设计好给这部分人哪种类型的股权
设计价格	进入时的股价和出去的激励股价，要合理平衡
确定数量	激励股票的总量设定和不同人的分配方案
设计机制	激励对象的进入机制、退出机制与调整机制

（1）选择激励人才的时候，切记不能把这些股权激励做成福利无偿赠给这些对象。

（2）如何设计股权激励类型？股权激励不能一下子全给，可设定一个等

待期来考察激励对象。

方式 1：针对某些想一次性拿到全部股权的人，可采取一次性等待期的方式，一般是 3 年起授予。

方式 2：分批等待期的方式，分 4 年授予，逐年增加股权。

方式 3：按照业绩等待期的方式，在既定时间内完成业绩目标即可拿到激励股权，时间长短根据企业的设计标准。

（3）如何设计价格？股票定价有几个关键因素要考虑好：一是根据公司的发展阶段来定价格，比如成熟的企业可以按照净资产来定。二是在企业鼓励员工出资的情况下，其定价原则可根据员工的收入水平来定，但又不能估价过低。

（4）如何设计员工股权激励数量？传统企业一般总量是 10%~20%，高新企业总量可增加至 30%~40%，要循序渐进地把股权分出去。

（5）如何设计股权激励机制？例如进入与退出机制，可以先给合伙人分红权，具体就是这部分合伙人，可以按照公司估值来认购 1%~3% 的公司股份，2 年内不允许退出，2 年后退出的话只退款一半，4 年后退出只退款七成等。这部分合伙人不享有表决权也不做工商等级变更。如果他想要未来的股权溢价，定好周期来考核他的达标情况，再转成实股。

四、激励人才的股权激励的两个机制

企业要通过股权激励促进企业增长，笔者认为企业激励人才时需要做好股权激励的两大机制。

1. 机制 1：限制性股票

我们以健身过程中的行为改变对比限制性股票。健身过程中的锻炼频率、饮食习惯等可能要发生一定的改变，就像限制性股票要根据人员、来源、数量、价格和时间等指标赋予员工股权激励。

限制性股票主要分为两种：一种是折扣购股型模式，是指公司根据被激励员工确定的业绩目标，达成目标后以低于二级市场的价格来授予他们一定份额的公司股票。另一种是业绩奖励型模式，是指激励员工满足业绩条件后，公司从超额的利润部分或者净利润中抽取一定比例作为激励基金，授予被激励员工一定份额的公司股票。总的来说，限制性股票的关键在于业绩目标的条件、授予价格的权衡以及限制权利的设定等。

2. 机制2:"135"循序渐进式的股权激励方案

人们实施健身计划是一个长期的过程,这就像企业可以采取"135"循序渐进式的股权激励方案,即1年分红期、3年滚动期、5年锁定期。

1年分红期:这部分激励对象主要是企业的高管,首先按照公司的岗位评估标准,赋予其不同比例的在职分红。

3年滚动期:公司对这部分高管进行3年考核,公司根据考核成果来确定股权激励的比例。

5年锁定期:这一过程中要做好动态的股权调整,高管根据锁定期的情况来赚取股权激励的收益,一般分为三种类型:①在锁定期不足3年时中途退出;②在锁定期(3~5年间)退出;③到期后选择退出。企业要根据内部的盈亏情况或者是否成功上市等因素,综合考量来处理这部分股权回购。

五、激励人才的股权激励案例解析

笔者认为企业要考虑如何激励人才,可以结合商业案例来综合比较与改进。

1. 太二酸菜鱼"721"合伙人股权激励模式(面向店长)

太二酸菜鱼2021年有门店300多家,全年营收32.9亿元。除了做极致的单品来降低店铺的成本和实现标准化运营外,它还针对店长采取了一种类似虚拟股的"721"合伙人股权激励模式(见表7-22)。

表7-22 太二酸菜鱼"721"合伙人股权激励模式

项目	说明
7	总部全额投资,不参与管理,分70%门店利润
2	店长不用出钱,参与管理门店,完成考核指标,分20%门店利润(干满5年可转注册股)
1	老店长培养新店长后(师徒制),老店长分新店10%门店利润

(1)"7"是指总部全额投资,但不参与门店的具体经营,分70%的门店利润。

(2)"2"是指店长不用出钱,但是负责门店的经营,分20%门店利润,干满5年且表现优异则可转注册股。这一步很关键,让业绩与店长收益挂钩,就让店长有了主人翁的意识,可激发店长潜能。

(3)"1"就相当于师徒制,老店长培养了新店长以后,老店长还可以继续拿新店10%的分红。这一步打破了传统的那种"教会徒弟饿死师傅"的局限,有利于快速复制人才与门店。

此外,太二酸菜鱼还设置一个新手保护期,由总部承担新门店的成本和亏损。如果3个月后门店还没盈利,就需要门店自己承担;半年后还没盈利,则要考虑关闭门店了。

2. 泸州老窖1573经销商激励计划(面向经销商)

泸州老窖公司推出了泸州老窖1573这款高端白酒后,为了刺激经销商的积极性,推出了针对经销商的激励计划(见表7-23)。

表7-23　泸州老窖1573经销商激励计划

经销商收益	1. 销售差价收益
	2. 配股权溢价收益达到一定销售份额,享有配股权,允许用上年的股票价格来购买这部分配股

具体的做法是泸州老窖公司跟这部分经销商约定:他们销售这款白酒达到一定的销售额,就享有一定份额的配股权,并且允许以上年的股票价格来购买这部分配股。经销商为什么会选择买呢?一是泸州老窖1573是一款高端酒,销售利润高。二是泸州老窖公司当时已经是上市公司,能做好基本面和资本面,股价能继续上涨,能产生股票溢价收益。

假设上一年的股价是5元/股,给A配了5万股,A就可以花25万元购买,若到下一年股价涨到10元/股,那A的股票就涨到了50万元,扣除上一年购买股票的25万元成本,能赚回25万元收益。值得注意的是,这套激励机制,把白酒、股票和经销商的利益捆绑在一起,但随着一些政策性拐点的到来,公司股价受到一定的影响,这也涉及泸州老窖公司在用这部分股权激励时,需要考量采取什么措施来刺激股价的问题。

3. 华为公司的虚拟股权与TUP激励机制(面向内部员工)

华为公司利用虚拟股权激励机制,很好地促进了自身的发展。华为公司将员工分为三类来实施虚拟股权激励机制,如图7-39所示。

```
                    ┌─────────────┐
                    │  华为员工    │
                    └──────┬──────┘
            ┌──────────────┼──────────────┐
            ▼              ▼              ▼
      ┌─────────┐    ┌─────────┐    ┌──────────────┐
      │ 普通员工 │    │  奋斗者  │    │卓有成效的奋斗者│
      └─────────┘    └─────────┘    └──────────────┘
```

华为会根据23级来定薪酬，13级以下的是普通员工（比如生产线上的工人），13级及以上的是中高层员工。每个等级又分成A、B、C三个小等级。

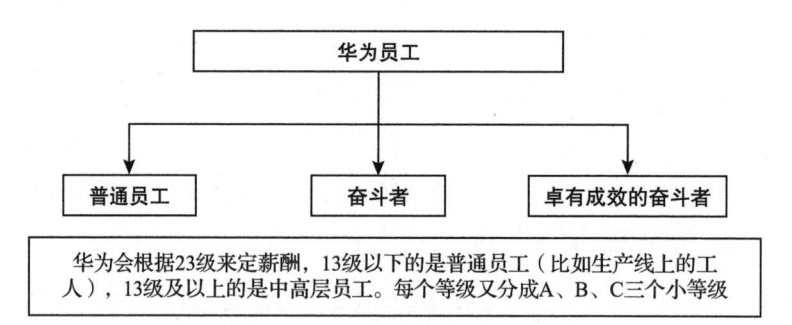

图7-39　华为公司员工的三个类别

（1）激励对象：华为把员工分为三个类别，一是普通员工，二是奋斗者，三是卓有成效的奋斗者。公司分23级来定薪酬，13级以下的是普通员工（如生产线上的工人），13级及以上的是中高层员工。每个等级又分成A、B、C三个小等级。一般来说一年升一个小等级，表现优异可以连跳等级。

此外，华为也会根据员工的学历来定等级，比如本科、研究生学历的员工，入职可以是13级，更高学历的博士生可以一开始就到达14、15级。至于更高层级的则是管理人员或总裁级别的员工。华为的员工必须达到15级，成为华为奋斗者并经过考核后，才能享受公司的虚拟股分红。

（2）进入机制与退出机制：有了虚拟股票认购权，员工就会真正珍惜这个机会，跟着公司发展。除了期满获得溢价收益外，员工离职后，公司会收回这个员工的股票，保证不对整个股票池带来太大影响。

华为的虚拟股激励机制，也帮助公司培养出很多奋斗者，让他们的业务遍布国内与海外，为企业带来持续的增长。

华为虚拟股激励的特征是高分红 + 高增发 + 低股价。华为的狼性文化所塑造的奋斗者，数量非常之多，公司依托自身发展增速，现金流好、利润高，能够支持它源源不断地做虚拟股激励，尤其是高分红能牢牢绑住人才。同时，华为最开始实施虚拟股激励的时候，需要员工真金白银出钱，其较高的年化收益率吸引了很多员工购买。

此外，华为13级的员工相当于中间层，考虑到有些员工可能会卡在这中间层，享受不了虚拟股收益，而且这部分人如果长期达不到考核目标，则可能不适合继续留在岗位上。针对中间层的员工，华为推出了TUP（时间单位计划）来激励他们奋进。TUP也是一种虚拟股权激励计划，根据员工的绩效和配股饱和度等授予激励对象,特点是以 5 年为一个周期,面向难以拿出钱投资的激励对象。华为根据这部分员工的表现逐年授予他们 TUP 单位激励,享受分红权和增值权,到期后重新进入下一个周期。

综上所述,虚拟股 +TUP(单位时间计划),使得华为诸多员工的收入水平更上一层楼。因为虚拟股可以长期持有,TUP 过了 5 年周期就要清零。只要职工等级达到 15 级,就可以同时享受虚拟股 +TUP,这吸引着人才留下来。此外,虚拟股有退休保留机制,员工满 45 周岁且工作满 8 年,就可以保留员工的身份,继续享受虚拟分红。

第五节　企业人才身心灵修炼促进增长
("二生三":认知、觉醒、成长)

在搭建企业人才体系的时候,除了考虑能力之外,身心灵修炼也愈发成为人才综合素质的突出表现之一。因此,本节将从身心灵修炼的角度来分析企业人才体系。

因为企业做好内功与外功的措施,需要落实到组织人才身上。企业除了提升组织人才的能力,还要进一步地帮助他们修炼身心灵,以此不断开发人才的潜能,从而促进企业增长。这里的"二生三"表现为:"二"代表企业的内功与外功,"三"代表生出了企业人才身心灵修炼的三个层面,即认知、成长、觉醒的过程。下面用"五条鱼"来对比分析。

一、"身体之鱼"的认知(血液)

这里讨论的构建企业人才体系,指的是打造企业人才身心灵修炼增长模块,作者认为首先要修炼好"身体之鱼",提高自我认知。

1. 什么是"身体之鱼"

如图 7-40 所示,对于"身体之鱼"而言,水质就是血液,修炼"身体之鱼"用一句话来概括就是改变传统观念与不良习惯,长期善待自己的身体。

"身体之鱼"是由五脏六腑 11 条小鱼组成的一条大鱼。而五脏六腑对应着身体的不同器官,它们协调运转,共同维持着生理平衡与身体健康。比如肝胆相照,五脏中的肝与六腑中的胆相关,对应着五官中的目,因此护肝可明目。又比如肺与六腑中的大肠相关，对应着五官中的鼻，一个脏器出现问题，就会影响其他脏腑，而血液是在五脏六腑共同作用下生成的。

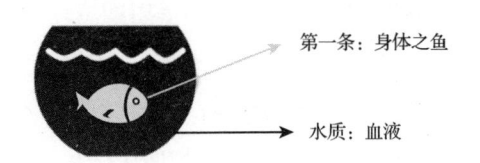

图 7-40 "身体之鱼"

所以说"身体之鱼"的水质是血液。病人去医院看病时，医生首先会让病人检查血液，血液监测数据可以直接反映出人体的健康程度，然后再到各个分科去看病，有的人胃肠有问题，需要吃药；有的人脾胃出现问题，需要切除；有的人肝脏出现问题，需要移植等。身体是第一位的，保持健康出众的身体，身后的财富、名誉、地位等会像滚雪球一样越滚越大。

2. 如何养好"身体之鱼"

修炼"身体之鱼"的方法见表 7-24。

表 7-24　修炼"身体之鱼"的方法

1	改变传统的观念与不良的习惯，预防为主，科学调理
2	饮食平衡，不要熬夜，自律，保持旺盛的身体机能
3	计划性地科学锻炼，增强免疫力
4	每天笑一笑，让笑声伴随我们的生命
5	无论多忙，都要与大自然来一场放松的拥抱

二、"财富之鱼"的认知（认知与福报）

这里讨论的构建企业人才体系，指的是打造企业人才身心灵修炼增长模块，笔者认为还要修炼好"财富之鱼"，提升自我认知。

1. 什么是"财富之鱼"

如图 7-41 所示，对于"财富之鱼"而言，水质就是修炼认知与福报，"财富之鱼"用一句话概括就是通过认知与福报而获得的回馈。

物质财富有金钱、珠宝、房子、车辆、食品、服饰、产业等，追求财富要遵循财富守恒定律，有德才有得，厚德才有厚得，有舍就有得，大舍则大得。

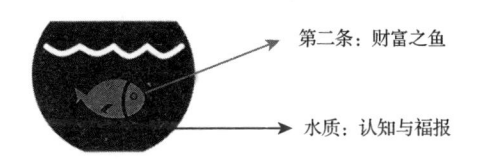

第七章 企业天地人三维生命体：企业组织价值增长

图 7-41 修炼"财富之鱼"

未来财富收入 = 认知突破 × 科学策略 × 高人指点

财富的本质，从比较低的维度看是认知变现。在认知的基础上，要顺应人性采取科学的策略，要与比自己优秀的人、能使自己优秀的人、愿意与自己一起优秀的人同行。从比较高的维度看是福报变现。提高自己的品行、品德，用毕生的努力引领教诲身边人去积善积德，贡献越大，财富越多；若只消福而不造福，财富也会慢慢流失。

2. 如何养好"财富之鱼"

养好"财富之鱼"方法见表 7-25。

表 7-25 修炼"财富之鱼"的方法

1	发心要正，多做积善积德的事，不做自私自利的事
2	利他行为，就是多做有利于他人的事情，让别人对自己产生信任
3	有良好的自我修养，表现为尊重、谦虚、品行端正等
4	冒险与避险，要权衡好冒风险与控制风险的认知差异
5	与有大格局者同行，加快你的成长速度

三、"修心之鱼"的成长（心智与思维认知）

这里讨论的构建企业人才体系，指的是打造企业人才身心灵修炼增长模块，笔者认为还要修炼好"修心之鱼"，实现自我成长。

1. 什么是"修心之鱼"

如图 7-42 所示，对于"修心之鱼"而言，水质就是心智与思维认知，修炼"修心之鱼"用一句话概括就是解决心智与思维认知的问题。

人为什么要修心？因为争取无限的心智成长能够在有限的人生中找回生活中的满足感、愉悦感，修心能搭起精神世界的一座桥梁。

修心的第一个维度就是解决基础问题。食，不过三餐，一顿温饱；宿，

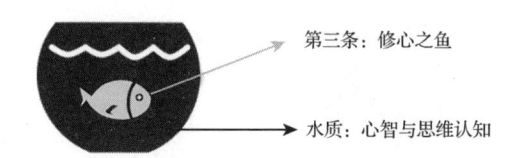

图 7-42　修心之鱼

不过一宵，三尺半榻，我们好好吃饭、好好睡觉就是一种修行。第二个维度是懂得生命短暂，感恩生命，认真去生活。第三个维度是无所求无所不求，别被欲望蒙蔽了双眼。

在这三个维度下，才能管理好自己的情绪。心理学家大卫·霍金斯研究的情绪能量层级图，把人的能量状态分成 17 个等级，将 200 能级作为正能量与负能量的分界点，能量状态决定了一个人的情绪和觉察能力。因此，我们要积极地往更高能级的层次去推进，这就要求我们管理好情绪，向内拓宽并向外延伸，做情绪的主人，不伤人也不自伤，一念放下，万般自在。

2. 如何养好"修心之鱼"

修炼"修心之鱼"的方法见表 7-26。

表 7-26　修炼"修心之鱼"的方法

1	真正地懂得自由。心若大，方寸之间，可得自由；心若小，广宇无限，皆是囚牢，放下追逐方能得一方天地
2	不要给自己设限。萨古鲁在《幸福的三个真相》中说："你今天建立的自我保护之墙，明天将会成为自我囚禁之墙。"
3	要学会独处。就像梭罗心中的瓦尔登湖一样，在宁静中感受心灵的自由成长
4	学会用右脑欣赏艺术之美
5	感受诗与远方。去感受周围的山川大海、草原湖泊的独特风光，吸收大自然的氧气

四、"灵魂之鱼"的觉醒（意与法）

这里讨论的构建企业人才体系，指的是打造企业人才身心灵修炼增长模块，笔者认为还要修炼好"灵魂之鱼"，实现自我觉醒。

1. 什么是"灵魂之鱼"

如图 7-43 所示，对于"灵魂之鱼"的觉醒而言，水质就是意与法，修炼

"灵魂之鱼"用一句话概括就是用意与法感知更高的境界。

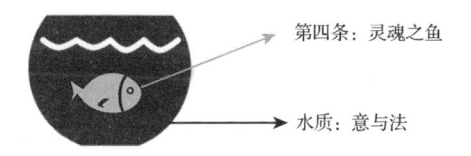

图 7-43 "灵魂之鱼"

什么是生命？薛定谔说："人活着就是在对抗熵增定律，生命以负熵为生。"万物始于混沌归于虚无，与熵增魔王斗争需要逆商，逆商就是在天人合一的演化中，与环境达成一致和谐的状态，然后觉知觉醒。逆商的另一个体现就是做好自我控制，不断地改变错误的行为，使自身继续往正向的轨道行进。正如理查德·泰勒所说："我们都有改变主意的时候，但是一般来说，我们并不会采取非常手段去阻止自己偏离最初的计划。"[1]

因此，大家要提升逆商，就要不断学习、进阶、工作，否则人生之路就迷茫、失序而不知所措了。同时，人活着还要通过意和法去感知生命的真谛，而不是过着行尸走肉般的生活，更重要的是为值得而活。意和法由人的三观、学识、涵养、性格等组成，世界观就是依据自己的所见所闻而对世界形成的看法，价值观就是你评判是非对错的标准，人生观就是对于自己要成长为怎样的人的认识。我们要通过这诸多方式不断地让生命价值升华，从而享受灵魂的幸福。

2. 如何养好"灵魂之鱼"

修炼"灵魂之鱼"的方法如见表 7-27。

表 7-27 修炼"灵魂之鱼"的方法

1	保持信仰。相信正义、相信善报、相信诚信，保持一份敬畏生命、敬畏自然的信仰，才能让灵魂有地方安放
2	学会冥想。在宁静的环境中，让身心灵完全专注，感受沉思中的能量和呼吸，达到精神上的放松
3	多读书。养成读书的习惯，滋润我们的灵魂

---

[1] 理查德·泰勒（Richard H.Thaler）."错误"的行为［M］.王晋，译.北京：中信出版集团，2016.

续表

4	刷新自我。面对无法准确预知的未来，经常刷新反思自我，纠正自己的错误，在人生之路中，无限延伸向前走
5	理解生命，直面死亡，珍惜每一天，享受生活

五、"智慧之鱼"的觉醒（自我成长）

这里讨论的构建企业人才体系，指的是打造企业人才身心灵修炼增长模块，笔者认为还要修炼好"智慧之鱼"，实现自我成长。

1. 什么是"智慧之鱼"

如图 7-44 所示，对于"智慧之鱼"的觉醒而言，水质就是自我成长，修炼"智慧之鱼"就是要达到生命成长。

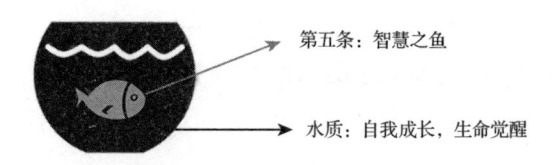

第五条：智慧之鱼

水质：自我成长，生命觉醒

图 7-44 "智慧之鱼"

在保证水质的基础上，鱼池的水位、温度、食物、空间等因素也同样影响着鱼的健康成长。人在从身心修炼到生命觉醒的过程中，慢慢悟得生命的价值，赋予人生意义。无所不知者和一无所知者，其实都是两种极端的人，人的行为应该是破除我执，生命觉醒的过程也是懂得越多但不知道的也越多的过程，生命觉醒就是让自己找回真正的自己，让身心灵在智慧中无限绽放。

2. 如何养好"智慧之鱼"

下面引用邓宁-克鲁格效应来分析人如何在从身心修行到生命觉醒的过程中更好地自我成长。

如图 7-45 所示，横轴代表人的认知程度，纵轴代表人的自信程度。

第一阶段是走向愚昧山峰的人，在人群中占大多数，就是那部分"你行你上"的人，他们处于"不知道自己不知道"的状态，连皮毛都没有看全就不懂装懂又不爱学习，无知、蒙昧，看不清自我。人们习惯不懂装懂，原因之一是虚荣心。史蒂芬·列维特说："我们都不愿意承认自己不知道某事而显

图 7-45 邓宁-克鲁格效应

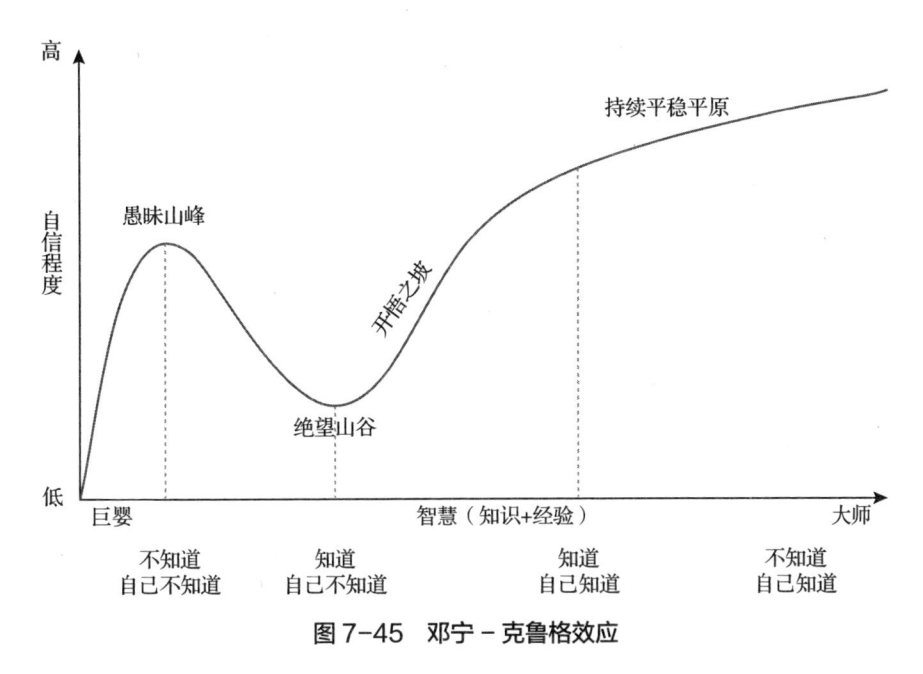

得愚蠢或者被比下去。"①

第二阶段是从愚昧山峰走到绝望山谷的人，他们处于"知道自己不知道"的状态，这部分人与第一阶段的人最大的区别是，开始知道自己懵然无知的这个事实，但在求知的过程中陷入迷茫而不知所措，担心自己不能改变什么，比如大学生、刚步入社会的人大多处于这个阶段。

第三阶段是在开悟之坡往上走的人，他们求知欲特别旺盛，处于"知道自己知道"的状态，能够用积累的知识和经验去实现人生理想，一般是指企业精英。

最后走到持续平稳平原的这部分人，处于"不知道自己知道"的状态，也就是让人敬仰的大师，这个阶段的人有着强大的观察力和感受力，能够开悟生命的价值，明白世界之大和自己的渺小，自身也会更加谦虚温和，从而不断地在解悟与证悟的过程中成长。

---

① 史蒂芬·列维特，史蒂芬·都伯纳.魔鬼经济学 3：用反常思维解决问题［M］.汤珑，译.北京：中信出版集团，2021.

第八章

企业天地人三维生命体：企业财务价值增长

【本章导读】

本章所要分析的核心内容是企业财务价值增长。企业财务价值增长对于企业的意义，就如同健康对于人的意义一样，拥有健康，才有机会追求更丰富、更有意义的人生。健康不仅仅是指身体健康，还包括心理健康和社交健康等。

身体健康是基础，比如骨骼、骨髓和血液有序配合，维持着人的生命活力。这就像第一节所要分析的三张财务报表，能反馈出企业的健康状况。

看医生也可以帮助我们诊断和改善身体状况，这就像第二节分析的全面管理预算可以更好地让企业发展壮大。

人的心理健康也很重要，有积极的心态才能避开生活中的一些陷阱。这就像第三节以打通身体的五脏六腑来对比分析企业如何避免财务死亡陷阱。

社交健康对人而言也是重要的一环，拒绝一些无效的社交，可以发掘出更具有价值的社交资源。这就像第四节讲到的降本增效，重点分析如何提高企业的盈利能力与核心竞争力。

第一节 企业三大财务报表促进价值增长
（"三生万物"：规模 × 收益 × 效率）

讲不同语言的人，互相之间要沟通合作，可以使用一种国际通用语言来交流。这种国际通用语言就相当于财务三大报表，它是企业对外的语言，可以向投资人、企业所有者、债权人、社会公众等外部人士，反映企业的真实发展情况。正如《财报的秘密》一书中写道："财务报表是企业的体检表，有了它，管理人员就能够全面了解企业当前的'健康'状况，看看哪些'指标'有问题。"①

透过经营数据所表现出来的财务价值，可以看清企业的经营现状与未来，财务价值体现在各财务模块上。"三生万物"运用于企业财务管理中则表现为：财务的三大报表体现企业的规模、收益与效率，反映企业整体的增长情况以及未来的发展潜力等。

下面用人的骨骼、骨髓和血液来对比分析企业的三大财务报表。

一、用资产负债表看规模（骨骼）

企业要通过三大报表促进企业增长，笔者认为首先要懂得用资产负债表看规模，进而发现企业的实际增长状况。

1. 用人的骨骼对比资产负债表

人体共有206块骨骼，分为颅骨、躯干骨和四肢骨三大部分，骨与骨之间连接，构成了支撑人体正常运动的骨架。如果没有骨骼的支撑，人就无法正常站立或行走。对应到企业财务中，资产负债表就是企业的骨骼，是财务报表中的基础。通过资产负债表可以掌握企业一定周期内的财务状况，包括资产、负债和股东权益情况，可反映企业的赚钱能力和发展强度，指引企业的决策行动。

资产负债表的基础公式是：资产 = 负债 + 所有者权益

左边的资产，表示企业的家底有多厚，右边的负债 + 所有者权益，表示企业购买所有资产的钱从哪里来。资产负债表体现企业资源运用的效率情况，可以让企业家清晰地看出企业长期与短期的资产和负债的结构情况，有利于判断行业的机会、经营成果等。

2. 资产负债表的关键指标

（1）应收账款：也就是客户欠企业的钱，如果有过多的长期应收账款，一旦企业出现信誉下降等情况，其很容易变成坏账。

---

① 陈樾.财报的秘密［M］.北京：北京大学出版社，2020.

（2）资产负债率：资产负债率低表示企业具备一定的偿债能力；资产负债率高表示别人愿意借钱给企业，一定程度上体现出企业的竞争力强。资产负债率一般可以保持在40%左右，太高了可能面临破产等风险。

（3）研发投入：研发情况可以反映创新水平，企业持续创新才能更好地发展下去。因此，企业也可以把研发投入作为重要资产指标。

【案例链接：易点云科技公司】

下面以易点云科技公司（以下简称易点云）为例进行分析。

如图8-1所示，易点云的业务是提供企业办公电脑、软件等办公产品的租赁服务，满足客户轻资产运作需求。他们的租赁模式分为：租完就送、固定租期、随租随还、短期租赁等。其中随租随还是最主要的方式，易点云不但取消了押金，还提供4小时内上门维修服务，提高了客户体验，这些都帮助它们快速开拓市场。

提供服务 → 租赁模式 → 收入来源

提供企业办公电脑、软件等办公产品的租赁服务　　租完就送、固定租期、随租随还、短期租赁　　租金收入、违约收入、服务费收入

图8-1　易点云的业务模式

易点云把租期分为3个阶段：一是租期满6个月之后可随时退还，不需要支付违约费用；二是租3~6个月，交实际租期的服务费；三是租期不足3个月，需交满3个月租金。易点云的这套模式实际上是鼓励客户长期租赁。因此，易点云的主营业务收入分为租金收入、违约收入和服务费收入。

表8-1的数据显示，易点云公司的负债总额和资产负债率处于比较高的水平。在这种情况下，企业很容易出现"资不抵债"的问题。而易点云的主营业务是采购设备来帮助客户实现轻资产运营，他们购置设备也是一笔大的固定资产投入，而且受新冠疫情防控影响的那几年，部分企业居家办公，一定程度上减少了易点云业务，从而加大了易点云的经营难度。

表 8-1　易点云 2019—2022 年的部分财务数据

项目	2019年	2020年	2021年	2022年6月底
收入（亿元）	6.32	8.13	11.84	6.55
负债总额（亿元）	25.58	34.86	44.26	50
资产负债率（%）	159.09	138.88	142.29	163.19

二、用企业利润表看收益（骨髓）

企业要通过三大报表促进企业增长，笔者认为还要懂得用企业利润表看收益，进而发现企业的实际增长状况。

1. 用人的骨髓比喻企业利润表

骨髓位于人体骨骼中的骨髓腔中，分为红骨髓和黄骨髓两种，红骨髓是人体最主要的造血器官，可以为骨质供应血液与营养。随着年龄的增长，人体的骨髓会慢慢减损，若不养好骨髓，容易导致骨骼方面的疾病。而在人体大量失血的情况下，才有一部分黄骨髓转化成红骨髓，继而起到造血的作用。

企业利润表如同红骨髓造血一样，能够为企业带来动力，从利润表中可以看出企业的业务收入与支出的回报情况。但有的企业有收入没利润，甚至没收入没利润且负债累累，让企业走向崩溃的边缘。这时候可能就像人体遇到了大量失血的状况，需要由黄骨髓转化成红骨髓来及时造血。当然，这并不总是要由黄骨髓变成红骨髓，这样会影响身体健康，更多的是要养好红骨髓，让身体保持健康。对应到企业中，就是企业要做好利润表，及时发现问题并改正问题，达到企业收入与利润双增长。

2. 如何看企业利润表

实际上，企业的利润表是反映一定会计期间企业经营成果的会计报表。看利润表时，要根据月度、季度或年度等时间段来看盈利或亏损的情况，为经营活动的发展提供指引。

（1）从结构上看利润表，一条基础公式是：利润 = 收入 – 费用。从利润表可以看出企业各类业务的赚钱能力及其是否可持续，帮助企业判断出未来的收益状况。

（2）从盈利能力看利润表，其中涉及毛利率、投资回报率与投资周期等。毛利率是衡量企业盈利能力的指标，可以通过分析毛利率来判断企业有没有谎报瞒报、偷税漏税等。投资回报率，代表企业花一笔钱能赚多少钱。企业的投资人会根据投资回报率来判断与筛选项目是否值得投入。投资周期，代表用多久时间能赚到多少钱。这一指标受到经济周期、投资情绪和心理因素等影响。

三、用现金流量表看效率（血液）

企业要通过三大报表促进企业增长，笔者认为还要懂得用现金流量表看效率，从而发现企业的实际增长状况。

1. 用人的血液比喻现金流量表

人体骨骼的生长过程中需要通过血液的循环流动供应营养物质，如果某一环节的血管出现堵塞等问题，就容易导致局部出现异常，长期这样下去，身体的机能也会出现严重问题。就像骨折的时候，如果血液供应遭到破坏，就容易出现骨头难以愈合的状况。企业的现金流量表如同流动在人体的血液一样，人要有充足的血液保证血液循环，企业则是需要有合理的现金流防止资金链断裂，促进企业良好运转。

现金流 = 现金流入 – 现金流出。企业的现金流量表可反映出企业的现金收支情况，结合利润表可以看出企业的风险与活力。同时，股东的注册资本金就像企业的输血入口，借贷好比企业的吸血入口，企业的经营收入则是企业的造血入口，只有用源源不断的客户带来的经营收入满足企业的资金需求，才能更好地抵消掉企业的各种成本花销，保持良好的现金流。

此外，现金流可以降低财务风险，也影响着企业资信。企业要重视现金流量表，做好现金流的规划和预算等，以便更好地促进企业良性发展。

2. 结合企业生命周期来分析现金流量表

企业现金流一般可分为三类：①经营类现金流是企业通过自身经营活动获取的现金流，相当于造血功能。②投资类现金流是企业对外支出现金投资的活动带来的现金流，相当于放血功能。③筹资类现金流是通过外部融资获得的现金流，相当于输血功能。

企业的生命周期分为初创期、成长期、成熟期和衰退期。大家在看现金流情况的时候要结合企业生命周期来分析，具体来说，现金流流入与流出可分为以下八种情况（见表8-2）。

表 8-2　现金流的八种情况

序号	经营类现金流	投资类现金流	筹资类现金流
1	-	-	+
2	+	+	-
3	+	+	+
4	+	-	-
5	+	-	+
6	-	-	-
7	-	+	+
8	-	+	-

例如第一种情况，经营类现金流"-"，投资类现金流"-"，筹资类现金流"+"，这表示企业的日常经营比较困难，如果企业处于初创期，有筹资的资金，有可能可以战胜困难继续发展。如果企业处于成熟期，那就可能是靠筹资过日子，资金链一旦断裂就难以维系了。企业"还需要关注筹资活动现金流量表传达的异常现象：如企业取得借款收到的现金，远小于归还借款支付的现金。企业为筹资支付了显然高于正常水平的利息或中间费用"[1]。

另外，企业的现金要保持动态平衡（一般在20%以上）。有一条公式是企业的现金比率=（现金+短期投资）/流动负债。也就是说，如果企业要还1000元债务，手上还有200元现金，那么现金比率就是20%。

第二节　企业全面预算管理促进价值增长（"三生万物"：认知 × 编制 × 执行）

台上三分钟，台下十年功。企业全面预算管理就像经营管理的事前彩排，提前把资源配置、收入支出、经营目标等预算筹划好；企业全面预算管理也如同经营管理的导航系统，引导企业在执行过程中控制好资源利用、组织能力建设等，以达成预算目标。

---

[1]　唐朝. 手把手教你读财报——财报是用来排除企业的（新准则升级版）[M]. 北京：中国经济出版社，2021.

企业全面预算管理中的"三生万物"表现为：企业全面预算管理的认知、编制、执行协同配合，全面促进企业增长。为了更深入地理解全面预算管理，下面用定期健康体检来对比分析全面预算管理在企业经营中所发挥的价值。

一、全面预算管理的认知

企业要通过全面预算管理促进增长，笔者认为首先要对全面预算管理有一个清晰的认知。

美国管理学家戴维·奥利有一句名言，被奉为预算管理界的金科玉律——"全面预算管理是为数不多的几个能把组织内所有关键问题融于一体的管理控制方法之一"[①]。那企业的全面预算管理是什么？是否就是一套会计表格？预算管理工作是否就是财务部一个部门的事情？是否就是削减费用开支？是否就是年初编制年底考核？大家不妨带着这些问题来思考，进入下面的分析环节。

1. 正确认知预算、预算管理与全面预算管理

首先，我们用人们对于健康体检的态度与行动对比分析企业如何正确理解预算、预算管理与全面预算管理。

如图 8-2 所示，有人看见体检报告结果没什么问题就置之不理了，这就像有的人认为预算就是一堆数据+表格，没有进一步研究。有的人会根据体检报告中的某些检查数据，采取正确方式加以修正，这就像有些人开始对企业经营的资金进行运作，从预算、执行到控制进行管理。

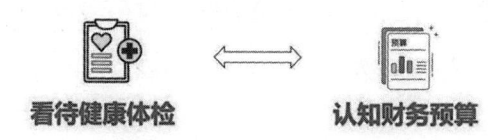

看待健康体检
1. 看见体检报告结果没问题就置之不理
2. 根据某些检测数据自主控制、修正
3. 拿体检报告咨询医生，制定健康管理方案

认知财务预算
1. 预算就是一堆数据+表格
2. 从预算、执行到加以控制
3. 全面预算管理贯彻经营全过程

图 8-2　以人们看待健康体检的态度来比拟认知财务预算

[①] 钱力，胡能武.企业盈利关键点：全面预算管理［M］.北京：北京联合出版公司，2019.

还有一部分人做完体检之后还要拿着体检报告找到医生,医生将各种专业词汇和检测数据转化为普通人听得懂的语言,来帮助他们制定健康管理方案。这就像企业的全面预算管理,贯穿企业发展的全过程。

2. 什么是全面预算管理

为了便于理解,我们把全面预算管理看作人的皮肤,人的皮肤覆盖在人体表面,防止体外的部分有害物质进入,或者防止体内的营养流失。企业的全面预算管理也相当于一层企业保护膜,能够容纳对经营有利的举措和防止破坏企业发展的事项等(如图8-3所示)。

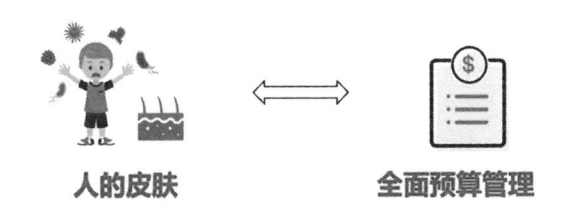

人的皮肤
防止体外的部分有害物质进入
或者防止体内的营养流失

全面预算管理
流入对经营目标有利的举措
和流出破坏企业正常发展的事项

图8-3 以人的皮肤对比全面预算管理

全面预算管理的逻辑链条是从预测、预计、预算的测算阶段,再到执行、控制、考核与激励的行动阶段,连接着企业的战略管理、业务发展、市场推广、售后管理等方方面面(如图8-4所示)。正如《企业全面预算管理》一书写道:"全面预算管理是以预算为标准的企业内部管理控制系统,它的设置与运行都必须符合企业管理的内在要求,与企业的性质、行业、规模、组织结构、人员素质、产品特点、企业文化等内在因素相适应。"[①]

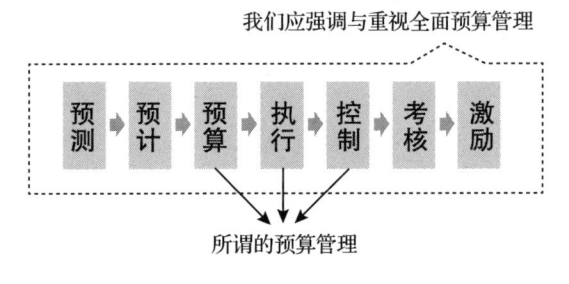

图8-4 预算、预算管理与全面预算管理

---

① 张长胜.企业全面预算管理[M].北京:北京大学出版社,2007.

图 8-5 中预算编制的基本流程（预测、预计、预算）是基于过去与现在的经营数据，以及公司的资源现状、市场环境等因素来实际制定的，指导企业运营并达成业绩目标等。有了合理的目标前置条件后，再开始预算执行，执行过程中要控制调整，使实现目标所需要做的业务不偏离路线。然后还要管理好人，通过考核+激励等方式，让大家有动力、有能力实现目标。

预测 ➡ 预计 ➡ 预算
⬇   ⬇   ⬇
年度经营目标 年度经营计划 年度的预算报表

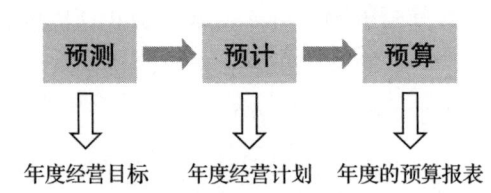

图 8-5 预算编制的基本流程

3. 全面预算管理：先算后做

如图 8-6 所示，健康体检作为人们从"有病早治"到"无病预防"的健康意识转化的结果，就像全面预算管理的底层逻辑是先算后做一样。通过体检来筛查和预防疾病，是健康管理的方式之一。有的企业担心错失行业红利和机会，会先盲目地一脚踏入其中再去调整。这样有可能会陷入经营目标主次不分等困局。

健康体检意识 ➡ 有病早治 ➡ 无病预防
⬇
全面预算管理 ➡ 先算后做 ➡ 风险评估导向
的底层逻辑   ➡ 优化资源导向
                        ➡ 战略导向

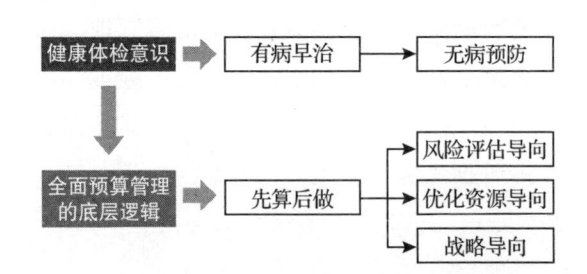

图 8-6 以健康体检意识对比全面预算管理的底层逻辑

德鲁克曾说："预算不是一场数字游戏，而是围绕战略目标的设立而进行思考的过程。"[①] 企业全面预算管理要基于企业的战略目标而设计，然后积极推进下一步。因此，企业要坚持先算后做，将全面预算管理作为风险评估依据，把资源用到实处，进而带来收入。同时，这也可以帮助企业优化资源，算清

---

① 彼得·德鲁克.管理：使命、责任、实务（实务篇）[M].王永贵，译.北京：机械工业出版社，2006.

第八章 企业天地人三维生命体：企业财务价值增长

楚投入、产出、资源、风险、时间、人力等所带来的效益，从而帮助企业制定战略，确定做什么、不做什么。

二、全面预算的编制

企业要通过全面预算管理促进增长，笔者认为还要懂得如何进行全面预算的编制。

1. 全面预算编制思路1：设计好全面预算的流程

下面以健康体检的运作流程来对比全面预算管理的流程。人们去做健康体检时，流程大致如图8-7所示。健康体检的各个程序是环环相扣的，每个环节都承接上一个环节来继续高效运作。全面预算管理也有一套符合逻辑的流程。

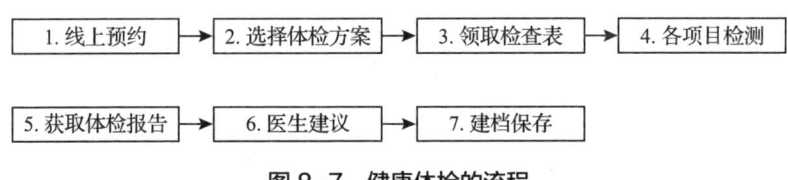

1.线上预约 → 2.选择体检方案 → 3.领取检查表 → 4.各项目检测

5.获取体检报告 → 6.医生建议 → 7.建档保存

图8-7 健康体检的流程

编制企业全面预算的流程如图8-8所示。

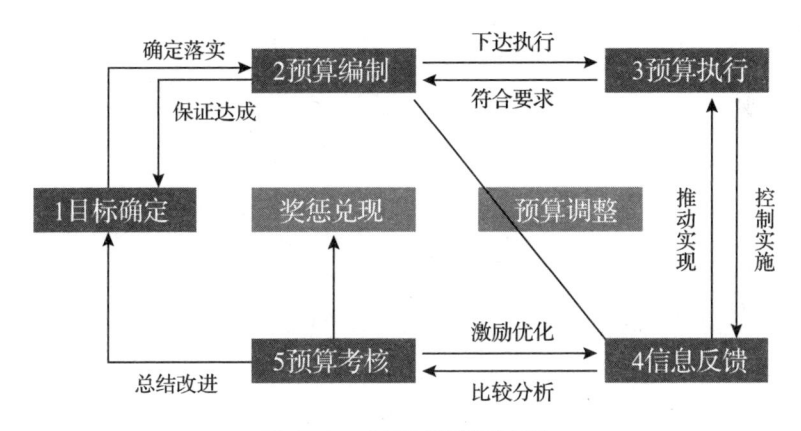

图8-8 全面预算管理流程

第一步是目标确定，即定好企业的经营目标。

第二步是预算编制，输出一系列的预算报表，一般是10月确认、制定目标，11月编制计划，12月公布。

第三步是预算执行，要严格管控预算执行的过程并汇总所有信息。

313

第四步是信息反馈，从信息中分析预算执行过程中的指标是否达标，并做好相关调整。

第五步是预算考核，预算的执行要落实到执行人身上，要量化达成指标，让他们愿意干、主动干，并与绩效考核挂钩，奖惩分明、总结改进。

【延伸链接：如何确目标】

先来思考一个问题：管理企业时是先有目标还是先有工作？德鲁克认为是先有目标才能确定工作。实际上，对于各部门来说，如果没有目标，员工可能会陷入"不知道为何工作、到底为谁工作、工作下去有何价值"的迷茫状态，继而影响部门业绩和员工积极性等。

下面具体分析制定全面预算的第一步——目标确定。

如图8-9所示，制定企业全面预算时确定目标的流程分四步。

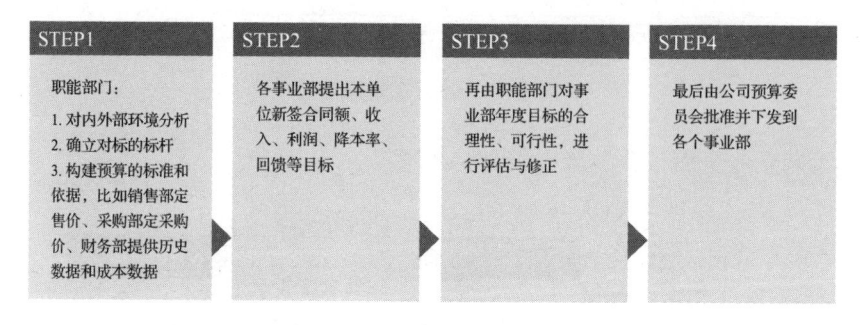

STEP1	STEP2	STEP3	STEP4
职能部门： 1. 对内外部环境分析 2. 确立对标的标杆 3. 构建预算的标准和依据，比如销售部定售价、采购部定采购价、财务部提供历史数据和成本数据	各事业部提出本单位新签合同额、收入、利润、降本率、回馈等目标	再由职能部门对事业部年度目标的合理性、可行性，进行评估与修正	最后由公司预算委员会批准并下发到各个事业部

图8-9 企业全面预算中如何确定目标

一是各职能部门对内外部环境、对标标杆、预算标准和依据等重要内容做出各自的具体分析，提交给上一级管理层。

二是事业部根据职能部门提交上来的分析结果初步提出各种年度目标。

三是再由职能部门评估、研讨和修正事业部分发下来的年度目标，最后要得出一个双方都满意的结果。

四是由公司组建的高级决策中心（预算管理会）来做最后一步的批准，并将目标下发给事业部，层层促进目标达成。

【案例链接：美的集团基于绩效指标的目标确定流程】

下面以美的集团基于绩效指标的目标确定流程为例进行分析。

如图 8-10 所示，美的集团基于绩效指标自上而下、层层促进地把控目标确定的流程。

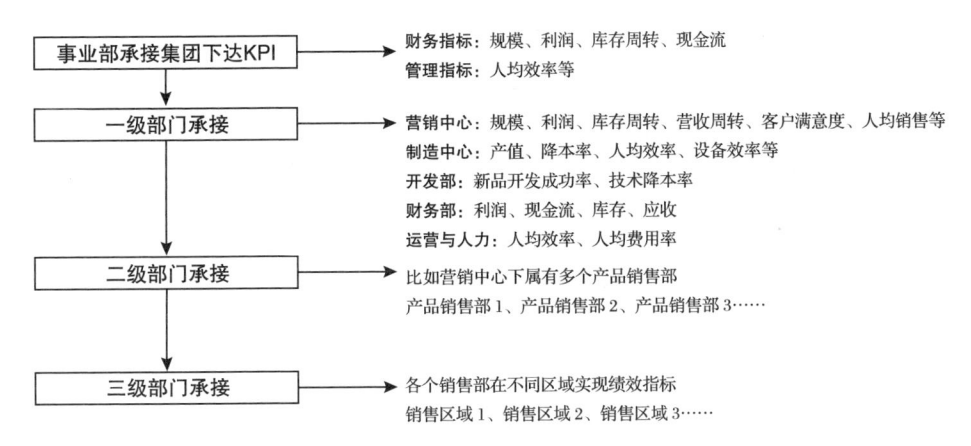

```
事业部承接集团下达KPI  →  财务指标：规模、利润、库存周转、现金流
        ↓                  管理指标：人均效率等
   一级部门承接        →  营销中心：规模、利润、库存周转、营收周转、客户满意度、人均销售等
        ↓                  制造中心：产值、降本率、人均效率、设备效率等
                           开发部：新品开发成功率、技术降本率
                           财务部：利润、现金流、库存、应收
                           运营与人力：人均效率、人均费用率
   二级部门承接        →  比如营销中心下属有多个产品销售部
        ↓                  产品销售部1、产品销售部2、产品销售部3……
   三级部门承接        →  各个销售部在不同区域实现绩效指标
                           销售区域1、销售区域2、销售区域3……
```

图 8-10　美的集团基于绩效指标的预算制定流程

（1）在美的集团，由事业部来承接顶层管理者所下发的 KPI 指标，包括财务指标，如规模要做多大、利润要达到多高、库存周转要优化到什么程度，以及管理指标如何更好地降本增效等。

（2）美的集团的事业部把这部分 KPI 指标再下达到一级部门。一级部门相当于一个大的组织架构，包括营销中心、制造中心、开发部、财务部、运营与人力资源部等，每一个大部门都有一系列相关指标。

（3）一级部门再把自身的 KPI 指标量化细分到二级部门。例如营销中心，今年要推广一系列的产品，不同类别的产品的量化指标要分发给各个产品销售部。

（4）二级部门将 KPI 指标下发到三级部门。三级部门的各个小组的员工，按照区域、人群等来达成目标。

美的集团的绩效指标管理流程是自上而下地传递量化目标，自下而上地完成各自的 KPI，各方协调起来实现突破性发展。

2. 全面预算的编制思路 2：宏观理解全面预算的编制流程

按照上述的流程，我们来看看企业全面预算具体如何编制。首先从具体的类别来看，图 8-11 中比较宏观地概括了全面预算管理的内容，包括销售预算、经营预算及资金预算。整个逻辑链条是"以销定产、以产定耗、以耗定购、以购定批、以批定资、以资定筹、以筹定现，以上综合"，然后分门别类并层层把关计算出各个预算指标。

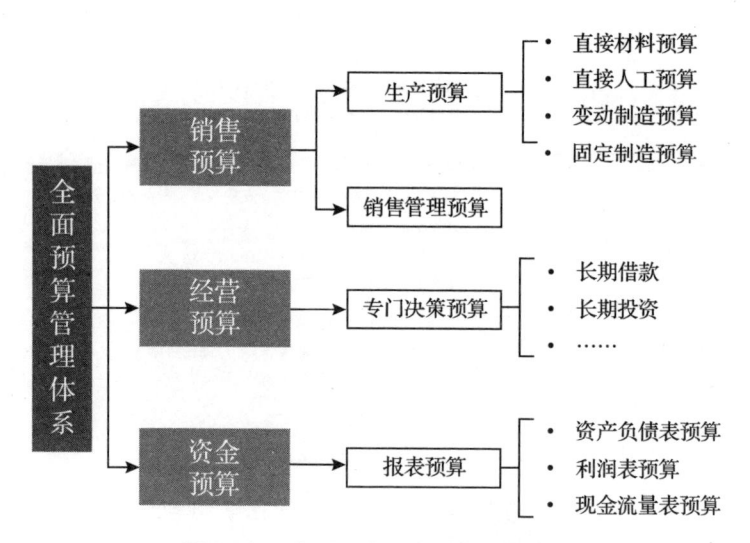

图 8-11　宏观看企业全面预算的内容

3. 全面预算的编制思路 3：微观理解全面预算的编制流程

再微观地看全面预算的内容，具体涵盖了 15 个流程，图 8-12 中已标注好各个流程顺序，各个流程按顺序连接起来成为一个整体的预算体系。确定好了这部分的表格和数据之后，就可以看出销售预算，并保证有足够的期末库存，然后一环扣一环地再来制定接下来的一系列生产预算、直接材料预算、材料采购现金预算、制造费用预算、期末成品库存预算等。

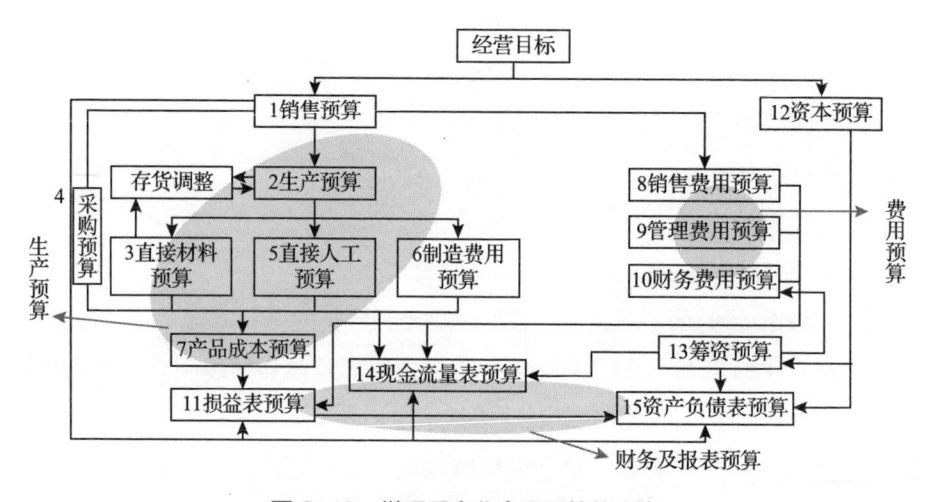

图 8-12　微观看企业全面预算的内容

下面列出编制全面预算时会遇到的一部分公式供大家参考使用（见表8-3）。

表 8-3　全面预算管理的相关公式

1	预计销售额 = 预计销售量 × 预计价格
2	预计生产量 = 预计销售量 + 预计期末库存 − 期初库存
3	直接材料消耗量 = 预计生产量 × 单位产品材料 + 定额
4	材料采购量 = 预计生产消耗量 + 期末库存 − 期初库存
5	采购批次与生产提前期和经济批量相关（不展开）
6	现金结余 = 资本投入 + 借款 + 销售现金收入 + 投资回收现金 + 资产处置现金收入 − 投资现金支出 − 购置资产现金支出 − 采购现金支出 − 人工现金支出 − 各项费用现金支出 − 税收 − 分红 − 还款
7	所需筹资额 = 预计最快的现金量 − 现金结余
8	现金预计余额 = 筹资额 + 现金结余

三、全面预算管理的执行

企业要通过全面预算管理促进增长，笔者认为还要懂得如何更好地落地执行全面预算管理。

下面用定期健康体检的形式来对比分析企业如何执行好全面预算管理。

1. 全面预算管理的执行思路 1："一把手"带动全员参与

如图 8-13 所示，人们做健康体检时，首先要从主观认识上重视健康体检，然后才会进行健康风险筛查，这就像企业全面预算管理要由企业"一把手"来带动全员参与。健康体检是主动关注健康的表现之一，健康管理也是动态的，需要长期贯彻下去。这就像企业做全面预算管理时，"一把手"要有全局思维，培养全员的财务意识，发挥业财融合的作用。

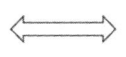

如何使用健康体检　　　　　如何执行全面预算管理

自身主观认识并重视健康体检　　企业"一把手"来
带动全身进行健康风险筛查　　　带动全员参与

图 8-13　以健康体检对比如何执行全面预算管理

2. 全面预算管理的执行思路2：收集好行业或历史数据

如图8-14所示，若没有对健康体检报告定期做归档数据，忽略了过去的病史陈述，就不能将其作为对照前后动态变化的参考指标。这就像企业执行全面预算管理时没有预先收集好行业或历史数据，就没有指标可以参考。企业的预算不是凭空产生的，需要根据前后数据以及公司潜力、市场需求等计算出来。

健康体检的误区
没有定期做好归档数据与忽略掉
过去病史陈述的动态变化

全面预算管理的误区
没有预先收集好行业
或历史数据作参考

图8-14　以体检报告定期归档对比企业收集行业或历史数据

3. 全面预算管理的执行思路3：务必要做到全面

如图8-15所示，体检时不能随意放弃一些检查项，这就像企业执行全面预算管理时要正确理解各个预算指标，全面发挥的作用。健康体检的项目按科室来分类，主要有临床科室、检验科、影像科。这三科的检验结果全面细致，便于更准确地分析健康情况。企业全面预算也是一样，对经济环境的全面分析、业务的全面梳理、人员的全面参与、数据的全面统计等，都要全部纳入其中来分析与执行。

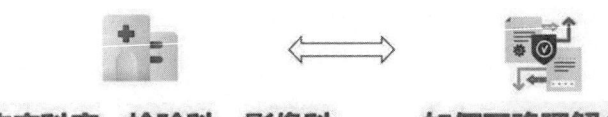

临床科室、检验科、影像科
三者的检验结果
更准确地分析我们的健康情况

如何正确理解全面
经济环境全面分析、业务全面梳理、
人员全面参与、数据全面统计等

图8-15　以体检科室对比正确理解全面预算的"全面"

临床科室一般检查内科、外科、耳、鼻、喉、眼、口等，是我们比较容易感受得到情况的项目，主要从视、触、叩、听方面检查是否有明显的异常。我们看企业财务预算时也一样，根据新产品推广计划所产生的收入、利润等指标，可以比较直观地判断该产品是否达成目标。

检验科一般检查血常规、尿常规、肝功能、肾功能、甲状腺功能等，影像科则包括静态心电图、腹部彩超、甲状腺彩超等。从这些科室的检测结果中，可以看出身体相关指标数据的具体量变，从而总结出质变的信息。有的企业收入与利润不匹配，要透过历史数据看这些项目的稳定程度与明细程度，从当前数据看收入、成本、费用和资本性支出等，并深层次地分析原因以及解决方案。

4. 全面预算管理的执行思路5：各部门都要做好费用预算编制

如图8-16所示，健康体检还可以分为入职体检、个人体检、团队体检、入伍体检等，有些行业对某些健康指标的要求特别高，比如近视、色盲就不适合某些职业等。这就像企业编制费用预算时，各部门可以自主提出预算需求、自己编制自己部门的预算，也可以由某一个统筹部门来做全公司的费用预算等。《企业全面预算管理》一书写道："通过层层分解预算目标，还使企业的每一个部门、每一个员工都有了明确、具体的奋斗目标，从而激发各部门及全体员工努力工作的主观能动性，为全面完成企业经营目标奠定坚实的基础。"[1]

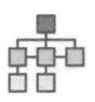

根据类型/职业划分健康体检　　**企业各部门费用预算编制**

入职体验、个人体检、团队体检、入伍体检　　部门自主提预算需求、自主编制预算，以及某一个部门来做全公司的费用预算

图8-16　以健康体检类型对比各部门费用预算编制

第三节　避开企业财务陷阱促进价值增长
（"三生万物"：现状 × 未来 × 价值）

若人体的五脏六腑中某一部分出现问题，可能会引起相应的临床表现，例如肺脏发生病变，患者可能会出现咳嗽、咳痰、发热等症状。企业的健康

---

[1] 张长胜. 企业全面预算管理[M]. 北京：北京大学出版社，2007.

发展跟人一样，任何一个模块出现问题，都不利于企业发展。

对于企业全面预算管理而言，"三生万物"表现为：企业避开财务死亡陷阱，从而为未来的发展与价值增长等奠定基础。具体来说，因为要透过企业经营数据所体现出的财务价值来看清企业经营现状与未来潜力，所以"三生万物"需要落实到具体财务模块上。本节着重解析企业如何避开财务死亡陷阱，以及如何做好精细化的核算和价值分配制度，在此基础上判断企业的发展现状与未来潜力，以更好地促进价值增长。

一、如何避开企业财务"死海效应"（看清现状 + 预测未来）

企业要避开财务陷阱，笔者认为首先要看清企业的五脏六腑所对应的财务现状，避免陷入企业财务"死海效应"。

"死海效应"最早是由布鲁斯·韦伯斯特提出的，意思是企业发展到一定阶段，能力高的员工容易离职，能力弱的员工留着不走，久而久之，这部分能力弱的员工升为中高层，导致企业的效率和创新力下降。

在企业的财务体系中也存在"死海效应"，即企业从初创期进入成熟期，如果企业老板对财务知识一窍不通，公司也不重视财务体系的建设，久而久之，就会导致企业的财务流程不完善、账务混乱难以追溯等问题。这些问题积累起来会限制企业的发展，甚至最终导致企业落入衰退期。那么，该如何避开企业财务"死海效应"呢？

笔者认为透过企业的财务体系来看企业发展的现状与未来，就如同通过人的五脏六腑判断身体的健康状况。为了便于理解，下面我们逐步通过人的五脏六腑与五官的关系来辨证论治，对比分析企业如何避开企业财务"死海效应"。

1. 心与小肠的辨证论治→以客户为中心与筛选有效客户

如图 8-17 所示，五脏之心是身之主宰，负责将气血输送到身体的各个末梢，提供源源不断的能量，气血稳定、心处于宁静状态时，人的思维就会变得更加敏锐和灵活。心对于人的重要性，堪比以客户为中心对于企业的重要性，其贯穿于定价、生产、销售、推广、服务等企业运营全流程。为客户提供长周期的价值，是为企业带来收入增长的基本盘。例如当年的诺基亚、摩托罗拉等品牌的手机，卖点是通话功能，属于以产品为导向来获取增长。然而，后来的苹果公司通过深入了解客户的需求，以客户需求为导向推出了用户体验很好的iPhone手机，后来居上超越了传统的手机品牌，取得了增长。

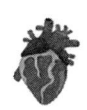

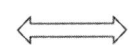

五脏之"心"
身之主宰
气血输送到身体的各个末梢

以客户为中心
贯穿企业定价、生产、销售、
推广、服务等全流程

图8-17 以心的特征对比企业以客户为中心

如图8-18所示，六腑之小肠，相当于接受食物的容器，食物进入身体后要在小肠里进一步吸收与消化。保持小肠畅通，能更好地补益心脏。这就像企业要在目标客户中进一步筛选有效客户，这是实现企业稳定增长的关键之一。例如可以通过分析客户的购买行为、消费习惯、行为偏好等评估客户的价值，进而制定相对应的维系客户的策略，以带动企业增长。

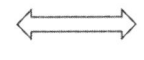

六腑之"小肠"
相当于接受食物的容器
进一步的吸收与消化

筛选有效的客户
分析客户、评估客户
带动企业增长

图8-18 以小肠的特征对比企业筛选有效的客户

心与小肠有密切的联系，要判断心与小肠的健康状况，可以通过舌头来判断。为了更形象地说明它们之间的关系，以分析企业如何避开财务"死海效应"，下面我们看看Loom这款功能简单的录屏软件是如何获得市场与客户的青睐的（如图8-19所示）。

（1）心是五脏六腑之主，相当于Loom始终贯彻以客户为中心，来驱动企业增长。具体来说，Loom的定位是办公软件，但它并不像钉钉、企业微信那样有完备的办公功能。Loom吸引客户的功能之一是精细化地提供录屏分享功

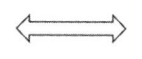

心、小肠、舌头

1. 心是五脏六腑之大主
2. 小肠可作为造血的原材料，化浊为清、心血充足
3. 舌头感受味觉，舌头柔软、味觉灵敏、口齿清晰

录屏软件Loom

1. 以客户为中心，提供录屏分享
2. 进一步筛选用户，打造录屏+分享的使用闭环
3. Loom打进用户心智，接受10亿美元收购

图 8-19 以心、小肠与舌头的联系对比 Loom 的成功之处

能。例如一些在网络上讲课的老师要将录屏文件分享给学生，往往要经过上传、下载几个 G 容量的数据来实现，十分浪费流量和时间。而 Loom 就提供了录屏分享功能，只要把 Loom 嵌入软件中，就能轻松地通过云盘将数据分享给其他人。

（2）食物在小肠里可作为造血的原材料，然后在心脏中产生血液来流通于身体，相当于心的取材处是小肠，小肠又可以化浊为清，使得心血充足。这就像 Loom 进一步筛选客户，驱动增长。乍一看，Loom 的分享功能并不难实现，其他厂商也可以做同样功能的产品。但 Loom 团队继续深入分析客户，他们把这个录屏软件做到了极致，例如不用安装，只需要简单嵌入浏览器就可以使用，而且录屏文件分享出去后还可以看到别人的观看数据、反馈等，形成了一个录屏 + 分享的使用场景。

（3）人们通过舌头感受食物的味道，健康的舌头柔软、味觉灵敏、口齿清晰，反之，心火过旺会导致口舌生疮。这就像 Loom 所取得的市场反响。具体来说，用户使用录屏功能的时候，首先会想到 Loom，这说明 Loom 已经成功占据了用户心智。Loom 发展至今，全球用户超过 2500 万、付费客户超过 20 多万，其在财务方面获得了相当不错的收入与利润。而且在 2023 年 10 月 13 日，Loom 还被软件巨头 Atlassian 公司以 10 亿美元收购，这些都印证了 Loom 受到了市场的青睐，进而获得良性发展。

2. 肝与胆的辨证论治→企业现金流与负债率

如图 8-20 所示，五脏之肝，有代谢消化、调节各个器官来维持平衡等作用。这就像企业的现金流。如果企业长期处于现金流短缺的情况，那么就有资金链断裂的风险。一定程度上可以说，企业现金流比利润还重

第八章 企业天地人三维生命体：企业财务价值增长

要。没有利润，无法支撑企业发展；而没有现金流，则无法维持企业正常的运营。现金流不充足，有利润也难以撑起企业的可持续发展。例如现金流的每次周转都会伴随着收入和利润的变动，但利润的增减未必能影响现金流，如应收账款增加带来的收入及利润增加、固定资产折旧带来的利润减少等。

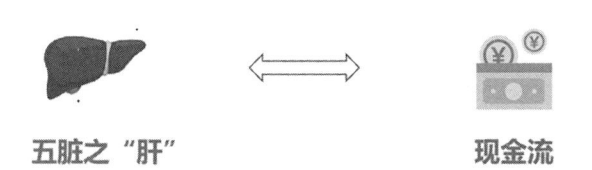

五脏之"肝"　　　　　　　　　　**现金流**

代谢消化、调节器官来维持平衡　　　防止资金链断裂的风险

图 8-20　以肝的特征对比企业现金流情况

如图 8-21 所示，六腑之胆，是中正之官，有决断的功能，能体现出勇与怯。例如人们常说一个人胆子大还是胆子小，所谓的胆气，一定程度上可以调节人的思维活动。这就像企业的负债率，体现企业是机会导向或者战略导向地投入经营。就像有些胆子大的企业单纯秉持机会主义来赚快钱，导致负债率过高，资不抵债就容易走向破产。实际上，企业发展要以长期主义为基调，从机会导向转向战略导向，用战略定方向，通过深入了解市场和行业趋势、制定明确的战略目标、做好组织架构和资源配置等措施来平衡好负债率，促进企业增长。

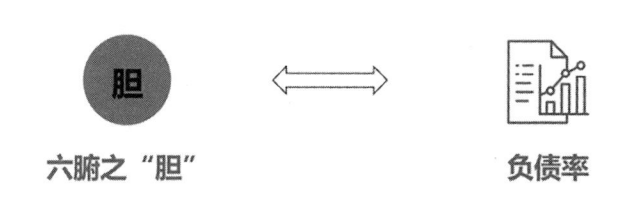

六腑之"胆"　　　　　　　　　　**负债率**

调节人的思维活动　　　　　从机会导向到战略导向
　　　　　　　　　　　　防止负债率过高，资不抵债

图 8-21　以胆的特征对比企业负债率

肝与胆有密切的联系，要判断肝与胆的健康状况，可以通过眼睛来判断。为了更好地说明它们之间的关系，来分析企业如何避开财务"死海效应"，下面借助广汽菲克的案例加以分析（如图 8-22 所示）。

肝、胆、眼睛	广汽菲克
1. 肝与胆作用下的胆汁，起到吸收营养、代谢废物的作用 2. 肝胆出现问题，会眼角发青，病变表现为手没劲、抽筋等	1. 作为中外合资企业，借越野Jeep品牌国产化生产，带来丰厚的现金流 2. 市场不景气等，负债率居高不下，没法维持其自身的正常运营

图 8-22　以肝、胆与眼睛的联系特征对比广汽菲克的经营情况

肝负责生成胆汁，胆负责贮藏和排泄胆汁，肝与胆共同起到吸收营养、代谢废物的作用。这就像广汽菲克运用现金流驱动企业的经营发展。广汽菲克是广汽集团和美国克莱斯勒集团在 2020 年合作成立的中外合资企业。广汽菲克凭借越野车 Jeep 品牌的国产化生产、销售取得了辉煌的成绩，带来了丰厚的现金流。广汽菲克的业务模式包括整车生产制造、销售及售后等环节，这些都需要大量的现金流来维系，反之则会影响到这些业务的正常运转。

如果肝胆出现问题，会体现在眼睛上，比如眼角发青，因此我们可以通过眼睛是否健康明亮来对肝胆的状况做出判断。这就像广汽菲克的负债率情况，受到市场不景气等因素影响，截至 2022 年 9 月 30 日，广汽菲克总负债为 81.13 亿元，资产负债率达 110.80%。负债率高居不下，表明广汽菲克资不抵债的财务状况十分严重，没法维持其自身的正常运营。2022 年上半年，广汽菲克的汽车销量仅为 1861 辆，也说明了其销售经营带来的现金流是不健康的。由于连年亏损，广汽菲克于 2022 年 10 月正式申请破产。综合分析，企业如果不能合理地维系好现金流和负债率，会对企业目前的运营以及未来发展产生不利影响。

此外，现金流量和负债率一般来说是对立的存在，如果二者都高，那就很有可能存在财务造假或者经营不善。企业要做好合理的资金计划来避免这些风险，例如可以把企业的资金分为以下三类进行科学管理（见表 8-4）。

表 8-4　企业的资金分类

类别	举例
经常性资金	如：销售回款、物料采购、日常开支等
投融资资金	如：设备场地的投资、股东和债权人的融资
业务外的流动资金	如：老板提款、为其他公司担保风险等

第八章 企业天地人三维生命体：企业财务价值增长

3. 脾与胃的辨证论治→企业的业务流与固定成本

如图8-23所示，五脏之脾，是人体的血库，有造血、滤血、免疫等作用，当脾出现问题时，人的免疫、造血功能等容易受到影响。这就像企业的业务流情况，有的企业选择跨界多元化经营，便会面临资源分散、资金链断裂等风险。尤其是对于初创型企业来说，如果主业未稳之时就频频进行多元化发展，涉足不同的行业领域，可能会由于缺乏经验、资源短缺等，导致增长失利。实际上，初创型企业要充分聚焦于自身熟悉的领域，向着专精特新不断做强做大。

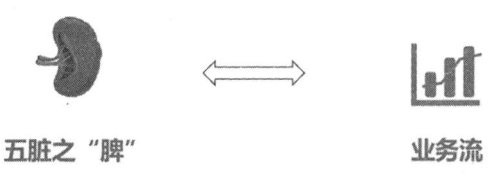

五脏之"脾"　　　　　　　　业务流

人体血库，出现问题时　　　　跨界多元化经营
人的免疫、造血功能等容易受到影响　　面临资源分散、资金链断链等风险

图8-23　以脾的特征对比企业业务流情况

如图8-24所示，六腑之胃，能够初步消化我们吃下的食物，继而下传到其他脏腑，但吃太多会加重胃的负担，从而造成胃胀、便秘等。这就像企业的固定成本投入，优化管理，能够减轻成本压力，为企业带来可持续的发展能力。比如一家企业第一年的业绩是1000万元，年增长率超过100%，然后做到了3000万元、1亿元，其所投入的设备、土地等固定成本也会相应提高。但如果这家企业的业绩突然从1亿元下滑到3000万元，它们的固定成本在高位，很难一下子降下来，从而会造成损失，甚至导致企业破产。

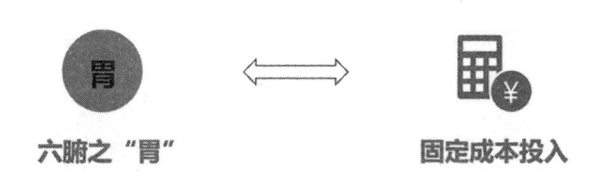

六腑之"胃"　　　　　　　　固定成本投入

消化食物，吃太多会加重胃的负担　　管理优化，减轻固定成本的压力

图8-24　以胃的特征对比企业固定成本投入

脾与胃有密切的联系，要判断脾与胃的健康状况，可以通过口唇来判断。为了更好说明它们之间的关系，分析企业如何避开财务"死海效应"，下面借助巨人集团的案例看看它是如何陷入多元化发展困境的（如图8-25所示）。

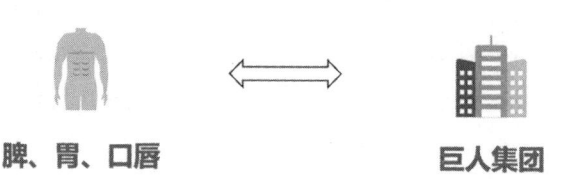

脾、胃、口唇

1. 脾还有运输和消化食物的作用，而胃则是负责接受、储存食物
2. 脾胃出现问题，唇黄、唇脱皮、流血，食欲不振、消化不良

巨人集团

1. 主营业务是桌面中文电脑软件，成为国内领先的行业
2. 电脑软件、房地产和生物医药，多元化发展后陷入破产危机

图8-25　脾、胃与口唇的联系特征对比巨人集团的多元化发展情况

脾还有运输和消化食物的作用，而胃则是负责接收、储存食物，若进食合理，脾胃协调健康。这就像巨人集团前期聚焦的业务流情况。巨人集团的前身是巨人新技术公司，其1989—1992年的主营业务是桌面中文电脑软件，逐渐发展成为国内极具竞争力的计算机企业。1993年之后，IBM、惠普等国外计算机企业进入中国，巨人集团亟须寻求新的增长点来突破。而当时的房地产和生物医药等行业兴起，巨人集团开始往这方面开启了多元化发展战略。

如果暴饮暴食导致脾胃出现问题，口唇会出现一些症状，比如唇黄、唇脱皮、流血等，还容易导致缺乏食欲、消化不良等。这就好比巨人集团多元化发展后陷入破产危机。巨人集团的多元化战略包括电脑软件、房地产和生物医药。例如在房地产业务上，巨人集团计划在完全陌生的领域建造一座巨人大厦，其筹资计划是1/3靠卖楼投入、1/3靠银行贷款投入、1/3靠自有资金投入。但巨人大厦的投入巨大，巨人集团在当时很难承受得住这样浩大的工程。同时在生物医药业务上，巨人集团又推出减肥食品等保健品，取得了一定的成绩。但到了1995年，巨人集团的财务状况进一步恶化，其又将生物医药的部分资金转到巨人大厦的建设当中。到了1996年，巨人大厦最终没能如期竣工交付，保健品方面的业务业绩也下滑，巨人集团最终陷入了破产危机。

第八章 企业天地人三维生命体：企业财务价值增长

4. 肺与大肠的辨证论治→企业的财务组织与财务风险

如图 8-26 所示，五脏之肺，负责吸入氧气和排出二氧化碳，完成气体交换，为体内的器官和细胞提供能量。这就像企业的财务组织要做好全面预算管理、精细化核算与财务审查等工作，连接起企业的经营运转过程。例如华为公司有三大支柱支撑其高效率地进行财务管理，分别为财务中心（Center of Expertise，COE）、财务业务伙伴（Business Partner，BP）以及财务共享服务中心（Share Service Center，SSC），具体作用见表 8-5。

五脏之"肺"　　　　　　　　财务组织

吸入氧气和排出二氧化碳　　　做好全面预算管理、精细化核算
为体内的器官和细胞提供能量　　与财务审查，衔接经营过程

图 8-26　以肺的特征对比财务组织的运作

表 8-5　华为公司的财务组织管理三大支柱

部门	任务
财务中心 COE	面向战略层面，制定集团的财务战略、政策、流程和规则等
财务业务伙伴 BP	面向业务层面，财务派驻到不同的业务组织中，将内控融于业务之中，提供专业的财务解决方案
财务共享服务中心 SSC	衔接 COE 和 BP 的信息集成中心和业务处理中心，提供高效、优质、低成本的财务服务

六腑之大肠，可以将对人体没有价值的废物残渣转化为排泄物排出体外，这就像企业财务体系要规避常见的风险（如图 8-27 所示）。下面列举一些常见的避险方案，见表 8-6。

六腑之"大肠"　　　　　　　　规避风险

没有价值的废物残渣排出体外　　企业财务体系要规避风险

图 8-27　以大肠的特征对比财务规避风险

表 8-6　财务体系规避方案

项目	说明
避险 1	公司账户的钱，不能随意转移到自己私人账户上
避险 2	老板从公司借款，需每年 12 月 31 日前归还借款，否则有可能被视为分红，需缴纳 20% 个人所得税
避险 3	注册资金切勿盲目加大，注册资金越大，承担的责任越大
避险 4	不能虚开公司增值税的发票，要承担法律责任
避险 5	做好全年的财务核查和清查，比如梳理好账务、报表等，确保账实相符

肺与大肠有密切的联系，要判断肺与大肠的健康状况，可以通过鼻子来判断。为了更好说明它们之间的关系，分析企业如何避开财务"死海效应"，下面借助京东集团的数智化财务流程管理来具体分析（如图 8-28 所示）。

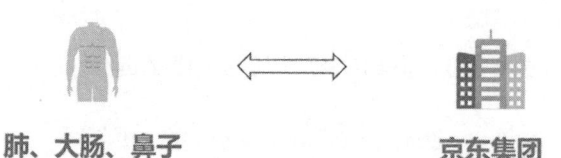

肺、大肠、鼻子

1. 肺掌管呼吸，鼻子作为气体的吸收和排出通道
2. 肺腑津液下达到大肠，大肠缺乏津液滋润，容易导致便秘等

京东集团

1. 京东集团标准化、自动化的财务流程，快速识别有可能出现的错误
2. 京东集团的财务流程集中化处理，加强管控、提高准确性、真实性

图 8-28　以肺、大肠与鼻子的联系对比京东集团的数智化财务流程

肺掌管呼吸，鼻子是吸收和排出气体的通道，如果肺出了问题，容易出现气虚无力、鼻塞、干燥等症状；肺与鼻子健康有序地工作，则人呼吸舒畅。这就像京东集团建立了标准化、自动化的财务流程，有一套自动化的财务处理系统，可以根据预设的标准化规则和流程，自动收集、处理和分析财务数据，减少人为错误，提高效率。

同时，肺出现问题的时候，肺腑的津液就不能顺畅地下达大肠，大肠缺乏津液的滋润，容易导致便秘等症状；肺健康运行时，大肠才能顺利地集中处理废物。这就像京东集团的财务流程还追求集中化处理，把集团各分子公司的财务数据集中到总部进行处理，一方面可以加强对分子公司的财务管控，另一方面可以避免财务数据的重复录入，提高数据的准确性、真实性。

综上所述，京东集团通过数智化的财务管理流程，提高了财务体系的效率，降低了成本，也规避了一些风险。

5. 肾与膀胱的辨证论治→企业财务的决策支持与人员管控

如图 8-29 所示，五脏之肾，相当于人体的"发动机"，肾脏推动人的生长、发育、生殖。这就像财务与战略相结合，经营模式可以从经营市场转化为经营数据，形成战略优势，提高企业的竞争力，实现价值最大化。同时，如果企业战略不聚焦，产品也不聚焦服务于核心用户，那么很容易演变出收入越来越低、成本越来越高、企业亏损等不良局面。

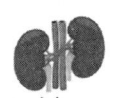

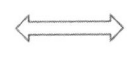

图 8-29　以肾的特征对比财务与战略相结合

如图 8-30 所示，六腑之膀胱，是人体的一个储尿器官，存储和排泄尿液，若一直储尿而不排出，会导致一系列的问题。这就像企业对财务人员的管控不到位，容易产生内耗、坏账、死账等问题。因此，企业要重视对财务人员的管控，做好税务规划、用工规划等工作。

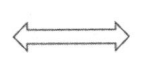

图 8-30　以膀胱的特征对比企业对财务人员管控

如图 8-31 所示，肾与膀胱有密切的联系，它们同属泌尿系统，可以排出代谢后的产物。要判断肾与膀胱的健康状况，可以通过头发来判断。如果肾与膀胱健康运行，则人的身体健康；如果没养好肾，头发会表现出发黄、脱发等症状。这就像企业人员在执行财务管理的时候，要站在公司的立场来开展工作，其中CFO是一个关键角色。例如年末的时候，CFO要做好春节前的资金安排计划，避免公司出现资金缺口，还要审查全年累积的涉税风险等。

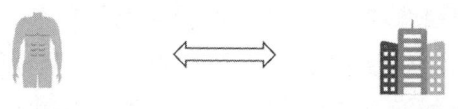

肾、膀胱、头发

肾与膀胱同属泌尿系统，可以排出代谢后的产物。没养好肾，头发会表现出发黄、脱发等症状

执行财务的关键人才

企业人员在执行财务体系的时候，要站在公司的立场来开展工作，这当中CFO是一个关键的人才角色

图8-31　以肾、膀胱与头发的联系对比执行财务管理的关键

6. 三焦的辨证论治→企业的一切反馈在财务上

六腑之三焦，是人体部位划分的特殊概念，管理和平衡人体的气血和能量。企业的三焦就是财务，因为企业所做的一切决策、经营、管理、服务等，最终都反馈在财务上，财务规范是企业的第一规范。企业要通过规范的财务分析，及时控制好经营风险，以及选择更有效的方式创造价值，保持长期主义，企业的成功自然水到渠成。

同时，三焦分为上焦、中焦、下焦三个区域，代表着人的"精、气、神"三方面。所谓三焦不通，百病丛生。如果人的"精、气、神"好，说明他的三焦通达，身体自然也会健康起来。三焦之间关系密切，上焦有病了，可以通过中焦来治，中焦有病了也可以通过下焦来治。下面分析三焦所对应的企业经营情况是如何反馈在财务上的。

（1）上焦对应心肺，在气血和能量的循环下，上焦能够提高人的精神、意志等生命活动，属于"神"的层面。下面用腾讯公司的案例进行分析。

如图8-32所示，心负责气血输送，好比腾讯公司本身就有庞大用户规模。肺负责气机传输，好比腾讯的业务广泛，涵盖了社交媒体平台、游戏、音乐、云计算等领域。心肺在"神"的层面，在有知有觉或先知先觉的状态下，就好比腾讯公司把财务数据转化为成体系的财务分析与判断，用科学的数据来解决企业的决策困境。具体来说，腾讯公司要把用户和业务更好地串联起来，其有一个强大的财务团队，负责分析一系列的业务收入、利润、成本、现金流等财务数据，以此来判断这部分业务的健康状况，进而做出后续的投资和决策。例如腾讯的电商板块，自身虽然有庞大的流量，也曾推出过拍拍网、QQ商城等业务，但后来从财务的结果来看，市面上的其他电商平台竞争过于激烈，很难更好地搭建出成熟的电商体系。腾讯团队经过科学的数据分析后，投资了京东、拼多多等电商平台，取得了共赢。

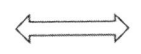

上焦　⇔　Tencent 腾讯

上焦对应心肺　　　　　　腾讯公司的用户与业务

心负责气血输送　　　　　本身就有庞大用户规模
肺负责气机传输　　　　　腾讯业务广泛
心肺在"神"的层面下　　　财务数据转化为财务分析与判断

图8-32　以上焦的特征对比腾讯公司的用户与业务

（2）中焦对应脾胃，脾胃是后天之本，属于"气"的层面。下面用字节跳动的案例进行分析。

如图8-33所示，脾是人体的血库，这就好比字节跳动公司旗下有抖音、今日头条等App产品，这些App吸收了庞大的用户流量。胃能够消化食物，这就好比字节跳动公司要考虑如何将这些用户流量转化为自身的业务增长。脾胃在"气"的层面，通达起来可以养气，为肺腑活动提供动力，这就好比字节跳动要进一步地向数据要增长，解决企业的盈利困境。而字节跳动用大数据技术来分析用户的使用行为、时长及兴趣爱好等，进而个性化地推送一些用户感兴趣的内容，吸引他们的关注和消费，从而提高了字节跳动公司的盈利能力。

中焦　⇔　ByteDance 字节跳动

中焦对应脾胃　　　　　　字节跳动的流量与业务增长

脾是人体血库　　　　　　抖音、今日头条等App有庞大用户流量
胃能够消化食物　　　　　考虑如何转化为业务增长
脾胃在"气"的层面下　　　大数据推送内容，转化为盈利能力

图8-33　以中焦的特征对比字节跳动的流量与业务增长

（3）下焦对应肝肾，具有代谢排出、生殖等作用，属于"精"的层面。下面用苹果公司的案例进行分析。

如图8-34所示，肝可以吸收营养、代谢废物，这就好比苹果公司的财务

团队精细化地做好财务报告和预算管理等模块的工作。例如苹果公司通过收集和分析能够反映公司财务状况和经营成果的财务数据,做成科学且真实的财务报告,以便决策层做出明智的投资决策。

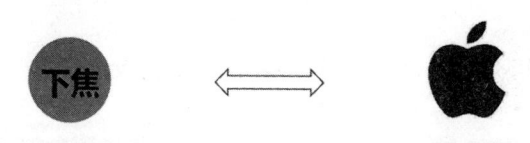

下焦对应肝肾
肝可以吸收营养、代谢废物
肾则相当于人的"发动机"
肝肾在"精"的层面下

苹果公司的财务团队
精细化做好财务报告和预算管理等
与研发/业务等团队联动驱动增长
苹果公司有专业的财务团队

图8-34 以下焦的特征对比苹果公司的财务团队

肾则相当于人体的"发动机",这就好比苹果公司的财务团队与研发团队、业务团队等联动起来,如同双引擎驱动企业增长。比如在产品研发阶段,苹果公司的财务团队会参与前期的工作,为研发团队提供资源匹配、成本分析、风险评估等财务指引;在产品销售阶段,苹果公司的财务团队也会与营销推广、采购、物流等部门紧密合作,互通信息,提供财务分析,以协助这部分业务团队更好地提高效率。

肝肾在"精"的层面,精力充沛则人体更加灵活有力,这就好比苹果公司保持着专业的财务团队,为公司的决策提供科学的数据支持。引申来说,企业在执行财务管理时要避免人员变动或能力不足所带来的账务混乱、难以追溯等困境。其中,企业财务人员保持较高的财务意识可以有效降低公司的风险和成本。表8-7列举了部分企业财务部门需要重视的问题。

表8-7 企业财务需要重视的问题

问题	说明
重视企业发票问题	资金流、发票流、合同流、货物流,四流一致
重视税负率问题	税负率过高或过低,有被税务局约谈和核查的风险
重视社保缴纳问题	比如试用期不入社保、以最低工资标准缴社保或代缴社保等行为都是行不通的
重视虚假开户企业问题	银行、非银行等机构可以多维度地核查企业真实性,了解企业的经营状况、识别企业是否有开户资格

二、如何做好精细化核算账（真正塑造价值增长）

企业要做好精细化核算账工作，笔者认为要在提高认知的基础上，做好利润分配核算。

1. 认知1：财务机制的三大组成部分

如图8-35所示，笔者把财务机制分为三大部分：预算管理、审计与核算。三者之间有什么区别呢？假如用语法时态来比喻，预算管理就是"将来时"，可以对企业未来的一段时间的经营活动和财务状况做出预测和规划，财务管理的经营开支预算一般由COO担任总审批人。审计就是"过去时"，对资产负债表、利润表、现金流量表等财务报表做审核、评估，确保其真实性、准确性，一般由CFO担任审计负责人。核算则是"进行时"，主要是计算、整理好一系列财务交易和活动的过程，确保其完整性。一般由财务中心进行利润核算和一系列的分配。简单来说，核算就是算账+分钱。这一过程中包括进行会计核算、资金管理、税务筹划、投资并购融资等经营过程的账务。总的来说，三者相互联动，促进企业发展，预算管理可以给审计和核算提供基础数据，审计的结果可以纠正预算管理与核算的纰漏，核算可以作为下一次预算管理与审计的基础，更好地指导企业经营活动。

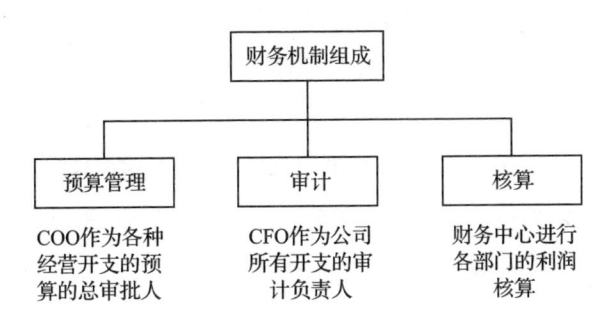

```
                    财务机制组成
         ┌──────────────┼──────────────┐
       预算管理          审计            核算
   COO作为各种        CFO作为公司      财务中心进行
   经营开支的预        所有开支的审     各部门的利润
   算的总审批人        计负责人         核算
```

图8-35 财务机制的三大组成部分

此外，企业账务还可以分为内账、外账与核算账。三者的基础计算公式见表8-8。

内账面向企业管理层，即内部对经营活动产生的利润进行决策和管理。外账面向外界相关机构，公开财务信息展示公司的经营情况。核算账面向利益相关者，作为进行利益分配的依据，起到激励员工积极性、提高公司效益等作用。

表 8-8 内账、外账与核算账公式

分类	公式
内账	利润 = 实际所有收入 − 实际所有开支
外账	利润 = 账号上的收入 − 账号上的支出，可用于对外财务数据，公布给相关机构
核算账	利润 = 核算之后的销售额 − 成本，用于界定分红等费用，作为激励员工的依据

2. 认知 2：财务账和核算账之间的区别

所谓财务账，是指综合汇总和整理企业的一系列财务状况及业务的相关账务，比如记录资产、负债、所有者权益等财务报表，最终的财务数据可公布给相关机构。

核算账则是更精细化地对企业内部的经营活动、业务进行核算的相关账务，比如对经营过程中的研发、采购、生产、销售等环节的账目进行成本与利润核算，这部分主要是面向内部的决策者。核算账还能够分析企业资产的状态和来源，包括资产的构成、变化和利用情况，为企业提供重要的财务信息和指导。

3. 认知 3：企业做好核算账的目的

核算账又称经营账，一般由资产、负债、所有者权益、收入、费用、利润六大模块组成，根据这些要素可以从经营的角度来分析其目的：一是确保企业的各项经营活动能够在内部清晰透明地展示出来并有序进行。二是能够提供各种统计分析数据，为企业的决策制定和未来发展提供依据。三是可以帮助决策层进行数据化管理，让决策者更好地了解真实的运营情况，驱动企业向数据要增长。四是可以帮助企业优化资源配置、降本增效。此外，还有一个进行精细化核算的工具复式记账法，意思是在每一笔经营业务的借和贷的记录过程中，核算时始终能够相互验证和核对。

【延伸链接：做好核算账要遵循两个基本原则】

一是账务准确全面原则。企业做账时，要准确、全面地核算企业经营活动的一系列数据，避免核算账类目数据出现纰漏。这首先要明确区分各个类目，比如应收账款与预收账款的区别：假如 A 公司需要卖价值 500 万元的产品给客户，A 公司已经入账 200 万元，另外 300 万元属于应收账款；如果客户把 500 万元都打到了 A 公司的账户上且 A 公司还没发货，那这 500 万元就属于预收账款。企业要明确这些类目的定义与作用,才能做好账务。

二是报税合理原则。核算后的报税首先要按照税法的相关规定执行,做到不多缴税也不漏缴税。企业遵循这些核算原则,可以更好地提高运作效率,为企业发展提供有力支持。

4. 实操 1:做利润分配核算时如何划分生产中心与销售中心的比例

如图 8-36 所示,生产中心与销售中心一般合理的利润分配是 4∶6,但利润分配要确保公正,并不是卖了多少钱就简单地按照多少比例来分,这当中还要把成本核算进去。例如 B 公司生产一款产品,制作成本 10 元,售价 50 元,毛利 40 元。核算后的利润分配是:生产中心核算后的分配利润 = 毛利 40 元 × 40%+10 元 =26 元;销售中心核算后的分配利润 = 毛利 40 元 × 60%=24 元。值得注意的是,生产中心与销售中心的利润是在产品完成销售产生收入之后来分配。另外,根据产品类型还可动态调整,比如带来客户流量的产品、体验产品等可以给生产中心分配更高的比例;产生利润的核心产品可以给销售中心分配更高的比例。

生产中心
一般来说
产品毛利润的40%+直接制造成本

销售中心
一般来说
产品毛利润的60%

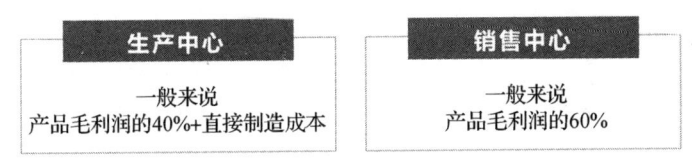

图 8-36 生产中心与销售中心的利润分配

同时,可以基于存量与增量利润做企业的利润核算分配。有的营销人员,利润分得少了没有积极性,分得多了又可能造成惰性,综合核算下来,可能对企业的增长带来影响,因为企业生产、销售产品会涉及一系列的收入、成本和公摊成本。比如一家实体门店的店主,可以设计 2 套适用不同情景的利润分配机制来激发员工的积极性(见表 8-9)

表 8-9 实体门店的 2 套利润核算分配机制

情景	机制实操
门店新项目开展	存量客户增长的利润少分,增量客户增长的利润多分
门店经营不善或利润没太大突破	存量客户增长的利润不分,重点分增量客户带来的利润

5. 实操2：如何正确计算毛利率

为了确保利润核算准确公正，还要正确地计算毛利率。假如某个产品成本120元，售价150元，它的毛利率=（售价－成本）÷售价×100%，即（150-120）÷150×100%=20%。反过来，假如某个产品成本120元，毛利率要达到30%，售价=成本÷（1-毛利率）。按上述案例，售价=120÷（1-30%）=171.4元。

此外，利润核算的基础公式是核算利润=销售额－成本－税金－发展备用金，根据不同的分类可以演变出一系列公式，部分公式见表8-10。

表8-10　利润核算公式（部分）

分类	利润核算公式
项目部	核算利润=销售额－预收款－项目开支－总部营销费用分摊－总部管理费用分摊－质保金－税金
事业部	核算利润=本部销售额－分子公司分配部分－总部成本分摊－本部成本费用－研发费用－税金
分子公司	核算利润=总销售额－事业部分配部分－分子公司分摊成本－分子公司运营成本－发展备用金－税金
集团公司	核算利润=（事业部利润－事业部人员分红)+(分子公司利润－分子公司人员分红）

6. 实操3：区分边界利润与真正的经营利润

边界利润一般站在营销人员自身的角度来计算，用销售出去的收入减去成本、赠品、提成，得出的就是企业的边界利润。但这种计算方式忽略了一些分摊成本，真正的经营利润还要算上水电费、房租、工资分摊、运营费用等，具体见表8-11。

表8-11　边界利润与真正的经营利润的区别

	例如：公司某个业务员销售了一台1000元的洗衣机
边界利润	在营销员的角度，会认为自己为企业创造的利润=1000元－制作成本200元－销售赠品50元－销售提成100元=650元
真正的经营利润	真正的经营利润，还要除去店铺的水电费和房租、人员工资分摊、部门运营等费用，因此，最终的利润变成了650元－水电费和房租50元－人员工资分摊50元=550元

实际上，企业核算真正的经营利润，一是从业务视角计算从生产到销售与售后的产品全生命周期内所产生的利润；二是从财务视角计算业务所涉及的一系列财务科目的数据；三是从资金视角计算企业整体战略经营情况下的资金流入与流出情况。

第四节　企业通过降本增效促进价值增长
（"三生万物"：目标 × 外部 × 内部）

本节着重解析企业通过降本增效促进价值增长，这里的"三生万物"表现为：企业确定好目标，努力从外部与内部实现降本增效，以此全面促进企业增长。

提起降本增效这个话题，笔者联想到增肌减脂的概念，比如瘦的人希望增肌，胖的人希望减脂。实际上，科学的增肌减脂是可以互相包含并行发展的，这就是以健康为前提，让人体的各项数据保持在一个合理的范围内，帮助大家更好地锻炼出一副好身体。

一、通过确定管理目标促进企业增长（资金/利润/速度/效率目标）

企业要通过降本增效促进增长，笔者认为首先要懂得如何通过确定管理目标来促进企业增长。

下面用科学增肌减脂对比分析企业如何通过确定管理目标促进企业增长，实现利润倍增。

1. 降本增效的四大管理目标

（1）资金管理目标。如图 8-37 所示，体重指数 BMI 就像企业的资金管理。体重指数 BMI 是用身高和体重的比例来衡量人们是否肥胖的指标。如果 BMI 在正常范围，但局部肥胖，则需要降低体脂。企业资金管理也一样，要根据企业的实际情况确定最佳的资金需求量和资金周转期目标，把资金用在实处。

同时，要让 BMI 达到理想状态，还要时刻关注自身的 BMI 数据，这就像企业要做好滚动现金流量的预算目标，协调好企业经营、投资、融资等方面

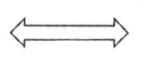

体质指数BMI

BMI要达到理想状态
时刻关注自身的情况
多余的脂肪减不下

资金管理

做好资金需求量和资金周转天数
做好滚动现金流量的预测
产品放在仓库里产生不了利润

图 8-37　以体重指数 BMI 对应资金管理

的现金控制。人体内多余的脂肪减不下去，就如同产品放在仓库里，是产生不了利润的，所以要合理设置库存和库龄的流动目标，作为衡量整体效率的指标之一。

（2）利润管理目标。如图 8-38 所示，控制腰臀比就像企业的利润管理。腰臀比就是腰围和臀围的比例，是判断这两个部位是否肥胖的重要指标。人们每天的站、立、起、坐、行等都需要腰臀部位的肌肉群发力，如果大量的赘肉堆积在腰腹部，容易造成糖尿病、高血压等疾病。这就像企业的利润是企业经营成果的体现，利润是负值时企业难以发展下去。所以要确定好利润管理目标并努力实现，可以从产品结构、客户结构、市场结构、渠道结构、组织结构等方面入手。

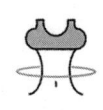

腰臀比

腰臀部位的肌肉群发力

利润管理

从产品结构、客户结构、市场结构、
渠道结构、组织结构等方面入手

图 8-38　以腰臀比对应利润管理

此外，进行利润管理，还可以从发掘采购的价值入手。比如有些生产型的企业，不重视采购环节，很容易陷入粗放型管理，导致采购环节就产生了很大一部分成本。其实，如果能从采购入手降低成本，那这部分释放出来的成本就是利润增长。《采购 4.0：采购系统升级、降本、增效实用指南》一书中写道："企业要理解采购价值，发挥采购作用，像重视销售一样重视采购，给予支持、资源、指导、激励。"①

【步骤链接：企业制定利润管理目标的四大步骤】

第一步，锁定核心业务，筛选出能够带来盈利的业务。

第二步，确定利润目标，制定出实现利润目标的计划。

第三步，将利润目标分解到各级组织当中安排执行。

第四步，对利润目标的完成情况实施考核，确定达成目标、未达成目标、超额完成目标等情况分别对应何种奖惩。

（3）效率管理目标。如图8-39所示，控制体脂率就相当于企业的效率管理。体脂率是指人体内脂肪重量在人体总体重中所占的比例，可作为判断人们体型的标准，因此把控制体脂率也纳入增肌减脂的目标。这就像企业要做好效率管理，首先要确定好人员效率、资金效率、设备效率等指标的管理目标，然后从加法转变到乘法，实现企业运营效率的快速提升。

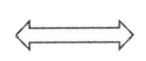

体脂率
体内脂肪的积累情况

效率管理
人员效率、资金效率、设备效率等

图8-39 以体脂率对应效率管理

【案例链接：模拟制造业工厂生产的效率管理】

假设一家玩具工厂的老客户要求工厂每周的交货量是1万件，但工厂业务量大、模具数量有限，尽管员工24小时投入生产，还是达不到交货量。面对这种情况，应该如何做？具体见表8-12。

上述的经营增效的逻辑路径是：确定目标成本→指定可行性方案→分解任务到各部门→协同生产交货。企业在落实过程中，会潜移默化地内化更多的管理措施进去。比如在确定目标成本前，会以评估目标利润为前提。分解

---

① 姜宏锋. 采购4.0：采购系统升级、降本、增效实用指南[M]. 北京：机械工业出版社，2016.

任务到各部门时，财务部可能会与前端一线人员协同保障成本与质量，然后再进入生产筹备、采购原料、初步生产、评定良品率、后续量产环节，最终投入市场获利等。

表 8-12　制造业工厂的效率管理

部门/人员	事项安排
1. 设计部的工程师	测量评估好每套模具的产出周期，细分到每一班的定额产出
2. 车间的负责人	每 3 小时向上级报告一次生产量，达成每班定额目标，则奖励该车间人员现金
3. 设计部与车间协同	评估产出和良品率，让每套模具和生产机器达成最佳匹配。然后车间还要找出不良品的具体情况，并提出具体改善措施
4. 模具部门	根据产出、品质状况的解决方案，安排修模
5. 备注	所有参与此生产项目的人员，达成了目标交货量，给予一定的奖励

（4）速度管理目标。如图 8-40 所示，每个人要根据自己的体质、年龄等设定增肌减脂目标。短时间内减脂速度不能过快，不然可能会对体内器官造成损害。这就像企业还要做好销售周期、采购周期、生产周期、库存和回馈等类目的速度管理，确定合理的速度管理目标，而不是一味求快。比如确定生产周期和销售周期目标时，要区分淡旺季，如果前端销售过猛，后端的库存和生产跟不上，也会影响企业后续增长。

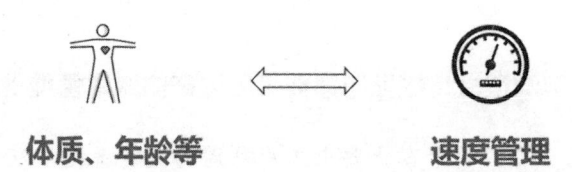

体质、年龄等

不能一下子减脂过快

速度管理

做好销售周期、采购周期、生产周期、库存和回馈等

图 8-40　减脂速度对比速度管理

2. 降本增效的两大关键

如图 8-41 所示，实现科学增肌减脂目标的两大关键是饮食与锻炼，这就像实现企业降本增效目标的两大关键是研销融合与业财融合。有的人一边大吃大喝一边锻炼，却说减肥没效果，这就是饮食与锻炼两大关键没有结合起

来的典型表现。

饮食与锻炼的结合

养成健康饮食、锻炼习惯

增效降本的关键

研销融合+业财融合

图 8-41　以饮食与锻炼结合对比降本增效的关键

企业要实现降本增效，也要抓好两大关键的结合推进。一是要做好研销融合，就是企业内部搞研发的技术人员要与销售人员高效沟通，确保生产出来的产品能够持续卖出去且能卖出个好价格，以此提升企业业绩。二是要做好业财融合，收入与支出数据，要匹配得上财务核算，以便于管理者透过数据分析来科学决策。

3. 不同时期的降本增效

如图 8-42 所示，每个人增肌减脂时要根据自己的实际情况来匹配不同阶段的最佳方案，就像企业根据发展程度可以分为初创期、成长期和成熟期等，不同时期的降本增效策略要有所取舍，从整体的视角来选择适合的机制来管理企业。例如成熟期的企业以财务为主导，考虑更多的是财务风险；初创期到成长期的企业以业务为主导，考虑更多的是业务过程中的风险。

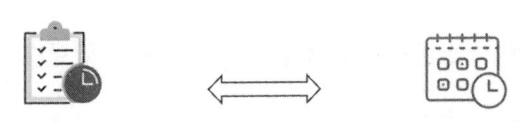

增肌减脂的不同阶段

根据自己实际情况来匹配最佳的方案

不同时期的增效降本

初创期、成长期和成熟期

图 8-42　以不同阶段的增肌减脂对比不同时期的降本增效

二、通过外部增效促进企业增长（产品/客户增效）

企业要通过降本增效促进增长，笔者认为还要懂得如何通过外部增效促进企业增长。

下面用科学增肌减脂的方式对比分析企业如何通过外部增效促进增长，

实现利润倍增。

1. 产品增效措施

如图8-43所示,增肌减脂的过程中要防止消耗过多热量,所以在锻炼的时候需要适当减少有氧运动。这就像企业开发或销售产品时,要懂得取舍,要把重心放在具有竞争力的核心产品上。企业要生产适销对路的好产品,避免滞销所带来的产品过期或者库存成本过高,导致最终低价出售清理库存,利润下滑。

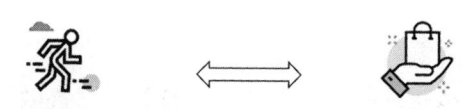

减少有氧运动的比例　　　产品方面的增效措施
防止消耗过多热量　　　重心放在具有竞争力的核心产品

图8-43　以减少有氧运动对比产品增效措施

那么,企业该如何避免造成大量产品滞销?

一是要在产品立项阶段就准确预测并选择未来可以畅销的产品。

二是开发畅销产品并不是模仿其他企业的产品来赚取微利。企业要用差异化的思维,开发出符合消费者需求且具备破坏性创新潜力的畅销产品。

三是开发差异化的畅销产品,离不开市场调研,建议前期稳扎稳打,研究好未来3~5年的产品趋势,后期再加快速度投入生产,赶上畅销期。

【案例链接:宜家家居设计与生产产品的模式】

宜家家居开发畅销产品的模式如图8-44所示。首先在产品定价上,一般企业是设计好产品再去定价,宜家家居则组建了一个产品战略委员会,由他们负责调研客户的实际需求,为产品开发团队定下设计方向。然后又将这个方向传递给产品经理,让他们来判断其是否具备未来投入市场的竞争力。完成了这一步骤后,接下来才真正执行设计流程。宜家家居的设计师进行产品设计时,采取内部竞争的方式,筛选出设计成本低且质量有保证的最优方案,最后才生产产品,确保能为企业带来效益。

2. 客户多不代表利润与业绩涨

对于有些需要增肌的人群,多吃不等于可以增肌,这就像企业经营中,

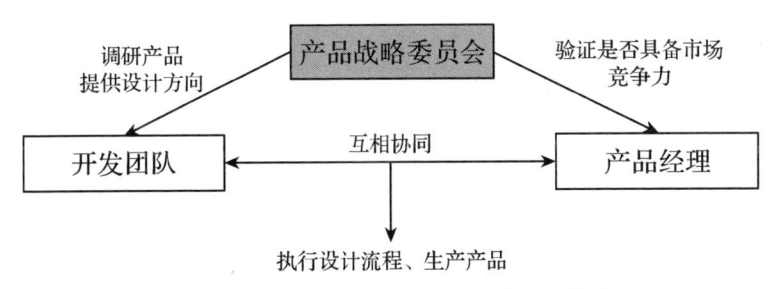

```
        调研产品              产品战略委员会           验证是否具备市场
        提供设计方向                                   竞争力
              ┌──────────┐    互相协同    ┌──────────┐
              │ 开发团队  │ ←─────────→  │ 产品经理 │
              └──────────┘                └──────────┘
                     执行设计流程、生产产品
```

图 8-44　宜家家居设计与生产产品的模式

客户多不代表企业的利润和业绩也能随之上升。我们要学会精准地按照其价值来筛选、服务客户。

如果按照隋塞莫尔（Valarie A.Zeithaml）等提出的客户金字塔模型，把客户划分为铂金级客户、黄金级客户、铝式客户及铁式客户，按照二八定律来定义，铂金级客户、黄金级客户可以带来 80% 的利润，铝式客户及铁式客户则带来 20% 的利润。

那么，企业要按照什么标准来进行客户群分类呢？可参考表 8-13。

表 8-13　企业客户群分类标准

参照标准	说明
1. 统计客户的购买习惯	汇总客户一定周期内是否及时、是否有拖延情况发生，统计公司与客户之间的沟通情况，是否存在投诉情况
2. 统计客户的购买能力	统计客户一定周期内的订单总量和单次订单的大小情况，分析客户是否具备持续购买能力
3. 统计客户的购买潜力	考察客户的需求，匹配合适的销售人员，评估客户的购买潜力、购买意识等

三、通过内部降本促进企业增长（管理/成本降本）

企业要通过降本增效促进企业增长，笔者认为还要懂得如何通过内部降本促进企业增长。

沃麦克说道："精益企业关注目前常规企业向客户提供的产品特性和定价的一揽子情况，然后算一下在应用精益方法的情况下，可以减少多少成本。"[①]

下面用减肥人群的特征来对比分析企业如何通过内部降本促进企业增长，

---

① 沃麦克（James P·Womack），琼斯（Daniel T·Jones）.精益思想（白金版）[M].沈希瑾，张文杰，译.北京：机械工业出版社，2015.

实现利润倍增。

1. 企业管理降本目标达成四阶段

如图 8-45 所示，成功减肥的人群，一般来说需要经历适应期→减重期→稳定期→增肌塑形期的过程，企业管理降本目标的达成也可分为四阶段。

```
         2. 减重期                    4. 增肌塑形期
      实现短期降本落地                建立长期管理标准


   1. 适应期            3. 稳定期
   制定系统流程       关键节点发力突破
```

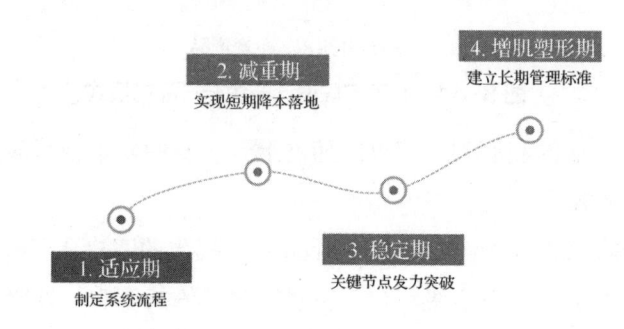

图 8-45　成功减脂的阶段对比企业管理降本目标达成的四阶段

（1）在减脂的适应期，要唤醒沉睡的身体，让身体开始适应接下来的训练强度。这就像企业管理降本的第一阶段是制定系统流程，即定下降本目标、把目标分解到各部门、制定考核机制等，给大家一段适应和做准备的时间，以便后期更好地贯彻执行。

（2）在减脂的减重期，要开始把体重减下来，也要开始控制饮食。这就像企业管理降本的第二阶段是实现短期降本落地，让管理降本短期内见效，让员工开始配合公司改善。

（3）在减脂的稳定期，需要进一步改善体态，例如重点做哑铃、徒手自重等训练。这就像企业管理降本的第三阶段是关键节点发力突破，属于中期的管理降本落地，要攻克一些前期不容易克服的障碍，用团队的力量共同促进业绩增长。

（4）在减脂的增肌塑形期，减脂已经取得了一定成效，接下来就要养成健身习惯和继续塑造身材线条等。这就像企业管理降本的第四阶段是建立管理标准，把合理的管理标准固化下来，从管控转变成自主执行，逐渐形成良性循环，推动管理降本目标的达成。

2. 看得见的和看不见的成本管控

在减脂过程中，前期能快速见效的是体重下降，后续还要通过减脂增加肌肉强度，改善体态和体型，这就像企业看得见的和看不见的成本管控。

(1)什么是看得见的和看不见的成本？首先，就像减肥前期体重明显下降就是看得见的成本。企业看得见的成本管理具体见表8-14。

表8-14 企业看得见的成本管理

成本	说明
1.节省水、电等	节省每一滴水、每一度电，提倡无纸化办公等来节省每一分钱
2.节省生产材料	节省生产原材料的消耗，量大的话也是一笔不低的费用
3.员工一职多能	员工除了做好本职工作，可以培养其适应不同岗位，便于调岗升职等
4.精简人员	定好岗位、职责、薪酬、级别等标准，提高其工作效率并开展绩效考核，具体到每年、每月、每周、每日等指标
5.减少消耗	减少不必要的会议数量、住宿费用、会议消耗等
6.出差制度	减少出差人员、降低交通费用、降低住宿费用，高层领导起带头作用
7.其余情况	节约办公用品、用车调度、控制接待标准、烟酒统一请领等

其次，后期减脂过程中增加肌肉强度、改善体态和体型，就像企业看不见的成本管理，具体见表8-15。

表8-15 企业看不见的成本管理

成本	说明
1.领导层的决策成本	下级是按照领导层的决策行事，如果领导不加研究拍板决策，没有一次性把事情做好做对，容易导致决策失误，造成后续本不该有的投入与浪费
2.沟通成本	不同部门、上下级、同级之间的沟通是否能够营造良好氛围或互相配合业务到位，如果出现问题，出现隐瞒、欺骗等，会造成公司损失
3.招聘成本	管理者要重视面试员工，招聘做人讲诚信与做事称职并重的员工，用自己的行动感召员工，避免阳奉阴违、不愿意教新员工或者欺上瞒下等行为，给公司带来不必要的损害
4.绩效考核成本	绩效考核并不是简单的一份表，负责人来简单打分评定，其间还要面对面沟通、部门沟通等。有的公司的绩效考核是以下属监督上司为主导，这很容易造成下属推卸责任，上司明哲保身的局面，反而阻碍了企业的业绩提升。企业发展到一定阶段，可以寻求外部的管理顾问，为公司研究适用的绩效考核制度

续表

成本	说明
5.强压指标的成本	上级给出各部门强压式的业务指标，容易造成各部门之间的恶性竞争，可能为了短期指标而忽视了企业的整体效益。这当中，企业应做好具体的激励方式
6.库存成本	库存过高会降低产品的周转率、生产周期，引发产品滞销，随即会影响到客户的满意度，降低市场竞争力

企业对以上看得见的和看不见的成本进行管理，还要成立专项小组来强化监督考核，对于未达成目标、达成目标、超额达成目标等情况分别给予奖惩等。

（2）如何从控制成本入手提高效益？企业利润=收入－成本。如果说经营增效是在增加收入上下功夫，那么管理降本则侧重在控制成本上下功夫。比如公司的一款产品的利润是20元－18元=2元，将成本控制到16元，那么利润就是20元－16元=4元，利润翻了一倍。因此，企业在发展过程中，做好成本管理也十分重要。下面通过萨莉亚的成本管控案例分析降本如何为企业带来效益。

【案例链接：萨莉亚如何进行极致的成本管控】

有这么一家餐饮企业，20多年不涨价，截至2022年2月，在中国开店超过400多家，2022年营收71.53亿元，同比增长14%，净利润2.8亿元，同比增长3倍多。这家企业就是日本餐饮品牌萨莉亚。萨莉亚之所以能够逆势增长，其中一个重大原因就是采取了极致的成本管控方式来实现降本增效。

餐饮企业的成本三要素是原材料、人工、房租，下面我们从这三个要素来分析萨莉亚是如何精细化管控这部分成本的。

原材料成本管控：萨莉亚早在20世纪90年代就采取了"中央厨房+供应链整合"的模式，来把控连锁化经营的全流程。萨莉亚利用中央厨房，统一把食材做成半成品输送到各个餐厅，餐厅员工只需要快速加热、摆盘就能上桌。其次，萨莉亚还进一步打通从上游到下游的整个环节，建立自身的食材供应链，实现自产自销，比如自建农场种植蔬菜、自建物流体系等。这样一来，萨莉亚就可以更好地压缩中间商环节，进而降低运营成本。

第八章　企业天地人三维生命体：企业财务价值增长

人工成本管控：萨莉亚采取"全职兼职比例约1∶2"的用人模式，比如萨莉亚会招聘大量的学生等无经验人员来工作，这是因为在中央厨房模式下，萨莉亚不需要大厨，送餐员也只需要简单快速培训就可以轮岗，这也大大压缩了用人成本。

房租成本管控：萨莉亚开店时不是选择商场的黄金地段，而是选择一些租金相对便宜的边角位置，然后凭借自身极具性价比的低价策略来吸引顾客。其次，萨莉亚的装修也是非常轻便化，不会过于追求装修的统一化，比如萨莉亚会沿用上一家餐厅的设备来降低设备成本，还压缩了厨房的位置，腾出更多的区域用作餐饮区，招待更多的客人。

市场发展瞬息万变，但万变不离其宗，无论是企业决策层面、业务层面的问题，还是组织层面的问题，最终都会体现在财务管理上。良好的财务价值指引，能够全面帮助企业提高资源效率和产品回报等。本书之所以把企业财务价值增长放到最后来分析，是因为财务可以体现出前面所搭建的一系列价值增长的成果、成绩等。

综上所述，企业的一切问题都是增长问题，归根结底要落实到塑造客户价值上，也就是说，客户在哪里出现，企业就在哪里。在此基础上，企业要做好自转价值增长来修炼内功，即企业内部的相关系统管理。同时，也要做好公转价值增长来修炼外功，从认知与思维创新、战略方向、资本价值、商业模式、品牌模式等维度着力。在搭建这些模块的过程中，企业一定要以价值为导向做强做优做大，促进企业资本运营价值增长。要做好这些模块，需要用人才生产线、股权架构等形式孵化人才、激活人才和留住人才，从而促进企业组织价值增长。最终，企业的一切经营发展与价值创造等都会体现在财务价值的增长上。

参考文献

[1] 杰克·韦尔奇（Jack Welch），苏茜·韦尔奇（Suzy Welch）.商业的本质［M］.蒋宗强，译.北京：中信出版集团，2016.

[2] 拉姆·查兰（Ram Charan），诺埃尔·蒂奇（Noel M.Tichy）.良性增长：盈利性增长的底层逻辑［M］.邹怡，译.北京：机械工业出版社，2018.

[3] 查尔斯·汉迪（Charles Handy）.跨越"S型曲线"的二次增长［M］.苗青，译.北京：机械工业出版社，2017.

[4] 魏杰.中国经济的未来：热点、难点和增长点［M］.北京：中信出版集团，2019.

[5] 马海刚.HR+数字化：人力资源管理认知升级与系统创新［M］.北京：中国人民大学出版社，2022.

[6] 张丽俊.组织的力量：增长的隐性曲线［M］.北京：机械工业出版社，2022.

[7] 王赛.增长五线：数字化时代的企业增长地图［M］.北京：中信出版集团，2019.

[8] 傅雄，金桂生.企业价值链管理：制造型企业如何创造期望的效率、质量、成本与价值［M］.杭州：浙江工商大学出版社，2020.

[9] 孙卫东，宋卫.中小微企业基业长青之道：基于企业全生命周期管理视角［M］.南京：东南大学出版社，2018.

[10] 张天华，黄祺林，董志强.中国小企业的增长陷阱：典型事实及成因探究［J］.经济评论，2021（3）：54-74.

[11] 刘建华，周林.中华老字号企业可持续增长研究［J］.辽宁大学学报（哲学社会科学版），2017（4）：64-74.

[12] 诺埃尔·凯普（Noel Capon），郑毓煌，张坚.关键客户管理：大客户营销圣经［M］.郭武文，译.北京：机械工业出版社，2021.

[13] 沃麦克（James P·Womack），琼斯（Daniel T·Jones）.精益思想（白金版）［M］.沈希瑾，张文杰，译.北京：机械工业出版社，2015.

[14] 赵涛，赵彦锋.小公司求生术［M］.南昌：江西美术出版社，2019.

[15] 余宁青.利基市场战略与小微企业的初创发展研究［D］.北京：中国政法大学，2019.

[16] 塔莱斯·S.特谢拉，格雷格·皮肖塔.解锁客户价值链［M］.欧阳立博，译.北京：中信出版集团，2022.

[17] 杨伟, 王康. 供应商与客户价值共创互动过程研究综述 [J]. 软科学, 2020 (8): 139-144.

[18] 艾·里斯 (Al Ries), 杰克·特劳特 (Jack Trout). 定位: 争夺用户心智的战争 [M]. 顾均辉, 苑爱冬, 译. 北京: 机械工业出版社, 2015.

[19] 彭志强. 商业模式的力量 [M]. 北京: 机械工业出版社, 2010.

[20] 杜金柱, 扈文秀. 产品市场竞争、风险承担与公司投资效率 [J]. 运筹与管理, 2023 (3): 171-176+239.

[21] 魏炜, 张振广, 朱武祥. 超越战略: 商业模式视角下的竞争优势构建 [M]. 北京: 机械工业出版社, 2017.

[22] 菲利普·阿吉翁, 赛利娜·安托南, 西蒙·比内尔. 创造性破坏的力量 [M]. 余江, 赵建航, 译. 北京: 中信出版集团, 2021.

[23] 康健. 新经济环境下企业战略管理中的关键点控制研究 [J]. 经济视角 (下), 2010 (4): 20-21

[24] 于勇毅. 大数据营销: 如何利用数据精准定位客户及重构商业模式 [M]. 北京: 电子工业出版社, 2017.

[25] 昝欣. 决策方法与客户分类 [M]. 上海: 对外经济贸易大学出版社, 2007.

[26] Zhang Z, Dai Y. Combination Classification Method for Customer Relationship Management [J]. Asia Pacific Journal of Marketing and Logistics, 2020, 32 (5): 1004-1022.

[27] Marty Cagan. 启示录: 打造用户喜爱的产品 [M]. 七印部落, 译. 武汉: 华中科技大学出版社, 2011.

[28] 王兆华, 张斌, 何森雨. 供应链上制造型企业绿色技术选择与升级策略 [M]. 北京: 机械工业出版社, 2021.

[29] 银路. 技术创新管理 [M]. 北京: 清华大学出版社, 2022.

[30] 张跃东. 中国企业在非对称国际竞争中的专利战略实施状况——基于七省市企业调查问卷 [J]. 中国科技论坛, 2019 (2): 118-125.

[31] 纳西姆·尼古拉斯·塔勒布. 非对称风险 [M]. 周洛华, 译. 北京: 中信出版集团, 2019.

[32] 哈雷·曼宁, 凯丽·博丁. 体验为王: 伟大产品与公司的创生逻辑 [M]. 高洁, 译. 北京: 中信出版集团, 2014.

[33] 张静静. 成本领先战略在财险公司的运用 [J]. 财会学习, 2019 (26): 156-158.

[34] Zhang S M. Low Cost Strategies and Enterprise Performance: The Mediating Role of Incremental Innovation [J]. International Journal of Frontiers in Sociology, 2021, 3 (10): 1-8.

[35] 成智大兵.超级吸金术：透析客户心理的运营实战秘笈［M］.北京：中国友谊出版公司，2018.

[36] 肖进，唐静，刘敦虎，等.基于GMDH和Logistic回归的目标客户选择模型研究［J］.中国管理科学，2014（S1）：415-422.

[37] 宋昆.目标集中点策略——中小企业有效的竞争策略［J］.财经科学，2000（S2）：298-299.

[38] 李娜，张帆，董松柯.要素市场价格扭曲的传导效应、地域性特征与创新产出［J］.经济问题探索，2022（7）：46-59.

[39] 刘洪波.人力资源数字化转型：策略、方法、实践［M］.北京：清华大学出版社，2022.

[40] 陈爱贞，张鹏飞.并购、资源重组与目标企业增长［J］.世界经济，2023（4）：220-248.

[41] 安迪·格鲁夫.只有偏执狂才能生存：特种经理人培训手册［M］.安然，张万伟，译.北京：中信出版集团，2014.

[42] 刘波俨.产品核心竞争力的三大支柱——产品概念 营销观念价值创新策略［J］.商业研究，2003（4）：21-24

[43] Lichtenthaler U. Data Management Efficiency: Major Opportunities for Shared Value Innovation［J］. Management Research Review，2021，45（2）：156–172.

[44] 周国元.麦肯锡结构化战略思维：如何想清楚、说明白、做到位［M］.北京：人民邮电出版社，2021.

[45] Shi M Z.A Theoretical Analysis of Endogenous and Exogenous Switching Costs［J］. Quantitative Marketing and Economics，2013，11（2）：205-230.

[46] 孙力科.巴菲特法则［M］.北京：中国友谊出版公司，2021.

[47] Zhong B, Shen H. New Brand Introduction and Selling Mode Choice for Online Retailers With Network Effect［J］.Managerial and Decision Economics，2021，43（5）.1340-1350.

[48] 斯坦利·麦克里斯特尔.赋能：打造应对不确定性的敏捷团队［M］.林爽喆，译.北京：中信出版集团，2017.

[49] 埃里克·施密特，乔纳森·罗森伯格，艾伦·伊格尔.重新定义公司：谷歌是如何运营的［M］.靳婷婷，译.北京：中信出版集团，2019.

[50] 田奋飞.基于文化基因的企业演化研究［M］.北京：中国人民大学出版社，2018.

[51] 里卡多·塞姆勒.塞氏企业：设计未来组织新模式［M］.师冬平，欧阳韬，译.杭州：浙江人民出版社，2016.

［52］帕蒂·麦考德.奈飞文化手册.［M］.范珂，译.杭州：浙江教育出版社，2018.

［53］张钠，于刚，刘素香.工商企业经营与管理［M］.太原：山西经济出版社，2020.

［54］约翰·布罗克曼.思维：关于决策、问题解决与预测的新科学［M］.李慧中，祝锦杰，译.杭州：浙江人民出版，2018.

［55］托马斯·索维尔.经济学的思维方式［M］.吴建新，张莹，译.成都：四川人民出版社，2018.

［56］罗恩·阿德纳.广角镜战略：成功创新者的洞见［M］.张海龙，郭霞，王微，译.北京：机械工业出版社，2020.

［57］陈永凤.企业战略与商业信用［M］.北京：中国人民大学出版社，2020.

［58］拉姆·查兰（Ram Charan）.求胜于未知［M］.杨懿梅，译.北京：机械工业出版社，2015.

［59］理查德·鲁梅尔特.好战略，坏战略（畅销版）［M］.蒋宗强，译.北京：中信出版集团，2017.

［60］董洁妙，胡毅，余壮雄.从成本竞争走向质量竞争：产品网络如何改变出口企业的竞争策略［J］.系统工程理论与实践，2023（10）：2769-2786.

［61］蒂莫西·克拉克，布鲁斯·黑曾.商业模式新生代（个人篇）［M］.贺芳芳，杜军，译.北京：人民邮电出版社，2023.

［62］Coombes P. A Review of Business Model Research：What Next for Industrial Marketing Scholarship？［J］. Journal of Business & Industrial Marketing，2023，38（3）：520-532.

［63］陆华良.中国企业社会责任研究［M］.南京：南京大学出版社，2021.

［64］戴维·阿克（David A. Aaker）.品牌组合战略［M］.周晓萱，译.北京：机械工业出版社，2020.

［65］艾·里斯（Al Ries），劳拉·里斯（Laura Ries）.品牌22律［M］.寿雯，译.北京：机械工业出版社，2013.

［66］Formisano M, Pauwels K, Zarantonello L. A Broader View on Brands' Growth and Decline［J］. International Journal of Market Research，2020，62（2）1-16.

［67］翁晋阳，张国贵，刘玲.资本思维：用资本的力量打通财富之路［M］.北京：中国铁道出版社，2018.

［68］姜昌武，陶旸.套利对冲投资实战宝典［M］.北京：中国金融出版社，2016.

［69］苗青，尹晖.从转移价值到放大价值：论慈善事业在第三次分配浪潮中的增长路径［J］.中国非营利评论，2021（2）：8-12.

［70］蒋薇薇.企业家异质性对民营企业商业信用融资的影响［M］.苏州：苏州大学

出版社，2017.

[71] 本杰明·格雷厄姆.聪明的投资者[M].4版.王中华，黄一义，译.北京：人民邮电出版社，2016.

[72] 乔治·索罗斯.金融炼金术[M].孙忠，侯纯，译.海口：海南出版社，2016.

[73] 田青.正式融资机制和非正式融资机制：谁促进了企业增长？[J].上海金融，2016（10）：20-29.

[74] 毛振华.企业扩张与融资[M].北京：中国人民大学出版社，2017.

[75] 郭勤贵，杨佳媚.股权并购：寻找企业第二增长曲线[M].北京：中国广播影视出版社，2021.

[76] 贾俊生，伦晓波，林树.金融发展、微观企业创新产出与经济增长——基于上市公司专利视角的实证分析[J].金融研究，2017（1）：99-113.

[77] 程晨，袁建国，王萌萌.劳动力成本上升与企业增长——技术创新的替代效应[J].预测，2016（1）：8-13.

[78] 戴维·尤里奇，大卫·克雷先斯基，韦恩·布鲁克班克，等.赢在组织：从人才争夺到组织发展[M].孙冰，范海鸿，译.北京：机械工业出版社，2019.

[79] Jia J F, Jiao Y X, Yan J Q, et al. Evolution Path and Critical Influencing Factors of Performance Management System: A Longitudinal Case Study in China[J]. Asia Pacific Business Review, 2023, 29（1）1-20.

[80] 王斌，张虹红.论企业集团的股权设计[J].会计研究，2005（12）：9-14+95.

[81] 宣扬，靳庆鲁，李晓雪.利率市场化、信贷资源配置与民营企业增长期权价值——基于贷款利率上、下限放开的准自然实验证据[J].金融研究，2022（5）：76-94.

[82] 张长胜.企业全面预算管理[M].北京：北京大学出版社，2007.

[83] 博恩·崔西.激励[M].赵倩，译.北京：中国科学技术出版社，2021.

[84] 理查德·泰勒."错误"的行为[M].王晋，译.北京：中信出版集团，2016.

[85] 史蒂芬·列维特，史蒂芬·都伯纳.用反常思维解决问题[M].汤珑，译.北京：中信出版集团，2021.

[86] 纳西姆·尼古拉斯·塔勒布.反脆弱：从不确定性中获益[M].雨珂，译.北京：中信出版集团，2014.

[87] 唐朝.手把手教你读财报——财报是用来排除企业的（新准则升级版）[M].北京：中国经济出版社，2021.

[88] 谢玮.资产负债表衰退：日本经验[M].北京：社会科学文献出版社，2018.

[89] 温兆文.将成本削减到底：推动企业利润新增长[M].北京：人民邮电出版社，2022.1

［90］宋春花.企业利润与现金流的关系分析——基于财务报表视角［J］.中国集体经济，2021（11）：138-139.

［91］肖星.一本书读懂财报［M］.杭州：浙江大学出版社，2022.

［92］吕所荣.论现金流量表在企业财务管理中的应用［J］.商讯，2022（23）：49-52.

［93］钱力，胡能武.企业盈利关键点：全面预算管理［M］.北京：北京联合出版公司，2019.

［94］陈樾.财报的秘密［M］.北京：北京大学出版社，2020.

［95］史蒂芬·列维特，史蒂芬·都伯纳.魔鬼经济学3：用反常思维解决问题［M］.汤珑，译.北京：中信出版集团，2021.

［96］姜宏锋.采购4.0：采购系统升级、降本、增效实用指南［M］.北京：机械工业出版社，2016.

［97］迪凯，袁志刚，李锟.优员增效——集团人员编制预算与管控［M］.北京：电子工业出版社，2013.

［98］柳荣.精益供应链管理与运营：降本增效+绩效落地+战略优化+可持续竞争+盈利指南［M］.北京：人民邮电出版社，2020.